《山西省学前教育内涵发展成果经验》丛书

XUESHU
LUNWEN JI

探索　引领　共享　创新　提升

学术论文集

主编：李志宇

副主编：贾宏燕
赵爱云
原　燕
王福兰
张翔升
彭永强

山西出版传媒集团　山西教育出版社

主要编者简介 ZHUYAO BIANZHE JIANJIE

山西省幼儿教育中心主任，中小学正高级教师，山西省特级教师。山西省学前教育专家指导组专家，山西省学前教育学会会长，中国学前教育研究会常务理事及游戏与玩具专业委员会委员，教育部“国培计划”专家库幼教专家，国家多部门与联合国儿童基金会合作——贫困地区儿童早期综合发展项目（IECD）省级专家。

李志宇

太原师范学院教育系教师，副教授，博士。中国教育学会学前教育专业委员会理事，山西省学前教育专家指导组专家，山西省学前教育学会游戏与玩具专业委员会主任。

贾宏燕

山西省幼儿教育中心培训部主任，中小学高级教师，教育部“国培计划”专家库幼教专家。山西省学前教育专家指导组专家，山西省学前教育学会教师教育专业委员会秘书长。

赵爱云

山西省幼儿教育中心教科研室主任兼中心实验幼儿园园长，中小学高级教师，山西省学前教育专家指导组专家，山西省学前教育学会幼儿园课程与教学专业委员会秘书长。

原 燕

山西大学教育科学学院学前教育系主任，副教授。山西省学前教育专家指导组专家，山西省学前教育学会副秘书长兼学前儿童发展专业委员会主任。

王福兰

运城幼儿师范高等专科学校科研中心副主任，副教授。山西省学前教育专家指导组专家，山西省学前教育学会理事，《陕西学前师范学院学报》特约审稿人。

张翔升

晋中市第二幼儿园园长，中小学高级教师，山西省模范教师。山西省学前教育专家指导组专家，山西省学前教育学会副会长兼学前教育管理与评价专业委员会秘书长。

彭永强

《山西省学前教育内涵发展成果经验》丛书

目录
MULU

学前儿童发展与教育

幼儿园课程与教学

教师教育与专业成长

总序

2016年是第二期“学前教育三年行动计划”的收官之年，又是“十三五”规划的开局之年。在全省自上而下积极贯彻落实《国家中长期教育改革和发展规划纲要（2010—2020年）》《国务院关于当前发展学前教育的若干意见》《幼儿园工作规程》《幼儿园教育指导纲要（试行）》《3—6岁儿童学习与发展指南》等有关学前教育文件的精神之际，山西省幼儿教育中心迎来了二十周年华诞。

在省教育厅的正确领导下，20年来，山西省幼儿教育中心艰苦创业、专业引领、砥砺奋进、不忘初心，携手全省学前教育战线同仁齐心协力、探索研究、实践创新，实现了不同发展时期山西省全体学前教育人的教育梦想，更寄托了我们对学前教育事业未来的美好憧憬。

“十三五”注定是一个伟大而又不平凡的征程。随着教育改革的不断深入，我们深感及时“回头看”——总结和呈现我省学前教育内涵发展的优秀成果与经验，必能凝聚人心，鼓舞士气；我们深知理性的“自我评价”——审视和评估我省学前教育内涵发展的历程，必将带动前行，实现超越。因此，山西省幼儿教育中心牵头，由我省学前教育领域的幼教干部、专家学者、教研员、幼儿园园长和教师组成的团队，历经一年多从我省11个市报送的近4000份成果经验材料中遴选出优秀篇目，总结汇编成了《山西省学前教育内涵发展成果经验》丛书。在这个过程中，我们深刻认识到，国家不断深入推进学前教育改革的各种举措及其路径昭示着“遵循规律、科学保教、普惠均衡、内涵发展、提高质量”的理念，这也是山西省学前教育当前和未来发展的方向与目标。要办人民满意的、高质量的学前教育，必须首先清醒地认识当前我省学前教育发展的阶段、水平及其特点，辨明发展中存在的问题，继承已有发展成果，才能创造性地推进并开创我省学前教育的新局面。

《山西省学前教育内涵发展成果经验》丛书，立足我省学前教育改革发展的新思考，关注我省学前教育的重点、难点和热点问题，是对我省学前教育“九五”至“十二五”期间改革发展的回顾与总结。丛书收录了来自我省高校教师、幼教干部、教研员、幼儿园园长和教师的各类成果经验共计100多万字，分为《课题成果公告集》《学术论文集》《园长管理经验与专业成长故事集》《教师保教经验与专业成长故事集》和《幼儿园教育活动案例集》5个分册。其中，《课题成果公告集》展现了“九五”至“十二五”期间，我省学前教育工作者通过课题研究探索学前教育改革和发展的成果；《学术论文集》是我省学前教育工作者理论与实践研究成果的荟萃；《园长管理经验与专业成长故事集》呈现了我省幼儿园管理实践的创新，以及我省各地优秀园长的成长心路；《教师保教经验与专业成长故事集》展现了我省幼儿教师的育人风采与宝贵经验；《幼儿园教育活动案例集》是我省幼儿教师保教实践经验的汇编。丛书客观、真实地呈现了我省广大学前教育工作者广阔的思维触角和丰富的探究领域。既有对全国学前教育领域共性问题的探讨，又有对山西省学前教育本土话题的研究。其高屋建瓴的理论探索、落地生根的实践研究、引人入胜的管理故事、发人深省的经验感悟、生动鲜活的活动案例，展现了我省20年来学前教育内涵发展的全貌。

在编辑整理的过程中，当编辑人员阅读这一份份来自我省不同工作岗位同仁们思考、研究的结晶时，我们常常被他们带有温度的方块字所感动，每每为他们充满激情和理想光彩的成长历程而落泪，“不容易”这三个字成了编委们每次交流时使用最多的词语。古人云：“盖文章，经国之大业，不朽之盛事。”这些文章凝聚着大家的汗水与智慧，其中不乏有见地、有深度的力作。翻开这套丛书，我们仿佛能感受到缕缕晋韵清香，似山西人质朴的风貌；能看到红红的不熄火焰，代表着山西幼教人奋斗的激情；能触摸到串串秋收硕果，承载着山西文化的厚重。品味这些文字，感动扑面而来：一个个鲜活的故事折射出人性的光辉，演绎着“以人为本”的教育理念；一篇篇文章记录着心与心的交流，碰撞的思想火花不断燃起新的希望……这是广大山西省学前教育工作者几十年心路历程的真实写照。也许在大家看来它并没有什么特别之处，也许我们的成果在浩瀚的学术海洋中仅是一粒粟子，但它是真切的，是反映山西历史条件和现状的，是根植于山西的文化与历史之中的。这套丛书也许带不来教育理念和教育实践的震撼，但定是一次心灵的洗礼。它是对我省全体学前教育工作者教育情怀的诠释，是执着于“办人民满意的学前教育”奋斗目标而对儿童、家长、社会和国家的又一次庄严承诺。

“雄关漫道真如铁，而今迈步从头越。”丛书的结集出版，为我省广大学前教育工作者理论研究和实践探索提供了借鉴和参考，必将再一次激发全省广大学前教育工作者提高保育教育质量的工作热情，必将鼓舞我们不断推陈出新，也必将引领我省学前教育内涵发展持续创新与前行。

由于篇幅有限，丛书无法刊载更多优秀成果经验。在此，我们对作品未入选的同志表示歉意。同时，对在成果经验收集整理、撰写编辑工作中给予大力支持的各级领导、专家学者、老师们，尤其是统稿组成员，表示诚挚的谢意！

编委组成员虽付出艰辛努力，但由于水平有限，难免有所遗漏和瑕疵，欢迎大家提出宝贵意见和建议，以便精进！

山西省幼儿教育中心

2017年6月

序一

落实核心素养，提升学前教育内涵发展水平*

山西省教育厅　张卓玉

编者按：在2016年“山西省学前教育内涵发展学术交流会”上，张卓玉同志对全省近几年学前教育事业发展取得的成就、内涵发展现状及未来发展走向进行了系统回顾和简要阐述。其中，他着重对“核心素养”概念的提出、流变及要求进行了解读，并对“核心素养”在我省学前教育内涵发展方面将要发挥的作用及如何推进落实进行了阐释，这对我省学前教育事业的进一步发展有着前瞻性意义，希望学前教育同仁给予关注落实。

山西省学前教育事业发展到今天，已取得非常可喜的成就。要推进山西省学前教育事业进一步改革发展，就必须大力推进学前教育内涵发展，为此，我们应高度关注和探讨“核心素养的落实”这一话题。为了深刻认识推进我省学前教育内涵发展、落实“核心素养”要求的意义，需要梳理我省近几年学前教育事业发展的历程和取得的成就，通过回顾过去，展望未来。

* 此文是张卓玉同志在2016年“山西省学前教育内涵发展学术交流会”上所作主旨报告的讲话录音稿，题目和各级标题为编者所加。

一、我省近几年学前教育事业发展取得的主要成就

（一）我省学前教育事业近几年的发展现状

我省的学前教育事业在前两个“三年行动计划”期间有了快速发展。在过去十多年里，我省的学前教育事业虽然在发展，但速度和质量都不尽如人意。2010年，国务院印发《国务院关于当前发展学前教育的若干意见》，开启了第一个“学前教育三年行动计划”。从那时起到现在，我省学前教育事业发展无论从速度上、规模上，还是从质量上看，都超过了以往任何一个历史时期。

1. 幼儿园布局结构发生了逆转性变化。最近几年，从中央政府到省、市、县各级政府都下大决心，加大力度兴办公立幼儿园。2015年底，我省幼儿园总数为6450所，在园幼儿98万人，公办园占到幼儿园总量近60%，而过去最低时只有30%左右的比重。前几年，多数县只有县城一所机关幼儿园，其他幼儿园基本为民办。而现在，绝大多数县城的幼儿园已做到以公办为主，甚至做到了公办幼儿园全覆盖。如和顺县，就已经完全做到适龄幼儿和小学生一样就近入园，这是非常了不起的成就。

2. 幼儿入园普及率已超过全国平均数。我省幼儿入园普及率从2010年的61%发展到2015年底的87%，超过全国学前教育毛入园率12个百分点。87%的入园普及率是我省学前教育事业2020年的规划目标，我们已提前4—5年完成了任务。尤其是运城、晋中、太原等市的学前教育入园率已达到90%，甚至是95%。到2020年，我省全面实现95%入园普及率没有任何悬念。

3. 教师数量稳步增加。我省专职幼儿教师数量在6年内增加了两万人。尽管近几年我省学前教育事业发展遇到了一些政策上的困难，国务院和山西省政府没有在教师编制问题上出台明确的政策，但市、县两级政府积极想办法，克服各种困难，解决公办幼儿教师的问题。在大家的共同努力下，专职教师的数量在稳步增加。

4. 各级政府落实规划要求，保证了规划目标的实现。省政府“十二五”规划要求每年全省要建200所公办幼儿园，5年共建1000所。到2015年，“十二五”规划目标任务已完成，这一政策在“十三五”期间还将延续。6年来，我省利用国家的资金、省财政支持及市、县两级政府的配套支持，投入学前教育的资金达70亿元，新（改、扩）建1049所标准化公办幼儿园和5295所农村幼儿园，基本完成大量建农村园的任务。今后，随着城镇化的发展，我省将主要在城市和郊区建设幼儿园。

5. 资助贫困家庭学前儿童政策落实到位。我省按照国务院整体安排部署，制订了学前教育资助制度实施方案。资助对象为城乡低保家庭幼儿、儿童福利机构孤儿及社会散居孤儿，父母是残疾人、家庭主要成员长期患病或丧失劳动能力造成生活困难的幼儿及残疾

幼儿和因重大自然灾害或其他突发事件造成家庭经济困难的幼儿。受助儿童覆盖面按照在园儿童15%测算，有条件的市（区、县）可以扩大资助范围，确保每个儿童每年享有1000元的资助。按照省政府的要求，所有贫困县只要是建档立卡的贫困家庭，都会百分之百享受到学前教育资助政策。

（二）我省近几年在学前教育内涵发展方面取得的主要成就

1. 发挥示范园的引领作用。在扩大普及率的同时，各级政府、各级教育行政部门紧紧抓住省级示范园引领其他幼儿园内涵发展这项工作，推进学前教育事业深入发展。从义务教育发展的经验和教训来看，要实现学前教育均衡发展，必须有一批好的幼儿园起示范引领作用，能够担当起帮扶的责任。在这方面，各市、县和省级示范园或地方的示范园也都做了许多工作，在学前教育领域紧抓《幼儿园工作规程》《幼儿园教育指导纲要（试行）》《3—6岁儿童学习与发展指南》的落实，层层培训，采取多种措施推进，总体上讲初见成效，《纲要》和《指南》的理念已经深入人心。这样发展下去，随着“第三期学前教育行动计划”的实施，到2020年，我省所有的幼儿园在落实《纲要》和《指南》、推进内涵发展方面都会取得实质性的进展。

2. 以乡镇中心园引领农村园发展。最近几年，各市、县、乡政府按照山西省教育厅的要求，紧抓不放建设乡镇中心园，并将此作为发展农村园的重要着力点和抓手。目前，全省一个乡镇最少建1所中心园的任务已基本完成。建设乡镇中心园的意义就在于，乡镇是农村人口的主要集中地，解决了乡镇中心园的问题，不仅在实际上做好了农村学前教育的普及工作，与此同时，也能对乡镇中心园以下的村办园在业务发展上起到适当的引领作用。

3. 推进学前教育均衡发展。我省已在考虑解决学前教育均衡发展问题，尽全力给农村园和薄弱园提供帮扶。这项工作计划用三年的时间进行探索和推进，争取建立成熟的帮扶机制和模式，使帮扶成为一种常态，实现幼儿园的共同发展。目前，国家有关均衡发展的重心在义务教育，义务教育均衡发展基本实现以后，毫无疑问其工作重心要转移到学前教育上来。我省在这方面早走了一步，取得的成果值得肯定。

二、我省在“第三期学前教育行动计划”推进期间要做好的工作

（一）提升内涵发展水平

毫无疑问，提升内涵发展水平是我省学前教育事业未来很长时期的工作重心。集中普

及以后，就要抓管理、抓教学、抓内涵发展。当前，学前教育内涵发展的一个新突破点就是“核心素养”的落实，这个话题实际上是内涵发展的核心，也是未来几年整个学前教育事业的中心思想。通过落实核心素养，提升内涵发展水平，实现立德树人的根本任务。

（二）实现共同发展

在缩小城乡、强弱园的差距，实现共同发展方面，过去我们已经做了一些工作。但是，作为一种基本的公共服务，应该是城乡、强弱园的发展差距越小越好，按照这个标准来看，我省的问题还很多，这方面的任务还很重。为此，示范幼儿园在自身发展的同时，要尽社会责任，要尽可能地在“缩小差距、实现共同发展”方面贡献自己的经验和智慧。

（三）解决编制问题

目前，省、市、县三级政府正在积极共谋此事。省教育厅按照省政府领导的安排，在高平市进行试点，探索出一条通过打通一个县的基础教育编制使用界限，来解决学前教育编制问题的途径。在高平试点取得经验的基础上，再向全省其他市、县推广。

（四）逐步完善生均公用经费标准和生均拨款标准

义务教育已经确定了生均公用经费标准、生均拨款标准，学前教育的政策毫无疑问也要出台，预计会在“第三期学前教育行动计划”期间到位。

（五）尽力扩大普惠性幼儿园的比例

幼儿园是公益性事业，必须做到让绝大多数老百姓都能承受得起，这是国家基本的指导思想。目前，我省学前教育机构还是公办、民办并重，家长、社会、政府共同分担学前教育经费。按照国家的要求，普惠性幼儿园比例必须增加。公办园、村办园要做到“普惠”，民办园除个别幼儿园由于社会需求可以有比较高的收费外，多数民办园要按照普惠性的要求制定收费标准，使家长基本能够接受。这是我省现在正在做的工作，也是未来几年需要积极推进的工作。

（六）实现办园标准化

到2018年，我省所有的小学、初中全部实现办学标准化以后，幼儿园的标准化建设将提上议事日程，主要进行薄弱园和农村园的标准化建设。这是我省未来几年学前教育事业需要进行和推进的工作。

三、落实核心素养，提升我省学前教育内涵发展水平

“核心素养”这个概念已引起了社会的高度关注，它所关注的话题恰恰是全社会都在关注的问题，是非常有生命力的。国际社会在20世纪90年代开始思考、研究这个话题。

2000年开始，一些国际组织，如联合国经济合作与发展组织等专门组织专家研究学生发展的核心素养，并相继出台了他们的核心素养标准，紧接着几乎所有的国家、政府都在做这件事。

在这样的背景下，教育部于2013年明确提出要制定学生发展的核心素养，并委托北京师范大学成立课题组，研究中国学生发展的核心素养。课题组通过3年的探索，并征得教育部的同意，于2016年颁布了《中国学生发展核心素养》，概括起来是六句话：人文底蕴，科学精神，学会学习，健康生活，责任担当，实践创新。每个核心素养有三个要点，每个要点都有一些具体的阐释。

（一）核心素养的意义与作用

核心素养的意义与作用集中在两个方面：一是提出了学生发展的国家标准或者国家指标。过去我们也有标准——德、智、体、美，理论上讲是四大领域，但具体到操作层面，德、智、体、美只是简单的维度。多年来，我们一直在讲学生的素质发展，素质指什么？大体上我们能概括几个方面，但没有权威的表述。核心素养的提出，给予了权威的表述，六种核心素养，再具体到若干点，更具体化、更好理解，也更好操作，更可能落在实处，这就形成了一个国家基本的人的发展目标标准。另外，我国在特殊背景下要求遏制“应试教育”，要深化改革，核心素养的提出有助于深化教育改革，真正体现立德树人的根本要求。二是作为一个大国，中国必须和世界同步前行。世界各个国家都在谈核心素养的时候，中国不能没有声音，否则，就失去了一个大国应有的国际责任。

（二）核心素养的“核心”

核心素养的“核心”就是对全部教育内容的融通、内化和应用。要下决心落实核心素养，就要把重心放在如何融通、如何内化、如何应用上，如果做到这三点，核心素养就落在了实处。这不是量的增加，而是重新组合，是质的变化。

1. 融通。所谓融通，涵盖面很大。学前教育有两个方面的融通：一是知识、能力和情感的融通。我们怎么把知识建构、能力培养、情感发展三者融合在一起，整体地将这些内容变成幼儿自主建构的关键经验，而不只是寄存在他们脑中，就需要在教育过程中寻求实现这一目标的融通措施。二是知识间的融通。从小班到大班，幼教工作者希望通过各种方式让幼儿获取知识，这些知识是孤立地放在他们的大脑里，还是进入大脑后很快产生联结，成为一个知识网络，这是需要我们考虑及采取措施解决的问题。比如有些孩子知道许多东西，在问答中都能对答如流，但仅仅是知道，没有融通在整个知识体系中，更谈不上应用。在去年中考结束后，有媒体报道，有一位学生背了300个成语，结果中考时一个都没考，这就是“应试教育”的现状——背成语是为了考试，没考的话就是白背了。在作文中大量地使用成语不也体现了广博的知识吗？但他却不能把背成语和使用成语两者融通起来。幼儿园的孩子有没有这种现象？当问他的时候他知道教师在考他，能说出来，但是让他用这个知识和那个知识关联起来解决一个问题就做不到了，这是因教育过程中出现的问题导致孩子们出现了不会融通知识的现象。

2. 内化。内化很好理解，但做起来很难。不论是传授给学生的还是希望他们获得的，最后都要变成他自己内在的东西，这就是内化。内化主要有两个方面的内容：一是思维习惯。经过教育，真正能转化为学生素养的是思维习惯，而不是碎片化的知识。学前教育中有一个任务是思维训练，那么，从小班到大班的3年时间里，幼儿能不能用量化的习惯来表达问题，思维习惯是否发生了变化？如果没有，止于用知识应付和满足大人的虚荣心，那我们的教育是存在问题的。而现在幼儿园的孩子们常常成为满足成年人虚荣心的工具，实际上他学习的东西并没有内化成他的思维习惯。二是行为习惯。言谈举止等都要内化为习惯，从而形成素养。

3. 应用。核心素养的落实和应用比融通、内化更重要。为什么？一是孩子们必须在用的过程中感受对素养的需求。我们希望他有什么素养，首先是要让他感觉到需要这种素养。给他一个情景，设置个任务让他去完成，他在完成这个任务的时候感觉到需要这种素养，那么这种素养很快就能被他习得。如果他没有对素养的需求却硬塞给他，就像一个人不饿非要让他吃东西一样，只会事倍功半，甚至一点作用都没有，还有可能对幼儿造成伤害。所以，如果我们想让学生有素养，首先应该让他"饥饿"，让他有需求，想要获得，并让他有"用"的机会。二是核心素养的获得。传授是一种落后的、效率很低的方法，应该让幼儿在做中学、用中学、在用中获得。一个人的素养如何体现？在用中体现。不做事就无所谓能力，无所谓素养。现在教育犯的最大错误就是不让学生做和用，在静态状态下给学生塞东西，塞给他们知识、能力和技能，虽样样都有，但这不是素养，幼儿园教育的"小学化"就是这种问题。这里，我们需分享一个英文单词"competency"，这个词更好的解释是胜任力。我们要培养幼儿的胜任力，有了胜任力，就不难获得素养。

具体而言，怎样理解核心素养？人文底蕴：毫无疑问是一种融通，底蕴不是一种人文性知识，而是要转化成内在的东西；科学精神："精神"这个词非常好，它不是一种科学知识，甚至不是科学方法，而是要转化成一种信念性的、态度性的、精神性的内容；学会学习：学会是动词，核心是学会学习，不是教师教学生学习，是要他学会学习；健康生活：生活就是动词，孩子在生活中要学会生活；责任担当、实践创新：这两句话全部是动词，都要在活动过程中完成，整天做作业绝对完成不了核心素养的任务，只能是应付考试。

（三）如何在学前教育阶段推进核心素养的落实

为推进核心素养的落实，教育部正在推进一些后续工作，如依据核心素养修订课程标准和教材，改进测评标准；通过中考、高考探索综合素质评价的使用办法等。那么，学前教育阶段该怎样推进核心素养落实呢？

1. 通过落实《指南》推进核心素养的落实。华东师范大学的教授李季湄对核心素养与《指南》进行了比对研究，认为《指南》基本体现了核心素养的宗旨，虽然两者表述不一样。所以，尽管《指南》是在几年前出台的，现在看来仍然很先进。《指南》落在了实处，核心素养目标就基本实现了。

2. 活动是最好的教育方式。在这个问题上，学前教育做得最好。通过用、通过做、通过活动来完成各领域学习任务，在尽可能真实的情景中开展尽可能真实的活动。对幼儿园来讲，游戏正是一种非常好的教育形式。文化名人席勒在《审美教育书简》一书中说道："只有当人充分是人的时候，他才游戏；只有当人游戏的时候，他才完全是人。"这句话说明了游戏所体现的一种境界——忘记、摆脱各种功利的需求，完全按照自己内心的需要，全神贯注地投入到一件事情中，如游戏般的工作、学习，这句话应该是所有教育阶段乃至人的一生都应该追求的。活动是最好的教育方式，也是推进核心素养落实的最好方式。

3. 学前教育阶段推进核心素养落实的三点建议。一是建立经历清单制。"经历清单"记录的内容不是孩子们在幼儿园学到多少东西，而是孩子们在幼儿园经历过什么事，是把幼儿在幼儿园3年中对他一生成长有意义的，需要他去经历、去体验、去感受的事情列个清单，等孩子3年后离开幼儿园时，再一条一条地对照，核实这个孩子应该有的经历是不是都经历过。德国的幼儿教育专家曾经提出学前教育阶段幼儿必需的94个经历，其中的一个经历是让孩子在幼儿阶段要有一次在陌生人家里过夜的体会，这个经历对他以后的成长，理解一些问题、理解他人、遵守规矩等都是有好处的。经历是最好的教育，丰富的经历是一个人在成长中重要的资本。但现在遗憾的是，我们对经历不大看重，我们更看重的是做作业，把有限的时间白白浪费了。二是建立习惯清单制。我们要明确幼儿园小、中、大班3年时间中，幼儿必须养成的10—20个习惯，习惯是必须要重复的。每位园长要提出你的幼儿园的习惯清单或习惯目录。在孩子离开幼儿园走进小学的时候，你能很自豪地、负责任地说：我的这些孩子已经具备了应有的良好习惯。三是建立家园教育一体化机制。幼儿园对孩子的成长很重要，家庭比幼儿园更重要。幼儿园的教育思想、教育理念必须和家长沟通一致才能形成合力，否则，我们许多的愿望难以实现。哪些习惯的养成需要家长的配合？哪些必需的经历幼儿园做不到而家长一定要做到？幼儿园可以了解情况、反馈共享，但真正实施这些经历可能需要家长密切配合。建立家园教育一体化的制度不仅非常必要，而且要将它制度化。

序二

坚持科学保教，推进内涵发展

山西省幼儿教育中心　李志宇

编者按： 1996年，山西省幼儿教育中心成立，恰逢国家“九五”计划开始实施，我省学前教育面临重重发展难题。幼儿教育中心“不忘初心，牢记使命”，在“九五”至“十二五”期间，始终坚持贯彻党和国家及我省有关学前教育的方针政策，引领并推进全省幼儿园课程改革，促进幼儿园园长、教师专业发展；以科研为先导，以教研为抓手，为全省各级各类幼儿园提供专业支持，为学前教育行政决策提供科学依据，形成了值得推广的成果和经验。“十三五”规划实施以来，幼儿教育中心在前期取得的成果基础上，进一步推进全省学前教育的内涵发展，促进学前教育质量的进一步提高。回顾过去，展望未来，我省学前教育必将取得更大成就！

山西省幼儿教育中心自1996年成立以来，始终以贯彻党和国家与我省有关学前教育方针政策为己任，坚持科学保教，遵循幼儿身心发展规律，引领学前教育正确方向；坚持科学研究，积极推进幼儿园课程改革和教师专业发展；在新时期深刻领会“精准扶贫”精神，注重农村园、薄弱园的发展，积极推进缩小城乡、区域、园际之间的差距，进一步推进我省学前教育内涵发展。20年来，我们经历了探索、奋进、创新的发展阶段，基于山西省省情的学前教育各项改革都取得了丰硕的成果和显著的成绩。“十三五”规划实施之际，在认真学习贯彻党的十八届六中全会精神，深入学习贯彻习近平总书记系列重要讲话精神和治国理政新理念、新思想、新战略的大好形势下，我们对全省学前教育内涵发展工作进行全面的回顾和总结，向党和人民汇报；积极总结经验教训，为山西省学前教育内涵发展注入新的活力。

一、山西省学前教育发展现状

从“九五”到“十二五”时期，山西省学前教育和全国大多数地区一样在经历了不平坦的发展之路后取得了历史性的突破。截至2016年年底，我省学前教育的现状如下：

（一）学前教育机构情况。全省共有幼儿园6708所（其中民办幼儿园2784所），比开展“学前教育三年行动计划”前的2009年增加2354所。

（二）师资队伍情况。全省共有专任教师51110人，比开展“学前教育三年行动计划”前的2009年增加23881人。

（三）学前教育普及情况。全省在园幼儿990985人，比开展“学前教育三年行动计划”前的2009年增加348104人；学前教育毛入园率达到88.2%，比开展“学前教育三年行动计划”前的2009年增加38.6个百分点，比全国学前教育毛入园率的77.4%高出10.8个百分点。

2010年以来，历经两期“学前教育三年行动计划”，我省学前教育事业发展迅速，城乡幼儿园特别是农村幼儿园办园条件得到了极大改善，“入园难”问题明显缓解。

二、“九五”—“十二五”时期山西省学前教育内涵发展回顾

（一）“九五”时期（1996—2000年）

1. 时代背景

1996年，原国家教委颁布了《幼儿园工作规程》（以下简称《规程》），自6月1日起施行，同时宣布1989年发布试行的《幼儿园工作规程》废止。

原省教委幼教处撤销后，幼教行政管理职能并入基础教育处。1996年，经山西省机构编制委员会批准，山西省幼儿教育中心成立，同时挂“山西省幼儿教师进修学校”的牌子，主要职责任务是：协助拟定全省幼儿教育科研规划及组织规划实施；对全省幼儿教育教学和科研工作进行业务指导；承担幼儿园园长、幼儿教师培训工作；管理省幼教中心实验园。其时，各级各类幼儿园教学内容普遍以语言、计算、常识、音乐、体育、美术六科为主，采用集体上课形式，重视知识教学，“小学化”现象严重。针对这一问题，省幼教中心引领各地市自上而下学习贯彻《规程》，开始了我省“优化一日活动，实施素质教育”的幼儿园课程改革第一阶段的探索。

2. 主要措施及成效

（1）调查了解情况

省幼教中心从调查了解我省学前教育现状入手，先后深入各地市、县（区）的不同类

型幼儿园，对其中1 711所幼儿园的教职工队伍和领导班子情况进行了调查分析，基本掌握了全省幼儿教育的状况，摸清了存在的主要问题与困惑，为今后有针对性地开展各项教改工作做好了前期准备。

（2）举办各类培训

举办学习贯彻《规程》省级培训，在全省开展“优化幼儿一日生活”的活动，引导各级各类幼儿园注重环境对幼儿的教育作用，将幼儿教育的出发点和落脚点落实到幼儿素质的提高上。承担“幼儿园园长岗位培训”“幼儿教师继续教育培训”，共组织各类培训21期，受训教师5783人次。组织全省各级幼儿园园长赴北京、上海、南京及沿海地区考察学习，开阔视野，更新观念。

（3）成立“四级教研网络”

针对多数地市没有专门的幼儿教育研究机构和专职教研员的现状，首先成立省级幼儿教育中心教研组，引领各市相继成立市级教研组、县级教研组和幼儿园教研组，构建省、市、县、园四级教研网络，形成专、兼职相结合的幼教研究队伍，开展了针对优化幼儿园一日活动，提高保教质量的系列教研活动，组织开展了全省幼儿园（班）自制玩教具展评活动，编辑出版了《幼儿园玩教具设计与制作》，丰富了幼儿的游戏内容。

（4）开展课题研究

省幼教中心承担了山西省教育科学“九五”规划重点课题“幼儿教师在职培训的研究”，其研究成果为教育行政决策提供了依据，代省教委起草了《全省幼儿园园长岗位培训实施方案》和《山西省幼儿教师继续教育实施方案》，编写的《幼儿园法律问题案例评析》由知识出版社出版，填补了我国幼教法律问题著作出版的空白，引起了有关部门和兄弟省市同行的关注。承担的“适应山西省情，实施幼儿素质教育实验研究”课题，在两个县级市及11个市81所不同类型的幼儿园进行了实验。编制了一套基本符合山西省省情的《幼儿园中观教育目标》，编写出版了《幼儿园教育活动设计与指导》（小、中、大班分册），在全省打破了传统的六科教学的课程模式；探索了以目标为主的幼儿教育活动，优化了幼儿园一日活动，对扭转幼儿教育“小学化”倾向起到了积极的促进作用；培养和锻炼了一大批幼儿教师，促进了园长和教师的课程观、教育观、儿童观进一步向素质教育要求的目标转变。

（二）“十五”时期（2001—2005年）

1. 时代背景

“十五”时期，全国第二次课程改革开始，学前教育课程改革以2001年教育部颁布《幼儿园教育指导纲要（试行）》（以下简称《纲要》）为标志。“以人为本”“整体教育观”“主体发展观”“新评价观”和“新的教师观”等教育理念成为改革的核心，重点解决进一步转变教育观念，促进教育观念与教育行为的有机结合等改革的难点问题。

当时，学前教育发展面临的另外一个背景是：全国市场经济正在发展，综合国力还不够强，教育部提出了“以公办园为骨干和示范，以社会力量兴办为主体”的发展格局。在这样的背景下，公办园不仅没有兴建，有的还被卖掉或改制，山西也受到了一定的冲击和影响。在我省，民办园大量兴起，但教育理念与管理严重滞后，而公办园的引领作用不足。很多幼儿园纷纷引进各种课程模式，存在着盲目跟风、模仿，急功近利等问题。为了竞争生源，许多幼儿园纷纷开办学前班、识字教学、珠心算等所谓的特色班，学前教育商业化运作、市场化倾向明显，这些乱象一定程度上造成学前教育事业大滑坡。

2. 主要措施与成效

（1）开展课题研究

针对以上乱象，省幼教中心主持了“十五”省教育科学规划重点课题——“山西省幼儿园课程改革实验研究”，进入我省幼儿园课程改革第二阶段的探索。以课题研究为引领和抓手，带动全省进行了一次全面的、深入的幼儿园课程改革。在对全省11个市幼儿园课程现状调研的基础上，全面分析了全省幼儿教育现状与需求。同时，认真解读和准确把握《纲要》精神，结合三晋文化特色开展地方课程建设。全省有58所幼儿园作为课题实验园，承担了26项子课题。经过5年的实验研究，课题研究取得了显著成效。主要成果有：《山西省幼儿园课程指南（试行）》，由省教育厅以正式文件下发（晋教基［2004］36号）；编写出版了山西省幼儿园教师指导用书——《山西省幼儿园课程改革理论指导》《山西省幼儿园课程改革实践指导》（小、中、大班）及《幼儿活动材料》《幼儿发展评价手册》（小、中、大班）和辅助材料等，建构了山西省幼儿园地方课程，促进了《纲要》精神的贯彻落实，规范了我省各级各类幼儿园的办园方向，推进了幼儿园的课程改革，有力地扭转了“小学化”“成人化”“商业化”现象；为广大园长和教师转变观念、改善教育行为提供了专业支持；填补了长期以来山西没有针对本省省情的、供幼儿园教师使用的指导用书的空白，这套丛书至今仍是许多教师的案头必备用书。

（2）完善“四级教研网络”

依据省教育厅《关于加强全省幼儿教育教科研工作的指导意见》精神，又成立了省直幼儿园教研组、民办幼儿园省级教研组，使我省教研网络更加健全，教科研工作从原来的纵向管理指导进一步走向分层次、分类型管理和指导。并相继开展了幼儿健康、语言、社会、科学、艺术五大教育领域的课程组织与实施、主题活动、幼儿游戏等方面的教研和培训，发挥每两年一届山西省幼儿园保教能手评选的导向功能作用，提高教育教学活动质量。广大幼教工作者进一步从理论到实践理解了“以人为本”“课程整合”“游戏为基本活动”等理念在保教实践中的体现和运用。

(3) 重视发挥省级培训的作用

按照省教育厅《关于进一步加强幼儿教育培训工作的意见》的要求，即通过培训，使各级幼儿教育管理者和广大幼儿教师深入了解国家及省幼儿教育的有关政策，树立与幼教改革相适应的教育思想观念，掌握符合幼儿教育改革的管理方法和教育技能。在每年做好园长岗位培训、幼儿教师全员培训等制度性培训的同时，积极关注幼教的重点、热点和难点问题，针对不同类型幼儿园、不同层次幼教工作者的需求，共举办各类省级培训班19期，参训人员达3 829人次，在提升教师素质方面发挥了重要作用。

(三)“十一五”时期(2006—2010年)

1. 时代背景

“十一五”时期，党的十七大报告明确提出“重视学前教育”，全国学前教育的重点任务是深入贯彻落实《纲要》精神。

省幼教中心针对我省幼儿园对《纲要》核心精神学习理解不够深入、“重幼儿知识学习、技能训练，轻幼儿情感、态度、能力的培养与发展”、公办幼儿园出现大班幼儿流失或举办学前班等现象，将工作重点聚焦在贯彻落实《纲要》精神、《山西省幼儿园课程指南(试行)》和促进幼儿园保教质量的提高上。

2. 主要措施与成效

(1) 引领和指导幼儿园保教常规工作

我省各级各类幼儿园在贯彻落实《纲要》精神中出现了以下现象：对《纲要》理念理解不深、不透、甚至片面；教师讲理念头头是道，而实际行为却与理念相距甚远；盲目追新求异，忽视课程教学的本质等。因此，我们将关注点放在了引领幼儿园及教师回归教育本质、关注影响幼儿发展的基础问题上，进一步夯实幼儿园保教工作常规，以确保幼儿教育健康、稳步、持续发展。并先后开展了提高教研活动的有效性、集体活动质量的评价与指导等多种类型的活动。

利用制度性的“幼儿教师继续教育培训”“幼儿园园长岗位培训”和“园长提高培训”，深入贯彻《纲要》对幼儿园教育教学的要求，继续推进幼儿园课程改革，促进园长、教师教育观念的进一步内化，改善教育教学行为，增强基本功训练，优化幼儿园一日活动，提高幼儿园教学质量；引领幼儿园去思考应该关注什么、重视什么、做到什么；指导幼儿园通过教研活动认识日常保育教育工作的重要性并解决保教实践中的问题，强化幼儿园一日生活皆课程的观念，通过对每一教育环节的研磨，进一步明晰教与学的关系。

(2) 探索和推进全省幼教科研工作

①启动“山西省教育科学规划幼教专项课题”。“十一五”期间，在省教育科学规划办支持下，开辟了我省幼儿园进行课题研究的正规渠道。2006年省幼教中心下发了《关

于下发〈山西省幼儿教育“十一五”课题指南〉的通知》（晋教幼中［2006］6号），对课题申报条件、申报程序进行了严格的规定。全省各级各类幼儿园积极申报课题123项，准予立项56项，成功结题48项。课题研究提升了幼儿园的保教质量，促进了教师的专业成长，形成了大量的研究成果。

②2006年6月，我省召开了首次幼儿教育教科研工作会议。会议提出了我省教科研工作思路，确定了我省教科研工作目标，启动了山西省幼儿教育教科研骨干培养活动，制定了培养方案。活动每两年举办一次，每次培养100名教科研骨干。活动的培养目标为：能够指导全省各级各类幼儿园的教育教学活动，能够组织开展各类教研活动，能够主持开展小课题研究。两届200名教科研骨干经过培养考核，有186名教师获得山西省教育厅颁发的“山西省幼儿教育教科研骨干”证书，这些教师大多已成长为本园或本地的业务骨干。

③承担课题研究。针对我省长期以来学前教育评价存在随意性强、为评价而评价等问题，省幼教中心申报了山西省教育科学“十一五”规划课题——“通过评价促进幼儿园教育质量提高的研究”，通过对我省16个课题实验幼儿园31个班级的环境教育质量进行评估和分析，了解到我省幼儿园教育环境质量现状大部分为中等偏下。基于此，课题聚焦在幼儿园集体教学活动质量的评价和幼儿园教研活动有效性的评价上，力求通过评价帮助广大园长和教师进一步更新教育观、儿童观，提高教育教学能力，促进幼儿园教研活动的有效开展，达到改善和提高幼儿园教育质量的目的。课题成果之一《幼儿园教师实践操作手册》，由南京师范大学出版社出版，已成为指导我省幼儿园教师实践工作的重要工具书之一。

（3）凝聚和整合省内学前教育各方力量

为加强我省幼儿教育教科研的专业引领，把握幼儿教育研究的正确方向，搭建幼儿教育理论工作者与实践工作者合作的平台，提高我省幼儿教育教科研水平，省幼教中心整合我省设有学前教育专业的各类高等院校、幼儿师范学校、教育研究机构、卫生保健机构和省级示范幼儿园等单位的专家力量，于2006年成立了山西省幼儿教育专家指导组。高等院校的专家积极参与全省课题研究、培训与指导等工作，对我省学前教育教科研和幼儿教师专业发展发挥了积极的作用，同时，也为院校的专家了解幼儿园教育情况提供了路径和机会，有利于院校学前教育专业的教学改革。随后，2010年筹备成立了山西省学前教育学会（一级学会），并于2011年4月成功召开了山西省学前教育学会第一届会员代表大会暨学术报告会。大会充分发挥热心于学前教育事业的各界人士的作用，促进了学前教育学术交流和实践探索，为我省学前教育的发展提供了支持与服务。

（四）“十二五”时期（2011—2015年）

1. 时代背景

“十二五”时期，国家颁布了一系列发展学前教育的文件，有关内涵发展方面的有：

《国务院关于当前发展学前教育的若干意见》《关于规范幼儿园保育教育工作防止和纠正“小学化”现象的通知》《3—6岁儿童学习与发展指南》（以下简称《指南》）、《幼儿园教师专业标准（试行）》（以下简称《教师专业标准》）、《幼儿园园长专业标准》（以下简称《园长专业标准》）等文件，为幼儿园课程、幼儿学习与发展、园长、教师队伍建设提出了专业的标准和质量要求。党的十八大报告指出“办好学前教育”，这是对学前教育发展的一个新定位，也是一个以质量为指向的定位。学前教育迎来了前所未有的发展机遇。

我省学前教育在实施“学前教育三年行动计划”中，事业迅速发展，幼儿园园长和教师的儿童观、教育观有了明显的转变；坚持科学保教，坚持儿童立场，坚持以游戏为基本活动；注重幼儿的主动学习，注重教育环境创设，开展了活动区活动，淡化集体教学活动，“小学化”现象进一步改善，促进了我省学前教育内涵发展。

然而，对照国家的新要求，我省学前教育还存在一定的差距。主要表现在办园方向还有偏差；“小学化”现象仍旧存在；幼儿教师数量严重不足；教师专业理论和专业能力不高，缺乏领域知识、儿童发展知识、教学方法知识，这些不足直接影响了教师对儿童行为和发展水平的理解，影响了教师与幼儿的有效互动和对幼儿的有效支持。

针对以上问题，以贯彻落实《指南》为核心，我省幼儿园课程改革进入第三阶段的探索。这个时期从重视教师的教转向重视幼儿的学，从重点关注公办园、示范园的提升转向关注农村园、薄弱园的共同发展。

2. 主要措施与成效

(1) 全面深入地贯彻落实《指南》精神

①学习《指南》，加强培训。全省自上而下不仅对广大幼教工作者进行了《指南》的培训，而且对广大家长也进行了《指南》的辅导与培训，并采取多种形式向社会宣传《指南》，引导广大教师、家长和社会成员实现从单纯注重对幼儿的教到注重幼儿的主动学习和全面发展的转变。通过4年的不断学习与贯彻实施，《指南》精神已经深入人心。

②落实《指南》，开展课题研究。《指南》明确了3—6岁幼儿应该知道什么、能做什么，大致可以达到什么发展水平。但在贯彻落实《指南》的过程中，我们发现教师不会观察、评价与分析幼儿的具体行为和发展水平等问题，难以进一步采取有效的教育策略和方法促进幼儿的主动学习和全面发展。我们申报了山西省教育科学“十二五”规划课题“山西省3—6岁儿童发展评价研究”。借鉴国内外先进的研究成果与经验，从2013年开始，在太原、晋中、长治、晋城、运城5市选取18所实验园145个实验班，综合运用文献法、调查法、观察法、行动研究法等多种研究方法，经过“前期准备与文献研究”“工具研制”“实验园试用”“信效度检验”“工具修改与完善”等阶段，完成了《3—6岁儿童发展评估工具》（以下简称《评估工具》）的研制工作。该课题研究的理论价值在于：

探索解决了我省学前教育评价理论中评价理念、评价功能、评价目标与内容、评价形式与方法等方面存在缺失与偏颇的问题。最大的实践价值在于：一是有效帮助我省幼儿教师更好地理解《指南》中所蕴含的观察评价、师幼互动、主动学习等先进的理念和方法，提升我省幼儿教师的专业能力；二是为山西省学前教育工作者提供专业和技术支持，《评估工具》的应用能够帮助广大一线教师在真实的情境中观察了解儿童学习与发展的情况，进行科学、客观的评价，并及时调整教学方案，将《指南》精神落实在儿童的学习与发展上，提高教育质量；三是能为教育行政部门评估我省学前教育提供科学依据；四是目前在国内还没有看到与《指南》紧密联系的科学的、系统的评估工具，该《评估工具》及其他相关成果具有较强的针对性和指导性，可为全国其他地区幼儿发展评价提供借鉴。

“十二五”期间，经幼教专项课题评审委员会严格评审，山西省教育科学规划办审核，共确定37项幼教专项课题，其中有33项通过了结题鉴定。承担课题的幼儿园在课程改革、区域游戏、家园互动、师幼互动等方面积极探索，形成了一大批优秀成果。经中国学前教育研究会立项的12项课题于2015年11月全部结题，其中，4项荣获一等奖，2项荣获二等奖，并有4项课题在会员代表大会上做了交流。这是山西省学前教育工作者首次在该会议上进行学术交流，不仅为山西省学前教育争了光，也在全国幼教界引发了热烈反响。

③宣传《指南》，开展“学前教育宣传月”活动。2016年省幼教中心协同山西省学前教育学会、太原市教育局、《山西教育》（幼教）杂志社共同举办了“2016年全国学前教育宣传月——山西省分会场现场咨询活动”。在太原市龙潭公园，15位学前教育和小学教育专家围绕“幼小协同，科学衔接”这一主题，从不同角度解答了广大家长的问题与困惑，现场1000余人参与了此次咨询。为了配合活动的开展，还印发了《2016年山西省学前教育宣传月现场咨询活动专业资料》和《“幼小协同，科学衔接”专刊》。全省各市县（区）相继开展的宣传月活动，在社会上取得了强烈反响，为扭转幼儿教育“小学化”“成人化”现象起到了积极的促进作用。

（2）重视帮扶，推进学前教育协调发展

2010年开始，国家大力发展学前教育，并在一系列重要文件中指出：“要重视农村学前教育的发展。”我省在两期“学前教育三年行动计划”中加强农村园建设，并于2014下发了《山西省教育厅关于建立优质幼儿园帮扶机制的指导意见》。省幼教中心认真领会文件精神，发挥山西省学前教育专家指导组、山西省学前教育学会以及特级教师、省学科带头人、省保教能手的作用，加强对省级示范园做好帮扶工作的培训与指导，以乡镇中心园为抓手，每年都深入全省各地的乡镇中心园，对其保教情况进行调研和指导，引领各市有效开展片区教研，解决帮扶实践中的困惑与问题。另外，还承担了每年召开一次帮扶推进会的筹备任务，总结交流我省各市、县（区）、园帮扶工作的先进经验，为帮扶工作的进一步开展提供专业支持。

通过两年的帮扶活动，各地把建立优质幼儿园帮扶机制作为提高学前教育质量的重要举措，形成了城乡一体化管理模式、幼儿园发展共同体模式、区县帮扶和园所帮扶相结合的模式、支教帮扶模式、盟区建设的模式、片区教研模式六大帮扶模式，创新了订单帮扶、分类跟岗、包园蹲岗、岗位结对等十余种帮扶形式。无论是优质园还是被帮扶园，都呈现出互惠双赢的局面。园容园貌得到改善，队伍素养得到提升，园所管理得到规范，以游戏为基本活动的原则进一步得到落实，各级各类幼儿园纷纷创设适宜幼儿主动学习的环境，注重幼儿直接感知、实际操作和亲身体验，积极开展各类游戏活动的探索和推广，“小学化”现象得到遏制。广大农村园尤其是乡镇中心园得到了明显发展，城乡差距、园际差距进一步缩小，带动了区域的整体发展，农村园的保教质量得到了提高。

三、对山西省学前教育内涵发展的思考与建议

随着学前教育的功能和价值日益受到党和政府的高度重视，人民群众追求高质量学前教育的愿望越来越强烈，学前教育的地位越来越有保障。为进一步提高我省各级各类幼儿园保教质量，全面落实核心素养教育，针对我省学前教育存在的问题和不足，我们应该继续强化认识，注重顶层设计，团结全社会力量营造学前教育建设和发展的良好氛围。

（一）依法治教，落实责任，提高认识，强化监督

加强学前教育法制建设，推进学前教育立法进程，切实将学前教育列入政府工作安排的重要日程；建立和完善学前教育保障机制，继续加大投入，科学规划城乡幼儿园建设与发展；整合资源，重视幼儿家庭教育和大众媒介对幼儿教育的影响，创建学前教育社会生态环境，携手社会各界提升全民对学前教育重要性的认识，全面贯彻落实学前教育各项政策、规定和要求；进一步明确各级政府对学前教育的主体责任，确实把学前教育当成关系国计民生的伟大事业来抓，将学前教育发展指标纳入各级政府教育督导考核内容。

（二）科学管理，强化专业，注重均衡，城乡同步

坚持立德树人，加强学前教育行政干部队伍建设，打造一支有热情、会谋划、懂专业、善管理、能推动的中坚力量；加强教研队伍建设，提高园长和教师的专业能力、研究能力和指导能力；注重园长、教师尤其是农村园、民办园园长和教师的专业培养，强化专业性发展与建设，加强我省高等院校和幼儿师范学校学前教育专业的课程改革，提高招生入学分数，为本省培养合格的、满足需求的幼儿教师；不断健全园长、教师培训体系，与

中小学同步落实培训经费，开展多层次、多形式的培训，不断提升幼儿园园长和教师的整体素质；依据教育部印发的《幼儿园办园行为督导评估办法》，完善幼儿园督导评估制度，推动各地加强和改进对幼儿园的监管，强化依法办园、依法治教，促进幼儿园规范办园行为，切实落实并抓好普惠性幼儿园的发展，加强民办园的管理与指导，确保保育教育质量，保障幼儿身心健康、快乐成长、全面发展，不断促进学前教育均衡发展。

（三）增加编制，稳定队伍，提质增效，面向未来

学前教育是一项伟大的事业，需要高素质、高稳定的教师队伍，因此，加强幼儿园教职工队伍建设，不断吸引优秀人才从教是学前教育得以持续发展的动力。目前，我省幼儿教师队伍总量不足、质量不高、编制欠缺、稳定性差，今后一段时期应以落实编制、政府购买服务、提高待遇为重点。按照国家有关规定，幼儿园专任教师与幼儿比例为1∶7，而2016年年底我省的实际比例为1∶19.38。建议各级地方政府落实《幼儿园教职工配备标准》，切实解决长期以来因严重短缺教师制约幼儿园发展的瓶颈问题，科学规划教师队伍梯队建设；依法保障编外幼儿园教师的合法权益，监督落实并解决民办幼儿园的教师待遇问题。总之，建立符合《园长专业标准》《教师专业标准》的师资队伍，是真正保障我省学前教育健康、均衡发展的根本任务和基本条件。

教育是关乎人的生命和共同利益的事业，学前教育是终身学习的开端，是国民教育的重要组成部分，办好学前教育关系到儿童的健康成长，关系到千家万户的切身利益，关系到国家和民族的未来。办有质量乃至高质量的学前教育既是我们学前教育工作者的追求，也是人民群众的期盼，更是国家利益的体现，这将成为我们今后工作的重要任务。

20余年来，山西省学前教育保教质量稳步提升，课程改革不断推进，广大幼儿园的教科研意识和能力明显增强，师资队伍专业化水平得到提高，城乡之间、区域之间、园际之间的差距进一步缩小，形成了一批又一批有借鉴意义和推广价值的成果和经验。“十三五”时期，我们要把握好稳中求进的总基调，明确内涵发展的总方针，确立狠抓落实的总要求，坚决贯彻落实中央决策部署，认真领会和贯彻落实国家及我省学前教育方面的新政策，坚持以共享发展为根本目标，持续推进我省优质园帮扶机制的建立和完善；坚持立德树人，继续提高我省学前教育师资队伍素质；坚持内涵发展，大胆探索创新，加快我省学前教育保障能力建设，提高我省学前教育质量，扎实有效推进我省学前教育稳步、健康、持续、积极的发展。

学前教育基本理论

论儿童精神成长

山西大学　王福兰

【摘要】 儿童精神成长作为儿童期的特有存在，呈现出主动性、独立性和创造性的特有性质。在儿童早期影响儿童成长的最主要的活动是游戏。游戏是儿童的基本活动，也是儿童的主导活动，游戏中蕴含着巨大的教育价值以及游戏本身具有的特质，使得游戏无疑成为儿童精神成长最直接的载体。游戏活动是儿童精神成长的必然路径，游戏精神是儿童精神成长的灵魂，游戏的发展融合着儿童精神成长的轨迹。基于儿童成长这样的特性，儿童教育应该按照儿童自然成长的路径，在游戏中给儿童提供有社会文化的内容，创造与儿童相适宜的生活，让儿童教育充满游戏精神。

【关键词】 儿童精神成长；游戏

儿童精神最早是不存在的，正如“儿童”不存在一样。在古代，儿童从属于成人，儿童就是小大人，看不到儿童精神与成人精神的差异，没有儿童精神一说。到了近代社会，随着文艺复兴时期资产阶级教育思想的兴起，人们开始重新认识儿童，像捷克教育家夸美纽斯以及后来的洛克、卢梭、裴斯塔洛齐等都肯定了儿童的独特性，也看到了儿童与成人的区别，开始承认儿童精神的存在。特别是卢梭的《爱弥尔》的出版，他认为儿童精神是独立存在的，儿童有着一个不同于成人、为成人所不知的精神世界，并认识到儿童精神的独特性。杜威的《学校和社会》中倡导的儿童中心论，对儿童的研究达到高潮。1989年联合国大会《儿童权利公约》的通过，将儿童精神彻底从成人文化中脱离出来，使得儿童精神成为一个独立概念。20世纪80年代，美国学者李普曼提出儿童哲学的概念，认为儿童有自己的哲学，有对世界自己的看法，儿童思想有自己的逻辑，儿童精神有其特质，应该尊重儿童，与儿童平等对话，探索其思想之发生。可以看出，“儿童哲学本质上以儿童精神为基础，是儿童精神成长之学”。[①]在我国，对儿童精神的研究也取得了一些成就。1999年，刘晓东教授出版了《儿童精神哲学》一书，从人类精神文化发生史的角度看到儿童精神成长。2005年，台湾师范大学詹栋梁教授出版《儿童哲学》的著作，重点探讨应该开设儿童哲学课程加强对儿童思维的训练。理论层次上儿童精神越来越受到大家的关注，现实生活中儿童在成人设计好的生活中无奈地挣扎着、应付着。成人没有意识到儿童独特的成长方式，儿童成长危机逐渐凸显出来，儿童的成长期缩短，过早地进入成人世界，过早地运用成人话语，拔苗助长之势愈演愈烈。儿童的成长空间被异化、被肢解、被侵占，儿童迷失在成人设置好的成长道路上，没有个性，早熟、老成、无我，阻碍了其通往精神成长的通道。

儿童精神成长是一个比较宽泛的概念。在不同的年龄段，成长的内容、需求和形态不同，有一定的层次之分。儿童年龄越小，精神成长越强调内在的、独特的、原本的、纯真的生命态势。随着儿童年龄的增长，外界的影响作用才越来越大。从对儿童精神理论的高度重视到实践中对儿童精神成长的忽视，甚至儿童成长出现危机，其重要原因就是成人不能真正了解儿童的成长特征，不懂得儿童成长的内在规律，特别是对儿童精神理解的不彻底，对儿童精神成长特质以及儿童精神成长规律没有很好把握；忽视了儿童的内在的、原始的、本性的展现，没有按照儿童固有的特性为儿童提供适合的成长环境和教育。儿童在整个人类发展史中占据着重要的地位，儿童就是儿童，儿童应该成为儿童应该成为的样子，并且保持每个成长阶段的丰富性和真实性，按照儿童自己的成长大纲成长发展。因此，对于儿童精神成长有必要纳入到人们的视野，作为研究的重要话题。

一、儿童精神成长的特性

儿童精神成长作为儿童期的特有存在，呈现出本阶段成长独特的性质，其主动性、独立性以及创造性是其发展的源头也是其归宿。儿童精神成长借助其主动性、独立性以及创造性展示着自己的力量，也表达着儿童生活的一种精神特质。

（一）儿童精神成长的主动性

儿童精神成长的主动性是指儿童作为人、作为活动的主体，通过自己特有的方式主动作用于周围的事物以及亲近的人，积极主动地作用于与自己身心发展水平相适应的环境。儿童天生的好奇心和强烈的求知欲，使得儿童对外部环境进行积极的探索和主动的经验建构。儿童通过对物体的直接感知和实际操作了解事物的基本特性，发现自己的动作和事物

① 方红．“儿童精神”研究：回顾与展望［J］．教育导刊（下半月），2010（3）：20.

变化之间的关系；通过与成人和其他儿童的主动接触，体会人与人之间的关系，学习人际交往的技能，体验交往带来的积极体验。

从近现代关于儿童教育的研究，以及国内外学者对儿童成长的论述中，我们可以明显地感受到儿童精神成长的主动性。裴斯塔洛齐提到的“本领”就是所谓的天赋力量，儿童成长就是内在天赋本领的主动展现，这种主动的天性要与外界环境相互适应、相互补充。福禄贝尔把儿童比作花木，每种花木都有自己独有的成长规律。儿童也一样，儿童的自我主动性活动是儿童发展自我精神力量的途径。杜威也提出了儿童生长的表现是习惯，儿童的成长应引导习惯的形成。这种主动的习惯使得儿童在活动中根据成长过程的不同情境，主动地调整自身的活动，主动与周围环境达到协调。同时，皮亚杰的认知发展理论强调了儿童认知经验的主动建构，强调儿童认知成长的主动性，这种主动性是儿童精神成长的重要保障。

（二）儿童精神成长的独立性

独立性是儿童依靠内在的生命力自发地在自由活动中自觉地获得的。独立性经过了生理的独立到心理的独立，以及独立意识到独立活动能力的发展。生理的独立最初是在儿童大约1岁开始的，儿童独立行走，自由行动，能够按照自己的意愿去看自己想看的，去做自己想做的。随着身体的独立和语言的发展，儿童的自我意识萌芽，心理的独立性开始产生，与此同时还产生强烈的独立意识。对于儿童来讲，其独立意识与独立能力并不是同步的，独立意识的萌芽一般要早于独立能力的产生，并且独立活动能力的大小与成人对儿童独立活动的要求的态度有关。

蒙台梭利的儿童成长观进一步揭示了儿童成长的独立性。蒙台梭利提出“内在生命力”的概念，认为儿童的独立是一种生理状态，是内在生命力逐渐显示出来的过程。“内在生命力”就是儿童成长的动力。新精神分析学派的代表人物埃里克森的人格发展理论中也强调自我在个性发展中的作用，他认为每一个阶段都是一个矛盾体，向积极方面发展，加强自我的力量；向消极方向发展，削弱自我的力量。发展中的早期儿童通过利用新的心智机能和活动技能，为自己做选择、做决定，如果成人允许儿童合理地自由选择，也接纳儿童在成长过程中的失误，儿童就会表现出一定的自主性；反之，成人对儿童成长要求过严，控制太紧，或放任自流，这种自主性就会消失，儿童就会对自己的能力表示怀疑、对自己的不恰当行为感到羞怯。所以，儿童独立性的成长既是一种儿童的自然成长状态，又是成人在其自然状态下加以呵护和支持的结果。儿童的内在的、独立性的成长方式与外在的、依赖性的成长需求相互作用，建构着自己的精神世界，使自己的精神不断成长。

（三）儿童精神成长的创造性

创造性是儿童精神成长的第三个特性。这种创造性是原发的、既有的，又是儿童特有的。儿童的精神成长离不开与周围环境的相互作用。当儿童面对已知并且是非常熟悉的环境和物体时，总会想方设法进行特殊性的探究，也就是脱离原来的、固定的玩法和认知的约束，按照自己的愿望和想法作用于材料和环境，表现和整合着自己已有的经验，体现出个体独特的创造性。

我国伟大的人民教育家陶行知先生提出“儿童的创造力是人类社会遗传下来的人类才能的精华，儿童蕴藏着成长的潜力和创造力，教育的任务就是要发现并解放儿童的创造力”，[①]创造性成为儿童精神成长的重要组成部分。蒙台梭利也提出“心理胚胎”的概念，认为儿童“创造我们智力的一切要素以及人们所具有的一切”。[②]儿童不仅创造了儿童自己，创造了自己的身体、精神和智慧，同时也创造了成人，“儿童是成人之父”。从这个意义上来讲，创造性应该是儿童作为精神成长的主体的本质特征。

二、儿童精神成长的载体：游戏

基于儿童成长这样的特性，那么就需要给儿童成长提供相适应的成长环境，最大限度地激发儿童的主动、独立、创造的天性。儿童期影响儿童成长最主要的活动是游戏。游戏是儿童的基本活动，也是儿童的主导活动，游戏中蕴含着巨大的教育价值以及游戏本身具有的特质，使得游戏无疑成为儿童精神成长最直接的载体。

（一）游戏活动是儿童精神成长的必然路径

儿童精神成长的主动性、独立性和创造性是其内在的力量，也是发展的方向。如何让这种内在的力量得到充分释放，那么就必须寻找一条最有利于其发展的路径。这种路径必须借助于一定的活动才能得以实现。因为活动是人生存和发展的动力和源泉，也是儿童精神成长的最好依托。但是并不是任何活动都有利于儿童精神成长。只有有利于儿童精神成长的主动性、独立性和创造性得到充分表现与肯定的活动，才是儿童精神成长的适宜路径。这种活动一方面可以使儿童精神成长的特性充分表现；另一方面，也可以促进儿童精神成长的特性最大限度地发展，同时还应该和儿童身心发展水平与特点相适宜。

儿童的活动包括游戏活动、学习活动和生活活动。学习活动对于儿童来讲，学习内

① 中央教育科学研究所. 陶行知教育文选［M］. 北京：教育科学出版社，1981：304.

② （意）蒙台梭利. 蒙台梭利幼儿教育科学方法［M］. 任代文，主译校. 北京：人民教育出版社，2001：355.

容、学习方式、学习进度等都不能由儿童自己决定，在学习活动中儿童精神成长的特性不能得到充分发挥。生活活动由于受到儿童年龄以及自理能力的限制，不能完全符合上述要求。游戏是除了日常生活活动以外发生频率和占据童年时间最长的活动。当然不能因为儿童的大部分时间是在游戏中或以游戏的形式而发生或进行，就把游戏作为儿童的基本活动甚至是主导活动。在所有的活动中只有游戏活动有利于儿童主体性的充分发挥，与儿童身心发展水平相适宜，能最大限度地促进儿童的精神成长，成为儿童精神成长的必然路径。

游戏活动是儿童精神成长的必然路径，首先是因为游戏活动是与儿童的身心发展水平相适宜的活动。游戏中蕴含的主动性、独立性和创造性与儿童精神成长特质一脉相承。游戏中的儿童总是被活动内容所吸引，总是积极主动地尝试各种方法寻求解决问题的各种途径，处于积极主动的情绪状态中；而且，儿童能够按照自己特有的方式积极主动地作用于环境，利用自己已有的经验进行积极主动的建构，不需要外界的规范和教化。在游戏中儿童能主动地成长。在游戏中，儿童按照自己的主体地位独立地决定着活动的内容、形式、方式、方法，玩什么、和谁玩、怎么玩都是由自己决定，儿童控制和驾驭着游戏环境中的一切。游戏也是一种创造性的活动。儿童在游戏时按照自己的意愿创造性地作用于游戏中的人和物，总是满怀激情地遨游、沉浸在自己幻想的属于自己的世界中。同时，游戏也是一种愉快的活动，游戏性体验是游戏的重要组成成分，是人类精神生存所需要的精神力量，这种体验包含着自主自由、兴奋兴趣、愉悦轻松、胜任感、成就感、支配感等。正是有了这种体验，游戏才是儿童的游戏，才能保证儿童的主体性地位。

其次，游戏蕴含着巨大的发展价值。游戏中的儿童总是处于活动状态中，既锻炼小肌肉的灵活性，也促进大肌肉的发展，儿童机体的协调性、平衡能力得到了很大的发展。在游戏中，儿童按照自己的兴趣和愿望去接受和加工外界环境的信息，用自己特有的方式认识世界，用自己独特的方式解决问题，提高了创造力和思维水平，促进其认知能力的发展。游戏中儿童在轻松愉悦的氛围中获得快乐、自信、满足等积极情绪，表达自己的真实情感，是儿童情感自我表达的通道。同时，在游戏中儿童认识了自己，也认识了自己和他人的关系，学会了人类社会交往中的社会技能和社会规范，满足了儿童自我实现的需要。

（二）游戏精神是儿童精神成长的灵魂

从哲学上来看，精神是人存在的本质属性，是人的一种心理状态，是意识的产物。对于人赖以依存的活动而言，精神就是活动的本质。游戏作为一种活动，其精神就是游戏的实质。不管是哪种水平、哪种形式、哪个年龄段，也不管何时何地，只要是游戏活动都表现出来的一种属于这个活动特有的自身的属性和特质，我们都可以称之为游戏精神。那么在游戏中表达、传递以及凝聚的是一种什么精神呢？简单地说，游戏精神就是主体性精神。游戏精神的主体性直接表现为主动性、独立性和创造性。这种精神是儿童精神，但不是儿童期的特权，不会随着儿童期的结束而结束，而应该始终伴随儿童精神成长甚至是一生精神成长的。具备了这种精神，儿童成长才能生动活泼、主动自觉，儿童才不会失去自我，并能够很好地理解自我、把握自我、发展自我，才能真正成为成长的主人。教育实践中儿童成长产生危机，甚至提出童年的消逝以及童年之死，无非是儿童精神缺少了灵魂，成长缺少了动力。儿童处于一种被动、依赖、模仿的状态中，活在成人世界中，逐渐失去了自我，而成为大人支配下的“小大人”，因此主体性精神是儿童精神成长的灵魂。没有主体性，儿童精神成长就会失去目标和方向，失去动力和活力，就如人没有了灵魂，剩下的只有一副空空如也的躯壳而已。儿童精神成长内在的主动性、独立性、创造性，与其外在的游戏活动中体现的主动性、独立性、创造性浑然一体、内外辉映，达到完美的统一。这种主体性精神既是游戏精神的内涵，也是儿童精神成长的灵魂。

（三）游戏的发展融合着儿童精神成长的轨迹

霍尔的复演论把胚胎学关于人在发展中、种族发展演化的情形会再现的思想，用于表达儿童的游戏，认为游戏的发展是以不同的形式重现祖先的进化历史，人类的文化发展阶段与儿童游戏发展阶段具有对应关系。游戏的发展和儿童的成长一脉相承，游戏发展的过程融合和勾画着儿童精神成长的轨迹。

按照皮亚杰认知发展理论的观点，游戏发展经历了从机能性游戏到象征性游戏最后到规则性游戏的形式的变化。他认为儿童游戏最初的表现是机能性的，是靠感觉和运动来进行的，可以称之为感觉运动游戏。这种感觉运动游戏随着儿童感觉器官和运动器官的发展成熟不断发展和完善，给孩子带来的是生理上的愉悦，是生理性的。到两岁以后，儿童的游戏性质发生改变，开始从真实走向虚拟，从现实走向想象，以物代物、以人代人的象征性游戏逐渐成为儿童游戏的典型特征。到学前期末，随着儿童认知范围的扩大，思维能力的初步发展以及社会化水平的提高，更加高级的规则性游戏萌芽和发展，游戏又回归现实。但是，无论是早期机能性游戏、象征性游戏还是儿童的规则游戏，都是以具体的物化形态而存在的，这些游戏是儿童享受生命、体验幸福的主要活动途径。随着儿童意识的发展，思维能力的逐渐形式化和运算化，这种物质形态的游戏活动就渐渐远离儿童，成为儿童成长的次要部分，取而代之的是学习生活。物质形态游戏的消失并不意味着游戏的消失，观念形态的游戏随之而起。观念形态的游戏是一种内化的游戏意识，是游戏具体形态特征的表达和概括，以其他更高级的比如审美、文学等形式出现。如果说物质形态的游戏是属于儿童精神成长无意识层面的活动的话，那么观念形态的游戏则是儿童精神成长的意识层面的活动。

游戏的发展经历了从具体形态到观念形态的过程，这个发展过程演绎着儿童从感性到理性、从自我中心到去自我中心、从潜意识到意识、从可能到现实、从受动到主动、从依赖到独立、从模仿到创造的精神成长的过程。游戏发展的过程就是儿童精神成长的过程。

三、儿童精神成长的教育启示

儿童精神成长既是生物性的，也是社会性的；既是一种原发性生命的自然成长，也是一种开放性生命的文化成长。儿童精神成长是由内向外的展示过程和由外向内的内化过程的结合。游戏促进儿童由内向外地展示，教育则是导致儿童精神由外向内地内化，两者相辅相成。

（一）儿童教育就是在游戏中给儿童提供有社会文化的内容

教育是为了滋养个体精神成长的需要，是顺应儿童成长的速度，以使儿童的成长和生活处于一种自然的状态。儿童教育应该按照儿童自然成长的路径，在游戏中给儿童提供有社会文化的内容，使儿童成为每一个独特的自我。在家长提速成长的要求之下，各种各样成人给儿童安排好的成长时间表，侵占了儿童精神成长的空间，缩短了儿童成长的时间，也缩短了儿童期和游戏期。儿童弱小的身体、受伤的心灵以及精神世界，正在成人设计好的成人大纲下扭曲地成长。因此，教育要充分利用游戏，在游戏中给儿童提供有社会文化的内容，给儿童提供一个有准备的环境，依靠儿童自我的吸收性心智，使儿童成为儿童应该成为的样子，成为每一个独特的自我。

（二）儿童教育就是创造与儿童相适宜的生活

目前，儿童教育的现状是，成人为了儿童将来的美好生活，过早地进行知识灌输和技能训练，单纯地把低一阶段的教育任务看作是为高一阶段做准备，因此，出现了亲子园“幼儿园化”，幼儿园“小学化”的现象。他们忽视儿童本阶段的心理发展特点，忽视本阶段的成长规律，忽视本阶段的教育价值，使儿童在成人的指挥棒下不堪重负地成长。

为了更好地促进儿童精神健康成长，儿童教育就要沿着正确的轨道，创造与儿童相适宜的生活，充分发挥每一个阶段中主导活动的重要作用。所以，在学前教育领域中就提出了“幼儿园应该以游戏为基本活动”的论断。“幼儿园应该以游戏为基本活动”不是我们普通意义上理解的用游戏活动来代替幼儿园所有的活动，也不是幼儿园所有的活动都通过游戏的形式来组织，其实质是使幼儿园的所有活动都具有主动性、独立性、创造性的特征，使学前儿童在幼儿园以及所有活动中都能积极主动、生动活泼、独立创造性地生活。

既包括通过游戏的形式来组织教育活动，也包括不见其形、只见其神的教育活动。这样的生活才是儿童适宜的生活，才是真正儿童的生活。这样的教育才是符合儿童特点的教育，才是适宜儿童成长的教育，才是真正的儿童教育。

（三）儿童教育应该是充满游戏精神的教育

儿童教育，特别是学前儿童教育，与游戏、生活是不能截然分开的。教育是游戏，游戏是教育；生活是游戏，游戏是生活；生活、游戏、教育应该是融于一体的。游戏、生活中蕴含着教育的内容，教育可以利用游戏的方式进行，游戏更是充斥在幼儿园所有活动中的精神。因此，教育应该成为充满游戏精神的教育。

充满游戏精神的教育就是创造游戏性的教育空间，创设与儿童精神成长相适宜的环境。儿童精神成长的特质决定了儿童是成长环境的主人。教育空间既包括物质空间，也包括精神空间。物质空间保证宽敞自由的空间，创设多样化的区域，提供丰富的操作材料，留有充足的游戏时间；精神空间保证儿童交流的开放性、选择的自由性和私密性，提供心理的安全感。在这样的教育氛围中，儿童通过自由操作、主动探究、独立体验，充分满足每个人的需求，最终按照自己的成长大纲健康快乐地成长。

参考文献：

[1] 方红．“儿童精神”研究：回顾与展望［J］．教育导刊（下半月），2010（3）．

[2]（英）伊丽莎白·劳伦斯．现代教育的起源和发展［M］．纪晓林，译．北京：北京语言学院出版社，1992．

[3]（美）约翰·杜威．民主主义与教育［M］．王承续，译．北京：人民教育出版社，2001．

[4]（意）蒙台梭利．蒙台梭利幼儿教育科学方法［M］．任代文，主译校．北京：人民教育出版社，2001．

[5] 中央教育科学研究所．陶行知教育文选［M］．北京：教育科学出版社，1981．

[6] 刘焱．幼儿园游戏教学论［M］．北京：中国社会出版社，2000．

[7] 刘晓东．儿童精神发生学对儿童教育、儿童文学的影响［J］．上海师范大学学报（哲学社会科学版），2008（1）．

[8] 刘晓东．儿童精神哲学［M］．南京：南京师范大学出版社，1999．

［原载于《教育理论与实践》，2016年第16期］

我国学前教育现代化的推进方略：人文与科学并重*

——从陈鹤琴的学前教育现代化探索说起

太原师范学院　贾宏燕　崔艳萍

【摘要】 后发外生型的我国学前教育现代化始终面临古今传统和中外文化的冲突与压力，陈鹤琴将源于中国传统的幼教目标与科学的研究路径相结合，创立中国自己的幼教体系，成为人文与科学并重的成功先例。改革开放以来，面对深受市场化、功利化和全球化影响的学前教育，国家通过颁布数份学前教育指导性文件，引领学前教育回归促进幼儿健康成长的教育原点，并抓住提高幼教科学性的命脉，用人文与科学并重的方略将学前教育现代化继续向前推进。

【关键词】 学前教育现代化；人的现代化；幼儿健康成长；人文；科学

教育现代化是教育发展在社会现代化进程中表现出的适应性特点和趋势，是传统教育向现代教育转变的过程。在我国，教育现代化大体经历了萌芽阶段（1840—1911年）、成形阶段（1912—1949年）及演变和发展阶段（1949年至现在），学前教育现代化也基本依随这一进程，走过了一百多年的历程。并曾在理论与实践上受惠于或日本，或欧美各国，或苏联教育现代化的示范，但这种“被引领”的发展从一开始便将我国学前教育现代化置于古今传统和中外文化的冲突与压力之中，并因此使我国学前教育现代化失却“本土文化自觉”。在改革开放以后的新一轮幼教改革进程中，这一“古今中外”问题非但未曾消弭，却由于“中国教育现代化的坐标已从一国转向了全方位的对外开放”而更加凸显。《国家中长期教育改革和发展规划纲要（2010—2020年）》（以下简称《教育规划纲要》）提

*本文系山西省科技厅“软科学”项目“学前教育现代化的理论构建与实践样态研究”（编号：2012041034-01）的阶段性研究成果

① 潘乃谷，潘乃和. 潘光旦教育文存［M］. 北京：人民教育出版社，2002：57.

出了“到2020年，基本实现教育现代化”的战略目标，如何在古今传统和中外文化的冲突中绘就中国自己的学前教育现代化“图景”？仍是当代中国学前教育现代化进程中待解之“难题”。以陈鹤琴为代表的幼教前辈对中国学前教育现代化的探索无疑能提供借鉴。

一、学前教育现代化进程中的文化自觉与科学追求

（一）以文化的“绵续性”之本确立教育目标，推进传统幼教的现代性转换

潘光旦先生曾形象地指出：“教育的唯一目的是在教人得到位育，位的注解是‘安其所’，育的注解是‘遂其生’，安所遂生，是一切生命的大欲。”[①]教育现代化发展的终极目标是人的现代化。现代人“所位”与“所由育”的背景离不开其环境，而环境不外主观环境和客观环境。客观环境又可分为物质环境和文化环境。民族固有的疆土、气候、物产是其物质环境，而固有的语言、文物、制度则构成其文化环境。不论是与生俱来的主观环境，还是横贯时空的文化环境，对于现代人而言都是生而就有，并将持续终身的背景。教育的目的自然是要让现代人能融入这种固有的环境，与其形成“相成而不相害”的关系，与之“和合共生”，进而创生新的环境。

民族与其固有环境之间的关系，即潘光旦先生所谓的“绵续性”，也可称为历史的绵续性，尤为显著地体现在文化环境（其中包括教育）中。而体现在物质环境中的绵续性则被称为“联带性”，物质环境局部的变迁，自然会影响到全部；而急剧的变迁，更可能会使全部受到震撼甚至破裂，这就是物质环境的“联带性”必然会导致的结果。任何人与社会系统（如教育）都不能自外于这种历史的绵续性和联带性。按照潘先生的体会，绵续性和联带性所指向的是“本”的观念——不忘本与务本。“所谓不忘本，就是要大家随时参考到固有的背景和环境；所谓务本，更是要大家在做事的时候，要从固有的事物做起，不要好高骛远，见异思迁。”[②]中国文化的基本精神是伦理精神，而伦理精神所关注的主要是怎样做人、怎样成人的问题，这自然非常直接地与教育的使命联系在一起。

因此，深植于历史绵续性中的“不忘本”的现代化教育就是要随时随地参照和考虑到固有的背景、环境及其变化，确立现代化教育目标，“务”现代教育之“本”——培养中国人“怎样做现代化的中国人”“怎样成为现代化的中国人”。陈鹤琴自少年时代开始从儒家文化的传统教育中走出来，迈入西学的门径，又经常往来于中国与欧美之间，亲身领略了两种异质文化的差异，他从两种社会生活的落差中看到了中国社会变革的最终目标是如世界大局一样走向现代化。正是凭着这种对教育和世界思潮的正确判断和广阔视野，陈鹤琴才能够注意到这种“民族和固有的环境的绵续性和联带性”，分析被不断修正的中国

① 潘乃谷，潘乃和．潘光旦教育文存［M］．北京：人民教育出版社，2002：57.

② 潘光旦．直道待人 潘光旦随笔［M］．北京：北京大学出版社，2011：45.

"固有环境"，而不是采用以新的、西方环境整个地替代旧的、中国环境的方法，并终生致力于改造教育中"做人"的传统内涵，培养现代中国人。他认为要做一个现代中国人，必须具备以下几个条件：第一，要有健全的身体；第二，要有创造的能力；第三，要有服务的精神；第四，要有合作的态度；第五，要有世界的眼光。"做人"已超越传统意义而获得了新的内涵，其幼教理论和实践亦成为我国学前教育现代化曲折历程中一座指明方向的"灯塔"，一种远未被超越的实践。

（二）用科学方法建立中国本土化幼教体系，加快幼教现代化进程

中华人民共和国成立之前，中国教育现代化的研究与实践历经四个阶段的曲折历程：阶段一，"中体西用"的教育哲学探讨；阶段二，建立近代学制等制度层面的教育现代化改革；阶段三，全盘拔除传统教育观念；阶段四，结合国情民性进行本土化教育改革。在结合国情民性进行本土化幼教改革的过程中，陈鹤琴"从固有的事物做起"，运用留学期间学到的西方先进的科学研究方法，先以自己的两个子女，继之以自己创办的幼儿教育和师范教育机构为研究对象，采取实验（实践）—提出理论—再实验（再实践）的科学研究路径，沿用中国人惯用的"整体思维"，分析我国儿童的心理发展特点和家庭教育，对中国学前教育各领域做了深入、系统地探索，创立了中国自己的幼教体系，加快了中国幼教现代化的进程。

其实，与陈鹤琴一样，同时代的教育家陶行知、晏阳初等也在践行着建立中国本土化教育的抱负，从而在中国近现代教育史上创造了新的历史的"绵续性与联带性"。陶行知以试验的精神创办晓庄乡村师范学校，并在办学实践过程中，逐渐形成和确立了自己的"生活教育"理论，实现了"用科学的方法去探索新的生路"的志向。陈鹤琴的鼓楼幼稚园之于《我们的主张》、幼儿教育体系之于"活教育"理论，与陶行知的晓庄乡村师范学校之于"生活教育理论"、晏阳初的定县平民教育和乡村改造实验之于"实验的改造民族生活"的新教育体系，都是"陈鹤琴们"走出象牙塔、走出书斋、走向中国教育的实践。他们直面和解决中国教育的问题，用科学的方法创立中国自己的教育体系。中国的幼儿园再也不是他国幼儿教育的"试验田"，中国自己的学前教育现代化"图景"终在古今传统和中外文化的冲突中绘就。

改革开放后，中国教育现代化的坐标已从一国转向了全方位的对外开放，学前教育现代化又重新站在了中外文化及教育理论相冲突和碰撞的"十字路口"，传统文化与现代性，陈鹤琴、蒙台梭利和皮亚杰等人创造的诸多理论及瑞吉欧等幼教模式，如何判断与选择？学前教育现代化进程中的"古今中外"问题又一次困扰着幼教工作者。可以说，百年来，中国学前教育现代化走过的路就是在不断学习并解决"古今中外"问题的过程。解决得好，现代化的中国学前教育便能顺利建立；解决不好，中国学前教育便将永远成为西方

学前教育理论的“试验田”，现代中国人的培养也将成为空谈。从历史的绵续性和联带性视角来看，我国的“固有环境”在当前已经发生了极大的改变和修正。首先，改革开放近40年，中国前所未有的变化首先在经济上获得了突破和展示，并让全世界为之瞩目。但目前仍然遗留着计划经济时代的产物——城乡二元结构，它不但成为今后改革的障碍，还造成东南部沿海与中西部地区，以及城市和农村在经济文化上的较大差距，并且这种差距有可能还会继续加大。其次，与20世纪二三十年代的教育环境相比，当今的中国学前教育已经发生了很大变化，现代化的学前教育变革正向纵深发展，通过改造国民性来救亡图强已非时代价值重心。如何在学前教育现代化进程的“历史绵续性”中找到当前改革的突破口，进而开展本土化的幼教改革探索，回归素质教育本质，无疑已成为当代学前教育改革的基本价值取向和重要路径。

陈鹤琴等幼教前辈在等待，等待人们能够理解学前教育中的人文情怀与科学诉求。就是这样一个学前教育的内核，使得它依然被承续，依然能找到自己的信仰者，并帮助它的信仰者在转型时代的泥沼中，慢慢跋涉出来。那是学前教育属于金砂的部分，它永远不会被时光的流水冲走。[①] 也正像陈鹤琴的学生、天津幼儿师范学校校长张小清所言：“陈鹤琴用毕生精力和心血从实践中总结出来的理论是符合中国国情的中国幼教理论，是中国幼教的规律性的东西，是永不过时的，是不可以束之高阁弃而不用的。”[②]自改革开放以来，相继颁布执行的数份国家级学前教育指导性文件，正努力理解、坚守并实践这一信念，指导并激励着学界同仁对新时期的“古今中外”问题继续探索和求解。陈鹤琴对中国学前教育现代化的探索终于有了“续解”。

二、回归原点：幼儿的健康成长是我国当前学前教育现代化的出发点和归宿

教育是文化的重要组成部分，其中心就是人和文化，但教育对人的教化在不同文化中有不同的表现。中国传统教育强调“做人”，非常重视人的伦理道德品质培养，从而形成了“自成一体的中国教育风格”。如前文所述，陈鹤琴对我国学前教育的研究和实践也承继了这种传统，但他赋予了“做人”以新的内涵，并将“做现代中国人”确立为幼教理论和实践的目的。但是，我们不能忽略陈鹤琴所处的时代特征与时代强音，即用教育改造国情民性以救亡图强。教育是工具，“现代中国人”的首要职责是为民族、为国家、为社会。从今天的眼光看，这样的教育目的是有失偏颇的。

因为，与文化中的其他系统相比，教育是最具有人文意义的文化。首先，人文意义在

① 林达. 带一本书去巴黎［M］. 北京：生活·读书·新知三联书店，2013：88.

② 张小清. 在实践中认识陈鹤琴教育思想的现实意义［J］. 学前教育研究，2003（6）：31-33.

教育中的体现是综合的和全方位的；其次，人被教育明确地放置于整个系统的首位，且把自己的最终目的确立为培养人；再次，与其他文化相比，教育所具有的更为深厚而精妙的人文精神体现在，为达到其培育全面发展的人的目的，它始终不遗余力地发掘诸种文化中蕴含的人文意义，从而获得了综合的和全方位的文化，“教育是最具有人文意义的文化”可谓实至名归。而前文所指人文精神，一般是指全部的人类文化所表现出的最根本的精神，抑或指蕴藏于整个人类文化生活中的灵魂。人文精神的核心是追寻真、善、美等高尚的价值理想，其终极目的是人的全面发展，以及人的自由、解放与幸福。可见，教育不能被单纯地当作工具，而应成为价值主体，否则，教育培养伟大和完美的人格，培养独立的、有思想的、有道德觉悟的和有主动贡献自己力量为社会服务的人的最终目的将会落空，因为由工具化了的教育所培养的人之人性本身可能已退化，而由这种教育培养的人所组成的社会必将是没有希望的社会，因此，教育必须回归其自身。

从20世纪80年代末开始实施《儿童权利公约》至今，我国学前教育领域先后颁布实施了《幼儿园工作规程》（以下简称《规程》）、《幼儿园教育指导纲要（试行）》（以下简称《纲要》）和《3—6岁儿童学习与发展指南》（以下简称《指南》），从《规程》“促进幼儿身心和谐发展”、《纲要》“促进每个幼儿富有个性的发展”到《指南》“以为幼儿后继学习和终身发展奠定良好素质基础为目标，以促进幼儿体、智、德、美各方面的协调发展为核心，……让幼儿度过快乐而有意义的童年”，表达的都是“以人为本”的价值诉求，“以幼儿为本”或者“促进幼儿健康成长”的幼教理念有望成为所有学前教育工作者的共识，全国上下正在以前所未有的力度投入实现“保障适龄儿童接受基本的、有质量的学前教育”的幼教发展任务中。正如弗罗姆所言：“必须使人恢复到他在社会中的至高无上的位置。他绝不是一种手段，他绝不是别人或自己可以利用的东西。”①

可以说，当前我国学前教育现代化已经在政策层面及理念上，即应然的学前教育已回归原点，当幼儿及幼儿的健康成长成为学前教育发展的真正价值重心，我们的学前教育也就踏入了人道主义的现代化征途。

三、抓住命脉：提高科学性是实现我国学前教育现代化的关键

教育是一项社会活动，它关系到全体社会成员的切身利益。教育研究科学化经历了两个方向或维度上的发展历程：其一是向内的维度，研究教育活动对人的身心发展的价值，主要的研究方法是理解；其二是朝外的维度，研究教育活动对群体或社会发展的意义，主要采用的研究方法是自然科学的方法。这两个方向或维度的研究要达到的目的是不同的，

① （美）埃里希·弗罗姆. 健全的社会［M］. 北京：国际文化出版公司，2007：291-292.

前者是为了对人的发展及其方向进行阐释并提供指导，人文关怀是其宗旨；后者是为探究教育活动的实际状态以及所产生的实际效果，并试图为改进其效果提供方案，科学性是其保障。

从当前学前教育的发展状况来看，受教育市场化和全球化的影响，教育出现了功利化的倾向，全社会的教育观、儿童观、发展观比较混乱，幼儿教师及家长的教育观念和方式存在诸多误区，致使反科学、伪科学的做法大行其道……伪科学、反科学必然是反人道、反人文的。同时，教育的过度功利化倾向又是反教育的，因为它不是引导人去追求真善美，而是去追名逐利，其性格陶冶的价值也荡然无存，这正标志着教育内在功能的退化。如果教育为人的内在功能退化，其为社会、为人类的外在功能的增长便是空妄的。可以说，教育的内在功能发挥得如何仍然是教育质量的唯一评判标准，教育失去作为衡量标准的内在功能，改用外在功能去衡量其价值是没有意义的。

因此，《教育规划纲要》提出“把提高质量作为教育改革发展的核心任务”“树立以提高质量为核心的教育发展观，注重教育内涵发展”的战略目标。这不仅标志着我国学前教育步入了以质量为核心的新的发展时期，也指明了我国学前教育在今后一段时间内必须遵循的发展方向。那么，高质量的学前教育的标准是什么？这是高质量学前教育利益相关者——家长、教师和全社会迫切需要得到答案的问题。参与《指南》编制的华东师范大学教授李季湄认为：“幼儿教育质量的核心集中表现在每一个幼儿学习与发展的质量上，提高幼儿教育质量必须抓住这一最重要、最关键的问题。”[①]而这一观点也正回应了教育为人的内在功能的要求。此时，我国的幼儿教师正面临着将《纲要》中的先进理念转变为教育实践的最大瓶颈，出现了“教师在实践中对幼儿学习与发展水平把握不准，教育中随意性大，教育的有效性比较差，影响了幼儿发展质量”[②]的问题，因此，“《纲要》的深入贯彻迫切需要一个能在教师教育理念与教育实践之间过渡的桥梁”[③]，科学的、正确的幼儿教育质量标准和幼儿学习与发展的标准可谓呼之欲出，这是我国幼教实践和改革的呼唤，更是当前推进我国学前教育现代化步入更高阶段的“密钥”！其时，联合国儿童基金会已经启动旨在保护儿童权利，通过帮助发展中国家制订明确的早期儿童学习与发展标准来促进其学前教育质量提高的“遍及全球”（Going Global Project）项目。于是，在我国社会与教育发展的实际需求与国际项目的推动下，教育部组织专家研制出了以家长和教师为主要使用对象的《指南》，它不仅为切实提高家长和全社会的教育水平，为幼儿园教师突破《纲要》实施的瓶颈搭建了“桥梁”，而且促进了我国学前教育向着提高质量为核心的方向科学地发展。这种科学性体现在《指南》“说明”部分，特别就实现其目的提出的两个途径：一是提出一整套幼儿学习与发展的目标体系；二是配合目标提出有针对性的教育建

① 李季湄，冯晓霞.《3—6岁儿童学习与发展指南》解读［M］. 北京：人民教育出版社，2013：11.

②③ 李季湄，冯晓霞.《3—6岁儿童学习与发展指南》解读［M］. 北京：人民教育出版社，2013：14.

议，将正确的教育观、儿童观、发展观自然地渗透其中，引导有关的成人用正确的方法去支持幼儿的学习与发展，科学地帮助幼儿达到教育期望。同时，这两个途径也使《指南》基本实现了目的性与操作性的统一。

纵观20世纪90年代以来颁布实施的三份幼教国家级文件，可以说，直到《指南》的制定，我国学前教育现代化终于再次用人文与科学并重的策略在理念和政策层面解决了“古今中外”的问题，将学前教育现代化理性、务实地向前推进了一步。但是，不可否认的是，教育的实践属性决定了应然的学前教育向前推进的这一步，距离真正实现实然的学前教育的现代化只能算是“一小步”，因为从更为宏大的视角观照，我们惊见如下事实：那就是随着社会的现代化，我国民众却感受着越来越深重的文化上的自我认同危机和矛盾，并迷失于如下问题。其一，被西方一统化是否是世界未来的命运？其二，我们怎样做才能既持续获得现代文明又不忘“本”——濡化每个人的传统文化？也就是说，身处现代化历程中的中国民众再次遭遇了文化上的两难窘境，它要求不断现代化的社会能为民众提供精神依托，因此，中国才有可能在现代化进程中不断保持文化自觉。因为中华民族的复兴绝离不开她从容自信的人民。

我们早已熟知，人类社会的发展，是由人文与科学合力推动的，人文与科学是社会发展缺一不可的两根杠杆。不过人文与科学在社会发展的不同阶段，曾扮演着不同的角色，呈现着不同的关系，占有着不同的地位。起初，人文扮演着推动社会发展主要动力的角色，科学则臣属于人文的伟大光环之下，人文价值追求被社会置于中枢地位；随着科学成为生产力甚至是“第一生产力”，它开始扮演社会发展的主要动力，人文追求被“搁置”一旁；但人类社会的未来，也正如中国学前教育的现代化，若没有人文关怀的指引一定是盲目而有害的，而缺失了科学的护航也必定是空洞而无力的。我国学前教育现代化进程中的“古今中外”问题的“内核”其实正是人文与科学。人文与科学并重，人文与科学互补并协力推动，过去是、现在和将来也一定是破解中国学前教育的“古今中外”问题并实现现代化的不二方略。

参考文献：

［1］陶行知．中国教育改造［M］．北京：东方出版社，1996．

［2］黄书光．重审教育现代化进程中的人文向度［J］．南京社会科学，2011（7）．

［3］潘乃谷，潘乃和．潘光旦教育文存［M］．北京：人民教育出版社，2002．

［4］潘光旦．直道待人 潘光旦随笔［M］．北京：北京大学出版社，2011．

［5］陈鹤琴．陈鹤琴全集（第5卷）［M］．南京：江苏教育出版社，2008．

［6］贾宏燕．陈鹤琴学前教育现代化探索的价值取向与路径分析［J］．太原师范学院学报（社会科学版），2014（5）．

[7] 王炳照，秦学智．陈鹤琴学前教育思想的传统文化渊源［J］．学前教育研究，2006（3）．

[8] 中央教育科学研究所．陶行知教育文选［M］．北京：教育科学出版社，1981．

[9] 宋恩荣．晏阳初对中国教育现代化与本土化的思考［J］．河北师范大学学报（教育科学版），1998（2）．

[10] 张小清．在实践中认识陈鹤琴教育思想的现实意义［J］．学前教育研究，2003（6）．

[11] 王洪才．教育学：人文科学抑或社会科学？——兼与张楚庭先生商榷［J］．教育研究，2012（4）．

[12] 孟建伟．教育与人文精神［J］．教育研究，2008（9）．

[13] 孟建伟．科学与人文精神［J］．哲学研究，1996（8）．

[14]（美）埃里希·弗罗姆．健全的社会［M］．北京：国际文化出版公司，2007．

[15] 李季湄，冯晓霞．《3—6岁儿童学习与发展指南》解读［M］．北京：人民教育出版社，2013．

[16] MEMO2012:《三联生活周刊》的观察与态度［M］．北京：［出版者不详］生活·读书·新知三联书店，2013．

[17] 林达．带一本书去巴黎［M］．北京：生活·读书·新知三联书店，2013．

［原载于《教育理论与实践》，2015年第7期，此次略有修改］

学前教育政策与管理

幼儿园教育“小学化”的原因及解决对策

山西省幼儿教育中心　朱建灵

【摘要】幼儿园教育“小学化”目前仍普遍存在，其主要成因在于幼儿园教师职业准入门槛较低、师资队伍专业素质不高，幼儿园为迎合社会和家长而采取“小学化”教育方式等。基于此，通过加强对幼儿园办学的规范管理，推行幼儿园和小学之间的双向衔接，小学实行零起点教学，提高幼儿园教师的师资水平等方式，可以缓解幼儿园教育“小学化”带来的消极影响。

【关键词】“小学化”；幼儿园教师；职业准入；幼小衔接

为指导幼儿园实施科学的保育和教育工作，促进幼儿身心的全面和谐发展，2012年教育部出台了《3—6岁儿童学习与发展指南》（以下简称《指南》）。并在《教育部关于印发〈3—6岁儿童学习与发展指南〉的通知》中明确提出：“地方各级教育行政部门要制定相关配套政策，采取有效措施，严禁幼儿园提前学习小学教育内容……”然而，纵观目前幼儿园教育现状，幼儿园教育“小学化”现象在一些地方和幼儿园仍然普遍存在。

所谓幼儿园教育“小学化”，指的是针对3—6岁儿童的幼儿园教育，在学习内容、方式和特点等方面违背幼儿的年龄特点和身心发展规律，片面强调知识的获得和技能的训练。这种教育方式对儿童身心发展有着诸多不利影响，我国教育部和各级地方政府纷纷出台了一系列政策文件，要求各地坚决杜绝幼儿园教育“小学化”，表明这一问题已经引起了社会的广泛关注。

一、幼儿园教育“小学化”问题产生的原因

幼儿园教育“小学化”问题产生的原因，主要包括以下几个方面：

（一）幼儿园教师职业准入门槛较低，师资队伍专业素质不高

1. 师范院校学前教育专业生源质量不高，影响了入职教师的专业素质

幼儿园教师大部分毕业于师范类院校学前教育专业，且就学历水平来看，以专科学历为主；教育知识、专业技能和综合素质还不能够很好地适应幼儿教师的岗位要求。笔者曾经和一名师范大学的学生谈起为何选择学前教育专业，这名学生无奈地说，学前教育专业的录取分数偏低，以自己的考试成绩无法进入其他专业，为了不再复读，只能选择这个专业，而自己对学前教育专业并没有什么兴趣。大学本科的生源如此，幼儿师范学校等专科层次学前教育专业的情况更是不容乐观。

2. 转岗教师专业素养不足，缺乏恰当的幼儿教育方式

目前，幼儿园教师队伍中有相当一部分为转岗教师，他们大部分是从其他行业或教育系统内的小学教师甚至是中学教师转岗进入幼儿园工作的。他们上岗前并没有经过正规、系统的专业训练与学习，有的也只是短暂的学习与培训，没有扎实的理论知识与专业技能基础；部分教师认为幼儿园工作就是看住孩子不出事；而从小学转岗过来的教师则将“小学化”的授课方式自觉或不自觉地运用到幼儿园教育活动中，轻视甚至忽视了幼儿园教育应以游戏为基本活动的教育理念。他们普遍对游戏的组织、把握以及幼儿身心发展规律缺乏专业认识，不少幼儿教师缺少游戏教学的能力，因而习惯“小学化”的教育方式。

（二）幼儿园为迎合社会和家长而采取“小学化”教育方式

1. 小学教育阶段的择校现象加剧了幼儿园对小学教育的被动适应

由于家长望子成龙、望女成凤的迫切心理，每位家长都希望自己的孩子在优质的学校就读，这给学位有限的各类名校产生了很大压力，于是入小学测试应运而生。为了使自己的孩子在竞争中胜出，家长让自己的孩子过早地学习小学课程，这也就是好多幼儿园到了大班阶段幼儿明显减少的原因。在一次访谈中，大班的一名小女孩对笔者说：“老师，我就不喜欢星期四。”笔者问其原因，小女孩一脸愁容地说：“星期四我就得去学拼音，我都学了好久了。”就连笔者中间不少从事幼儿教育的同仁也给自己的孩子报了各种各样的兴趣班。他们对教育政策和教育规律都了然于心，但总是担心自己的孩子比别人的差。他们尚且如此，也就不难理解社会上这种提前接受小学教育内容的现象为什么这么普遍。这种幼儿园教育“小学化”的现象在农村也同样存在。随着农村人民生活水平的日益提高，农

村的家长特别想让自己的孩子接受和城里孩子一样的教育。他们认为，再穷不能穷教育，不能让孩子在幼儿园就开始落后于城里的孩子。

2. 教育资源的不均衡变相加剧了幼儿园教育“小学化”

作为公办幼儿园的补充形式，民办幼儿园在一定程度上缓解了“入园难”的问题。教育行政部门在政策上明令禁止“小学化”，迫使公立幼儿园竭力摆脱困境以回归幼儿教育的本质。但是民办幼儿园和学前班仍在不断冲击幼儿教育的市场。为了生存、盈利，获得更多的生源，他们在课程设置上迎合不合理的大众要求，对幼儿增加拼音、识字、国学、《三字经》等科目；增加课时量，上午四节课，下午两节课，并且以集体教学活动为主，没有设置区域活动。一些幼儿园的幼儿区域活动、幼儿活动材料、环境创设环节等如同摆设或应付检查，尤其是农村偏远山区的幼儿园，这种现象表现得更为突出。

二、解决幼儿园教育“小学化”的对策建议

基于上述原因，要想扭转幼儿园教育“小学化”现象，使幼儿教育回归教育的本质，有必要采取以下措施：

（一）加强规范管理，推行幼儿园和小学之间的双向衔接

党的十八大报告提出“要努力办好人民满意的教育”。在解决幼儿园教育“小学化”问题时，首先需要加强规范管理，即采取就近入学、划片入学的方式，严格禁止小学入学考试就是其具体的体现。其次，幼儿园应帮助幼儿在生理和心理等方面做好准备，重点是社会交往、情绪情感、口语表达、动手操作、逻辑思维和学习任务意识等能力的准备。例如幼儿园方面应在幼儿进入大班后，带领其参观小学，通过实地观看、感受小学生在学校的学习生活，为幼儿进入小学做准备。这是幼儿园主动去和小学衔接，而小学也应主动到幼儿园做一些小幼衔接的工作。可能一些小学老师只是喜欢守规矩且拼音、读、写、算能力相对强的孩子，他们考虑更多的可能是减轻自己的教学任务。实际上，“幼小衔接”是需要幼儿园和小学双方共同去做的事情，这样才能对接吻合，只是幼儿园单方面和小学来衔接就会很被动。总之，只有主动衔接，双管齐下，才能使幼儿减缓过渡期的不适应性，顺利进入小学阶段。

（二）执行零起点教学，彻底解决家长的后顾之忧

让没有接受过幼儿园教育、接受过幼儿园教育以及参加过社会上各种辅导班的幼儿，一起接受零起点教育。同时，教育行政部门要监督各类学校不得随意加快教学进度、拔高

教学难度。彻底打消家长的种种顾虑，使学龄前幼儿不再过早地接受“小学化”教育。

（三）改变传统认识，多渠道宣传幼儿教育的正确理念

尽管家长们都非常重视孩子的教育，但普遍缺乏正确的教育观和科学的教育方法等，只是一味注重幼儿读、写、算等知识技能方面的学习。《指南》为广大家长提供了权威性的参考和指导。同时，幼儿园教师不仅要担负着教育幼儿的职责，还要承担着教育和引导家长的任务，帮助家长树立正确的教育观。

（四）提高师资水平，以专业化的教育赢得社会认可

幼儿园教育要“以游戏为基本活动”，这是教育行政部门多次强调的、必须遵循的教育原则。教师的组织能力、指导水平和教师自身的专业水平有关，有些教师不能支持幼儿的游戏行为，不能提升幼儿的游戏水平，因此尽快提高教师的专业化程度，是当前的首要任务。教师对幼儿游戏行为与发展关系的把握是防止“小学化”的根本，也是幼儿教育职业得到全社会认可的保障。

参考文献：

［1］魏亮．学前教育小学化：根在教育失衡［J］．基础教育课程，2012（12）．

［原载于《山西教育》（幼教），2014年第7期，此次有修改］

被边缘化的幼儿园教师职业：基于劳动力市场分割的视角

山西大学　康永祥

【摘要】目前，我国幼儿园教师在整个教师劳动力市场中处于被边缘化的地位，基于劳动力市场分割的视角对这一问题加以分析发现，我国幼儿园教师劳动力市场形成了以经济部门劳动力市场为主，公共部门劳动力市场为辅的格局。而受市场盲目性、幼儿园人事管理体制和社会管理体制等多方面的影响，处于公共部门劳动力市场和经济部门劳动力市场的幼儿园教师都存在被边缘化的问题。为此，亟须国家通过构建学前教育机构资质认证与监督制度，完善国家教育公共财政投入和分配方式，以及推动幼儿园教师劳动就业契约化等方式，提升幼儿园教师的整体社会地位和待遇。

【关键词】幼儿园教师；教师劳动力市场；劳动力市场分割理论；职业边缘化

随着全社会对学前教育的持续关注，我国学前教育事业在各个方面获得持续发展的同时，一些问题开始日渐地凸现出来。其中，幼儿园教师队伍整体质量不高、队伍不稳定，已经严重制约了我国学前教育发展，而已有研究将此问题主要归结于幼儿园教师整体工资待遇不高、社会地位低的影响。当把幼儿园教师置于我国整个教师劳动力市场中，同其他教育阶段的教师加以对比不难发现，在相同学历和受教育年限的教师中，幼儿园教师职业的整体回报率偏低，其个人工作待遇同其人力资本的积累并不匹配，实质上处于一种被边缘化的状态。为此，有必要基于对当前我国教师劳动力市场状况的分析，对幼儿园教师职业边缘化的问题进行深入探讨。

一、我国幼儿园教师劳动力市场的形成及基本特点

从20世纪90年代开始，为了提高教育资源配置的质量与效率，我国教育的市场化趋势开始显现，这与当时世界各国教育改革的趋势相一致。当时，基于对传统教育管理中的官僚和垄断体制造成的低效的不满，西方一些教育研究者认为，为了更好地提高办学机构的效率和效益，市场因素必须被引入学校体系中。在这种背景下，原本以国家垄断、行政干预为主进行的各类教育资源配置，开始强调市场力量的介入和竞争机制的形成，我国教育市场化改革也由此开始。在这种市场逻辑下，教师职业与其他职业一样被纳入劳动力市场中，成为一种可自由运作的“商品”，其劳动力价值开始接受市场检验，专业身份也部分由市场赋予。不过，尽管教育市场化对原有教育资源的配置方式与制度产生了重要影响，但对不同阶段的教育的影响却存在较大差异，也由此促成了不同的教师劳动力市场。

对照劳动力市场分割理论和有关幼儿园教师职业生存状况的研究，可以初步概括出当前我国幼儿园教师劳动力市场的特点。劳动力市场分割理论认为，由于现实中的劳动力市场并不是完全竞争的市场，而是受各种社会制度或组织结构影响，被人为分割成了不同结构的劳动力市场。不同的劳动力市场结构又决定着个人的实际收入，如皮奥雷（Piore，1973）认为劳动力市场可分为主要劳动力市场和次要劳动力市场。主要劳动力市场具有工资高、工作条件好、就业稳定、职业有保障、权力平等和有较多晋升机会等特征；次要劳动力市场则具有工资低、工作条件差、就业变化大、要求苛刻、随意给予纪律处分，而且晋升机会小等特点。而有关我国幼儿园教师队伍现状的研究指出，相比中小学教师，虽然幼儿园教师与小学教师学历差异不大，拥有相似的人力资本，但总体上幼儿园教师的社会地位和待遇、高职称比例普遍偏低，内部歧视和分配不同的情况普遍存在；同时，不同办园体制下的幼儿园教师的总体工作环境均较差，待遇低，工作量大，个人权益经常受到侵害，专业发展困难。由此可以看出，我国幼儿园教师劳动力市场明显具有次要劳动力市场的特点。那么，相比中小学教师，为什么同属于公共教育，幼儿园教师却处于次要劳动力市场中？哪些因素决定了幼儿园教师的工作待遇？我们应如何改变幼儿园教师职业的不利地位？

二、被多重分割的幼儿园教师劳动力市场

（一）我国幼儿园教师劳动力市场的基本格局

劳动力市场分割理论强调不同市场结构决定着劳动力价值，而各类组织机构又是市场最为重要的组成部分，组织机构本身的性质不仅对市场结构有着重要影响，而且也影响着市场中各类资源的配置。按照经济学界的一贯分类方式，劳动力市场也可区分为公共部门

（以提供公共产品和服务为主的非经济部门）和以营利为目的的经济部门。对于教育而言，尽管不同类型的教育在社会不同的发展阶段和历史时期，其公共性强弱程度和产品属性具有一定差异，但教育整体而言属于公共产品。目前，世界各国也主要由国家主导的公共部门（如学校）来提供教育服务。

学前教育本身是一种以公益性为根本属性的准公共产品，必然要求其被纳入公共服务体系，由各类公共部门负责提供，因此理论上讲，幼儿园教师也应主要受雇于各类公共部门，并处于公共部门劳动力市场中。在现代国家体系中，公共部门人员的工资收益主要来源于国家财政预算，属于二次分配，它更多地受到政府组织目标、国家利益和政策导向的影响，并会形成同经济部门劳动力雇佣差异明显的公共部门劳动力市场。而在公共部门劳动力市场中，劳动者工资的形成受到政府完全的控制，个人聘用、晋升受政府调节和行政干预的影响最大。因此，如果幼儿园教师能处于公共部门劳动力市场中，其个人在整个劳动力市场中就会处于一个比较有利的位置，但实际情况并非如此。

相比中小学义务教育，我国长期将学前教育视为一种有限的社会福利，政府介入学前教育服务的力度不够，对学前教育事业管理一直未给予同义务教育一样的重视，学前教育几乎完全交给市场运作。据教育部统计，2009年，全国共有各类幼儿园133 722所。其中，民办幼儿园有83 119所，占总数的62.16%，特别是在城市，民办园多达23 029所，占幼儿园总数的69.44%。在海南省2010年的调查发现，全省204个乡镇中没有一所财政全额拨款的公办乡镇中心幼儿园。民办幼儿园除了少量带有慈善和公益性质属于非营利机构外，大部分为营利性的幼儿园。由此可见，我国幼儿园教师目前主要服务于营利性的经济部门，但同时也存在一部分受雇于政府公共部门的公办幼儿园教师，由此，幼儿园教师劳动力市场形成了以经济部门劳动力市场为主、公共部门劳动力市场为辅的格局。

（二）幼儿园教师职业被边缘化的双重表现

1. 处于市场经济部门劳动力市场边缘的幼儿园教师

市场经济部门基于对利润的追求，其内部劳动者的个人收益与部门绩效相关，主要受市场调节的影响，而当前我国以市场经济部门为主的学前教育发展模式，受市场盲目性的影响，不仅对学前教育的发展方向产生消极作用，而且也将幼儿园教师职业置于一个非常尴尬的边缘位置。具体表现为：一方面，虽然当前社会对学前教育的需求日渐扩大，但受传统观念的影响，很多家长对幼儿园教师职业的专业性以及幼儿园教学目标缺乏合理、科学的认识，迫使幼儿园重视知识与技能的教育。当前幼儿园教育“小学化”问题严重，实质上就是市场对民众需要的一种回应。同时，很多民办幼儿园基于对办学成本的考虑，倾向雇佣只能满足一般教学需要的幼儿园教师，而轻视教师的学历和专业背景，以此来降低教师的人力成本。特别是在农村地区，由于民办幼儿园中大量低素质幼儿教师进入教师队伍，而正规的幼儿教师却大量流失，已造成了劣币驱逐良币的现象。另一方面，从2001年颁布的《幼儿园教育指导纲要（试行）》到2010年国务院发布的《国务院关于当前发展学前教育的若干意见》等政策中可以看出，我国政府在不断强调幼儿园教师要专门培养，并加强职业准入制度建设，这实际是在强化幼儿园教师的专业地位，但相关政策只强调幼儿园教师的培养，很少直接针对幼儿园教师社会地位、经济地位的提升。当前，幼儿园教师培养体系与目标实际也与当下大部分学前教育机构对幼儿园教师的实际需求不匹配。从人力资本投资的角度讲，相比很多职业，专科及以上层次的幼儿园教师在市场中很难获得高的职业回报，民办学前教育机构更偏重招募低层次幼儿园教师，并极力压低幼儿园教师的工资待遇。由此，在国家战略需求与市场实际供给之间存在的这种冲突和矛盾，将幼儿园教师推向了就业市场的边缘。

2. 处于公共部门劳动力市场边缘的幼儿园教师

目前，我国有相当数量的公办幼儿园教师，公办幼儿园作为政府公共财政支持的公共部门，为幼儿园教师提供了相对完善的工作待遇保障。但是，即使是受雇于公办幼儿园的教师，在现行社会管理体制和幼儿园人事管理体制下，也遭到了不平等的区别对待，一些公办幼儿园教师甚至成为边缘群体。这主要是因为，当前整个学前教育市场并不是一个完全竞争的市场，公办幼儿园作为一种非营利性公共部门，社会对其提供的服务有着持续强烈的需求，在某种程度上已形成了垄断局面，公办幼儿园内部的职位配给、工资分配并不是通过价格机制来调节，而是受行政决定采取“内部配给”形式。所谓“内部配给”，即企业内部雇员之间不受外部劳动力市场供需状况的影响，而按照一定的职业转换和升迁原则进行职位分配，比如按照资历、年龄等因素来配给不同职位。这种强调“内部配给”的职位配给制度在实践中使部分公办幼儿园教师处于不利位置。

首先，“内部配给”制度依靠刚性的配给标准和行政手段对劳动力进行不同区分，更多关注的是管理效率而非现实的教育需求，这在公办幼儿园人事管理制度中的一个突出表现就是教师编制管理制度。现行公办幼儿园总体上按照有无编制将幼儿园教师分为两类群体，而已有研究表明，无编制的幼儿园教师相比有编制的幼儿园教师，在自身权利与权益维护、社会身份与地位、专业发展自主性和话语权、工资薪酬待遇等诸多方面存在巨大差异。非在编公办幼儿园教师被作为公共部门之外的市场经济部门人员对待，虽然其工资待遇同在编教师一样来源相同，但具体项目和实际数量却主要参考市场来划定，在整个公办幼儿园教育体系中，这部分教师往往处于边缘群体的位置。

其次，目前我国城乡二元结构社会管理体制还普遍存在，多年来，公共教育财政主要用于城市教育事业发展，这在学前教育领域表现尤为突出。整个幼儿园教师群体受城乡二元结构的影响，形成了城市公办幼儿园教师和农村公办幼儿园教师两个不同群体。其中，城市公办幼儿园教师构成一个内部劳动力市场，在个人待遇、工作条件等方面受到政府行政的直接干预，往往能得到较好的保障；而农村公办幼儿园教师则主要受农村集体经济的影响，国家公共行政与财政长期未给予充分支持，造成农村公办幼儿园发展严重迟缓，公办幼儿园教师在编制配给、职称评比等方面，长期依附于小学教育，挤占着有限的小学教师编制。这种问题可以看作是更大社会范围内的一种“内在配给”制度的表现，城乡二元结构的社会管理体制进一步强化了农村公办幼儿园教师群体的不利地位。

三、整体提升幼儿园教师职业地位和待遇的政策选择

首先，要构建幼儿园办学资质认证与监管制度，以此强化幼儿园教师的专业地位。目前，我国有关幼儿园办学资质认证的管理制度很少，而且法律效力不强，对幼儿园缺乏足够约束力，如目前法律效力最高的是1989年颁布的《幼儿园管理条例》和2016年修订的《幼儿园工作规程》，其中只对幼儿园办学条件、师资等方面提出了一系列模糊的要求。为此，政府相关部门应考虑构建更为全面的幼儿园办学资质认证与监督制度，一方面要明确幼儿园办学应符合的一系列具体标准，尤其要指出幼儿园师资队伍结构与教师资质要求，并以此作为评判幼儿园办学资质的主要依据，构建相应的幼儿园办园准入与退出机制，督促幼儿园加强师资队伍建设；另一方面，要明确各类政府部门在幼儿园资质认证和监管过程中的具体职能，对各类幼儿园聘用、建设高素质师资队伍的状况进行监管，并提供必要的建议与支持，切实保障不同办园体制下教师的合法权益。

其次，以法律法规明确规定幼儿园教师的主要权益，推动幼儿园教师劳动就业契约化。考虑到目前我国不同办园体制的幼儿园所采取的教师人事管理制度存在较大差异，且缺少能真正代表教师群体利益的团体组织（如教师行业工会等）为教师争取相应权利，因此要从根本上保证幼儿园教师的工资待遇和合法权益，应注重通过具有法律效力的合约规范双方权利、责任及义务，即推动幼儿园教师劳动就业的契约化。为此，国家应制定幼儿园教师工资待遇最低标准，以法律条文的形式明确幼儿园和幼儿园教师各自的权利和义务，以及各项教师待遇的主要内容和标准，以此督促各类幼儿园在人事管理中重视劳动合同的缔结，并将幼儿园有效的劳动合同缔结情况与教师工资待遇保障状况作为评判幼儿园办园资质的重要方面，借此促使幼儿园实现同工同酬。

第三，要完善国家教育公共财政投入和分配方式，构建幼儿园教师待遇保障机制。一方面要加大对幼儿园教师工资待遇的直接补贴，并构建相应的财政补贴制度。近年来，国家加大了对学前教育的财政支持，并强调以减免租金、以奖代补等方式给予民办幼儿园以财政补贴，规范和引领社会力量参与提供普惠性、公益性的学前教育服务。不过，现有的政府财政支持政策主要是针对幼儿园办园成本给予笼统的补贴，补贴的实际分配权在幼儿园。考虑到幼儿园教师的工资待遇是幼儿园办园成本中的主要一块，为避免幼儿园将补贴

更多地用于改善硬件设施，政府在公共财政投入和分配上要考虑直接对幼儿园教师工资待遇予以补贴，并追踪资金的使用情况，构建相应的法规政策以督促幼儿园切实保障幼儿园教师工资待遇。另一方面，推动教师编制改革，适当向农村幼儿园、民办幼儿园倾斜。利用编制对教师进行人事管理和待遇分配，是我国长期形成的一项有效的公共教育资源配置方式。在当前幼儿园办园体制多元化格局下，要对编制配给标准和方式进行改革，向民办幼儿园提供一定数量的编制，让公共财政通过编制实现保障民办幼儿园教师待遇的目的。

参考文献：

[1] 母远珍．幼儿教师流失的社会学分析［J］．教育导刊，2006（11）．

[2] 秦行音．教育市场化的比较研究：中国和世界［J］．教育科学，2003（5）．

[3] 张昭时，钱雪亚．劳动力市场分割理论：理论背景及其演化［J］．重庆大学学报（社会科学版），2009（6）．

[4] 冯晓霞，蔡迎旗．我国幼儿园教师队伍现状分析与政策建议［J］．人民教育，2007（11）．

[5] 秦旭芳，孙雁飞，谭雪青．不同办园体制下幼儿教师的生存状态［J］．学前教育研究，2011（10）．

[6] 袁连生．论教育的产品属性、学校的市场化运作及教育市场化［J］．教育与经济，2003（1）．

[7] 庞丽娟，韩小雨．中国学前教育立法：思考与进程［J］．北京师范大学学报（社会科学版），2010（5）．

[8] 刘精明．劳动力市场结构变迁与人力资本收益［J］．社会学研究，2006（6）．

[9] 王培峰．我国学前教育的结构失调及其政策建议［J］．幼儿教育（教育科学），2011（5）．

[10] 康丹，丁金霞，傅莉莉．农村民办幼儿园幼儿生存现状的调查研究——以福建省为例［J］．内蒙古师范大学学报（教育科学版），2010（12）．

[11] 杨晓天．教育人力资本投资过度的形成机理分析［J］．武汉大学学报（哲学社会科学版），2008（3）．

[12] 张艳蕾．上海市非在编幼儿园教师生存状态研究［D］．上海：华东师范大学，2009．

[13] 王海英．坚持政府主导的内涵、原则与可能的风险［J］．幼儿教育（教育科学），2011（3）．

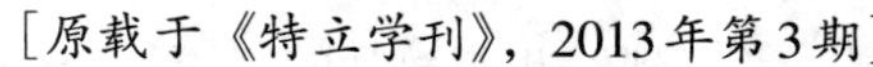
［原载于《特立学刊》，2013年第3期］

幼儿园教师身份问题的分析：基于公民资格理论的视角

山西大学　康永祥

【摘要】从公民资格理论的视角看，幼儿园教师的身份问题主要涉及教师个人权利的保障和专业义务的履行，且需要相关法律建设和制度设计予以保障，但目前有关幼儿园教师权利和义务的法律法规层级效力不高，缺乏针对性，加上现行社会体制管理模式一定程度上分割弱化了幼儿园教师的专业身份，最终造成了幼儿园教师身份问题的凸显。建议国家应通过加快学前教育专门法建设，构建更加规范科学的幼儿园教师资格认证制度，以及建立幼儿园教师评聘与流动机制等方式，推动幼儿园教师身份问题的解决。

【关键词】幼儿园；公民资格理论；教师身份；教师权利；教师义务

当前，幼儿园教师队伍建设正面临一系列亟须破解的问题，其中尤以幼儿园教师的工资待遇问题最为突出，并且已成为影响幼儿园教师队伍质量与稳定的关键因素。时至今日，虽然在我国《中华人民共和国教师法》（以下简称《教师法》）等相关教育法律法规中，幼儿园教师被视作同义务教育中小学教师一样的专业人员，但同中小学教师相比，幼儿园教师不仅没有独立的职称晋升系列，且编制配置严重不足，工资待遇差，同工不同酬的现象非常普遍。这种与幼儿园教师专业身份不相称的职业待遇，反过来模糊了幼儿园教师的专业身份。由此，从探讨幼儿园教师的身份问题入手，探讨如何提升教师的社会地位和切实保障教师的待遇，就成为非常值得关注的内容。本文将基于公民资格理论对幼儿园教师身份的内涵、身份保障制度构建的现状和解决策略进行分析。

一、公民资格理论有关“身份”的主要观点

关于“身份”，尽管社会学、心理学和政治学中的具体表述有所不同，但总体上无一例外地认为“身份”同个人利益以及资源分配密切相关，即身份关系到个人在社会中处于何种境遇或遭受某种对待。20世纪中后期，在西方广泛发展的“公民资格”（citizenship，又译公民身份）理论就认为，身份或资格即表明个人在行使某种权利，获得特定资源等方面具有了某种“资格”，另一方面也表明他需要履行某种义务，承担某些责任，符合一定标准才能获得这种“资格”。公民资格理论的早期主要代表人物T.H.马歇尔认为，“公民资格是一种赋予人们在一个共同体内正式成员的地位，所有拥有这种地位的人在权利和义务上一律平等，这种权利和平等是该地位赋予的。”[①]“公民资格”理论在发展过程中出现两种范式：自由主义公民资格和共和主义公民资格。自由主义公民资格建立在近代自然法学的基础上，强调个人权利的至上性以及国家对于权利的保护，因此，自由主义公民资格带有很明显的法理色彩，它将公民资格看作是一种法律地位，看作是通往个人自由的一种手段以及一系列公民权利的获得和保障。相比之下，共和主义公民资格认为仅仅赋予公民权利，并不是公民身份的全部内涵，还应该强调个人的社会责任和义务，个体只有具备一定的公民美德，并能够关心国家大事，积极参与公共事务，才能被看作是理想的公民。

当前，两种范式的公民资格理论正逐渐走向融合，并形成一种互补的关系：个体的自由与发展依赖于个人正当权利的保障，以免遭国家和他人的侵害，但另一方面，共同体也必须依赖于公民的积极参与和监督，这样才有助于个体权利的保护，“如果公民资格是用来捍卫权利的话，那就不能忽视公民资格相应的义务。”[②]由此可见，公民资格理论有关“身份”的论述，实际上强调了身份的本质内涵是指权利和义务的统一。而解决幼儿园教师的身份问题，就意味着在保障幼儿园教师相应的生存和发展权利的同时，更要明确其必须履行的相应义务，突出幼儿园教师应获得享受相应权利的资质或资格。

二、幼儿园教师身份的基本内涵：保障权利和履行义务

公民资格理论将公民身份的获得界定为个人权利和义务的结合，并认为可以通过反映国家意志的法律和体现公共服务职能的管理制度来赋予个人公民身份。不过，针对不同的权利和义务，是采用法律还是制度，则需要作出审慎的研判。首先，就个人权利保障而言，公民资格理论学者T.H.马歇尔认为，构成公民资格的权利和对权利的保障方式可分为三类：民事权利、政治权利和社会权利。前两种权利需要以法律的形式来保障，而对个人

① Marshall. T. H. *Class, Citizenship and Social Development*[M]. Cambridge: Cambridge University Press, 1998: 92.

② Marshall. T. H. *Class, Citizenship and Social Development*[M]. Cambridge: Cambridge University Press, 1998: 123.

发展性的社会权利，如享受各种经济福利的权利，则强调通过相对弹性的制度设计来保障，因为此类权利同社会经济发展水平存在密切联系。其次，就个人义务而言，马歇尔认为，公民个人的权利保障不是无限的和绝对的，个人权利的实现和一定的契约责任是联系在一起的，当个人的权利要求可能挤压契约责任时，个人义务就应当被强调。从这个意义上讲，履行义务构成了个人享有相应权利的前提，因此也需要通过相应的法律和制度予以明确和保障。

公民资格理论有关个人身份所包含的权利和义务的辩证关系以及具体的实现方式，为保障幼儿园教师身份提供了两条基本思路：一是对于教师个人权利中所包含的公民的基本权利（比如同工同酬、社会保障等），必须通过法律手段予以强力保障，而对于个人发展性的社会权利，如相关的津贴奖金、社会福利等，在一定时期内要考虑通过弹性的制度设计予以逐步保障。这是因为个人发展性权利的保障直接与国家一定时期内能够提供的财力资源和配套制度保障密切相关，武断地以立法形式不分主次、不顾国情地予以全面保障，会由于政府实际财力和制度供给不足而导致保障效果难以落实，这必然会损害法律的严肃性和政府的信誉度。二是幼儿园教师应承担的专业义务必须通过法律加以明确界定和认真执行，具体包括幼儿园教师所必须具备的专业资质以及要遵守相应的职业规范等。这一方面是旨在通过让教师履行必要的专业义务，以保证最终的教育质量和效果，另一方面，也是为教师获得与专业劳动相称的待遇提供合法依据。因此，国家有必要结合学前教学活动的内在特点和要求，明确规定教师必须履行的相应专业义务。

三、幼儿园教师身份保障制度构建的现状

（一）幼儿园教师法定权利和义务的低效力与不均衡

首先，有关幼儿园教师权利和义务的政策法规很少，且散见于各类法律规章以及相关政策文本中，不仅法律效力不足，而且针对性不强。一方面，从法律效力上看，目前专门针对学前教育并且法律效力最高的政策文本是1996年发布的《幼儿园工作规程》（以下简称《规程》），除此之外，大都是一些政策文件。相比之下，义务教育阶段则有《义务教育法》，用于规范义务教育过程中各方权利和义务。另一方面，虽然一些现有的一般性法律、行政法规和部门规章等也涉及对幼儿园教师的管理，如《教师法》《教师资格条例》《教师资格证管理规定》等，但这些法律法规只是笼统地针对所有阶段教师，对幼儿园教师的任职资格、聘用方式等均未做详细说明，对相关权利和义务的界定模糊且零散，难以发挥有效的规范作用。

其次，现有学前教育政策法规中有关幼儿园教师权利和义务的规定，大都片面强调教师的义务而轻视教师的权利，使得幼儿园教师身份问题的解决缺乏现实土壤和依据。以《幼儿园工作规程》为例，第六章有关“幼儿园的工作人员”的内容，从第三十四条到第三十八条均是讲包括幼儿园园长在内的幼儿园工作者应履行的义务，如需要具备何种专业素质、具备某种资格、承担哪些责任等，但通篇几乎没有出现有关幼儿园教师权利的规定。有关幼儿园教师权利保障的内容，近年来出现在一些对学前教育发展起规范和指导作用的学前教育政策中，如2003年国务院发布的《关于幼儿教育改革与发展指导意见》和2010年国务院发布的《国务院关于当前发展学前教育的若干意见》，都提出“幼儿园教师享受与中小学教师同等的地位和待遇。依法保障幼儿园教师在进修培训、评选先进、专业技术职务评聘、工资、社会保险等方面的合法权益，稳定幼儿园教师队伍。”但这些政策性文件普遍缺乏法律效力，难以对幼儿园教师权利保障产生有效的影响。

（二）现有社会制度对幼儿园教师身份的无形挤压

我国长期以来实施“单位体制”式的社会管理模式，社会资源往往按照各类单位的性质（如行政单位、事业单位和企业单位等）进行不同配置。在这种情况下，人们之间最明显的社会经济差异，主要受他们所属单位的所有制类型与行政级别的影响，不同所有制类型和行政级别的单位在获取资源和提供员工工资与福利待遇的能力上存在巨大差异，比如国家重点投资的大型国有单位往往具有较高的行政级别，因而在资源占有和供给上占有巨大优势。由此，幼儿园教师也会因受雇单位的性质，在个人待遇和权益保障等方面存在巨大差异。

根据幼儿园办园主体的不同，目前我国幼儿园主要有四类：教育部门办、其他部门办、集体办、民办。这四类幼儿园的办园经费来源又可以归纳为三类：全额拨款、差额拨款、自收自支。由教育部门、国有企事业单位、妇联等主办的幼儿园在我国现行“单位体制”管理范围内，属于能够得到公共财政支持的部分；而农村集体办幼儿园和各类民办幼儿园，则主要依附于农村集体经济和各类营利性的经济部门，处于我国“单位体制”管理范围的边缘，很难得到政府公共财政的支持和相应政策的保障。换句话说，只有政府举办的幼儿园才会被纳入国家相关政策的适应范围中，这无形中对那些非政府举办的幼儿园以及幼儿园教师产生了某种程度的“身份歧视”。以农村幼儿园为例，1988年由原国家教委、国家计委、财政部等部门发布的《关于加强幼儿教育工作的意见》中就明确指出：“乡、村举办的集体性质幼儿园（班），其经费由举办单位自筹解决。”而近年来伴随着城镇化进程的加快以及基础教育财政投入管理模式的调整，再加上农村集体经济规模某种程度上出现了萎缩，在当前我国学前教育经费投入以附属关系为核心、以福利性为特征的投入与分配制度下，附属于农村集体经济的农村幼儿园所能获得的办学经费变得越来越少，这从客观上加剧了农村幼儿园教师生存状况的恶劣性。

另外，就我国目前学前教育发展的总体情况来看，相比中小学义务教育，学前教育在相当多地区仍然被视为一种有限的社会福利，政府介入学前教育服务的力度不够，学前教育几乎完全交给市场运作。据教育部统计，2009年全国共有各类幼儿园133 722所，其中，民办幼儿园有83 119所，占总数的62.16%，特别是在城市，民办园多达23 029所，占幼儿园总数的69.44%。在海南省2010年的调查中发现，全省204个乡镇中没有一所财政全额拨款的公办乡镇中心幼儿园。民办幼儿园除了少量带有慈善和公益性质属于非营利机构外，大部分为营利性的幼儿园，而营利性的幼儿园在实际的运作过程中，由于缺乏相应的法律法规约束，倾向于通过降低教师招聘门槛和压低教师工资来节约办园成本，以尽可能地追求利润。由此，在当前我国以民办幼儿园教师为主的现实国情下，幼儿园教师的身份受到现行“单位体制”式的社会管理模式挤压，不仅难以得到有效的制度保障，而且专业身份被模糊化也就不足为奇了。

四、解决幼儿园教师身份问题的几点建议

（一）建设学前教育专门法以切实保障幼儿园教师基本生存与发展权利

当前，解决农村幼儿园教师身份问题的关键是，加快建设有关学前教育的专门法律，切实对幼儿园教师的一系列基本生存与发展权利给予法律规定，依靠法律的强制力切实维护整个幼儿园教师队伍的法律身份，为解决农村幼儿园教师身份问题给予最为根本的支持。需要注意的是，通过立法来保障幼儿园教师的个人权利应首先重点关注“基本权利”的保障，应将幼儿园教师看作一般的公民，致力于保障其基本的公民权利，如同工同酬的权利、在职培训的权利等。其次才是将其视为特定领域的教育专业人员，切实保障其获得专业发展所应享有的特殊权利，如各种福利和津贴、社会保障等，并以此分阶段、有计划地进行系统的法律制度设计，推动幼儿园教师身份问题的逐步解决。

（二）建立更加规范、科学的幼儿园教师资格认证制度

当前，我国《幼儿园教师专业标准（征求意见稿）》（以下简称《标准》）已经发布，其中对幼儿园教师应当具备的专业素质进行了明确说明和界定，对幼儿园教师资格认证起到了很好的引导和规范作用。我国《教师法》中明确指出：幼儿园教师应取得幼儿园教师资格证。但以往在实际操作过程中，幼儿园教师资格证考试由于缺乏相应的教师专业资格标准做参照，难以真正对幼儿教师专业素质起到鉴定作用。因此，目前应基于《标准》着

重考虑两方面内容：一是《标准》中包含专业理念与师德、专业知识、专业能力等三大部分基本内容，而传统“笔试+面试”的资格认证方式，需要就具体认证内容和形式进行更加科学的设计，并形成更为规范的教师职业资格认证制度。国外有关教师职业准入的研究表明，要真正判断教师的专业能力，必须找出并选择那些有关情感、专业伦理、教育实践能力等方面的指标，以此制定相应的教师职业准入制度。二是《标准》提出的仅仅是从事幼儿园教师职业应具备的基本素质标准，而我国各地区在教育资源分布、社会需求、教师培养以及文化传统等方面存在着诸多差异。因此，如何基于这一基本标准，构建适合本地区发展需求的资格认证制度，仍需要进一步的探索。

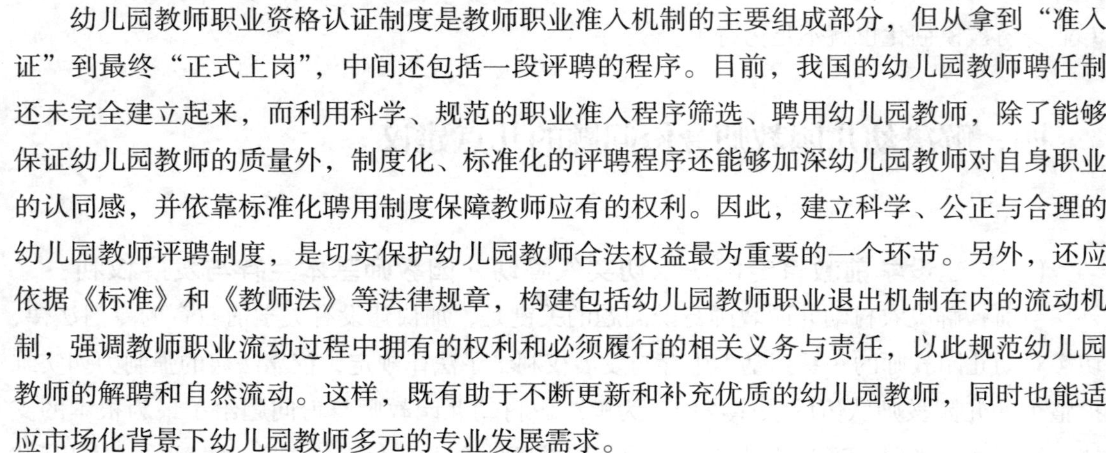

（三）建立幼儿园教师职业评聘与流动机制

幼儿园教师职业资格认证制度是教师职业准入机制的主要组成部分，但从拿到“准入证”到最终“正式上岗”，中间还包括一段评聘的程序。目前，我国的幼儿园教师聘任制还未完全建立起来，而利用科学、规范的职业准入程序筛选、聘用幼儿园教师，除了能够保证幼儿园教师的质量外，制度化、标准化的评聘程序还能够加深幼儿园教师对自身职业的认同感，并依靠标准化聘用制度保障教师应有的权利。因此，建立科学、公正与合理的幼儿园教师评聘制度，是切实保护幼儿园教师合法权益最为重要的一个环节。另外，还应依据《标准》和《教师法》等法律规章，构建包括幼儿园教师职业退出机制在内的流动机制，强调教师职业流动过程中拥有的权利和必须履行的相关义务与责任，以此规范幼儿园教师的解聘和自然流动。这样，既有助于不断更新和补充优质的幼儿园教师，同时也能适应市场化背景下幼儿园教师多元的专业发展需求。

参考文献：

[1] 丁海东．我国幼儿教师的职业困境及出路 [J]．中国教师，2010 (9)．

[2] Marshall．T．H．*Class, Citizenship and Social Development* [M]．Cambridge: Cambridge University Press, 1998．

[3] (加) 威尔·金里卡．当代政治哲学 [M]．刘莘，译．上海：上海三联书店，2004．

[4] 徐道稳．公民资格理论与我国社会政策的重构 [J]．人文杂志，2007 (6)．

[5] 林宗弘，吴晓刚．中国的制度变迁、阶级结构转型和收入不平等：1978—2005 [J]．社会，2010 (6)．

[6] 梁慧娟．我国现行幼儿园教师政策的“身份制”特征表现与成因分析 [J]．学前教育研究，2011 (9)．

[7] 丁金霞，庞丽娟．社会体制转型与学前教育的重新定位 [J]．学前教育研究，2010 (3)．

[8] 王培峰．我国学前教育的结构失调及其政策建议［J］．幼儿教育（教育科学），2011（5）．

[9] 姜勇，康永祥．美国爱达荷州立大学教师职业准入制度的改革与启示［J］．高教探索，2007（5）．

制定幼儿园评估标准需要澄清的几个问题

太原师范学院　康建琴
北京师范大学　刘　焱

【摘要】 对幼儿园进行等级评估是各省市教育行政部门对幼儿园进行业务管理的重要手段，很多省市相继出台或修订了幼儿园评估标准。鉴于我国地域广阔，各地自然状况与社会文化经济发展水平差异显著，各地确实需要因地制宜，制定地区性的标准，但逐步实现省域范围内标准的统一还是比较适宜的，这不仅便于分级管理，而且利于横向比较，也是符合国内外评估体系建构与使用趋势的。评估标准应始终体现当前幼儿教育的主流价值观，以消除幼儿教育市场化产生的各种不良影响，如可对办园规模、所用教材、课程等进行明确规定与限制，以消除幼儿园“小学化”倾向及其商业化行为。评估标准应主要围绕教师、设施、课程、儿童四个教育基本要素，建构能够真实反映幼儿园教育质量的指标体系，包括各结构性指标与过程性指标，并科学考虑各指标的权重。在此，要特别强调设施、设备等物质为教育教学服务的理念，有关“办学条件和设施”的指标所占分量应恰当，以避免幼儿园之间在环境创设上的无意义攀比。同时，还应考虑哪些指标是在短暂的评价期间就能观察和了解到的，特别应将幼儿园在幼儿发展评价方面所做的工作列为评价内容，将对班级教育工作的评价作为重点，将幼儿在教育过程中可观察的行为表现列入评价指标。在最终的评价结果上，应采取先评分后依权重计算的计分方式，在拉开差距的同时体现不同指标的重要程度，以提高评估的信效度。

【关键词】 幼儿园评估；等级评估；评估标准

从20世纪90年代始，对幼儿园进行等级评估成为各省市对幼儿园进行行政和业务管理的重要手段，很多省市相继出台了评估标准。自2003年《关于幼儿教育改革与发展的指导意见》颁布之后，幼儿园等级评估更成为各省市落实文件精神的重要举措，一些省市开始出台或修订评估标准。近年来，河北、安徽、浙江和湖北等省相继出台了新的评估标准，由此引发了新一轮关于幼儿园评估标准的讨论。不过，为了科学合理地制定评估标准，以便人们对幼儿园质量作出更为科学和客观的判断，目前仍有些问题亟待澄清。

一、评估标准应该统一尺度还是采取多元化尺度

目前，我国不同省市，甚至县区都有不同的幼儿园评估标准。同时，城市有城市的标准，农村有农村的标准。针对这一现状，笔者认为，由于我国地域广阔，各地的自然状况和经济社会发展水平有很大差异，各地市和县区出于管理的需要，制定地区性的标准，作为引导幼儿园发展的手段是可以的，但不应成为长久之计。因为各地市和县区的主要职责是对幼儿园进行指导和管理，没有必要非要单独制定一个标准不可，除非该地区幼儿教育水平与省内其他地区确实存在明显差距，才有必要考虑制定地区性标准，且这一标准的制定也应以省级标准为基础。也就是说，从促进幼儿园的长远发展来看，逐步实现省域范围内标准的统一是比较适宜的。我们必须充分认识到幼儿园教育评价是一种专业性、技术性很强的实践活动，其制定和实施必须有专门的机构和专业的人员来保障，否则就无法保证其科学性、有效性和可靠性。如果各地市和县区都制定标准，受制定者本身专业素养的局限，必定会导致标准的不合理和不完善，甚至会出现导向性问题，从而直接影响省级教育部门对各地市和县区的管理和指导，影响不同级别的教育部门进行督导时的一致性。

当前，有些省的评估标准不止一个，有的是依等级划分的，即申报等级不同，评估标准也不同，如示范园标准、一类园标准、二类园标准等。由于各个等级的评估标准之间难以区分，制定标准者不得已玩起了文字游戏，用非常模糊的“比较”“基本”等词来进行区别，评价者据此通常只能作出主观性的判断。由此，设立一个标准，通过获得的分值来区分各个幼儿园的等级状况，就有可能是一种相对比较客观的方法。事实上，城市和农村的幼儿园也可以按照一个标准衡量，结果以分值进行区分，只需把农村幼儿园定级的分数线划低即可，在级类的称呼上可以区分为城市一类、二类、三类和农村一类、二类、三类等。由于是根据同一个指标体系进行评定，就很容易看到其间的差异和差距。这样既可以根据实际情况进行分级管理，又有利于横向比较，促进不同水平幼儿园的长远发展。

从近年来国外的经验来看，评价标准也日益呈现出综合化和统一化的趋势。在英、美等发达国家，一般由专门的民间评价机构或早期教育的学术团体，经过系统研究，编制出一整套评价标准系统。这套评价标准系统是用来评价各种不同类型的托幼机构的教育质量，具有很强的权威性、有效性和可信性。以美国为例，虽然各州有各自的评估标准，但近年来出现了一些全国性的网络型合作评价研究项目，目的在于建构综合性早期教育评价

系统。如美国学前教育机构标准与质量认定委员会在2003年7月向学前教育协会提交了评价0—6岁儿童教育机构的一般性标准，并根据每一条标准制定了质量认定的执行标准，体现了在当前学前教育领域中被普遍接受的教育价值观。从2006年开始，所有希望得到美国学前教育协会学前机构质量认定的学前机构，都要达到美国学前教育协会制定的机构标准。从国内来看，湖北省的经验也值得我们学习。2009年，湖北省出台了《湖北省幼儿园办园水平综合评估标准》（以下简称《标准》），决定在全省统一等级评定，原标准主要用于全省示范性幼儿园的评估，而新《标准》则是针对全省所有幼儿园，其中民办幼儿园首次被纳入评估范围。这样就在某种程度上实现了省域内幼儿园评估标准的统一，对促进教育管理的规范化具有重要意义，而且这种“一纲多等”的评价标准方向明确，目标清晰，根据得分情况确定等级，容易被评价者和被评价者把握。

二、评价标准如何发挥其导向性

对多元化的尊重是当前重要的社会思潮，它深刻地反映在社会政治、经济和文化等各个层面。在这样的背景下，幼儿教育由于其非义务教育性质以及受市场化趋势的推动，其发展在呈现出相当多元化的形态的同时，也出现了一些问题，如在办园规模上出现了超大型幼儿园；幼儿园教材和课程的设置五花八门，纷繁复杂；商业性行为充斥于幼儿园等。在这种情况下，幼儿的时间被各种技能性的、知识性的课程所充塞，幼儿难以获得足够多的游戏和主动发展的空间与时间。区域性评价标准具有引领幼儿园办园方向的重要作用，因此，评估者必须树立核心的价值理念，重视通过科学、统一及合理的评价标准对幼儿教育加以引导，以此消除幼儿教育市场化所产生的各种不良影响。在这方面，国内外都有一些值得我们借鉴的经验。

首先，在办园规模方面，浙江省规定一个园区的幼儿数量不能超过500名，福建省要求不超过12个班，上海市要求不超过15个班，湖北省要求不超过18个班。虽然规定的数量不尽相同，且适宜的班级规模数还需进一步研究探讨，但这毕竟表明人们已经关注到了办园规模的无限扩大可能带来的安全隐患等问题。

其次，关于课程设置和教材，安徽、浙江、河北等地都对此制定了相关的规定和标准，其中力度最大的是安徽省。安徽采用一票否决的方法，对在教材选用、比赛和培训、课题研究、合作办学等方面有违背幼儿身心发展规律和教育规律行为的幼儿园进行了严格的限制，目的在于否定幼儿园借题发挥的商业化行为。另外，在课程设置方面，安徽省还制订了诸如“以游戏为基本形式，将游戏贯穿于教学和生活活动各环节；除五大领域教育活动外，每班每日室内游戏不少于一小时，幼儿每日有一定的自主性游戏时间”等非常具体明确的规定，以此消除幼儿园课程“小学化”倾向，确保幼儿教育的科学性。

第三，把课程作为考察教育质量的重要部分，是当前英国、美国、新西兰、澳大利亚等国所采取的主要评价方式，它关注课程领域的全面性，强调游戏化的课程实施方式和儿童自主活动。如美国托幼机构的课程目标就是促进儿童艺术、认知、情感、语言、身体与社会性的全面发展；新西兰和澳大利亚的教育质量标准也规定课程的内容和活动应涵盖多方面的领域和经验，如游戏、身体动作、语言、社会、科学探究和数学思维、音乐和美工等，而且强调课程的主要组织方式为游戏和符合儿童需要、兴趣、能力及经验的活动，强调教师组织的活动和儿童的自主活动在一日生活环节中的相应地位。

三、哪些指标最能够真实地反映幼儿园质量

评价标准的关键问题是评价指标的确定。从目前各省的评价指标看，基本上是大而全的，涉及幼儿园办园的方方面面，其好处是能够从各个不同角度考察幼儿园的质量，但问题是难以区分轻重，容易顾此失彼，而且由于评估时间的局限，对一些指标的评价往往存在主观臆断、流于形式的弊端。

幼儿园教育是教师以设施和课程为媒介作用于儿童的过程，因此在幼儿园评估指标中，从教育的角度来说主要包括四个要素：教师、设施、课程、儿童。对教师的评价包括资格和职责，资格是结构性指标，主要体现教师的基本素质状况，如学历、职称、教师资格证等，而职责则体现教师的教育行为，可以视为过程性指标；对设施的评价一方面要看物质条件，这是结构性指标，但更重要的是看设施的利用效率，这就成为过程性指标；对课程的评价不仅要看设置了哪些课程，还要看教师是怎样实施这些课程的；对儿童的评价既要看儿童发展的结果，这是效果标准，又要看儿童获得这些发展结果的过程，即要看儿童是在怎样的代价下获得这些发展结果的，这是效率标准。从幼儿园保育的角度看，还应增加对卫生保健设施和具体工作过程的评价。

以上内容都能够真实反映幼儿园的质量，但它们在指标体系中的重要性是不同的，因此还要考虑保教各要素的重要程度，通过设置各个要素之间以及各个要素结构性指标（硬指标）和过程性指标（软指标）之间的权重关系，保证各要素指标的合理比例。就我国目前的情况来看，对各指标体系的重要性认识还存在较大差异。有研究表明，我国各省市评估指标在“办学条件和设施”方面的规定占整个指标体系的比例存在较大差异，如福建省占12%，陕西省占40%；在“保育与教育”方面，陕西省占15%，而被调查的省份则平均为41%。事实上，在制定评估标准权重时，制定者是有一定价值取向和倾向性的。价值取向体现了其基本的价值观，倾向性可能是由价值观和客观需要决定的。比如一个评估标准

表现出对物质条件的重视，可能是受制定者本身观念中的物质主义价值取向决定的，也可能是受幼儿园物质条件的匮乏现状决定的，或者是两个因素共同作用的结果。所以，对于究竟什么是最重要的指标，可能在不同的价值观和不同的现状条件之下，人们会有不同的看法。但是无论如何，我们必须认识到，幼儿园的中心任务是教育好孩子、服务好家长，其他一切事宜都是围绕这个中心工作进行的，所以，在衡量各个指标的权重时，一定要树立“物质为教育教学服务”的理念。

由此出发，在制定评价标准时，无论当地经济发展水平如何，制定者都应合理认识办园条件和硬件设施在幼儿园教育中的作用，并根据相关文件精神，确立基本标准。只要有符合标准的空间和玩具就算达标，当然，对于一些在关键指标上达不到相关标准的，还是应适当扣分，甚至一票否决（如房舍的安全不达标）。除此之外，没有必要将“园舍设备”这样的结构性指标分成三六九等去评价（如有的评价标准规定：户内人均面积大于相关标准得最高分，符合相关标准得次一级分数，略差于相关标准分数又低一级，再差则分数更低），从而人为地导致幼儿园之间的攀比。尤其是对经济社会发展水平较差的地区来说，更应该注重提升幼儿园软件的质量。

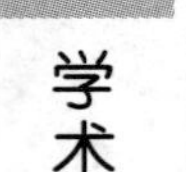

四、哪些指标是在评价期间能够观察和了解到的

在对指标进行筛选和赋予权重后，需要考虑的是：评估者是否能够利用这些标准在短期内对幼儿园进行全面而深入的评估，并得出相应的结论？这就是可评价性的问题，其又最突出地表现为对儿童发展的评估上，即幼儿发展水平是否应该成为幼儿园评估时的指标，怎样利用该指标进行评估？

笔者认为，对幼儿发展的评估理应以测量和长期的观察为基础，不过在有限的评估时间内（一般为一天），仅仅凭借直接观察难以确定幼儿各个方面的发展情况，但这并不意味着不对儿童发展进行评价。只是基于各种因素的限制，我们不宜把幼儿发展的结果作为评价的指标，而应该更多地关注教育过程中机构对儿童发展状况的重视程度。

首先，应将幼儿园在幼儿发展评价方面所做的工作列为评价内容，以考察幼儿发展评价是否成为幼儿园的经常性工作。评估者应针对幼儿教师对幼儿发展的评价工作以及幼儿园对幼儿发展的评价工作来设定相应的指标，例如可以评价幼儿成长档案袋，教师对幼儿的评价表，幼儿园对幼儿所做的各种评价等。国外在这方面的做法就非常值得借鉴，如美国幼教协会就鼓励幼儿教师在自评过程中利用“班级公事包”（classroom port-folios）的方法，参照质量评估认定体系，对课堂教学实践和班级事件记录进行评价。

其次，应把对班级教育工作的评价作为幼儿园质量评价的重点。因为在托幼机构中，成人与幼儿的互动往往构成幼儿园工作的主要内容，这也是体现幼儿园教育质量的核心因素。因此，评价指标体系应以教育过程评价为核心进行建构。

第三，应将幼儿在教育过程中可观察的行为表现列入评价指标，诸如是不是会玩游戏，游戏是否达到其年龄应达到的水平，行为习惯如何，幼儿与幼儿之间的互动以及师幼之间的互动表现如何等。特别要注意的是，在制订幼儿发展评价指标时，要避免简单地将我国《幼儿园教育指导纲要（试行）》中有关幼儿教育目标的阐述稍加改动作为评价幼儿发展指标的做法，因为这会导致评价的不可操作性和结果的主观性。

五、量化的分数怎样确定

目前，幼儿园评价指标体系中的评价分数五花八门，有的是千分制，有的是500分，有的是100分，有的是加权之后还原成100分；在评分细则上，有的规定了每个条目中各个要素的分值，有的规定了各个低级指标的等级。另外，有些地区的评估标准用文字游戏式的语言来陈述不同等级，事实上难以为评价者所理解和把握。比如通过加上一些定语或去掉一些定语，或者用不同程度的定语来界定不同等级，如用“经常联系”和“建立联系”代表两个等级。还有一些指标体系在划分等级赋分时存在很大问题，如给每个最低层次的指标赋予一定的分数，然后，在每个最低级指标下划分四个等级，分别赋予这四个等级不同的权重。以“办园指导思想”这一评价指标为例，有评价指标体系规定“正确”系数是1.0、“较正确”系数是0.9、“一般”系数是0.8、“不正确”系数是0.7。如果这个指标的总分数是10分的话，就意味着办园指导思想不正确都可以打到7分。笔者认为这是很不符合逻辑的，办园思想决定着办园行为及其方方面面，对幼儿园质量起着根本性的决定作用，然而在这种评价方式下，一个幼儿园办园指导思想不正确仍然有可能成为示范园，这就违背了评价的初衷与目的了。所以，在一些关键问题上绝对不能采取这种简单的等级式赋分方法。

就量表的总分来说，笔者认为在给每个指标赋分时，分值可以大于100；可以先评分，然后再给一个权重，不必按照百分计算，否则容易忽略差距。在此，湖北省的评估标准的计分方法就值得借鉴。该标准共分五个A级指标，23个B级指标和60个C级指标。每个A级指标各100分，同时被赋予了不同权重，最后实际得分以百分制计算。达到60—65分的认定为三级幼儿园；达到66—75分的认定为二级幼儿园；达到76—85分的认定为一级幼儿园；达到86—90分的认定为市（州）级示范幼儿园；达到91—100分的认定为省级示范幼儿园。这种赋分计分法既拉开了差距，又关注了不同指标的重要程度，有助于提高评估的信效度。

参考文献:

[1] 吴琼. 我国托幼机构教育质量评价研究的三个主题 [J]. 山东教育, 2009 (Z3).

[原载于《学前教育研究》, 2011年第1期]

增强幼儿教师职业吸引力的策略*

太原幼儿师范学校　滑红霞

【摘要】 当前，学前教育专业毕业生入职比例低、已入职教师流失比例高、幼儿教师队伍质量不高的主要原因表现为"五过"，即入职门槛过低、工资待遇过低、正式编制过少、发展空间过小及心理压力过大，这些问题造成了幼儿教师职业缺乏吸引力。增强幼儿教师职业吸引力的策略包括：制定幼儿教师聘用最低工资标准，稳定幼儿教师队伍；解决编制问题，增强教师职业信心；把好幼儿教师入职门槛，提高教师专业水平；加强职业情感教育，传递幼儿教师正能量；完善教师培养模式、实现职前职后培养一体化；建立科学考评机制，保障教师发展空间。

【关键词】 幼儿教师职业吸引力；待遇；编制；职业情感；评价机制；专业素质

加强教师队伍建设是我国教育工作的重中之重。高质量的学前教育要求建设高质量的幼儿教师队伍。目前，学前教育专业毕业生入职比例低和已入职教师流失比例较高，体现出幼儿教师职业吸引力不强的问题。研究表明，每年学前教育专业的应届毕业生进入相关行业的入职比率仅占9.8%，而选择幼儿教师职业的学前教育专业应届毕业生，有10.5%的人将幼儿园工作作为职业踏板的最初一步，在之后几年便转行。针对此问题，国家出台了一系列的政策来保障幼儿教师队伍的稳定。2010年《国家中长期教育改革和发展规划纲要（2010—2020年）》第三章明确提出，提高幼儿教师队伍整体素质，依法落实幼儿教师地位和待遇。2010年国务院颁布的《国务院关于当前发展学前教育的若干意见》中指出，发

* 本文是山西省教育科学"十二五"规划课题"太原市幼儿教师职业准入标准研究"（课题编号：GH—11164）的阶段性成果
课题负责人：任志勇　课题成员：滑红霞　姚　敏　底卫华　胡仙鸽　令狐艳丽　周　倩

展学前教育必须加快建设一支师德高尚、热爱儿童、业务精良、结构合理的幼儿教师队伍。国家重视解决学前教育师资队伍不稳定的问题不仅体现在政策上，更体现在学前教育专业的建设上。2011年，全国学前教育专业本科招生数量达2万多人，招收专科层次学生近6万人，中专层次学生9万多人，全年共招生近17万人。这一数字还将逐年增长。按照此招生数量，我国80万幼儿教师的缺口应该能够很快得到解决。但是现实情况不容乐观，幼儿教师缺口仍然过大、流失率居高不下。根据《山西省2011—2012学年教育事业发展统计公报》显示，山西省幼儿园所需幼儿专任教师60 826名，而现有专任教师只有38 194名，缺口为22 632名，缺少40.5%的幼儿教师。调查显示，南京市某私立幼儿园自2001年开园至今，流失教师人数的比例是目前在园教师的四分之三，并且在这四分之三的人中又有三分之二的人后来选择了改行。当前，幼儿教师职业缺乏吸引力是制约学前教育发展的重要原因。

一、幼儿教师职业吸引力缺乏的主要原因

当前，学前教育毕业生入职比例低、幼儿教师流失比例高、教师队伍质量不高的主要原因表现为“五过”，具体如下：

（一）入职门槛过低

目前，各省市中等幼师学校入学标准较低，学生生源大多为没考上高中的初中毕业生。研究表明，第一学历为大专以上学前教育专业的教师在学习习惯、动机、理解力、动手能力和发展潜力上均优于中等幼师毕业生。随着对幼儿园教师学历水平要求的不断提高，中等幼儿师范教师培养已不能适应幼教发展需要，幼儿园急需大专学历层次的应用型幼儿教师。幼儿教师入职门槛过低、中等幼师学校升格的问题已迫在眉睫，必须尽快解决。.

（二）工资待遇过低

联合国教科文组织在《关于教师地位的建议》中指出：“教师的工资应反映教育对于社会的重要性，从而反映出教师的重要性以及教师从就任教职之日起便肩负起来的一切责任；应比支付给类似的或同等资格的其他职业的工资更优厚。”然而，我国幼儿教师工资待遇普遍偏低这一事实同时存在于公立、私立幼儿园。幼儿教师认为自己劳动所得的报酬与家长和社会赋予幼儿教师崇高的使命不相称。例如山西省阳泉市郊区2010年全区幼儿教师年平均工资为4 943元，2011年为6 344元，2012年为6 804元。而这三年，该市农民年人均纯收入分别为6 560元、7 677元、8 683元。这说明该区幼儿教师收入明显偏低。研究显示，福建省农村幼儿教师的收入平均每月为500—600元左右（无编制教师的工资只有300元左右），幼儿园教师的收入低于当地农村的整体收入水平。这也是学前教育专业毕业生宁愿到大城市从事其他行业，也不愿到幼儿园工作的主要原因之一。

（三）正式编制过少

我国现有近120万名幼儿园教职工，其中90%以上是长期聘用的非公办教师。据统计，2012年，山西省有幼儿教师51 682人，有编制的教师13 853人，仅占总数的26.8%。阳泉市幼儿教职工有3 257人，幼儿教师2 305人，其中在编教师511人，占比仅为22.2%。在一些村办幼儿园中，教职工均为聘用人员。这些编外与编内教师同工不同酬，严重制约了编外教师的工作积极性，埋下了编外教师跳槽离职的隐患。还有很多幼儿教师宁愿在公办幼儿园拿很少的工资，也不愿意到民办幼儿园工作，为的是“将来可能转正”这一希望。由于上述原因，一些民办幼儿园常年缺人，达不到《幼儿园教职工配备标准（暂行）》所规定的“两教一保”。而可以解决编制的公办幼儿园能够吸引到优秀毕业生，促进办园质量提高，形成良性循环发展。巨大的差异导致幼儿园发展出现了“马太效应”：好的愈好，差的愈差。待遇低加上没有编制，成了毕业生不愿到幼儿园工作的重要原因。

（四）发展空间过小

没有编制就意味着不能进行职称评定，不能进行职称评定就会既限制幼儿教师的发展空间，又影响他们的职业认同感。深圳大学每年学前教育系毕业生约50多人，最终从事幼教职业的还不到15人。年轻人选择离开这个职业，就是因为看不到未来的发展空间，得不到自我提升。新教师在入职2—3年后很容易产生自我怀疑，很多人会对这个职业感到绝望，之后选择放弃并转行。特别是男性幼儿教师，他们的流动率远远高于女性幼儿教师。幼儿园花大力气引进的男教师，到了适婚年龄，往往因无法面对养家压力以及幼儿教师职业带来的孤独感，会陆续离开幼儿教师队伍。依据马斯洛的需要层次理论，幼儿教师的待遇与编制问题对应的是生存安全需求，职业发展空间对应的是自我实现需求。然而，目前无论是低级需求还是高级需求，幼儿教师这一职业都不能满足，幼儿教师流失在所难免。

（五）心理负担过大

与其他职业相比，幼儿教师既要保证幼儿的身心健康，又要承担教学活动的设计和组织；既要搞好家园合作，又要参加科研工作，同时还有职称评定、各类评比、应对家长要求以及承担自己家庭的重担等。繁重的工作量已经远远超出了教师的精力和能力范围。调查表明，我国幼儿教师人均日劳动时间为10.06小时，比其他岗位的一般职工日平均劳动时间多出2.01小时，但睡眠时间却比一般职工日平均时间少1.92小时。还有调查显示，92%的幼儿教师反映工作繁重、责任大。尤其是近几年，频频发生的幼儿安全事故更是让幼儿教师处在舆论的风口浪尖，他们面临着更大的工作和心理压力。当前，幼儿多为独生子女，家长对幼儿园的要求也越来越高，若幼儿园在孩子的安全问题上出现失误，轻则吵闹，重则上法院、打官司。在幼儿园工作中，教师总是处于安全戒备状态，不能让任何一个环节出现安全差错。但是面对班容量大，活泼好动、“无知无畏”的3—6岁的孩子，安全问题防不胜防。幼儿园“警钟长鸣”的工作状态，给教师的工作和心理带来了很大的压力。在高压状态下，幼儿教师多出现职业倦怠和心理问题。因此，缓解幼儿教师心理压力，提高幼儿教师职业幸福感就成为增强幼儿教师职业吸引力的重要方面。

二、增强幼儿教师职业吸引力的策略

（一）制定幼儿教师聘用最低工资标准，稳定幼儿教师队伍

20世纪60年代，美国学者亚当斯（J.S.Adams）提出了关于薪酬的公平理论，他认为，人们对自己报酬的知觉和比较的认知失调，会导致当事人的心理失衡。只有公平的报酬，才能使职工感到满意并起到激励作用。而报酬是否公平，职工们不是只看绝对值，而是要进行社会比较，和他人比较，和自己的过去比较。报酬过高或过低，都会使职工产生紧张不安的心理。为减轻或消除这种紧张，当事人会采取某种行动以恢复心理平衡。根据亚当斯的理论，要想稳定幼儿教师队伍，首要的就是提高幼儿教师工资、制定幼儿教师聘用的最低工资标准。因此，各级政府应当加大对幼儿教育的投入，切实提高幼儿教师的工资待遇，不拖欠且足额发放幼儿教师工资，同时要让幼儿教师的工资、医疗、保险、养老等有坚实的法律保障和制度保障。例如阳泉市郊区教育局从2011年起为全区在岗村办幼儿教师发放工资补助，同时要求各村相应提高幼儿教师工资待遇，保证每位教师月收入不低于600元，计划每年投入补助资金175.32万元。总之，改进幼儿教师工资制度，提高幼儿教师工资，让幼儿教师的工资具有社会竞争性，是增强幼儿教师职业吸引力的一项重要措施。

（二）解决编制问题，增强教师职业信心

有无编制意味着幼儿教师的工作是否稳定，是否被社会认可，是否有价值，以及是否能够评职称。编制是幼儿教师安心从教的重要保障。目前，各地出台的“学前教育三年行

动计划”都涉及增加幼儿教师编制问题。例如江苏省盐城市要求按师生比1∶16的比例核定公办幼儿园事业编制，确保到2015年各县（市、区）公办幼儿教师占幼儿教师总数的比例达到50%以上，每个镇（街道）的公办中心幼儿园每班至少有1名公办教师；河南省孟州市新增300个幼儿教师编制；陕西省汉中市两年补充公办园教师1 728名，启动公办园教职工编制核定工作，下达了3 989名幼儿教师编制；江苏省丹阳市的公办教师比例由2011年的29.6%提升到2012年的36.8%，聘用教师待遇大幅提高，落实了医疗、养老等保险，教师的平均工资在原有基础增加了近一倍；山西省太原市2011—2013年三年期间新增教师编制1 463名。总之，各地应当因地制宜，制定出适合幼儿教师发展的编制政策，明确幼儿教师身份的法律制度，尤其向农村地区倾斜；建立教师流动机制，选拔优秀的骨干教师到农村幼儿园、新建幼儿园、民办幼儿园任职，帮扶帮教，以点带面，促进学前教育均衡发展。

（三）把好幼儿教师入职门槛，提高教师专业水平

近年来，随着幼儿教育事业迅猛发展，“外行人”从事幼教工作的比例在上升，造成幼儿教师的专业化程度在降低，主要表现为幼儿教师学历低、入职门槛低，且其中很多人无幼教资格证。据新闻报道，2013年青岛市共有1.6万多名幼儿教师，有六成幼儿教师没有考取相应的资格证书。这直接造成幼儿教师队伍良莠不齐，一些不适合从事幼儿教师工作的人充斥其中。幼儿期是人格形成和心理健康发展的关键时期，幼儿教师对幼儿的榜样示范作用十分重要。因此，必须在幼儿教师队伍建设上花大力气，下大功夫。首先，各省应扩大高校本科院校学前教育专业招生计划，将幼师中专升格为大专，增加大专层次应用型幼儿教师的数量，实行招收高中优秀毕业生为起点的三年制学前教育专科和初中毕业生为起点的五年制学前教育专科学历教师培养模式。其次，政府应出台幼儿教师入职标准政策，重新科学核定幼儿教师新学历标准和资格标准，鼓励相近专业高学历的毕业生从事幼儿教育。要求幼儿园任职教师、园长必须持证上岗，所有非相关专业毕业生须加考专业科目，才能申请入职。招聘考试需政府统一组织，所有考生同台竞争，以提高幼儿教师的入职门槛，同时也保证幼儿教师招聘的公平和公正。再次，可以通过职业教育扩大幼儿教师职前培训的途径，让学生接受正规教育，培养出合格、称职的幼儿教师。最后，对已在职的幼儿教师进行轮流培训，让更多教师能够考取资格证，提高自身素质和能力，保障幼儿教师队伍的稳定与质量。

（四）加强职业情感教育，传递幼儿教师正能量

屡屡曝光的“虐童事件”在社会上造成了恶劣影响，也把幼儿教师这个群体推到了舆论的风口浪尖。其实，伤害儿童的教师只是个别的。由于工资低、无编制、工作任务烦

琐，使得幼儿教师容易产生压抑、焦虑、情绪化等心理问题。为了防止“虐童事件”的再次出现，幼儿园一要体现“每位教师的发展都很重要”的理念；二要做到管理人性化；三要及时评估教师的工作，对优秀的教师给予奖励，让他们的付出得到回报，增强教师对幼儿园的归属感；四要建立一套行之有效的监管体制，组织教师学习相关法律政策，监督教师不触碰法律底线。此外，幼儿教师一要靠自身的努力重塑形象，用爱心呵护幼儿，坚持赏识教育，平等对待每一个幼儿，保护幼儿的自尊心与自信心，消除“虐童事件”的负面影响；二要努力学法和用法，坚持依法执教，用法律来维护幼儿和自己的切身利益，为社会传递正能量。

（五）完善教师培养模式，实现职前职后培养一体化

完善教师培养模式，实现职前职后培养一体化要从以下几个方面抓起：一是要改革师资培养课程，课程内容应更贴近幼儿身心发展要求、更注重提高学生综合素质；二是要建设实习实训基地，加强实习实训指导队伍建设，确保学生实习实训的时间和质量，全程记录实习实训过程，推荐优秀实习生就业；三是要建立幼儿教师教学能力终身档案，记录学生职前实习实训经历、职后培训经历及教学水平动态变化，幼儿园可依据档案袋内容对教师进行职称评定；四是要加大幼儿园教师职后培养和培训的力度，利用脱产进修、学习培训、观摩交流等方式提高能力，同时，要注重教师教学能力、师德教育和心理健康教育的培养；五是要强化各级政府和教育行政管理部门在幼儿教师培训和队伍建设中的责任，确保幼儿教师培训和队伍建设的效果。

（六）建立科学考评机制，保障教师发展空间

在严格执行幼儿教师准入制度的同时，需完善幼儿教师师资的评价管理体系。幼儿教师的工作性质与其他教师不同，因此，将幼儿教师与其他教师一起评定职称是不合理的，也不利于幼儿教师队伍的建设，国家应当制定单独的适合幼儿教师的职称评定标准。一个好的考核评价机制应有利于激励教师成长、促进团队合作、创造工作上升空间。评价内容应体现专业知识和技能，将师德表现作为幼儿教师考核的先决条件。同时，建立科学的考核淘汰机制，两次培训仍不合格者，应当让其转岗或离岗。总之，要通过评价，使幼儿教师教育向着规范化、专业化方向发展。

人生百年，立于幼学。增强幼儿教师职业吸引力能够稳定幼儿教师队伍，进而促进幼儿教育的健康发展，给孩子带来幸福快乐的童年，而这正是国家、幼儿教育工作者和家长的共同心愿。

参考文献：

[1] 张伟，蒋伟丽．农村校长预防教师流失的基本策略 [J]．教学与管理，2014 (1).

[2] 杜屏，朱菲菲，杜育红．幼儿教师的流动、流失与工资关系的研究 [J]．教育与经济，2013 (6).

[3] 高莉杰，卢清．幼儿教师流失严重及其原因分析 [J]．科教导刊（上旬刊），2011 (4).

[4] 王声平，杨晓萍．幼儿教师流失：组织社会学视角 [J]．教育与教学研究，2011 (8).

[5] 梁慧娟，冯晓霞．北京市幼儿教师职业倦怠的状况及成因研究 [J]．学前教育研究，2004 (5).

[6] 唐海燕．农村民办园教师生存状态调查与分析 [J]．学前教育研究，2007 (7).

[7] 母远珍．幼儿教师流失的社会学分析 [J]．教育导刊，2006 (11).

[8] 杨宁．让幼儿园教师也能工作生活得有尊严 [J]．学前教育研究，2010 (5).

[9] 滑红霞．加强幼儿教师队伍建设的策略建议 [J]．山西教育，2013 (8).

[原载于《教育理论与实践》，2014年第29期]

汇聚多种力量：美国预防性侵儿童犯罪的举措及启示*

山西师范大学　于　珍　董新良

【摘要】 性侵儿童犯罪是一个世界性问题，美国也不例外，这也是一个令政府和民众非常头痛的问题。美国预防性侵儿童犯罪的主要举措分为两大类：一是来自司法系统的措施，如罪犯登记、社区通知、住处限制、强制性背景审查、判刑入狱和延长刑期等。二是来自教育领域的措施，教儿童怎样分辨危险的环境和拒绝性侵者的策略，教育受害者要勇敢地揭露罪犯，减少受害者的自我谴责和羞耻感，促进旁观者帮忙等。除此之外，还有心理辅导与治疗、社区预防等其他措施。

【关键词】 美国；性侵儿童犯罪；举措

性侵儿童犯罪是一个世界性问题，美国也不例外。美国自20世纪90年代以来，随着总体犯罪率降低、儿童福利事业发展，性侵儿童犯罪率显著下降，但性侵儿童犯罪仍是一个令政府和民众非常头痛的问题。2002年在2—17岁的儿童中有3.2%的儿童成为性犯罪的受害者。2006年大概发生了7.8万起性侵儿童案。虽然性侵儿童犯罪没有被杜绝，但美国政府和社会对性侵儿童犯罪的预防措施仍然值得我国借鉴。美国预防性侵儿童犯罪的主要措施分为两大类：一是司法系统的措施，二是教育领域的措施，除此之外，还有心理辅导与治疗、社区预防等方式。

* 本文系教育部人文社科规划项目“农村儿童受教育权及其实现状况研究”（编号：12YJA880018）的研究成果之一

主持人：董新良　成员：于　珍　李海云　张琴秀等

一、来自司法系统的措施

法律体系最大的特点就是能给予犯罪分子迅速而确定的惩罚，对犯罪分子起到直接而强烈的威慑作用，从而阻止其犯罪行为的发生。因此，通过立法来预防性侵儿童犯罪的发生是美国的一个重要举措。

（一）罪犯登记、社区通知、住处限制和强制性背景审查

罪犯登记制度要求所有的州都要建立登记系统，把有性侵儿童犯罪前科人员的姓名、照片、住址、监禁日期和犯罪事实加以登记。早在1947年加利福尼亚州就成为美国第一个实行性犯罪者登记制度的州，但这种制度真正在全国范围内实行是在20世纪90年代。1994年的《雅各・威特灵法令》（Jacob Wetterling Act）要求各州每年都要对犯过性侵罪的人员进行住址核实，这样的核实要持续10年。对那些以暴力实施性犯罪的人员要每季度进行一次核实，一直持续终身。1997年9月，该法案还要求各州要信守承诺真正去执行核实行动，虚与委蛇不认真执行核实行动的州将被扣掉刑事审判联邦整体补助金的10%。2006年，美国又通过了《亚当沃尔什儿童保护及安全法》（The Adam Walsh Child Protection and Safety Act）。该法案把性侵犯罪者分为三个等级：要求第一等级的罪犯每三个月进行一次住处登记，持续终身。第二等级的罪犯每六个月进行一次住处登记，持续25年。第三等级的犯罪每年登记一次，持续15年。如果不去登记住处信息，将按重罪论处。这个法案还要求建立起全国的性侵犯罪者登记系统，并命令每个州和地区运用统一的标准在互联网上登记性侵儿童罪犯的数据。

社区通知要求各州把性侵儿童犯罪者的个人信息对社区中的居民公开，提醒公众提防他们中的罪犯，保护好他们的孩子。如1996年新泽西州的《梅根法案》（Megan's Laws）就规定各州要通过公众网站、报纸、宣传手册或其他的形式把性犯罪者的姓名、照片、住址、监禁日期和犯罪事实等告知社区的居民。

住处限制就是对有性侵儿童犯罪前科人员的住处进行限制，要求他们不能住在儿童集中的区域，比如学校、儿童日托中心等。2005年的《杰西卡法案》（Jessica's Laws）就对性侵犯罪者能住的区域、能访问的地方都作出了限制。目前，美国已有30个州和许多地区都颁布了这样的法令。

强制性背景审查就是要对申请工作的人员进行强制性背景审查。特别是做一些和年轻人（儿童）有关的工作和志愿者工作时，一些具有犯罪前科的人是不允许申请的。

（二）延长刑期和民事关禁

在过去的20年中，美国大大延长了性侵儿童犯罪者的刑期。如《杰西卡法案》（Jessica's Laws）规定：对12岁以下的儿童进行调戏和猥亵要被定为重罪，最短刑期是25年，还要受到终身的电子监控，而且性侵儿童罪犯不能假释出狱。近来有的州还发明了“民事关禁”的措施，继续关禁一些应该被刑满释放的罪犯，因为他们仍然被认为有犯性侵罪的危险。拥护这项措施的人们认为此措施在很大程度上使社区中的犯罪分子减少了，他们相信严厉的惩罚已产生了威慑作用。

（三）提高调查和逮捕力度

性侵儿童案件的调查取证是世界范围的难题。近年来，美国大力提高对性侵儿童犯罪的调查力度，甚至不惜派遣卧底。同时，在对性侵儿童犯罪的曝光、逮捕和判刑方面也作出了很大努力。他们相信如果罪犯被抓捕，难堪、羞愧的感受可以有效地阻止其犯罪行为的发生。而且，通过持续不断地报道有关犯罪分子被抓获的新闻，其他潜在的犯罪分子也会受到警示，不敢轻举妄动。

二、来自教育领域的措施

预防性侵儿童犯罪的第二大途径就是教育，也就是针对儿童自身的教育。其目的是教给儿童识别危险情境并阻止侵害发生的技能。比如教给他们识别什么是违规行为，什么样的抚摸和接触方式是儿童不能接受的，怎样拒绝邀请，当受到侵害时怎样寻求帮助等。美国已发展出了很多针对不同年龄儿童（从学龄前儿童到小学生、中学生）如何预防性侵的教育项目，而且，这些项目逐渐被整合到了学校的安全和健康教育课程中，比如“谈谈抚摸项目（Talking about Touching Programe）”。

即使在开放的美国，和孩子“谈论抚摸”等有关性的问题对于教师和家长来说也是一个难题。但“谈谈抚摸”教育项目却为探讨这个敏感的问题制造了一个舒适的环境。这个项目将教会孩子在危险和可能会出现虐待行为的情境下保护自己的基本技能。该项目将个人安全与交通、火灾和环境安全联系起来。抚摸也是放在安全视域中来讨论的，而不是与性联系起来。该项目的课程覆盖了从幼儿园到小学1—3年的学段，包括15个方面的内容，每节课30分钟，课程内容的设置，根据年龄的不同而设置不同的内容。

（一）“谈谈抚摸”项目的课程资源

1. 教师指导用书（Teacher's Guide），包括怎样实行这个项目的全部详细信息。

2. 课程卡片（photo—lesson cards），幼儿园15张，小学40张，每一课的卡片后面包括概念、目标、材料和教师注意事项。

3. 儿童学习抚摸规则的DVD（Joey Learns the Touching Rule DVD），告诉儿童什么样的抚摸是合理的，是爱的表示；什么样的抚摸是不合理的，是应该拒绝的。

4. 山姆的故事（Sam's Story book and CD），一本大书或小册子和录音带，以情境故事的形式让小朋友们讨论当遇到危险情况时应该怎样做。

比如三个小朋友在路边玩耍，一位开着汽车的叔叔过来对他们说：“小朋友，你们可以坐上我的车领我到某地方吗?”这时，这三个小朋友应该怎样做?

比如凯瑞上星期在她的朋友家住宿，她朋友的哥哥走进她的卧室，把手伸到凯瑞的被子里，想抚摸凯瑞的私处，凯瑞大声说“不可以这样做”，他停下了，但他告诉凯瑞让凯瑞保守秘密，你认为凯瑞应该怎样做?

5. 写给家长的信和资源（Family letters and resources），告诉家长如何看待儿童性教育。

6. 我该怎样说?（What Do I Say Now?）这是一个DVD视频，这个视频教给家长当儿童询问有关性的问题或儿童受到性侵害时，家长应该怎样说。

（二）“谈谈抚摸”项目的课程内容

从幼儿园到小学3年级，该课程内容主要包括两大部分：一部分是“个人安全”；一部分是“抚摸安全”。

个人安全部分主要包括：

1. 汽车安全。在汽车行驶的过程中要系好安全带，这会确保车内人员的安全。

2. 交通安全。小朋友“过马路要左右看，不在马路上跑和玩”，而且要手牵手过马路。对于破坏规则的人，儿童要敢于说“不”。

3. 火的安全。遵守有关火的安全规则，当有人不遵守规则，儿童应该告诉成人。

4. 枪支安全。不要玩枪，持枪和玩枪对儿童来说是非常危险的。

5. 等待被发现。儿童应当知道当他们迷路或走失时，一定要在原地等待。

6. 总是先问原则。如果有人想带着你和他一起去某个地方时，一定要先问问父母或你的第一监护人；有人送你礼物或给你东西时，一定要先问问父母或监护人。

抚摸安全部分主要包括：

1. 接受或给予安全的抚摸。引导孩子认识什么是安全的抚摸。安全的抚摸让人觉得被关怀和被爱的感觉，它对你的身体来说是有益的。

2. 什么是不安全的抚摸。不安全的抚摸会使你的身体感到不舒服，也会伤害你的情感。

3. 应对不安全的抚摸。对不想要的抚摸说“不”。引导儿童学习技能和语言，以帮助他们拒绝不想要的抚摸。

4. 学习抚摸规则。引导儿童知道除了为你清洁卫生和保持健康，成人不能触摸你身体的隐私部位。

5. 学习安全步骤。当遭到不安全的抚摸时，儿童应该学会说“不”，立即躲开并告诉父母或可以信任的成人。

6. 儿童被人非法抚摸后不应该保守秘密，被人非法抚摸不是孩子的错误。

（三）“谈谈抚摸”项目的课程实施步骤

每一课的实施过程主要包括热身（复习）、故事与讨论、技术训练、活动和总结等步骤。

热身：包括一个对以前课程的简短复习。

故事与讨论：引导学生观看教学卡片，教师把故事读出来，并带领学生讨论卡片上的问题。

技能训练和角色扮演：技能训练方案列在卡片上，学生和教师或学生和学生在教室前面进行表演，表演要得到教师或其他学生的及时反馈。当角色做得很好的时候教师要以鼓励的形式给以巩固。而且要保证每个学生都有参与技术训练的机会，以确保他们都能掌握目标技能。

三、心理辅导与治疗

运用心理干预对性侵犯罪者进行心理辅导与治疗以提高他们的自我行为管理能力，从而减少犯罪的发生，这也是预防性侵儿童犯罪的一种方式。在美国虽然这样的心理干预方式多种多样，但许多罪犯依然得不到高质量的辅导，原因之一是费用太高，很多人消费不起；原因之二是缺乏受过专业训练的咨询师。而且公众认为比起严厉的惩罚与控制措施，心理辅导与治疗只能是宠坏了罪犯而已。

在美国比较著名的心理辅导方式是“多系统疗法”（Multisystemic Therapy），这是一个以家庭为中心、社区为基础，针对有长期暴力倾向的青少年的辅导项目。目的在于帮助被辅导者有效地管理和疏导他们的青春期问题和挑战。

多系统疗法以生态模型理论作为该项目的理论基础，通过提高被咨询者父母的养育教育技术来改变年轻人暴力和犯罪的行为。不像其他被咨询者每周和心理医生在诊所见一次面的干预方式一样，多系统疗法项目的辅导者要走进年轻人的家庭、学校和社区。通过这种方式，辅导者能聚焦年轻人生存的整个环境，并取得积极的辅导效果。因为把辅导者和家庭结合起来，辅导目的容易确立，而且辅导专家的服务对象不多，可以一天24小时或一周任何时间都随叫随到。专家组成员包括4—6个辅导专家和一位指定对每个案例负责的管理人，他们能为辅导提供充分的支持。辅导计划要求所有的家庭成员都要参与辅导的过程。辅导专家要提高被辅导者父母的教养技术，促进家庭关系的和谐，帮助年轻人和一些没有犯罪行为的年轻人交朋友，帮助他们获得好的学业成绩或好的职业，帮助年轻人参与积极的课外活动，比如体育或学校俱乐部。构建积极的支持性网络，运用家庭、邻居和朋友的力量去帮助年轻人保持持续的变化与进步，有助于实现他们对自我行为的良好管理，减少犯罪行为的发生。

此外，心理辅导与治疗也用于被侵害的儿童，使其受害的后果减到最低。用心理辅导或家庭干预的形式也可以把受害者的害怕、焦虑、压抑和负面自我归因减到最低。其他的措施包括广泛宣传教育信息，减少对侵害者的污名化和劝止受害者从自我谴责的情绪中走出来。

四、社区预防

社区预防包括社区监督和社区再融入两个方面的措施。社区监督是指盯住一些潜在的犯罪者，通过公共宣传的方式让这些人意识到他们的行为是错误和有害的，警告他们通过热线电话去寻求帮助；通过动员被害者或侵害者的家属、朋友、同伴去检查环境，看看犯罪行为是否在发生或可能发生，以阻止犯罪，保护儿童或报告事实。社区再融入，是帮助一些有过犯罪前科的人让其快速融入社区生活，以防止他们二次犯罪。

五、对我国的启示

2013年以来，一些针对青少年性侵犯罪的案件不断被曝光，引起社会极大的震动与反响，也促使我国重新思考如何保护儿童，使其免于性犯罪的侵害。他山之石可以攻玉，当前，我国特别应该在以下几方面借鉴美国预防性侵儿童犯罪的举措。

（一）加大对性侵儿童犯罪者的打击力度，使严厉的惩罚对犯罪分子产生威慑作用

我国虽有《中华人民共和国刑法》（以下简称《刑法》）《中华人民共和国妇女权益保

障法》《中华人民共和国未成年人保护法》《中华人民共和国治安管理处罚条例》《中华人民共和国教师法》等法律，但这些法律对性侵儿童犯罪的问题规定过于笼统，给实际操作带来困难。例如我国《刑法》规定：以暴力、胁迫或者其他手段强奸妇女的，处三年以上十年以下有期徒刑。奸淫不满十四周岁幼女的，以强奸论，从重处罚，即处十年以上有期徒刑、无期徒刑或者死刑。但在什么情况下从重处罚并没有特别详细的、可操作的规定。而且这些法律还存在一些漏洞，给性侵儿童犯罪者逃脱法律的严惩提供了方便之门。如我国《刑法》中有嫖宿幼女罪，这一罪行量刑较轻，因此，罪犯往往能以未成年人卖淫为由面临相对较轻的指控，逃脱法律的严惩。未来我国应借鉴美国法律，把严惩凶手摆到首位，延长性侵儿童犯罪者的刑期，提高侦查和逮捕力度，将法律的制裁和威慑作用发挥到最大。

（二）加强对有犯罪前科人员的管理和控制，避免二次犯罪的发生

美国针对有犯罪前科人员的罪犯登记、社区通知、住处限制和强制性背景检查等措施既严格详细又有可操作性。这些措施使犯罪分子一次犯罪，终生付出代价，这也会对犯罪分子产生强大的惩治和震慑作用。我国对有性侵儿童犯罪前科人员的监控和管理几乎处于空白状态，未来我国也应借鉴美国以上举措，加大对有犯罪前科人员的监控与管理力度。

（三）加强对儿童的教育，让儿童学会保护自我

由于我国的传统观念及学校性教育的缺失，我国在如何保护儿童免于性侵的教育方面基本处于空白状态。在现实生活中，坏人是无法根除的，因此，应借鉴美国的举措将如何预防性侵的课程纳入到学校的安全和健康教育课程中。从幼儿园开始设置此类课程，并随着年龄的增长逐步拓宽、加深，使儿童掌握在危险和可能出现侵害行为的情境下保护自己的基本技能。同时，要加大对学校的监察和管理力度，使这样的课程真正得到实施。

（四）多管齐下，实现法律、教育与社会服务的联动

2013年9月，中国教育部、公安部、共青团中央、全国妇联共同发布了《关于做好预防少年儿童遭受性侵工作的意见》，但效果如何还有待检验。我国应借鉴美国的经验，加强法律、社会组织、社区、学校和家庭的联系，真正建立起一套多方面、多层次、社会多机构联动，协调处置和预防儿童性侵害的网络。

［原载于《比较教育研究》，2015年第3期］

幼儿园园长与保教人员的沟通研究

晋中市第二幼儿园　彭永强

【摘要】进入信息爆炸的21世纪，人们的思想逐渐变得多元化，园长的管理也面临着越来越多的挑战。研究者采用文献法、问卷调查法对园长与保教人员沟通的有效性及策略展开研究。结果发现：1. 不太关注沟通的园长与保教人员的沟通方式比较简单；2. 园长与保教人员双方都认可通过沟通可以获得更好的了解，都有获得一些专题学习和培训的愿望；3. 在管理实践中，沟通存在着许多障碍；4. 在园长的沟通管理中基本没有沟通制度或沟通制度不健全；5. 园长没有足够的时间与保教人员沟通；6. 园长和保教人员双方站位不同造成相互难以理解；7. 保教人员的文化素养与性格造成的障碍在实际的管理工作中也相当普遍。根据问卷调查的结果，我们对园长提出以下建议：1. 要重视沟通；2. 要学会倾听；3. 力争实现双向沟通；4. 保证持续沟通；5. 注意沟通方式。对保教人员提出以下建议：1. 加强主动沟通意识；2. 提高沟通能力；3. 在沟通中做到既有原则性又有灵活性。

【关键词】园长；保教人员；沟通；有效性；策略

一、问题的提出

（一）选题背景

在我国，幼儿园实行园长负责制，园长对幼儿园的工作全面负责，对外协调与上级主管部门的关系，对内要将园内的人力物力资源盘活，按照国家的教育方针政策确立园所的发展愿景，尽力使所有保教人员齐心协力谋发展以实现高质量的保教工作。以往经验型管理大都通过园长的个人智慧和经验来实现目标，在管理过程中更多通过直接的命令、传达、指挥这样一种单向的沟通方式传达信息，这种“一言堂”式的沟通实践证明效率比较低下。21世纪是信息爆炸的时代，人们的思想逐渐变得多元化，园长的管理也面临着越来越多的挑战。

（二）选题意义

1. 国家大力发展学前教育的需要

近年来，学前教育得到全社会重视，大量幼儿园得到兴建，大批的保教人员加入到幼儿园的教育和管理工作中来。与此同时，一些问题也随之出现，尤其是幼儿园人力资源管理方面。首先，现有的园长队伍大多数都是从保教人员岗位上抽调而来的，缺少专业的组织管理水平与沟通协调能力。其次，保教人员工作经验不足，且很多都不是学前教育专业出身，这些都严重影响了学前教育质量的提升。

2. 幼儿园园长教育管理的需要

当代中国，幼儿园实行园长负责制，园长负责幼儿园的一切核心工作，掌握着幼儿园的人事权、财政权、决策权等权力。幼儿园中的教育工作人员以女性为主，园长也多为女性，因而较多地采取了面对面沟通的领导方式，领导行为较多地体现在了沟通的过程当中。因此，有必要加强园长与保教人员之间的多方面沟通，促进园长领导工作的开展。

（三）概念界定

1. 沟通

沟通出现在管理学中，是20世纪初哈佛大学和达特茅斯的商学院第一次开设了管理沟通的相关课程，课程内容主要是关于沟通的技巧和灵活应用，至此，管理沟通开始成为一种特殊的社会现象。

目前，国内外对于沟通的定义主要有以下几种：

沟通就是我们通常所说的信息交流。

沟通是指可理解的信息或思想在两个或两个以上人群中的传递或交换的过程，目的是激励或影响人的思想或行为。

沟通是传递某些信息而使他人在思想和行为方面发生变化的行为。

沟通是信息的传递、信息的阐释，以及个人的思维参照系共同发挥作用的过程。

沟通是人们分享信息、思想和情感的任何过程。这种过程不仅包括口头语言和书面语言，也包含形体语言、个人的习气和方式、物质环境等赋予信息含义的任何东西。

综合以上信息我们可以得出，沟通实际就是人与人之间信息和思想的交流，沟通只是一个过程，而这个过程的最终目的就是实现信息交流，将双方彼此的思想现状都切实地摆出来，促进互相了解。

本研究中，幼儿园园长和保教人员之间的沟通就是指双方以会议、面谈等多种形式来实现信息的交流，促进彼此的了解，从而和谐双方人际关系，增加幼儿园整体组织及人力资源的凝聚力和战斗力，进一步提高工作积极性和工作效率，提高教学质量。

2. 园长沟通

在幼儿园组织内部，园长与保教人员间的沟通是最主要的，也是最重要的园所沟通管理活动。为了区别于园所其他成员间的沟通活动，将其称为“园长沟通”，即为了实现幼儿园的管理目标，在园长和保教人员之间传递信息、思想和情感。它是园长与保教人员间进行的思想或情感交流，以此取得彼此的了解、信任及良好的人际关系。

（四）已有研究不足及本研究目的

以往的研究通常将教师、保育员、后勤人员及其他工作人员作为重要的对等的调查对象，从双方的角度、不同的视角来分析园长沟通管理的有效性和差异性。研究的重点常放在保教人员素质和园长的领导力等方面，而人力资源管理方面则比较少，尤其是沟通方面。

本研究旨在构建园长与保教人员积极有效的互动沟通环境和机制。

二、研究设计

（一）研究对象

本研究的研究对象为晋中市一类一级园（公办园、民办园、民办公助园）的园长（含副园长）和保教人员（教师、保育员、后勤人员、其他工作人员）。其中园长80名，男园长15名，占园长总数的18%，女园长65名，占园长总数的82%；保教人员520名，男保教人员16名，占保教人员总数的3%，女保教人员504名，占保教人员总数的97%。

（二）研究工具

本研究的研究工具是自主编制的调查问卷两份，一份用于调查园长，另一份用于调查保教人员，两份问卷均是15道题。

（三）研究方法

1. 文献研究法

通过大量查阅和整理目前已有的关于幼儿园沟通管理工作的参考文献、研究成果，进行进一步分析和提取观点。

2. 问卷调查法

运用自编的幼儿园园长和保教人员问卷，对晋中市一类一级园（公办园、民办园、民办公助园）的园长（含副园长）和保教人员（教师、保育员、后勤人员、其他工作人员）进行调查。本次研究共发放问卷600份。其中，园长问卷发放80份，回收80份，有效问卷80份，回收率100%，有效率100%；保教人员问卷发放520份，回收518份，回收率99.6%，有效问卷500份，有效率96.2%。

（四）数据统计与处理

对问卷结果采取百分比的方法进行统计分析。

三、研究结果

（一）基本情况分析

经过数据分析发现，大多数园长和保教人员都是女性，而且所在幼儿园的规模都不是很大，65%的规模都在6—10个班。园长的年龄在30—40岁比较集中，占56%的比例，50岁以上的园长占15%的比例，19%的园长在41—50岁之间，30岁以下的园长只有10%；学历方面，90%的园长是本科学历，其次专科学历占5%，硕士学历占2%，园长的学历普遍比较高；而教龄方面，38%的园长已经工作6—10年，58%的园长已经工作11年以上，工作经验丰富。80%保教人员的年龄都在30岁以下，呈现出年轻化的趋势；学历方面，53%的保教人员是专科及以下学历，32%是本科，总体来说与园长相比学历水平偏低。而教龄方面，保教人员则比较平均，各个教龄阶段都有，其中3—5年的教龄比例最大，占33%。（见图1、图2、图3、图4、图5）

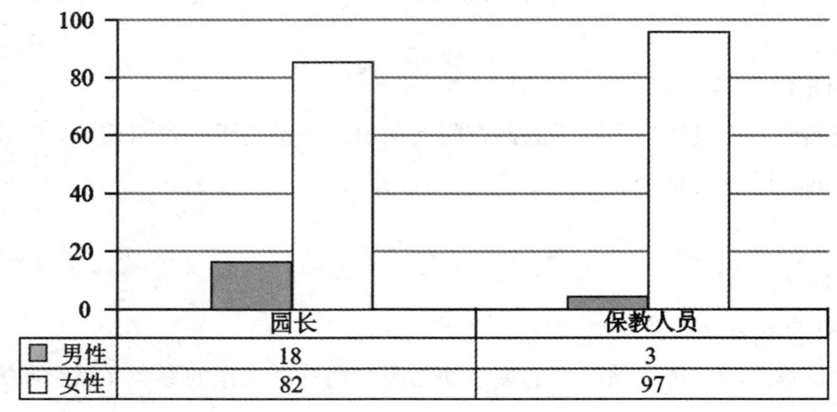

图1　园长和保教人员性别对比（单位：人数）

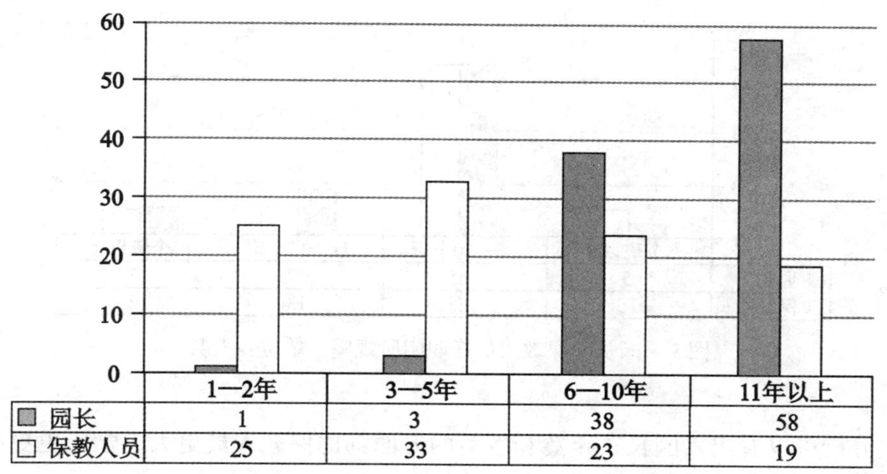

图2　园长和保教人员年龄对比（单位：人数）

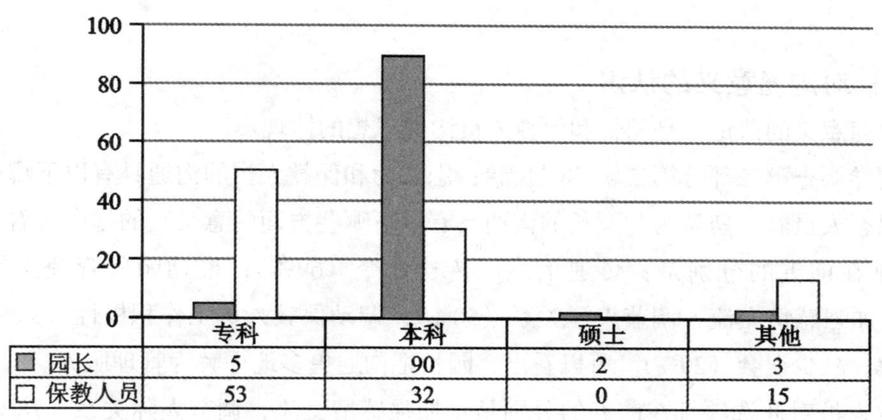

图3　园长和保教人员学历对比（单位：人数）

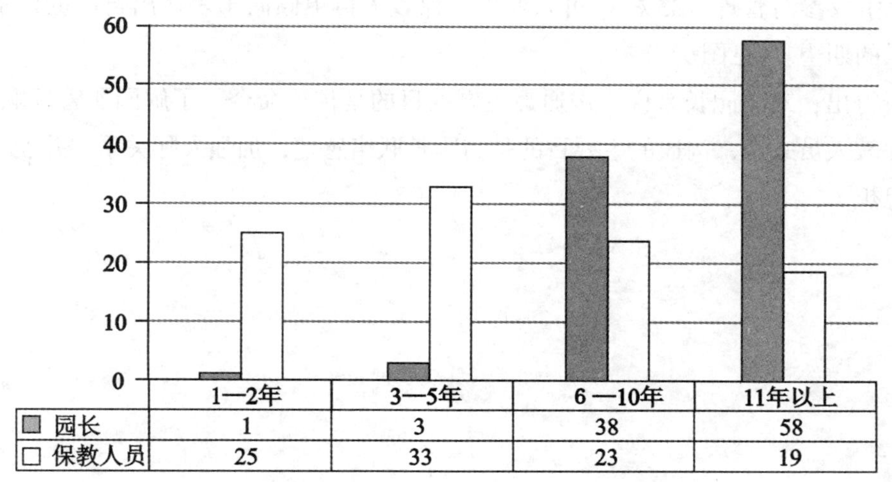

图4　园长和保教人员教龄对比（单位：人数）

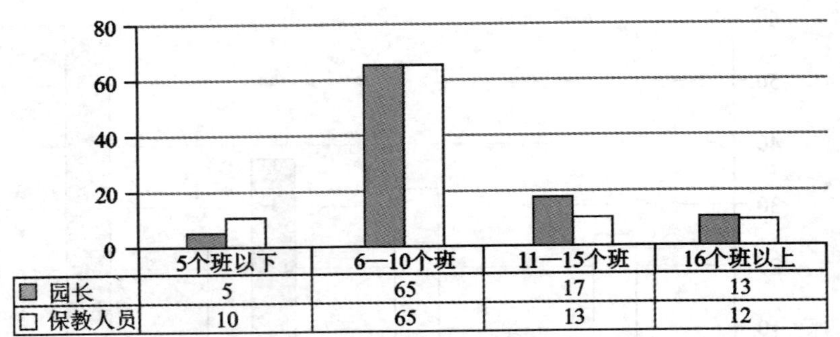

	5个班以下	6—10个班	11—15个班	16个班以上
■ 园长	5	65	17	13
□ 保教人员	10	65	13	12

图5　园长和保教人员任职园所规模（单位：人数）

由此分析可以看出，园长在年龄和教龄两方面都比保教人员更大，学历也更高，二者在工作经验和人生经历上存在一定的差距。在沟通的时候年龄差异、工作经验等都会成为有效沟通的障碍。

（二）对沟通意义的认识

对沟通意义的认识，是园长和保教人员沟通思想的体现。

从问卷调查第二部分第二题“园长卷：您认为和保教人员的沟通具有以下哪些方面的意义。保教人员卷：您认为和园长的沟通具有以下哪些方面的意义”的排序来看，园长对此选项排在前五的分别是：传递信息、传达命令（69%）；推动园所管理工作的开展（56%）；加强感情交流，调节人际关系（50%）；调动保教人员工作积极性（33%）；加深彼此了解，减少误会（29%）。可以看出，园长把沟通更多地理解为管理服务。

保教人员对此选项排在前五的分别是：加强感情交流，调节人际关系（78%）；表达自己的诉求与思想（61%）；促进自身业务进步（45%）；传递信息，正确了解政策与制度（40%）；争取参与管理（33%）。可以看出，保教人员更倾向于表达出自己的诉求和对幼儿园前景的期望。（见图6）

分析得出：对于园长来说，沟通最主要的目的是传达命令，了解园所管理顺利进行；而对于保教人员来说，沟通的主要目的是与园长联络感情，加强人际关系，并表达自身的诉求与思想。

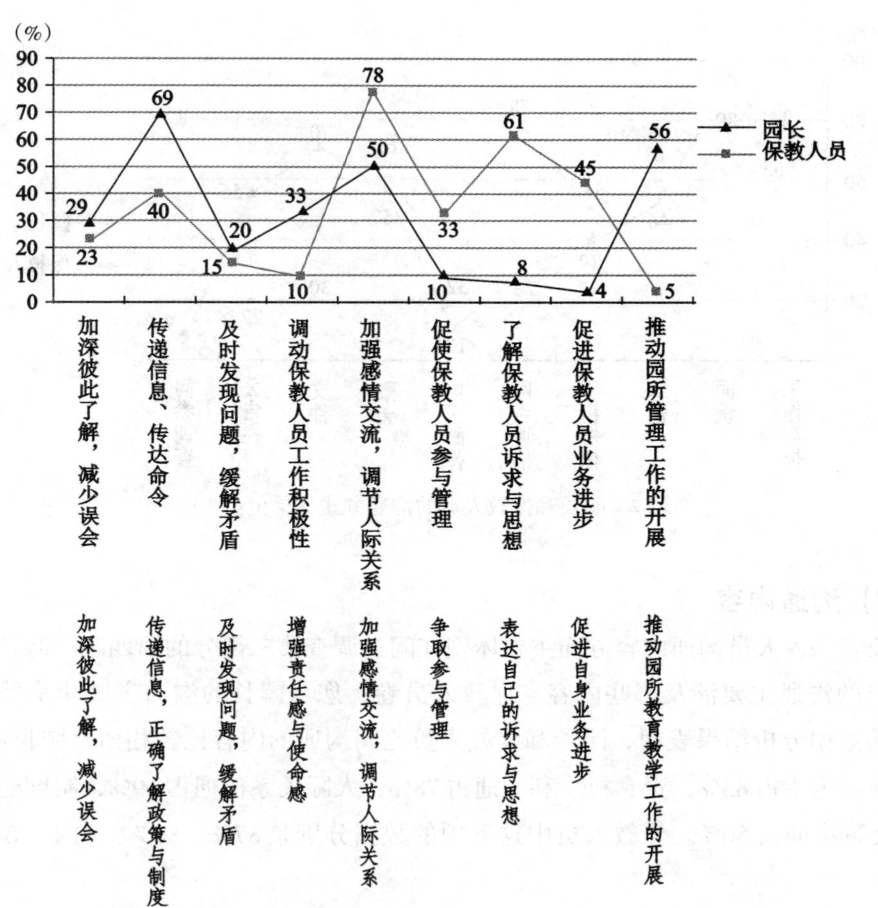

图6　园长和保教人员的沟通意义（单位：%）

（三）沟通方式

根据目前在幼儿园管理中比较常见的几种沟通方式，设计了第二部分的第三题“园长卷：您与保教人员的沟通会采用哪些方式。保教人员卷：您与园长的沟通会采用哪些方式”，结果显示：

园长使用的五种方式按使用频率的多少分别是面谈（90%）、工作汇报（76%）、文件（70%）、聚会（57%）和公告栏（56%），这些都是比较正式、严肃的沟通方式。

保教人员最常使用的则是面谈（89%）、网络通信（78%）、工作汇报（65%）、聚会（61%）和电话（61%），更加倾向于非正式沟通。（见图7）

问卷调查结合访谈分析得出：之所以出现这种差别主要是身份的差异。园长的沟通对象是整个幼儿园及所有的保教人员，他们认为正式的沟通方式能提高效率，及时传递信息和得到反馈。而保教人员则主要是与园长沟通，属于一对一的上行沟通，他们认为非正式沟通方式更容易达到效果。

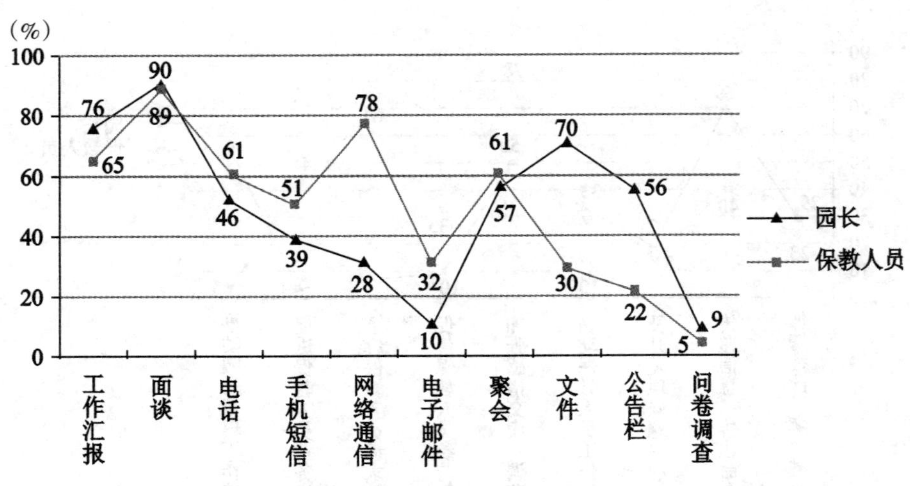

图7 园长和保教人员的沟通方式（单位：%）

（四）沟通内容

园长和保教人员沟通内容方面主要体现在问卷调查第二部分的第四题“园长卷：您与保教人员的沟通主要涉及哪些内容。保教人员卷：您与园长的沟通主要涉及哪些内容”，这部分的数据分析结果表明，园长和保教人员之间沟通的内容比较相似。园长沟通方面，以工作内容为主占83%，责、权、利沟通占78%，人际关系沟通占69%，制度建设沟通占65%，决策沟通占56%。保教人员中这五项的数据分别是87%、80%、64%、61%和59%（见图8）。

分析得出：无论是园长，还是保教人员，这五项内容都是沟通的重心。

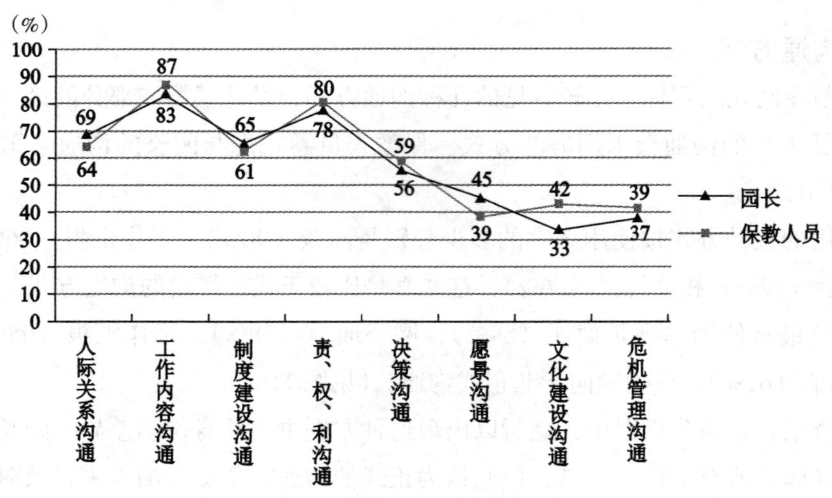

图8 园长和保教人员的沟通内容（单位：%）

（五）沟通渠道

园长和保教人员沟通渠道方面的情况主要体现在问卷调查第二部分的第五题“您更多地使用哪一种沟通渠道”，结果表明：

对于园长来说，喜欢自我沟通占63%，90%的园长都是采取正式沟通，91%的园长采取语言沟通和口头沟通，88%的园长更多地进行双向沟通。

对于保教人员来说，87%的保教人员都喜欢用非正式沟通的方式来和园长沟通交流，71%的采取自我沟通，非语言沟通和非口头沟通也占了较大的比例，分别是45%和60%，双向沟通的比例则和园长差别不大，为85%。（见图9）

分析得出：处于不同的位置，为了不同的沟通目的，双方也会采用更加适合的、能够达自己目的的沟通渠道。

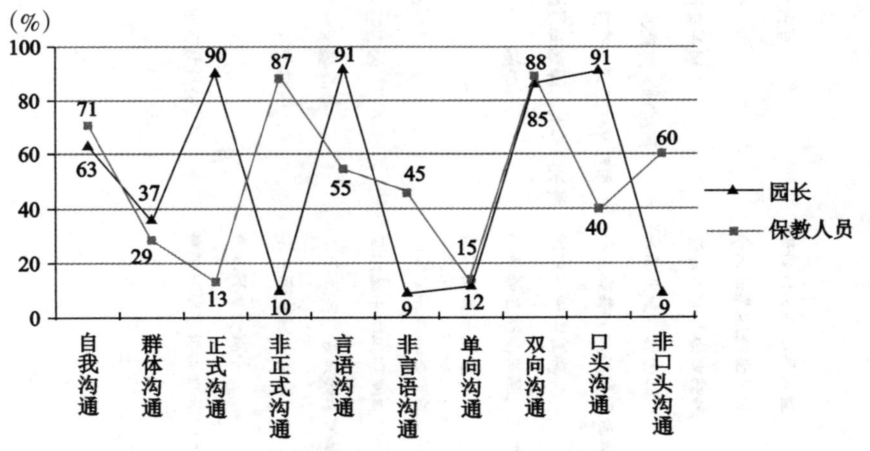

图9　园长和保教人员的沟通渠道（单位：%）

（六）沟通障碍

园长和保教人员沟通方面的问题主要体现在问卷调查第二部分的第六题“园长卷：您与保教人员的沟通存在哪些问题。保教人员卷：您与园长的沟通存在哪些问题”，结果表明：

对于园长来说最大的障碍在于没有足够的时间（83%）。其次则是观念角度不同，有身份地位、知识水平等差异（79%）；第三大障碍是个人领导风格、性格、气质等的局限（76%），然后是不能换位思考、有领导架子（65%）和与保教人员沟通的重视度、主动性不高（60%）两个障碍也影响到了园长和保教人员的沟通。

保教人员方面，最大的五个障碍分别是不敢表达自己的真实想法（85%）；园长不重视沟通（78%）；身份地位、知识水平等差异（71%）；人际关系不够融洽（63%）；沟通体

系不健全（55%）等。（见图10）

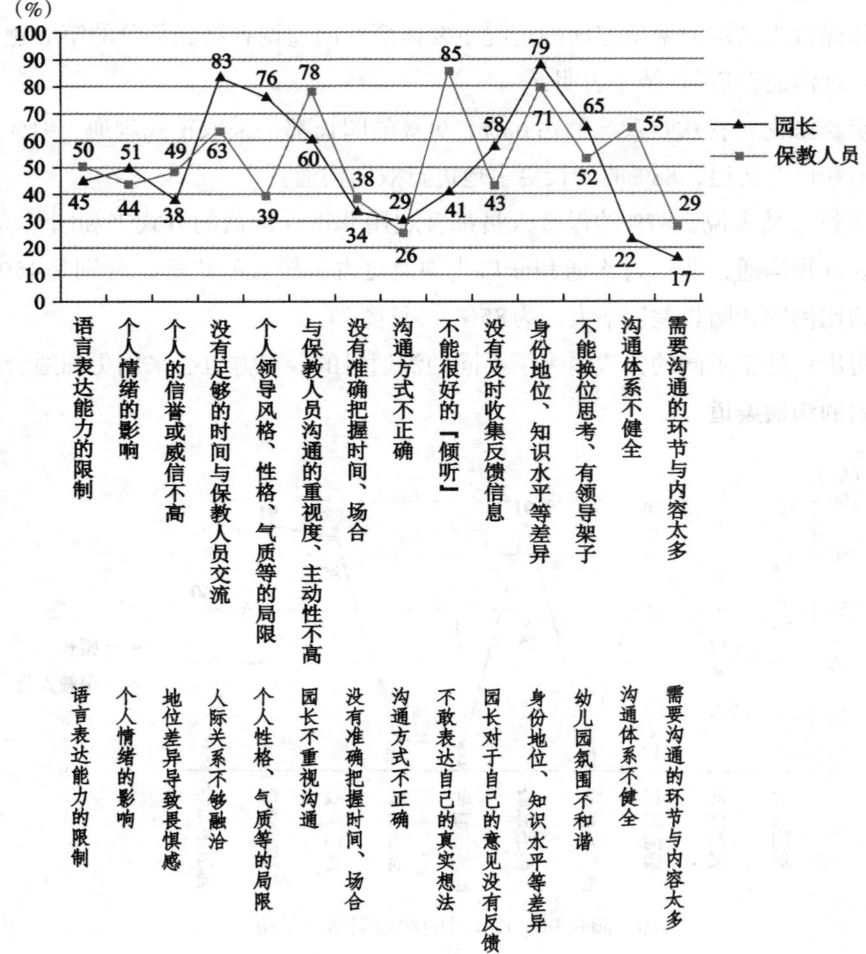

图10　园长和保教人员的沟通障碍（单位：%）

分析得出：出现这种情况的原因主要是因为两者所处地位不同。园长要管理整个园所和所有的保教人员，每天需要处理的事情很多，很难有足够的时间与每位保教人员交流，对于沟通的重要意义也没有引起足够的重视。而保教人员主要的工作是组织活动，和园长沟通的机会比较少，二者地位的差异导致其不敢主动与园长交流。同时，双方的知识水平等也阻碍着彼此的沟通顺畅。

在访谈中了解到，双方都有进一步提高沟通质量的愿望，具有主动地位的园长应率先提升沟通意识，创造各种有利于沟通的环境。

四、结论

（一）园长和保教人员因地位、身份、立场的不同，看问题的角度不同造成了有效沟通的障碍，并且知识水平、年龄差异、工作经验等也是影响有效沟通的因素。而在造成沟通障碍的因素中，园长最大的障碍是缺少沟通的时间，而保教人员最大的障碍是不敢表达自己的真实想法。

（二）园长和保教人员之间的沟通多数是下行沟通，沟通的目的是管理；保教人员和园长的沟通多数是上行沟通，沟通的目的是请示汇报。两者之间缺少平行沟通。

（三）园长和保教人员之间的沟通多数是正式沟通，他们认为正式沟通能够提高沟通效率；保教人员和园长的沟通多数是非正式沟通，他们认为非正式沟通更能达到沟通的效果。两者均有很好的沟通愿望，都会为了达到更好的沟通效果而调整自己的沟通渠道和沟通策略。

（四）缺少沟通制度的保障是造成园长和保教人员沟通障碍的另一个客观因素。

（五）园长和保教人员沟通的内容基本趋向一致，均与幼儿园的工作内容相关，很少触及其他方面。

（六）园长和保教人员都缺乏沟通的知识，需要不断提高自身的沟通意识和沟通技巧。

五、建议

（一）园长方面

1. 园长要重视沟通

作为管理者和领导者，园长不仅仅需要组织和控制，更需要以沟通为媒介来助推管理的顺利进行。因此，园长首先要重视沟通管理工作，主动与保教人员加强感情交流。

2. 园长要学会倾听

倾听属于有效沟通的必要部分，有助于双方思想的一致和感情的通畅。听人说话似乎是一件简单的事情，但是在实际的管理工作中，要真正做到倾听，尤其是积极有益的倾听，却不是那么容易。园长要学会倾听并从中获取有益信息，提高沟通的有效性。

3. 实现双向沟通

幼儿园管理工作必须实现双向沟通，即自上而下的沟通与自下而上的沟通相结合，建立一个畅通无阻的沟通渠道，保证沟通的双方都能够真正参与，并顺利表达出自己的想法，完成信息的传递与接收。

4. 保证持续沟通

保证持续沟通就要克服双方沟通中的障碍，园长首先要带头建立一个融洽的沟通环境。其次，园长需提升服务的意识，常站在保教人员的角度思考问题。第三，要营造积极的学习氛围，缩小双方观念、知识水平差异。第四，园长要加强时间管理，为沟通留余地。

5. 注意沟通方式

园长与保教人员在沟通时要注意沟通方式，要根据相应的场合和主题来选择适宜的沟通方式。

（二）保教人员方面

1. 加强主动沟通意识

保教人员要克服角色障碍，主动接近园长进行沟通，正确认识和评价园长的角色、工作。适时站在园长的角度思考问题，有利于双方达成很好的沟通效果从而获得支持、信任、理解，带动自己的工作顺利进行。

2. 提高沟通的能力

保教人员与园长的沟通是幼儿园内一项重要的内容，保教人员应注重提高自己的沟通能力，首先要学会用心倾听；其次要学会换位思考；第三要加强修养学识，学会用平和的语气、诚恳的态度和清晰的语言表达自己的诉求。

3. 在沟通中做到既有原则又有灵活性

园长考虑问题多从大局出发，既考虑现实问题也考虑长远问题，而保教人员则更多地从个人角度思考，所以在沟通中双方难免会有冲突。因此，保教人员要多从上级的角度去考虑问题，在服从但不盲从的原则下，灵活解决沟通中的问题。

参考文献：

[1] 魏江．管理沟通——理念与技能［M］．北京：科学出版社，2001.

[2]（美）海因茨·韦里克，哈罗德·孔茨．管理学：全球化视角［M］．北京：经济科学出版社，2004.

[3] 孙健敏．管理中的沟通［M］．北京：企业管理出版社，2004.

[4] 崔佳颖．组织的管理沟通研究［D］．北京：首都经济贸易大学，2006.

[5] 廖蕊．园长管理沟通及其有效性研究［D］．上海：华东师范大学，2007.

[6]（美）迈克尔E．哈特斯利，林达·麦克詹妮特．管理沟通：原理与实践［M］．北京：机械工业出版社，2008.

[7] 闫玉科，邵华．实现有效沟通的策略和技巧［J］．经济论坛，2004（5）.

区域学前教育均衡优质发展关键：强化行政推动，创新帮扶机制

——以孝义市为例

孝义市教育局　田　曜

【摘要】“十二五”以来，孝义市将学前教育作为奠基工程，认真贯彻落实《国务院关于当前发展学前教育的若干意见》精神，按照“全市一盘棋，城乡一体化”的发展思路，科学合理地规划幼儿园布局，采取两方面措施：1.强化行政推动，夯实基础建设，为学前教育发展提供坚强保障；2.创新帮扶机制，注重提升实效，让城乡幼儿共享优质教育资源，实现城乡幼儿园均衡优质发展。

[关键词]学前教育；帮扶机制；均衡优质发展；孝义市

“十二五”以来，按照“全市一盘棋，城乡一体化”的发展思路，孝义市认真贯彻落实《国务院关于当前发展学前教育的若干意见》精神，积极实施第一期、第二期“学前教育三年行动计划”，加强政策引导，加大投入力度，强化队伍培训，提升管理水平，学前教育获得了稳定、健康的发展。同时，2014年孝义市荣获山西省“实施学前教育三年行动计划先进市”，并有两所幼儿园被评为“省级示范园”，9所幼儿园被评为“吕梁市一类标准园”，15所幼儿园被评为“吕梁市特色幼儿园”。在学前教育均衡、优质发展的道路上，孝义市迈出了坚实的步伐。这些成绩的取得，得益于以下两方面的措施。

一、强化行政推动，夯实基础建设，为学前教育发展提供坚强保障

孝义市历来高度重视学前教育，始终将其作为义务教育的奠基工程，与义务教育同部署、同落实、同考核。具体做法如下：

（一）科学合理规划，落实建设责任

我们始终秉持着农村孩子应该和城市孩子享受到同样的学前教育资源的理念。为此，2010年底出台的《孝义市教育事业“十二五”发展规划》明确提出，将幼儿园建设纳入到城镇化和新农村建设规划中来，保证到2018年前，各乡镇至少建成一所标准化的中心幼儿园，人口达2 000人以上的行政村必须建立独立幼儿园。为确保这一规划的顺利实施，孝义市将幼儿园建设作为市乡两级的“一把手”工程来抓，每年由市政府直接将建设任务安排到乡镇，并作为年度重点任务进行考核，保证幼儿园建设计划能够顺利完成。

（二）多方投入保障，强化硬件配备

在幼儿园建设上，孝义市建立了“政府主导、社会参与、公民办并举”的投入机制。在城区，通过减免土地出让金、公派幼儿教师等优惠政策吸引社会投资。目前，全市民办幼儿园的园长全部由公办幼儿园选派，公派幼儿教师比例达到15%以上。在政策的支持吸引下，孝义市社会资本投资1.2亿元，先后建设金岩英才、春田花花、五爱双语等14所普惠性民办幼儿园。在乡镇，通过政府直接出资和提供专项建设资金的方式，鼓励乡镇新建和改建布局调整后的遗留中小学校舍。近五年，先后投资2.09亿元，新建乡镇中心园和农村标准园48所，保证了全市适龄儿童有园可上。与此同时，还先后投资4 000余万元，对园所环境进行绿化美化，配备了数控一体机、电钢琴、玩具柜、图书架、水杯架、鞋柜、丰富多样的桌面玩具和户外体育玩具等设施设备，使幼儿园设施基本达到城乡统一标准。

（三）加强队伍建设，提高专业素质

坚持“凡进必考、择优录取”的原则，先后从幼教专业毕业生中招聘幼儿教师238名，并按照“优先农村、支持民办”的指导思想，将新招聘教师合理地分配到全市幼儿园。这批青年教师教育理念较新、专业能力较强，快速改善了孝义市幼儿园师资队伍的年龄结构和学历层次，成为我市学前教育的一支生力军。同时，孝义市高度重视提升幼儿教师能力素质，不断健全“国培计划”、骨干教师高级研修、园本培训等不同层次的全员培训体系。近年来，全市幼儿园园长、教师参加国家级培训783人次，省级培训972人次，市县

级培训1 316人次，130余名优秀园长和骨干教师赴华东师范大学和北京师范大学进行了为期半个月的高级研修，培训人数共达到3 200余人次，每名教师至少有两次走出孝义市外出学习的机会。多层次、大批量、高规格的培训促进了队伍专业水平和能力素质的快速提升。

（四）强化管理评价，提升办园品质

从“十二五”初期起，孝义市就制定出台了《幼儿园办园水平评估细则》（以下简称《评估细则》），对幼儿园实行精细化、标准化管理。《评估细则》涵盖了招生收费、班容量控制、师德建设、日常保育、卫生保洁、区域活动、幼儿成长等幼儿园管理的方方面面，明确了各项工作所要达到的标准。《评估细则》不仅是对各幼儿园办园水平的考核标准，更是幼儿园办园行为的具体指导，为幼儿园提供了具体的、可操作的方法。每学年，由教育局组织幼儿教育本土专家团对全市各幼儿园进行随机评价和集中考核，将考核结果计入中心校的办学水平中，分系列进行一条龙排队。并在每年度的教育工作会议上，由市委、市政府对排名前20%的办园水平先进单位进行表彰，发放奖金。精细化、标准化的管理和科学的评估促进了学前教育发展品质的快速提升。

二、创新帮扶机制，注重提升实效，让城乡幼儿共享优质教育资源

均衡优质发展不仅是义务教育发展的主旋律，对学前教育发展也具有同样重要意义。孝义市按照“以城带乡、以强扶弱、合作互助、全面提升”的思路，多形式开展城乡结对帮扶，基本实现了区域内幼儿园的均衡优质发展。

（一）建立城乡发展共同体，实现幼儿园发展同步化

充分借鉴我市义务教育学校建立发展共同体的成熟经验，于2013年出台《关于组建幼儿园发展共同体的实施方案》（以下简称《方案》）。《方案》打破园际和城乡分割，以新乐和建东两所“省级示范园”为龙头，组建了4个覆盖全市所有幼儿园的发展共同体。发展共同体又分别建立共同体教研组和共同体名师团队，前者每学期开学前集体制订内部统一的保教活动计划、教研活动和课题研究方案等。后者为青年幼儿教师制订成长计划，共同组织教师培训，开展师徒结对帮扶；开展公开活动、观摩活动、保教能手评选和技能竞赛等，为青年教师搭建成长舞台；适时组织开展园际交流、教学观摩和专题讲座等活动，将先进理念、成熟经验和典型做法快速推广至各帮扶园，实现业务工作的同步推进。

（二）成立专家指导团队，实现帮扶工作精准化

为了让帮扶工作更具精准性，孝义市组建了以省、市级优秀园长和保教能手为骨干的本土化幼教专家团队，并实行包片联系、结对帮扶制。围绕“帮什么、如何帮”这两个根本问题，每学期由专家组深入被帮扶的幼儿园，采取听取汇报、实地查看、随机交流等形式，详细了解各幼儿园的园舍设施、教师、幼儿半日活动的情况等。针对发现的问题，由专家团队每学期定期或不定期地开展蹲园视导工作，面对面、手把手地就存在的问题进行指导，为帮扶园发展精准把脉、献计献策。

（三）推动教师双向交流，实现帮扶工作的日常化

为推动城乡幼儿教师的双向交流，由牵头优质幼儿园选派管理经验丰富、能力较强的中层干部到被帮扶的幼儿园担任园长，同时选派被帮扶园的青年教师到优质园进行一到两周的挂职学习，促进其能力素质快速提升。在此基础上，由优质幼儿园根据实际需求，每学期派出一定数量的骨干教师到被帮扶园开展“同课异构”活动。活动内容选取一日活动的三个环节，即晨午间活动、集体教育活动和区域活动。活动形式采用互动对比式，上午由被帮扶园的教师组织三个环节的活动，下午由优质园的教学能手组织活动，然后进行集中教研。听课、说课、评课，为参加活动的教师提供了交流学习和借鉴的平台，提高了帮扶工作的实效性和科学性。目前，每年都有近四分之一的幼儿教师在城乡间交流，农村幼儿园的发展水平快速提升。

（四）实行定期回访调查，实现帮扶效果巩固化

每学期末，专家组交叉到被帮扶园进行回访，从一日活动和教研活动等方面进行查证了解，对一学期的帮扶效果进行回访考核，保证帮扶工作落到实处。与此同时，专家组按照“突出结果、兼顾过程、注重实效”的原则，通过听取汇报、查阅资料、实地检查等方式对不同类型幼儿园进行考核评价，取其考核结果总和作为共同体成绩。这种捆绑式、科学全面的考核评估使共同体办学走上更加健康、更有活力的道路。

结对帮扶使全市幼儿园发生了脱胎换骨的改变。一是园容园貌显著改善。能够围绕幼儿特点和发展需要设计和改善园所环境，同时，文化建设也力求符合幼儿成长需求，体现童真、童趣和育人的特点。二是队伍素养大幅提升。幼儿园教师开展保教活动、教研活动和家长工作的专业理论水平和业务实践能力明显提升，一支高、专、精的幼教队伍正在形成。三是园所管理明显规范。幼儿园依法办园意识和现代教育管理理念得到更新，教学常规、科学保教和安全管理等一系列规章制度得到健全完善，各项工作走上了制度化和规范化道路。四是保教质量快速提高。幼儿的活动形式日趋丰富，保教和游戏并重的幼儿培养模式初步实现，幼儿园“小学化”倾向得到有效消除，幼儿能够健康、全面发展。更为重

要的是，幼儿教育的均衡优质发展有力促进了我市义务教育的均衡优质发展。

作为基础教育的基础，学前教育的改革与发展依然任重而道远。我们将进一步贯彻落实教育部《关于幼儿教育改革与发展的指导意见》，借助国家第三期“学前教育三年行动计划”实施的契机，进一步创新帮扶措施，促进学前教育质量再提升，推动学前教育事业再发展，为幼儿健康幸福成长奠基！

学前儿童
发展与
教育

《3—6岁儿童发展评估工具》的研制与应用*

山西省幼儿教育中心　李志宇　原　燕

【摘要】为了更好地贯彻落实《3—6岁儿童学习与发展指南》，促进幼儿主动学习、全面发展，研究者主要采用在幼儿一日生活的自然状态下对幼儿进行观察记录的方法，研制出《3—6岁儿童发展评估工具》并进行了实验探索。教师运用《3—6岁儿童发展评估工具》可实现以下目标：1.评价并了解幼儿的发展水平；2.发现游戏材料投放方面的问题；3.发现教师指导幼儿游戏策略方面的不足。

【关键词】3—6岁儿童发展评估工具；观察记录；评价；山西省幼儿教育中心

一、《3—6岁儿童发展评估工具》的研制

2012年10月教育部颁布了《3—6岁儿童学习与发展指南》（以下简称《指南》），全面系统地明确了3—6岁各年龄段儿童在各学习与发展领域的合理期望和目标，也对实现这些目标的具体方法和途径提出了具体可操作的教育建议。但在贯彻落实《指南》的过程中我们发现存在许多问题：当教师面对儿童的具体行为时不会观察、不会评价与分析，也不能更有效地依据《指南》将评价与保教工作有机结合，促进孩子的主动学习和全面发展。为了更好地贯彻落实《指南》，促进儿童主动学习、全面发展，省幼教中心申请立项了“十二五”省教育科学规划课题“山西省3—6岁儿童发展评价研究”，开始了《3—6岁儿童发展评估工具》（以下简称《评估工具》）研制的实验和探索。在进一步深入学习理解、贯彻落实《指南》的基础上，借鉴美国High Scope课程（以下简称高瞻课程COR）中

* 本文系山西省教育科学“十二五”规划课题“山西省3—6岁儿童发展评价研究”（项目编号GH-14079）的阶段性研究成果

的《儿童发展评价量表》等国内外先进的研究成果与经验，从2013年开始，课题组在我省太原、晋中、长治、晋城、运城5市选取18所实验园145个实验班，通过前期准备与文献研究、工具编制、实验园试用、信效度检验和工具修改与完善等阶段，完成了《评估工具》的研制工作。评估工具的信效度检验结果为：在信度方面，我们邀请了43名接受过培训的实验园一线教师，独立对34个项目中儿童的74个典型性行为表现进行评级，并以此为依据计算出肯德尔和谐系数为0.708，说明该工具具有较高的评分者一致性；在效度方面，我们收集了实验园162名儿童（其中，男女各81人，大班57人，中班55人，小班50人）完整的37项等级得分，结果显示：评估工具各项目间相关性较高，总体内部一致性系数为0.976，各领域内的一致性系数在0.795—0.907之间，说明评估工具具有较高的内部一致性，结构效度良好。我们邀请了4位高校专家、3位园长及特级教师对该评价工具的内容效度进行检验，主要考察《评估工具》的价值取向、内容的准确性、指标体系的层级性、发展的顺序性等方面。结果显示：该《评价工具》内容效度良好，能够全面、准确地反映儿童在各个领域的成长与发展。

二、《3—6岁儿童发展评估工具》的特点

（一）《3—6岁儿童发展评估工具》结构清晰，具有较强的指导性和操作性

《评估工具》的结构在基本遵循《幼儿园教育指导纲要（试行）》（以下简称《纲要》）、《指南》五大领域结构的基础上，将《指南》中所倡导的幼儿学习品质单列出来，将数学领域也从科学领域中分列出来，从学习品质、健康、语言、社会、科学、数学、艺术 7 个领域对3—6岁儿童的学习和发展列出评估项目。评估项目的解释、级别及说明主要依据《指南》中的目标、典型表现及专家解读，同时与高瞻课程COR相对照，提出将反映3—6岁儿童学习与发展的各领域中儿童发展的34个方面的关键经验作为评估项目（有的评估项目含子项目，如艺术领域）。在各评估项目中，我们把儿童发展水平划分为五个级别。

为了让教师们更好地理解和掌握《评估工具》，课题组在每一领域的开篇做了与《指南》领域及目标的对照说明，解释了该领域幼儿学习发展的基本价值；每一个评估项目的开头都加注了这个项目是什么、幼儿在这个项目上可能出现的典型表现以及发展趋势的说明；项目下的每一级别都由典型表现、解释、观察列举三部分构成，在表明该级别幼儿的典型表现是什么之后，解释中进一步诠释和扩展了幼儿在此级别的主要动作、语言、表情或状态，观察列举则用客观真实的观察案例表现出该评级项在现实生活中该如何去观察和记录（见图1）。这样的层层解释，既给使用者以理解这个项目做了引导，又对使用者如何在实践中操作进行了指导。

评估项目6　大肌肉动作发展

本评估项目对照《指南》健康领域（二）动作发展　目标1具有一定的平衡能力，动作协调、灵敏；目标2具有一定的力量和耐力。

对于幼儿来说，运动在其早期学习的各个方面都起着主导作用。他们对自身能力的认识让他们有信心去探索环境，并且在没有成人帮助的情况下获得自己需要的东西。一旦幼儿掌握了基本的运动技能，他们的动作会变得更加协调，其肌肉的力量和耐力也会随之增加，并会表现出更强的控制力和平衡力。当他们大肌肉运动技能发展到一定程度的时候，幼儿喜欢尝试更复杂、更有序的动作。

级别1

典型表现	幼儿能双脚交替上下楼梯，双脚跳离地面或跨步走。
解　释	幼儿双脚交替地上下楼梯；他可能会借助扶手来保持平衡。 跳起来时，能双脚离地。跨步时，可能不太稳。
观察列举	4月20日户外活动时间，乐乐一遍一遍地跳起落下、跳起落下。

图1　《3—6岁儿童发展评估工具》基本结构图

（二）《3—6岁儿童发展评估工具》与《3—6岁儿童学习与发展指南》的关系非常密切

《评估工具》中的评估项目与《指南》中目标的关系主要有以下特点：第一，一个项目对照一个目标。一些评估项目与《指南》中的目标是一对一式的。虽然是一一对应的关系，但并不是说评估项目的级别描述与《指南》的目标及其典型表现就完全一致。如项目5“情绪管理”所对应的《指南》目标为“情绪安定愉快”，但其表述方式和关注点略有不同。《指南》从3个年龄段列出了幼儿在“情绪安定愉快”方面的典型表现。在《评估工具》中，一方面，体现了《指南》关注幼儿心理健康的精神；另一方面，借鉴高瞻课程COR中对幼儿情绪管理的研究成果，通过观察幼儿的表情、手势、声音以及体态等列出了幼儿情绪管理的五个级别，为广大幼教工作者和家长识别孩子在情绪管理方面的水平，以及如何引导孩子识别自己的情绪并正确表达情绪、如何识别他人的情绪等方面给予了引导。第二，一个项目对照多条目标。《评估工具》中，有一些评估项目对照了《指南》中不止一条目标。如项目8“生活自理和健康习惯”就对照了“具有良好的生活与卫生习惯”“具有基本的生活自理能力”“具备基本的安全知识和自我保护能力”三条目标。项目8将这三条中所说到的作息习惯、饮食习惯、生活自理能力等进行概括，从3—6岁幼儿在

生活自理和健康习惯方面的大致发展趋势入手，列出了幼儿在此方面发展的五个级别。这样，既可以为成人观察幼儿在此方面的发展提供对照，又指出了在这方面幼儿发展的方向和趋势。第三，多个项目对照一条目标。《评估工具》中还有多个项目对照一条目标的情况。如数学领域的数字与数数、比较和测量这两个项目就都对照了“感知和理解数、量及数量关系”这条目标。这是因为在“感知和理解数、量及数量关系”这条目标中涉及一些重要的数学知识技能和能力，包含了量的比较、基数概念、集合比较、序数、加减运算；涉及数学学习的过程性能力，包括数的表达交流、数的表征。[①]可以看出，虽然只是一条目标却包含了诸多的内容，如何进行合理整合或选择出比较重要的核心经验是我们必须要做的事。通过查阅文献资料，看到大多数文献较认同的观点为：早期数学教育的中心目标是发展儿童的“数字感”，主要包括有关数字及其大小、数字与实际数量的关系、对数字进行运算的直觉三个方面。同时，强调真正的数学学习不是短期的，更不是死记硬背的，而是生活中、游戏中的数学，是应深植于真实的、有意义的作为综合课程一部分的经验之中，让幼儿在一个丰富的环境中，通过操作物体探索数学概念，给幼儿充分的时间让其自由去建构、测试和思考他们对数学的认识。在这个过程中，教师有目的、系统地将数学教学融入每日的教学计划中，与幼儿适时地交谈、提供适宜的操作材料、提出开放性的问题来拓展幼儿数学思维。[②]因此，课题组对这一目标中的内容进行了分解和重新整合，通过“数字与数数”这个项目，来看幼儿数概念的形成、数的比较以及数的组合拆分；通过“比较和测量”这个项目，来观察发现幼儿在对两种物体或者两种以上物体进行比较时的发展趋势，从而引导教师观察和了解幼儿数学经验的建构。第四，多个项目对照多条目标。这个情况集中在艺术领域最后一个项目“表现与创造”，又分为歌唱、律动、绘画与造型、角色扮演四个子项目，这四个子项目分别对照了《指南》中的“喜欢进行艺术活动并大胆表现”与“具有初步的艺术表现与创造能力”两条目标。幼儿的艺术表现与创造包括两个方面：一是可视、可听的实在的表现与创造，如一幅画、一首歌、一段表演；二是审美心理意象的创造，由于它的内在性、过程性，如果没有足够的了解，它常常不被人们所知晓，因而也常常被忽视。[③]在编制《评估工具》时，课题组将《指南》两条目标中提到的幼儿可视、可听的表现与创造形式提了出来，从歌唱、律动、绘画与造型、角色扮演四个方面进行了更为细致的划分，引领成人关注幼儿在活动中的语言、动作、材料使用情况、作品的细节等，希望成人从这些细微的观察中发现内隐于幼儿在艺术创作过程和作品中的审美心理意象创造。第五，项目与目标不对照。这个情况主要在学习品质领域。《指南》“说明”中把“重视幼儿的学习品质”作为实施《指南》的一个重要原则提了出来，

① 李季湄，冯晓霞.《3—6岁儿童学习与发展指南》解读[M].北京：人民教育出版社，2013：133.

② （美）安·S.爱泼斯坦（AnnS. Epstein），苏珊娜·盖斯莉（Suzanne Gainsley）.我比你大，我五岁——学前儿童数学能力的发展[M].霍力岩，姜珊珊，华春沁，等，译.北京：教育科学出版社，2012：4.

③ 李季湄，冯晓霞.《3—6岁儿童学习与发展指南》解读[M].北京：人民教育出版社，2013：157.

并阐述了“学习品质”的重要性与基本内容，同时，还将学习品质的内容蕴含于有关领域目标、典型表现与教育建议中。这是我国学前教育文件中第一次出现“学习品质”一词。为了帮助广大教师更好地理解“学习品质”，本研究将《指南》的内容与高瞻课程COR中幼儿学习品质的内容相融合，同时也考虑到3—6岁儿童在这一领域中的核心经验，列出了4个评估项目，其中，有三项能与《指南》中的部分目标对照。同时，本研究也借鉴了高瞻课程COR中的做计划和回顾，以帮助广大教师更好地理解学习品质在幼儿学习和发展中的具体表现，从而转变过去教师重知识技能的传授、轻态度能力培养的现象。

（三）《3—6岁儿童发展评估工具》所采用的观察方法是在幼儿一日生活的自然状态下对幼儿进行观察记录

《评估工具》编制的主要理论依据为认知发展理论，它是著名发展心理学家让·皮亚杰提出来的。皮亚杰的研究方法不采用当时流行的实验组及多人资料统计的方式，而采用对个别儿童（他自己的女儿）在自然的情境下连续、细密地观察记录他们对事物处理的智能反应，属于质的研究。而他这种研究方式，广为现时儿童心理学家所采用。在研制《评估工具》的过程中，我们将这一理论的研究方法与《纲要》和《指南》中对幼儿评价的要求进行了对比，发现其理念、原则和价值取向是非常一致的。如《纲要》第四部分“教育评价”的第八条指出：对幼儿的发展状况的评估要“在日常活动与教育教学过程中采用自然的方法进行。平时观察所获的具有典型意义的幼儿行为表现和所积累的各种作品等，是评价的重要依据。”“承认和关注幼儿的个体差异，避免用整齐划一的标准评价不同的幼儿，在幼儿面前慎用横向比较。”《指南》的一个主要作用就是为教师观察幼儿提供支持，其中所列的典型表现可以作为教师日常观察幼儿时的观察要点。同时强调观察的客观性和真实性，强调在日常生活活动、游戏活动和户外活动中获得幼儿学习与发展的真实信息。

在《评估工具》中，我们所采用的方法就是在幼儿园一日生活的自然状态下，对幼儿具有典型性的行为、语言、作品等进行客观真实的观察和记录，然后对照评估工具中的领域、项目，找到幼儿发展的级别。通过分析幼儿一段时间的观察记录，我们得出该幼儿阶段性的一个整体发展状况，然后从中进一步分析其发展的全面性、协调性，并据此确立了支持该幼儿进一步发展的策略。

三、《3—6岁儿童发展评估工具》的应用

使用《评估工具》的目的，是为了更好地了解幼儿当下的发展水平和他下一阶段可能达到的水平。据此，教师采取相应的教育策略来支持孩子向更高级别发展，而不是通过《评估工具》来测评孩子。这是在使用《评估工具》时需要特别强调的。

要使用好《评估工具》，必须具有两个基础：一是熟悉《评估工具》，能够理解和接受评估工具中所蕴含的教育理念；二是能够客观真实地观察记录幼儿的行为、语言、表情、作品等，据此对照评估工具分析幼儿在某一领域的发展水平，然后给予相应的评级。这两个方面是相辅相成、密切联系的，其中观察是基础，评估是将观察结果科学化。借助《评估工具》，教师可以让自己的日常工作更加专业化。

（一）通过观察，评价并了解幼儿的发展水平

通过教师对幼儿一系列的观察评估记录，我们可以看到幼儿在各个方面的发展水平，如果教师能够在一个学期内分学期初、期中、期末三个阶段对幼儿的观察评估记录进行统计和分析，就可以看到幼儿在一个学期内各方面的学习和发展的轨迹。以中班幼儿浩浩（化名）的观察评估记录为例（见表1）。

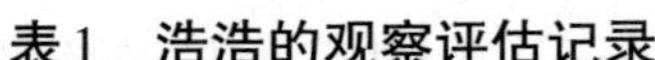

表1　浩浩的观察评估记录

时间	观察案例	学习领域	评估项目	评估等级
2015.9.7	区域活动时间，浩浩拿起娃娃家的锅盖，敲了一下，声音不是很大。接着，他一次次地敲起来，敲不同的地方，发出的声音越来越大。	学习品质	项目1 好奇心和内驱力	等级2：幼儿用多种感官探索事物和所处环境。
2015.9.11	户外时间，浩浩说："我有好多的好朋友，我好开心啊！"然后笑着跑开了。	健康	项目5 情绪管理	等级2：幼儿用简单的语言表达一种情绪，并且能够说出产生这种情绪的原因。
2015.9.16	区域活动时间，美工区，浩浩在纸上画了四个小人，其中有两个小人眼睛下边有许多圈圈，两个小人没有，他对我说："老师，你看，这两个是我和心妍在灯有电时，很高兴；这两个是我和心妍在灯没电时，什么也看不见，哭了。"	语言	项目15 书面表达	级别2：幼儿能控制书写工具，能有意识地用点、线或图画表达出自己的想法。
2015.9.17	区域活动时间，浩浩在娃娃家使用锅准备蒸包子，这时沛沛拿着盘子、涵涵拿着水壶走了过来，浩浩对她们说："咱们一起做饭吧！"涵涵说："我做什么？我拿的水壶，烧水好吗？"这时沛沛说："还有我！"浩浩说："那涵涵你就烧水吧！沛沛一会儿把煮好的吃的放到盘子里，好吧？"她们两个说："可以啊！"于是，三个人一起做起饭来。	社会	项目17 与同伴建立社交关系	等级3：幼儿与两个或更多幼儿合作，他们会贡献自己的想法，并把他人想法纳入到正在玩的游戏中。

（续表）

时间	观察案例	学习领域	评估项目	评估等级
2015.9.23	区域活动时间，浩浩拿起一个辊子说：“我用它可以把这些黏土压平，力气越大，它就会越平，我在户外活动时，用我的脚踩过沙池里的土。”	科学	项目25 实验、预测并得出结论	等级4：幼儿将自己以前得出的结论应用到新的情境中。
2015.9.25	区域活动时，浩浩对彤彤说：“你看，咱们的积木一样的长。”他又拿过来几块，两个人搭在一起说：“好高啊，都是一样的长。”	数学	项目30 比较和测量	等级2：基于测量属性，幼儿使用“一样的”“相同”或者比较性质的词语对物体进行直接比较或排序。
2015.9.30	集体教学活动后，浩浩唱起了歌曲大吊车：“大吊车，像大象，它的鼻子长又长……”	艺术	项目34.1 歌唱	级别1：幼儿能够唱出自己感兴趣（熟悉）歌曲的一部分内容。

通过上述一个月时间的观察评估记录，可以看到中班幼儿浩浩在学习品质、健康、语言等7个领域7个项目的学习和发展情况，他在科学领域实验、预测并得出结论项目上达到了4级，属于较高级别，在艺术领域歌唱项目评级为1级，级别偏低，其他为2级或3级。虽然这并不能完全代表浩浩实际的发展水平，教师需要在多次观察对比之后，来确定浩浩的发展水平，但是至少教师可以知道目前浩浩的一个大致发展情况，便于在之后的保教实践中给予浩浩更个别化的、符合其发展水平的支持和引导。

（二）通过观察，发现游戏材料投放方面的问题

《评估工具》不仅能帮助教师了解幼儿发展的现状，而且每一个项目都列出五个级别，为教师提供了支持幼儿向更高级别发展的阶梯。但如果教师提供的游戏材料不能够支持幼儿的游戏行为，幼儿则很难向高一级别发展。如在实验过程中，课题组成员对实验大班积木区进行了观察，看到班级教师在积木区投放的材料主要有：一套制作不规格的积木、十几个纸箱子、若干个易拉罐、一些比A3纸略大些的长方形薄板、一些塑料动物和小的铁笼子、一个用硬纸板制作的具有中国古典特色的精致房顶（一看就是成人制作的，上面还写了“北京动物园”）。活动区有6名幼儿，强强在进行搭建时，选择纸箱作为墙，小圆柱形积木为柱子，薄板为顶，很快就完成了二层楼的搭建。接着他选择了一个铁笼并在其中装入一只老虎，将铁笼放在建筑物中后，强强选择长方体积木在铁笼外侧搭起了围墙，然后将写着“北京动物园”的房顶放在建筑物的最上面。在之后的游戏活动中，强强用积木搭外围的路，搭建过程中积木时不时倒塌，强强的作品倒了3次，他一次一次地修复。如果单看幼儿的作品，似乎不错，但回顾幼儿的整个搭建过程，教师提

供的纸箱、薄板等材料，让幼儿在整个搭建过程中几乎没有什么挑战，作品很容易就成形了。这样的搭建看不到幼儿在玩正规积木时可能出现的数学领域形状之间的互补、图形之间的组合替代、模式的形成，以及学习品质领域中解决问题项目的高级别等；又由于材料的问题使得作品稳定性非常差，多次的倒塌给幼儿带来挫败感，也浪费了宝贵的游戏时间。从中可以看出，教师的关注点有可能更多地放在了最后搭成的作品的完整性上，而较少考虑到幼儿在搭建过程中的操作和探索、学习和发展。如果幼儿长期操作这样的材料，就会造成有操作无探索、有材料无学习、有活动无发展的局面，幼儿的学习与发展将在低水平上重复。

（三）通过观察，发现教师指导幼儿游戏策略方面的不足

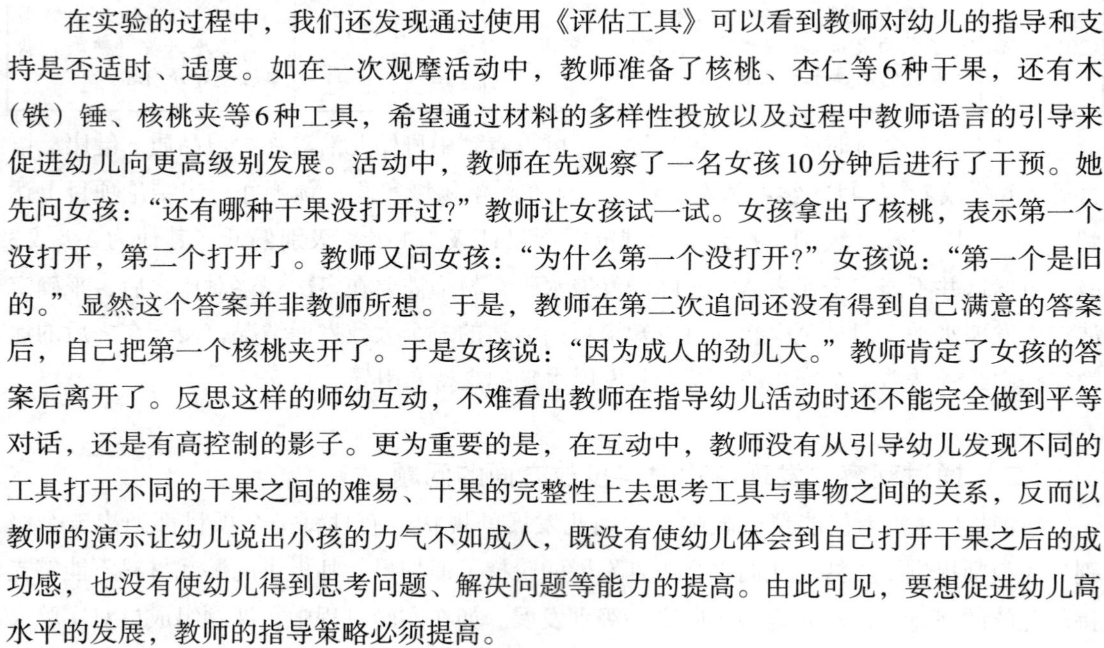

在实验的过程中，我们还发现通过使用《评估工具》可以看到教师对幼儿的指导和支持是否适时、适度。如在一次观摩活动中，教师准备了核桃、杏仁等6种干果，还有木（铁）锤、核桃夹等6种工具，希望通过材料的多样性投放以及过程中教师语言的引导来促进幼儿向更高级别发展。活动中，教师在先观察了一名女孩10分钟后进行了干预。她先问女孩：“还有哪种干果没打开过?”教师让女孩试一试。女孩拿出了核桃，表示第一个没打开，第二个打开了。教师又问女孩：“为什么第一个没打开?”女孩说：“第一个是旧的。”显然这个答案并非教师所想。于是，教师在第二次追问还没有得到自己满意的答案后，自己把第一个核桃夹开了。于是女孩说：“因为成人的劲儿大。”教师肯定了女孩的答案后离开了。反思这样的师幼互动，不难看出教师在指导幼儿活动时还不能完全做到平等对话，还是有高控制的影子。更为重要的是，在互动中，教师没有从引导幼儿发现不同的工具打开不同的干果之间的难易、干果的完整性上去思考工具与事物之间的关系，反而以教师的演示让幼儿说出小孩的力气不如成人，既没有使幼儿体会到自己打开干果之后的成功感，也没有使幼儿得到思考问题、解决问题等能力的提高。由此可见，要想促进幼儿高水平的发展，教师的指导策略必须提高。

在《评估工具》的研制、使用过程中，实验园深深体会到观察评价在促进幼儿学习与发展、提升保教质量、促进教师专业发展等方面的巨大作用。《评估工具》的使用有助于教师与家长沟通时能从专业的角度，通过孩子的行为表现来分析孩子的发展，让家长更信服和信任教师。《评估工具》引领教师将目光聚焦在观察儿童的学习和发展上，从中不断反思和改进自己的教学设计、材料投放、支持技能等，并将《指南》中的先进理念与要求真正落实到保教行为中，实现幼儿与教师的共同发展。

参考文献：

[1] 李季湄，冯晓霞.《3—6岁儿童学习与发展指南》解读［M］. 北京：人民教育出

版社，2013.

[2]（美）安·S. 爱泼斯坦（Ann S. Epstein），苏珊娜·盖斯莉（Suzanne Gainsley）. 我比你大，我五岁——学前儿童数学能力的发展［M］. 霍力岩，姜珊珊，华春沁，等，译. 北京：教育科学出版社，2012.

[3]（美）安·S. 爱泼斯坦（Ann S. Epstein）. 学前教育中的主动学习精要——认识高宽课程模式［M］. 霍力岩，郭珺，等，译. 北京：教育科学出版社，2012.

［原载于《教育理论与实践》，2016年第32期，本次有修订］

落实《指南》从关注幼儿的需要开始

山西省幼儿教育中心　成　莉　赵爱云

【摘要】"关注幼儿的需要"是我国学前教育领域倡导多年的一个理念，对幼儿的身心健康成长至关重要，但在现实中却一直难以实现。《指南》的颁布与落实让这一理念变得更加清晰，由此也引发了笔者对一个20年前发生的，时时闯入脑海中至今挥之不去的真实故事的思考。希望借此能为广大教师和家长科学施教与科学育儿带来观念的转变、思想的转变、行为的转变。

【关键词】《3—6岁儿童学习与发展指南》；关注；需要

《3—6岁儿童学习与发展指南》（以下简称《指南》）自2012年10月颁布以来，全国各地都开展了学习与实践活动，努力理解《指南》理念，落实与实践《指南》精神，为我国学前教育的质量提升起到积极有效的促进作用。在这个过程中，笔者作为一名亲历者，也作为一名观察者，感受与见证着我国学前教育的变化与发展。其中，感受最深的一点就是教师要重视与关注幼儿的需要，教师的教育观、儿童观在悄然变化。

一、"系扣子"的故事再次呈现

20年前，我还是一名幼儿园一线带班教师。一名叫亮亮（化名）的小朋友让我印象深刻。亮亮从小父母离异，一直跟随父亲生活，父亲工作很忙，便将他全托寄宿于幼儿园。一开始我并没有特别注意他，但每天早晨起床，亮亮总是喊我："老师，快来给我系扣子，我系不住。"我过去一看，原来他的衣服是背后系扣子的，于是就帮他系。系好后，亮亮伸手抱了抱我，我也抱了抱他。但是，渐渐地，我发现亮亮的衣服几乎全是后面系扣的，亮亮每天都要喊我帮他系，我认为这样的衣服不利于培养幼儿的自理能力，更不适合全托的孩子穿，于是建议他的爸爸最好不要给孩子穿后面系扣的衣服。没想到爸爸无奈地说："没办法，这孩子就要穿后面系扣的衣服。"我觉得很奇怪。有一天我给亮亮系扣子时借机问其原因，他神秘地在我耳边说："我要不穿这样的衣服，你就不会过来了，我就不能天天抱抱你了，因为我喜欢我的赵老师妈妈。"我将孩子紧紧抱在怀里，眼泪夺眶而出，哽咽地告诉他："无论你穿什么样的衣服，老师都会喜欢你、抱你的……"从此，亮亮每天早晨起床，我都会第一个走向他，我们互相拥抱。因为我深知，亮亮太缺乏母爱方面的情感需要了……三年后，他结束了幼儿园生活，已经成长为一个阳光小男孩了。

二、"系扣子"故事引发的思考

20年过去了，我已经送走了数不清的小朋友，自己也早已离开幼儿园一线成为一名教研员，但关于"系扣子"这个故事还时常在我眼前挥之不去。在学习《指南》的过程中，我的脑海中常常出现那个穿后面系扣衣服、盼着我能给他系扣子的小小身影，突然我才对亮亮在当时的奇怪行为有了新的认识。他的行为就是希望得到教师的关注与爱抚，是一种缺乏爱和安全感的典型表现，他有着迫切的"被关注与被爱抚的需要"。而当年我出自本能的行为恰恰满足了他的需要，帮助他建立了难得的归属感，使他能够很好地适应幼儿园的集体生活，从此更加健康、阳光地成长。但是，当时我还不能从理论的高度去看待这个问题，只是单纯地认为照顾好幼儿是我的本职工作。而《指南》中反复提到的"营造温暖、轻松的心理环境，让幼儿形成安全感和信赖感"，①则让我深刻地认识到满足幼儿需要与其身心健康发展的密切关系，只有教师真正关注幼儿的需要，帮助他们获得需要的满足，才能让他们身心得到健康发展。

事实上，"需要"是人们常常谈论与经历的一种内心体验，与每个人的生活息息相关，其满足程度直接影响个体身体与心理的存在状态及健康程度。正如著名心理学家马斯洛在"需要层次学说"中所指出的：人的需要分为生理需要、安全需要、爱和归属的需要、尊重的需要、自我实现的需要五种不同层次的需要。故事中所谈到的正是幼儿的"安全需要"与"爱和归属的需要"，只有这些需要的不断满足与提升，才能促进个体的成长与发展。儿童作为一个社会化过程中的个体，同样具备着各种生理与成长的需要，这是儿童基本的权利，也是他们获得成长与发展最基本的保证。

但是长期以来，在我国的学前教育领域中，人们关注更多的是教师的"教"，幼儿园

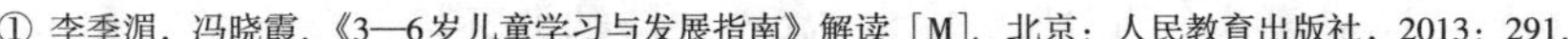

① 李季湄，冯晓霞.《3—6岁儿童学习与发展指南》解读［M］. 北京：人民教育出版社，2013：291.

虽然与小学的教学内容、教学方法有所不同，但一天中的几次“上课”仍然是幼儿园教育最主要的途径。因此，在这个背景下，幼儿园教师每天教育工作的最主要内容就是备课、上课、完成教材中规定的教学内容。大多数教师最关注的往往是“一个活动的环节设计是否巧妙”“预定的教案是否完成”“教师的现场表演是否精彩”“幼儿是否能够配合教师的活动”……可以说教师做事情的出发点是满足自己的需要，幼儿似乎成了教师展示自我的配角，许许多多像亮亮这样的需要则几乎很少被人关注。因此，能否真正关注“幼儿的需要”是我国学前教育整体儿童观与教育观改变的关键。

三、《指南》让“关注幼儿的需要”不再遥远

2012年10月教育部正式颁布了《指南》，这是我国学前教育发展的一座里程碑。其意义不仅在于第一次将“儿童的学习与发展”作为一个文件的标题正式颁布，更是第一次明确提出在各个领域中幼儿学习与发展最基本、最重要的东西，明示出各领域的核心价值，这些正是儿童成长与发展所需要满足的重要内容。《指南》以“教育建议”的方式给予了具体的指导，有效地保证了教师对幼儿“需要”的关注与满足。笔者粗略统计，除《纲要》有7处涉及诸如“幼儿身心发展的需要”“不断增长的独立需要”和“幼儿全面发展的需要”等之外，《指南》又在文中4处增加并强调了幼儿有“亲身体验获取经验的需要”“生长发展的需要”“自由涂画的需要”和“生活需要”。此外，笔者还注意到，1996年《幼儿园工作规程》无一处涉及幼儿的需要，而2016年新颁布的《幼儿园工作规程》（以下简称《规程》）中有5处提到诸如“幼儿活动的需要”“幼儿发展的需要”“支持幼儿根据自身兴趣、需要和经验水平……”无疑，对幼儿需要的强调彰显着我国学前教育的进步，也为教师在《纲要》和《规程》精神指引下落实《指南》指明了方向。但是，要想彻底改变教师的儿童观与教育观，还需要教师长期的努力与坚持，具体可从以下几个方面入手：

一是树立关注幼儿需要的意识。关注意味着关心和重视，蕴含着爱的属性，表现为一种主动的关爱。关爱的前提是知道幼儿的需要，我们对一线幼儿园教师的调查显示，大多数教师并不知道幼儿的需要有哪些，该怎样了解幼儿的需要。究其原因，除了教师缺乏这方面的培训、欠缺有关幼儿需要的知识外，幼儿的需要很难被我们认识也是一个重要原因。但幼儿教师并不能因此就放弃对幼儿需要的了解，正如我国著名学前教育专家华爱华教授在“谈纸结构活动中教师如何观察分析幼儿的行为”的讲座中所谈到的“或许我们不能完全读懂幼儿，但我们可以无限接近幼儿”。作为一名专业的幼教工作者应该努力树立并强化了解幼儿需要的意识，真正将幼儿的需要当作弥足珍贵的事情来重视。

二是要明确并掌握关注幼儿需要的方法。为促进幼儿的发展，教师只具有关注幼儿需要的意识显然是不够的，还需要为幼儿创设自由、宽松、接纳的环境，珍视游戏和生活的

独特价值，将游戏活动作为活动的重要形式，幼儿才会有更多表现自我需要的机会。正如朱家雄教授所说，“幼儿的需要存在于他们的头脑中，不能被教师直接了解。”①因此，教师要了解幼儿的需要必须通过系统地观察，在日常的保教实践中有效地利用观察来识别幼儿的需求，客观地评价和调整教学策略。比如幼儿经常出现的行为、幼儿标志性的行为、幼儿非常特殊的行为，教师都应当予以关注。在关注的同时，教师要暂时搁置自己的理解或“前见”，尽量保有足够的敏锐性，进入每个幼儿的生活情景和境遇来尝试读懂幼儿需要的表达，了解幼儿的行为表现并读懂其需要，然后有针对性地进行支持和满足。

三是要将教师和幼儿的需要结合并转化。幼儿园教育教学是师幼双方展开的双主体活动。前面已述及，幼儿的需要是教育教学的起点，但是我们不能忘记教师作为其中的一个主体也有其需要，即完成教育教学的内容、要求与目标，促进幼儿发展的需要。这就出现了如何结合和转化教师和幼儿需要的难题。而《指南》恰恰给予我们引领，如教师有一种强烈的培养幼儿自理能力的需要和责任，而故事中亮亮的做法却有着强烈的被关爱的需要，这就需要教师读懂幼儿，通过观察了解幼儿行为背后的原因。幼儿如厕问题也是如此，由于幼儿生理结构所致，幼儿时常无法控制自己的大小便，而每位教师都有创设一个稳定有序的一日生活秩序的需要，因此就要靠一系列规则来做保证。有的幼儿园就将幼儿如厕时间做了规定，这显然违背了幼儿身心发展的需要，造成许多幼儿因便溺而不想去幼儿园的后果，这就需要教师了解幼儿如厕的需求及规律，在幼儿如厕等幼儿的生理需要可以随时满足的前提下，有意识地培养幼儿定时大小便的习惯，渐渐将教师和幼儿的需要有机结合与转化。

总之，通过反复学习《指南》、用科学的保教理念回顾和反思当年对亮亮需求的满足，笔者的思考有了质的飞跃。希望笔者从职业本能的反馈提升到关注并研究幼儿需要这样一种称之为“思想革命”的层次，为广大教师和家长落实《指南》、科学施教与科学育儿提供有益的借鉴。

参考文献：

[1] 李季湄，冯晓霞.《3—6岁儿童学习与发展指南》解读 [M]. 北京：人民教育出版社，2013.

[2] 朱家雄. 幼儿园教育：理论的错读、误用与实践的纠结、无奈（六）[J]. 幼儿教育，2013（25）.

[3] 郭宗莉. 教育：从辨别孩子的需要开始——优质学前教育的实践研究与创新 [M]. 上海：文汇出版社，2004.

① 朱家雄.幼儿园教育：理论的错读、误用与实践的纠结、无奈（六）[J].幼儿教育，2013（25）：4-5.

山西省幼儿发展评价现状调查

山西省幼儿教育中心　韩慧菲　原　燕

【摘要】幼儿发展评价是学前教育领域的重要内容，评价的理论、目的、方法和技术均会影响评价对教育带来的影响。为了解山西省目前的评价工作现状，发现并试图解决当前评价工作存在的问题，我们以山西省253名幼儿教师为研究对象，综合运用问卷、访谈法进行调查研究。结果发现：1．教师普遍关注幼儿发展评价工作，但缺乏对评价功能的全面认识；2．教师较关注对学习结果的评价而忽视对幼儿发展的过程性评价；3．部分教师缺乏适宜、便于操作的评价工具。我们建议：1．依据《纲要》促进教师理解与认识评价的功能；2．基于《指南》构建评价内容框架；3．研制适宜的评价工具支持教师的真实性评价，提升教师的评价能力。

【关键词】幼儿发展评价；评价工具；幼儿教师

一、问题的提出

幼儿发展评价是以幼儿教育目标以及与之相适应的幼儿发展目标为依据，运用教育评价的理论和方法对幼儿的身体、认知、品德与社会性等方面的发展进行价值判断的过程。[①]通过评价，教师能够及时掌握幼儿的已有经验，了解他们的兴趣与需要，明确幼儿的学习结果，发现他们的学习潜能，作出更加适宜的教育决策。

然而，评价是一把双刃剑，评价的理论、目的、方法和技术都会影响评价对教育的导向。[②]《幼儿园教师专业标准（试行）解读》中明确指出：当前情况下，教师在评价取向以及对评价方法的掌握和运用上还存在诸如“不重视且不会观察幼儿”“习惯性消极评

① 邓昌杰，胥兴春．美国幼儿发展评价取向的演变历程及其对我国的启示［J］.教育探索，2016（1）：154-157.

② 教育部基础教育司.《幼儿园教育指导纲要（试行）》解读［M］.南京：江苏凤凰教育出版社，2002：257.

价，多采用横向比较的方式来实施评价”“多笼统性评价，少促进性评价”等方面的问题。[①]为了解山西省幼儿园幼儿发展评价工作的开展情况，我们设计了本次调查。希望通过收集幼儿发展评价工作中的内容、标准、方式方法、频率等方面的信息，了解当前评价工作的现状及所存在的问题，并探求可能的解决方案。

二、研究对象与方法

（一）研究对象

我们随机选取了太原、清徐、侯马、柳林、孝义、大同、晋中等地的253名教师参与到本次调查中，其中包括公立园教师159名，民办园教师94名。参与调查的教师平均年龄为30岁，平均教龄为9年。

（二）研究方法

本研究采用问卷法与访谈法。首先，我们邀请被调查者完成了我们自行编写的《山西省贯彻落实〈指南〉幼儿园教育评价现状调查问卷》，并对结果进行了分析统计；在此基础上，我们选取了部分教师进行结构化访谈，意在了解教师对幼儿进行评价的具体方式及存在的困惑。

三、研究结果与分析

（一）教师多关注评价环节，但缺乏对评价功能的全面认识

问卷调查结果显示：总体来看，有93.3%的教师表示幼儿园会对幼儿的发展情况进行评价。在评价的时间上，会随时对幼儿进行评价的教师占56.4%，仅在学期初、期中、期末对幼儿进行评价的分别占1.4%、1.4%、39.4%。从评价的目的上看，有73.9%的教师认为评价的主要目的在于了解幼儿的学习需要。其次，分别为评定幼儿的学习情况（13.8%），衡量教师的工作业绩（8.1%），此外，有3.9%的教师认为评价可用于满足家长需求。从对幼儿进行评价的人员来看，有94.3%的幼儿园会请教师对幼儿进行评价，占比最高。其次，分别有73.1%和68.1%的幼儿园会请园长和家长对幼儿作出评价，但有意识地请幼儿进行自我评价的教师相对较少。由此可以看出，目前，教师非常注重对幼儿的评价，并将其视为了解幼儿学习需要、支持幼儿发展的重要环节。然而，评价主体多元化还有待提升，应进一步将幼儿纳入到评价者的范围中来。

① 教育部教师工作司.《幼儿园教师专业标准（试行）》解读［M］.北京：北京师范大学出版社，2013：89.

然而，在对评价结果的运用上，访谈结果显示：在实际工作中，对家长进行反馈、基于评价结果为幼儿分类评级仍是多数幼儿园评价工作的核心内容。部分教师会将评价等同于“学期末致家长的一封信”“在毕业时给出积极、正面的总结性评语”等；此外，一些教师表示会依据评价结果将幼儿分类或作出奖惩决定。将评价结果以“设置红花榜”“进行优秀、良好、及格三级分类”“学期末就所学内容对幼儿进行简单的提问，为优秀幼儿颁发奖状或奖品”等方式呈现。然而，这种利用评价结果将幼儿分等的做法并不适宜。过早为幼儿排序、定性，会压制幼儿成长的潜力，无法收集到丰富的、具体的幼儿成长资料，也不利于对其潜力的进一步激发。

由上述调查结果可以看出：目前，多数教师能够关注幼儿评价工作。而从对评价结果的运用上可以看出：部分教师对评价功能的认识相对狭隘，将评价的功能局限在鉴定与选拔幼儿、丰富和改善家园沟通两个主要方面，而忽视了评价工作在促进幼儿发展、设计与调整个性化教育方案、促进幼儿园教师的专业化发展、评估与监控幼儿园教育质量[①]等方面的重要作用。

（二）教师多角度评价幼儿，但总体偏重结果性评价

在评价内容部分，访谈结果显示：多数教师对幼儿进行评价所涉及的内容主要包括以下几个方面：

1. 幼儿在各（或特定）领域中能力发展的现状。如“依据《指南》进行各领域评价”“从情绪习惯认知等方面进行评价”“对幼儿阶段性口语表达、艺术创造操作探索等各方面能力评价”。

2. 幼儿达到教育教学活动目标的程度。如“按照园本课程观察记录孩子达到情况”“根据学期目标进行抽评”“学期末就所学内容对幼儿进行简单的提问”。

3. 幼儿的作品。如“对幼儿图画、手工作品等进行评价”。

4. 幼儿的性格、智力特征。如“进行客观评价分析幼儿的个性特征”“运用多元智能理论评价孩子属于八大智能里的哪一种”。

5. 幼儿的生活习惯。如“请家长对幼儿的日常行为习惯进行描述”。

6. 幼儿的健康水平。如“定期由保健医生或邀请儿童医院对幼儿的身体健康情况进行测查”。

7. 幼儿在幼儿园中的表现及适应性。如“每个环节结束都对幼儿的表现、能力、结果作出评价，好的地方激励其他幼儿学习，不好的地方要求幼儿改正”“对幼儿在教学游戏一日生活中的表现进行分析”“对区域活动中幼儿的参与程度作出评价”。

在上述七个主要评价内容中，绝大多数被访教师都表示会“对幼儿在各（或特定）领

① 潘月娟.学前儿童观察与评价［M］.北京：北京师范大学出版社，2015：10.

域能力的发展现状”进行评价，并将这一部分视为评价工作的重点。而问卷调查结果则进一步显示：就各领域而言，目前，教师比较重视的领域依次为健康与动作、语言表达、社会行为，而对学习品质、科学与数学、艺术表现的关注相对较少。此外，部分教师会结合本学期教育教学活动中“教授”的内容，考查幼儿对“所学”知识与技能的掌握情况。这是一种重结果而轻过程的评价方式，考核的重点在于幼儿对知识与技能的掌握，而忽略了幼儿在参与活动过程中的具体表现以及幼儿在活动中的实际感受。

在语言领域，有25.9%的教师会重点考查幼儿背诵故事及儿歌的能力，有20.6%的教师会对幼儿的识字能力进行评价；在科学与数学领域，有25.5%的教师表示会评价幼儿的计算及数数能力，有18.8%的教师会评价幼儿科学知识的掌握情况；而在艺术领域，对幼儿相关艺术技能的掌握情况进行评价的教师则占28.4%。这种评价方式一方面会引导教师将教育教学活动的重点放在对幼儿知识的传授和技巧的训练上，而忽略教学过程中对幼儿自主性的支持和多元性的包容；另一方面，则会引起部分幼儿由于知识与技能发展的局限性而遭受挫折体验，影响其在学习过程中的积极体验。

（三）教师多样化评价幼儿，但缺乏适宜的评价工具

在评价方式上，问卷调查结果显示：日常随机观察法是教师最常使用的评价方法，87.9%的教师会以此对幼儿进行评价，其次分别是作品分析法（59.7%）、家长问卷调查法（58.7%）、有目的地观察幼儿（56.1%）、幼儿成长档案袋（48.4%）、测查（35.3%）以及情境测验（34.6%）。在评价工具的使用方面，有57.1%的教师会参照特定的评价工具开展评价工作，剩余的42.6%的教师没有使用任何评价工具。

在访谈中，我们进一步了解了教师在评价过程中的具体操作方法。教师会“通过让孩子玩游戏来了解他的发展情况”“通过具体事件，记录孩子的真实表现，达到所需结果”“填写观察日记，评价幼儿的日常表现”。通过这样的方式，教师试图在真实情境下对幼儿进行过程性评价，并在此过程中支持幼儿的发展。在评价过程中，部分教师会采用辅助性的评价工具，如表格、档案袋、成长记录册、家长联系手册等。部分幼儿园会“发出表格按照《3—6岁儿童学习与发展指南》（以下简称《指南》）中所指出的年龄段来进行评价”或“根据经验总结出的评价标准条例来操作”。与此同时，更多的教师表示自己“仍旧缺乏科学、系统性的评价方法、工具或标准”，将评价过程视为一个在日常工作中随机发生的事，或一个在学期结束后为家长呈现的“以表扬为主的泛化的描述性总结”。

四、讨论与建议

（一）以《纲要》为依据，促进教师理解与认识评价的功能

对幼儿进行评价并不仅仅是为了简单地检验幼儿记住了多少知识，学会了多少技能；更不是为了依据幼儿的表现将其划分为不同的等级。《幼儿园教育指导纲要（试行）》（以下简称《纲要》）明确指出：教育评价是幼儿园教育工作的重要组成部分，是了解教育的适宜性、有效性，调整和改进工作，促进每一个幼儿发展，提高教育质量的必要手段。也就是说，从幼儿教育过程来看，客观、全面的评价最重要的功能就是帮助教师及时掌握班级中幼儿的发展情况，了解幼儿在各个领域的发展现状及特点，进一步确定幼儿的最近发展区并给予恰当的支持。

从教师的专业发展角度来看，《纲要》则将评价的过程解释为教师运用专业知识不断审视教育实践的过程。在教师长期运用科学、适宜的方式对幼儿进行观察和评价的过程中，其对不同年龄段幼儿身心发展特点的把握能力、对幼儿行为的解读能力、对幼儿游戏的支持与引导能力、教育教学活动的组织与实践能力，以及运用激励支持幼儿成长等方面的能力都会有所提升。通过这样的方式，评价过程就成为支持教师自我成长的重要途径。

从家园共育的角度来看，教师应当以《纲要》为依据，在向家长反馈评价结果的过程中引导其认识并关注幼儿的个体差异，不用统一的标准对幼儿进行横向比较。这样一来，家长不仅能依据评价结果从多个方面了解自己孩子成长的轨迹及独特性，支持孩子的个性化发展，还能在了解评价内容的过程中进一步理解幼儿园的教育理念，并将其融入自己的育儿过程中，更加高质量地做到家园共育。

（二）以《指南》为方向，构建系统评价内容、标准和指标体系

由调查结果可以看出：目前，教师对幼儿的评价内容存在一定的片面性，在评价过程中过分看中对知识和技能的评价，而对情感态度、习惯、社会能力等方面的内容有所忽视。这与我国社会长期以来对认知领域（如智力）发展的重视息息相关，与之相比，幼儿其他方面的发展与成长就会受到忽视。

然而，幼儿的发展是整体性的，而不仅仅局限于某个特定方面。因此，教师应尝试扩展评价的领域与内容，探索实施多元化评价的方式方法。在实践操作层面，有研究者指出：在对幼儿发展进行评价的过程中，评价者心中必须有清晰、明确的内容，之后根据一定的教育价值观来确定评价的标准及指标体系。其中，评价内容是对从哪些方面或维度评价幼儿整体或某具体领域的发展状况的规定；而评价标准是衡量被评幼儿在具体维度上的

实际表现符合期望程度的尺度或准则。①

在确定评价内容与指标的过程中，《指南》中所提出的5个领域11个子领域、32个目标，从健康、语言、社会、科学、艺术五个角度为我们构建出全面、深入且清晰的框架，并将这些指标与幼儿的年龄相结合，呈现出幼儿在发展过程中的阶段性和连续性。以《指南》为依据，教师可以在课程领域内、主题活动中、在多元智力的各个方面，或者直接对幼儿在某一次事件或活动中所表现出的活动风格进行有针对性的观察和评价。与此同时，在所观察的内容方面，《指南》明确指出：在任何活动中，都不应忽视对幼儿的兴趣和特点的关注。②

（三）以支持教师真实性评价为目的，探索适宜的评价工具

调查结果中，教师较常使用的客观观察、儿童作品档案袋以及家长或教师对幼儿日常行为的直接评估等方式都属于“真实性评价”的范畴。所谓真实性评价，即在真实而非预先设计的情境下观察幼儿的活动，并对幼儿的发展现状作出评价。这种情境是动态的、变化的、开放的，教师应力求在不扰乱幼儿原有活动秩序的前提下完成评价。真实性评价有助于教师更直接地观察到幼儿在真实情境中以及在各领域内的常态表现。并且，在持续对幼儿进行真实性评价的过程中教师能够相对清晰地发现幼儿在活动中的成长轨迹。③然而，调查结果同样显示出：目前，诸多教师在对幼儿进行真实性评价的过程中，缺乏严谨的评价指标参照和评价工具支持，未能进行系统的设计，难以保证对幼儿进行系统、全面、客观的评估。目前，尽管有些教师为幼儿建立了发展档案，但里面的内容仅仅是存放一些幼儿的作品或活动时的照片，没有在真正意义上对幼儿的发展作出评价。④

面对这一问题，有研究者指出：适宜评估工具能够帮助教师将注意力集中到重要、具有典型性的幼儿行为中，以更加清晰、有针对性的视角看待活动中的儿童，了解儿童在活动中的成长以及活动在以怎样的方式支持幼儿在各领域的发展。⑤在此过程中，《指南》中的内容虽然为我们提供了评价的方向与框架，但在具体的操作过程中，《指南》在每个目标下所提出的内容相对概括，对同年龄段幼儿在该目标上的不同发展水平未能作出明确的表述。相比而言，美国高宽课程中提出的《儿童观察记录量表》以及《3—5岁幼儿发展连续性评价系统》中均在同一个目标下分解出了不同的发展水平，以此为依据，我们便能够更加清晰地了解幼儿当前的发展水平及后续的方向。⑥在后续工作中，我们可尝试将上述

① 教育部基础教育司.《幼儿园教育指导纲要（试行）》解读［M］.南京：江苏凤凰教育出版社，2002：266.

② 潘月娟.学前儿童观察与评价［M］.北京：北京师范大学出版社，2015：7.

③ 李季湄，冯晓霞.《3—6岁儿童学习与发展指南》解读［M］.北京：人民教育出版社，2013：198.

④ 邓昌杰，胥兴春.美国幼儿发展评价取向的演变历程及其对我国的启示［J］.教育探索，2016（1）：157.

⑤ 教育部基础教育司.《幼儿园教育指导纲要（试行）》解读［M］.南京：江苏凤凰教育出版社，2002：128.

⑥ （美）安·S. 爱泼斯坦（Ann S. Epstein）. 学前教育中的主动学习精要——认识高宽课程模式［M］. 霍力岩，郭珺，等，译. 北京：教育科学出版社，2012（4）：317.

相对成熟的评价工具与《指南》中所提出的领域框架相结合，在实践中探索出一套适合我国国情、便于一线教师操作的儿童发展评价量表，使教师能够在评价过程中专注于重要的儿童行为，进一步促进其评价能力的发展与提升。

参考文献：

[1] 邓昌杰，胥兴春．美国幼儿发展评价取向的演变历程及其对我国的启示［J］．教育探索，2016（1）．

[2] 教育部基础教育司．《幼儿园教育指导纲要（试行）》解读［M］．南京：江苏凤凰教育出版社，2002．

[3] 教育部教师工作司．《幼儿园教师专业标准（试行）》解读［M］．北京：北京师范大学出版社，2013．

[4] 潘月娟．学前儿童观察与评价［M］．北京：北京师范大学出版社，2015（6）．

[5] 李季湄，冯晓霞．《3—6岁儿童学习与发展指南》解读［M］．北京：人民教育出版社，2013．

[6]（美）安·S．爱泼斯坦（Ann S．Epstein）．学前教育中的主动学习精要——认识高宽课程模式［M］．霍力岩，郭珺，等，译．北京：教育科学出版社，2012．

早教亲子课教学艺术的实践形态分析

山西大学　邢少颖　陈旭梅

【摘要】对教学品质的追求必然涉及对教学艺术的探索，优秀的亲子课应该是充满教学艺术的。早教亲子课教学中，教师要注重沟通表达的艺术、启发的艺术、指导的艺术和调控的艺术，以期将早教亲子课实践的智慧凝结成精华，同时丰富教学艺术的研究内容。

【关键词】早教；亲子课；教学艺术；实践形态

优秀的亲子课应该是充满教学艺术的。所谓教学艺术，是指教师娴熟地运用综合的教学技能技巧，按照教学规律和美的规律进行的独创性教学实践活动。早教亲子课教学艺术的实践形态就是对亲子课理想教学的实践尝试。理想的教学应坚持便易性原则、彻底性原则、简明性与迅速性原则。对教师来说，就是“教得巧妙、教得有效、教出特点”。从具体的教学实践来看，包括沟通表达的艺术、启发的艺术、指导的艺术和调控的艺术。

一、早教亲子课沟通表达的艺术

（一）教学语言艺术

艺术的教学语言不仅能有效提高教学质量，更重要的是在艺术的表达中对儿童进行思维的训练和美的陶冶。亲子课教学语言艺术要坚持以下四个结合：

一是科学性与艺术性相结合。首先教学语言要符合语言学规范，做到句式正确、结构完整、意思清楚。在科学规范的基础上，教师可以灵活使用，使语言表达具有幽默性、机智性和独特性，教师在教学语言的灵活使用上往往受到自己风格的影响，但艺术的发挥绝不是随意进行的。

二是教育性与审美性相结合。教学语言要具有积极的思想内容，用健康的语言进行正面引导。0—3岁的孩子善良单纯、心智还不成熟，肯定的、表扬的、督促的和指导的语言往往能产生更好的教育效果。

三是演讲性与对话性相结合。当教师进行讲解、演示、示范操作时，其语言具有演讲的特征，直接的陈述可以简单、清楚、准确；设置疑问的表达可以引起兴趣、激发思考；展示实物、图片的演示性语言能把知识生动具体地表现出来。当然，亲子课堂中的对话也是不可或缺的，积极的对话需要营造一个自由开放的氛围，有一个良好的话题；需要教师放下权威的身份，鼓励家长参与，允许孩子表达。

四是全面性与针对性相结合。教师的语言既要着眼于孩子的整体水平和家长的整体特征，同时又要尊重家长之间、孩子之间的个别差异，因材施教。尤其需要注意的是，家长与孩子是相互矛盾的双方，家长在生理和心理方面都发育成熟，有稳定的价值观和丰富的经验生活；孩子懵懂无知，天真烂漫，可塑性极强，经验和知识较缺乏。所以，在与家长沟通时，教师的语言要尽可能正式，语调沉着有力，语速不急不缓，体现出专业性与科学性，便于引起家长的重视；在与孩子沟通时，则多使用口语，语调温柔甜美，语速缓慢而有节奏，体现出亲和力和简洁性，便于孩子模仿和学习。

（二）教学体态语艺术

1. 用眼睛传情达意

眼睛是心灵的窗户，有些内容和情感是难以用语言表达的，眼睛则可以发挥很好的作用。用神奇的目光吸引孩子的注意力；用赞许的目光表达肯定；用鼓励的目光帮助孩子树立信心，当孩子不听话或者调皮捣乱的时候，沉默地注视会比批评的语言更加有效。教师与家长之间的眼神交流相比孩子的要更加丰富频繁，当家长用目光表示求助、疑惑、惭愧和感谢时，教师则回馈于支持、暗示、谅解和善意等。在亲子课堂中，教师要尽量扩大目视范围，将所有家长与孩子都置于自己的视力范围内，让所有人都能感受到关注，教师眼睛传达的内容要与教学情境和氛围相一致，目光要有神，并且富有表情。

2. 用表情感染启迪

面对面交流时，表情最为突出和显而易见。教师的表情在一般状态下应该是和蔼可亲、热情开朗的，这样的表情能够为孩子和家长营造一种宽松和谐、积极向上的精神氛围。在特殊的教学内容或教学情境下，教师的表情要随着故事情节或者环境氛围的变化而改变，同时又传达出一种身临其境的感觉，以引起家长和孩子情感与思维的共鸣。值得注意的是，特定的情境过后教师的表情应当恢复常规状态。

3. 用姿势辅助语言

人们在讲话时总是不自觉地表现出各种身姿和手势，教师的身姿和手势都会对家长和孩子产生深远影响，所以，规范自己的身姿和手势是很有必要的。从身姿来看，教师讲解示范时多是跪坐的姿势，“坐如钟”便是要求坐得稳，两眼平视前方，起身干净利索。乱动身体、摇头晃脑、抓耳挠腮、抠鼻子这些小动作都是有失风度的。与家长或幼儿进行面对面交流时，教师要保持适当的距离，一般来说，界域学中的亲近区（大约1米，即30厘米）是最合适的，这样的距离既表现出亲近又不会让人感到不舒服。当然，距离的掌握要根据孩子或家长的气质、性格和喜好等因素灵活而定。

在手势方面，教师的手势具有丰富的内容，有指点手势、表示强调的手势、描述空间关系的手势、表示节奏速度的手势等，但无论使用哪种手势，都要自然、优美、恰当，手势过快、一闪而过起不到应有的作用，手势太频繁就会变成手舞足蹈，手势幅度过大则不太雅观。教师应该了解和懂得每种手势的意义，并学会合理应用。

4. 用仪容仪表树立形象

良好的仪容仪表可以体现教师的尊严，吸引对方的注意，体态语在良好的仪容仪表下才能发挥作用，起到相得益彰的效果。根据亲子教师的职业特点，教师在着装上，要简单大方，不要过分修饰，要整洁优美，但不能太俗太俏，更不能奇装异服；在着装的色彩上，要高雅协调，不要太耀眼夺目，也不能太过灰暗没有生气；在仪态上，要端庄优雅，具有学者的风范和教育家的品格。形于内而现于外，只有注重内心学识、修养和素质的提高，才能真正拥有良好的教师仪态。

二、早教亲子课启发的艺术

启发的艺术是指教师根据教学的规律和学生的需要，适时而巧妙地给学生以启迪、开导和点拨，帮助他们独立思考，创造性地完成任务。由于幼儿的认知水平有限，缺乏社会经验，接受能力较差，其思维的直觉行动性和具体形象性也决定了幼儿的学习必须通过亲眼所见和亲手制作来完成。因此，在亲子课堂中，教师与家长的启发就成为幼儿将片面的、模糊的感性经验转化为比较稳定的、系统的抽象知识的关键。

（一）诱导

诱导是指通过某种因素引起幼儿的好奇心和注意力，激发其主动思考。例如在教学“三指捏”动作时，教师多次缓慢地捏起珠子再放下。虽然整个过程没有语言解释，教师只在捏起珠子时说一声“捏”，但在观看过程中，幼儿和家长都会不自觉地模仿教师的动作。除了对关键动作进行示范外，举正反例子、营造氛围、用富有感情的语言引起共鸣等也都是有效的诱导。

（二）比喻

当教师需要解释一个抽象的概念或者一种复杂的道理时，可以用生活中浅显的、简单的、熟悉的事物来比喻。例如用雕像比喻“一动不动”的人，用眉毛比喻新月。儿童文学的创作多使用比喻的修辞手法，这也是吸引孩子的原因之一，教师可以汲取儿童文学中的有益智慧，巧妙地对孩子进行启发。

（三）点拨

当孩子反复尝试不成功，情绪开始急躁失落时，教师就需要进行点拨，指出其错误，进行正确示范。点拨的关键是掌握好时机，因势利导。家长同样也需要点拨，适时点拨可以让家长学会更好地教育和指导孩子。例如一次插棒游戏，有一个孩子很快就插好了，家长与孩子便无所事事地坐着，教师看到后走过去用插棒在插板上插出一个三角形，然后说：“宝贝，这是什么形状？”孩子惊喜地说是三角形。教师接着说：“对，是三角形，那宝贝能插出三角形吗？妈妈还会插出很多形状呢，让妈妈和宝贝一起试试吧。”孩子的妈妈点头表示明白，然后开心地指导孩子插出各种形状。整个过程，孩子玩得不亦乐乎。

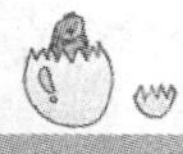

三、早教亲子课指导的艺术

（一）有趣的导入

好的开始是成功的一半，有趣的导入可以有效吸引孩子的注意力。亲子课开始前的走线活动就是很好的导入，一条窄窄的线，每一步都踩在线上可以激起孩子大胆尝试的欲望，伴随着音乐再配合有趣的动作更让走线活动增添了几分乐趣。短短几分钟的走线活动，可以让家长和孩子的情绪安定下来，把注意力集中在当下，对将要开始的活动充满兴趣。除了亲子课开始前有有趣的导入外，不同的活动环节开始前也有导入，提出问题、设置悬念、呈现有趣的图片和实物或者进行一个小游戏，都是有效的方法，教师可以根据自身风格和教学内容选择合适的进行导入。

（二）丰富的过程

幼儿的注意力容易分散，也容易疲劳，教学活动内容越是丰富多样越能使其积极地参与。新课程改革背景下学习指导的趋势是具体化、多样化、综合化、参与化、技术化和艺术化，亲子课教学同样要适应这样的发展趋势。亲子课可以大胆尝试主题教学活动，例如以“彩色”为主题的一节亲子课，可以开展穿彩色珠子的活动、识别彩色卡片的活动、欣赏音乐《彩色太阳》的活动和绘画彩色太阳的活动。围绕“彩色”开展的丰富多样的活动，孩子不仅充分感知了颜色、认识了颜色，而且在操作、游戏、音乐、舞蹈和美术等多种活动中，获得了多方面的能力培养和全方位的艺术熏陶。

（三）巧妙的衔接

从一个活动到另一个活动的过渡必然涉及衔接，衔接不仅起着承上启下的作用，其本身也是良好的教育机会。活动结束时，有些孩子会不愿意送回操作材料，新的活动开始时还在坚持上一个活动，课堂的秩序被打乱，活动进程也因此受到影响，这时就体现出衔接的重要性。教师可以用语言示意活动的结束；也可以播放音乐示意活动的结束，欢快的音乐可以转移孩子的注意力；还可以通过一个小游戏将孩子的注意力吸引到新的活动上来。无论活动与活动之间，还是活动的不同环节都存在衔接，好的衔接能使得整个教学过程富有逻辑性和紧凑感。

（四）凝练的结尾

亲子课结尾有总结升华的效果，它不仅是对过程的再一次思考，也是对未来的期望和预期。如面对家长的一个活动结尾："这个活动主要练习拧的动作，在家里可以让孩子拧笔盖、拧瓶盖、拧螺丝等继续练习拧的动作，锻炼孩子的双手配合能力和手腕的灵活性。"教师的结尾语言简单凝练、意思清晰、突出重点，家长很容易记住。这样的结尾是值得推荐的，亲子活动的结尾不仅是对过程的简单总结，更重要的是指导家长向家庭延伸的技巧，越是具体的建议对家长越有作用。

四、早教亲子课调控的艺术

由于家长和孩子具有充分的主观能动性，因此以游戏和操作为主的亲子课不可避免会出现一些特殊情况，教师难以对所有可能出现的情况作出预设。怎样调控教学节奏、怎样让所有参与者都能高度投入、怎样处理突发情况，就需要教师的调控艺术，而调控艺术的关键就是教育机智。

教育机智是教师在教学过程中随机应变、灵活创造的能力。智力和经验是教育机智最核心的两个因素，只有智力没有经验，只能表现出教学的聪颖，敏锐而不干练，反应快而不一定准确；只有经验没有高水平的智力，只能表现出老练娴熟，但缺乏灵活性和创造性，所以，教育机智是智力与经验的"合金"。

一场比赛游戏后，孩子们都非常兴奋，吵闹着难以安静下来，家长也难以安抚。这时教师停止了讲话，开始有节奏地拍手、拍肩、拍腿，教师的动作一下子吸引了孩子的注意力，教师说："我做什么动作，宝贝们也跟着做什么，好不好?"教师把手指放在嘴前发出"嘘"的声音，孩子也把手指放在嘴前发出"嘘"的声音；教师做立正姿势，孩子也跟着做立正姿势；教师做稍息的姿势，孩子也跟着模仿；教师安静地坐下，孩子们也都坐了下来。现场慢慢安静后，"下面，老师要讲一个很有趣的故事"，教师顺利地开始了新的活动。

上述例子中的场面失控现象在早教亲子课堂中是很常见的，这位教师的处理非常巧妙，不是频频发布指令要求孩子安静下来，更没有着急、慌张或者生气，而是想办法吸引孩子的注意力，让他们在不知不觉中安静下来。教育机智是教师高超教学艺术的体现，教师需要不断拓宽自己的知识面、丰富教学技能，并且经常对教学进行反思，提高自己的观察力、反应力和决断力。

参考文献：

[1] 李如密．教学艺术的内涵及四个"一点"追求［J］．上海教育科研，2011（7）．
[2] 张武升．教学艺术论［M］．上海：上海教育出版社，1993．

［原载于《教育理论与实践》，2014年第32期］

幼儿多元智力评定问卷常模的制订

山西大学　邢少颖

阜阳师范学院　杨虎民

大同市职业教育中心　赵　龚

【摘要】这项研究目的在于建立幼儿多元智力评定问卷全国常模，为城市幼儿多元智力评定提供参照依据。研究在全国17个省市进行分层整群随机抽样，建立城市常模。常模样本具有较好的代表性，问卷信度、效度符合心理测量学要求。幼儿多元智力评定问卷信度和效度达到预期目的，常模适用于我国城市幼儿多元智力的评估。

【关键词】幼儿；多元智力问卷；信度；效度；常模

多年来我国幼儿教育状况并不乐观，表现之一就是幼儿智力测评偏重语言能力和数理逻辑能力测量，缺乏符合我国社会文化背景的智力测评问卷。美国哈佛大学著名心理学家、教育学家霍华德·加德纳（Howard Gardner）认为，人的智力是由语言智力、数学逻辑智力、视觉空间智力、身体运动智力、音乐智力、人际关系智力、自我认识智力和自然观察智力构成。多元智力理论建立了一个开放的教育体系，它有助于引导社会、学校、家庭认识每个幼儿有不同的智力发展倾向，从而尽可能发掘每个幼儿的潜能。如何在多元智力理论基础上对3—6岁幼儿的多元智力进行有效的测评以及作出全面准确的评估，就成为摆在全国广大幼儿教育工作者和幼儿教育专家面前的一个重要课题。本研究就是为解决这一问题而作出的新探索。作者对城市3—6岁幼儿多元智力评定问卷进行标准化设计，建立常模，为全面了解幼儿多元智力发展水平提供客观依据，旨在更好地针对每个幼儿的智力特征去帮助他们建构自己的能力，培养和发展幼儿的智力强项，并且利用优势智力带动弱势智力的发展，以促进幼儿健康成长。

一、研究对象与方法

（一）研究对象

研究对象来自北京、福建、湖北、湖南、四川、内蒙古、山西、安徽、陕西、天津、广东、广西、海南、江苏、上海、宁夏和吉林17个省、直辖市，采用分层整群随机抽样原则选取测试对象，共发放问卷6 400份，最终收回合格问卷4 804份，收回率为75.06%，被测试幼儿男女人数分别为2 599和2 205各占54.1%和45.9%，男女性别比为1.1786∶1。

（二）研究方法

本研究采用的工具是课题组编写的《3—6岁幼儿多元智力评定问卷》，共82项，分为8个分量表：语言智力、数学逻辑智力、视觉空间智力、身体运动智力、音乐智力、人际交往智力、自我认识智力、自然观察智力。采用李克特（Likert）5级评定方式。其中1表示完全不符合，2表示比较不符合，3表示介于符合与不符合之间，4表示比较符合，5表示完全符合。由研究者或协作者发放问卷，按统一的指导语讲解测试要求，由幼儿所在班的1名现任教师进行评定，参加评定的教师均是接触幼儿半年以上的现任教师。对同一班的测评应在一周内完成。评价主体之所以由幼儿教师进行评价，主要在于幼儿识字太少，不可能采用自陈式问卷，应该由最了解他们的人对其进行智力评定。教师和家长是最了解幼儿智力特点的，但是家长对子女有特殊的期望，故由熟悉他们的教师进行评定更为客观。

（三）数据统计与处理

问卷收回后，逐一检查筛选，删除不完全、不真实以及答案雷同的问卷。对选定的问卷加以编码，以便将来核对数据之用；之后再给予各变量、各题项一个不同代码，并依问卷内容，有顺序地输入电脑。采用SPSS for Windows 11.5软件对数据进行管理和分析。

二、研究结果

（一）问卷的项目分析

本研究用经校正的题总相关（Corrected Item Total Correation）来检验问卷的题项，结果见表1。研究表明，所有经校正的题总相关系数在0.350—0.729之间，82个项目在0.01水平呈显著相关，说明问卷所有题项设计合理，并且3—6岁幼儿多元智力问卷有较好的区分度。

表1　项目题总相关

题项	经校正的题总相关	题项	经校正的题总相关	题项	经校正的题总相关	题项	经校正的题总相关
q1	.517**	q22	.660**	q43	.551**	q64	.640**
q2	.600**	q23	.612**	q44	.622**	q65	.608**
q3	.492**	q24	.602**	q45	.604**	q66	.653**
q4	.636**	q25	.714**	q46	.574**	q67	.574**
q5	.528**	q26	.576**	q47	.588**	q68	.642**
q6	.405**	q27	.582**	q48	.670**	q69	.604**
q7	.500**	q28	.675**	q49	.436**	q70	.616**
q8	.509**	q29	.631**	q50	.705**	q71	.583**
q9	.542**	q30	.643**	q51	.621**	q72	.624**
q10	.533**	q31	.628**	q52	.640**	q73	.649**
q11	.611**	q32	.702**	q53	.518**	q74	.651**
q12	.601**	q33	.453**	q54	.637**	q75	.580**
q13	.613**	q34	.566**	q55	.672**	q76	.607**
q14	.559**	q35	.671**	q56	.647**	q77	.515**
q15	.531**	q36	.590**	q57	.612**	q78	.603**
q16	.436**	q37	.651**	q58	.517**	q79	.350**
q17	.667**	q38	.610**	q59	.729**	q80	.623**
q18	.673**	q39	.548**	q60	.637**	q81	.652**
q19	.565**	q40	.448**	q61	.694**	q82	.605**
q20	.664**	q41	.619**	q62	.526**		
q21	.641**	q42	.568**	q63	.643**		

注：$^{**}P < 0.01$

（二）问卷的信度

本问卷信度检验采用同质信度和分半信度，结果见表2。利用各题得分的相关系数矩阵计算Cronbach's α系数，各分问卷和总问卷的信度系数在0.6244—0.9127之间，在0.01水平呈显著相关。使用奇偶分半法，将问卷分为两半，然后用Spearman-Brown指标计算总问卷的分半信度，其在0.7248—0.9053之间，在0.01水平呈显著相关。表明问卷在总体上有较好的稳定性和内部一致性。

表2　各分量表和总问卷的同质信度和分半信度

信度指标	语言	数学逻辑	视觉空间	身体运动	音乐	人际交往	自我认识	自然观察	总问卷
同质信度	.7605**	.6244**	.7250**	.7153**	.7439**	.8407**	.6841**	.6075**	.9127**
分半信度	.8712**	.7248**	.8348**	.8356**	.8456**	.8519**	.7831**	.7345**	.9053**

注：**P < 0.01

（三）问卷的效度

1. 内容效度

本研究对幼儿多元智力的操作性定义有明确的界定和比较清楚的组织结构。问卷预试的项目来源于文献综述和开放性问卷调查，在此过程中，我们征求部分有关专家和学者的意见，反复对项目的可读性、内容的相关性、意义的明确性进行审查、修改、重写和删除等，从而保证了问卷的项目与内容具有较好的代表性，能较为准确地反映幼儿多元智力的实际情况。因此，本问卷具有较好的内容效度。另外，依据心理测量理论，一个问卷的总分与各分问卷之间的相关系数可以作为衡量量表的内容效度指标。各分问卷与总问卷的相关系数在0.901—0.937之间，PH值小于0.05，达到了显著性水平，结果见表3。说明3—6岁幼儿多元智力问卷有较好的内容效度。

表3　各分问卷和总问卷的相关系数

	语言	数学逻辑	视觉空间	身体运动	音乐	人际交往	自我认识	自然观察
总问卷	.922*	.937*	.907*	.926*	.916*	.914*	.917*	.901*

注：**P < 0.05

2. 结构效度

探索性因素分析的结果可以用来说明问卷的结构效度。对问卷的82个项目进行探索性因素分析，进行方差极大法旋转（Varimax），求出最终的因素负荷矩阵，并根据以下标准确定因素数目：（1）因素的特征值大于1；（2）因素必须符合卡特尔陡阶原则；（3）每个因素至少包含三个项目；（4）因素比较容易命名。经过迭代收敛，分别得到了8个因子：语言智力、数学逻辑智力、视觉空间智力、身体运动智力、音乐智力、人际交往智力、自我认识智力和自然观察智力。82个项目在所属因素上的载荷介于0.32—0.89之间，8个因素累积变异解释率为58.62%。探索性因素分析结果与理论结构基本相符，表明问卷具有较好的结构效度。另外，依据心理测量理论，只要问卷的总分与各因素之间的相关系数高于各因素之间的相关系数，可以证明问卷的结构效度指标较好。结果显示，各分问卷与总问卷的相关系数在0.901—0.937之间，P值小于0.05，各因素之间的相关系数在0.690—0.897之间，P值小于0.05，结果显示问卷的总分与各因素之间的相关系数高于各因素之间的相关系数，表明问卷具有较好的结构效度，结果见表4。

表4　各分问卷的相关系数

	语言	数学逻辑	视觉空间	身体运动	音乐	人际交往	自我认识	自然观察	总分
语言	1								
数学逻辑	.885*	1							
视觉空间	.856*	.727*	1						
身体运动	.741*	.689*	.754*	1					
音乐	.727*	.874*	.690*	.745*	1				
人际交往	.743*	.707*	.724*	.767*	.826*	1			
自我认识	.818*	.782*	.791*	.768*	.758*	.804*	1		
自然观察	.790*	.785*	.776*	.790*	.871*	.817*	.897*	1	
总分	.992*	.937*	.907*	.926*	.916*	.914*	.917*	.901*	1

注：*P < 0.05

（四）问卷常模建立

鉴于幼儿多元智力评定问卷具有较好的信度和效度，本研究在标准化抽样的基础上制订了全国常模。

1. 年龄常模

以年龄为自变量，各维度分和总量表分为因变量进行多元方差分析，结果表明：幼儿多元智力从语言智力到自然观察智力上年龄差异均具有统计学意义。因此，需要建立幼儿多元智力问卷的年龄常模，结果见表5。

表5　幼儿多元智力问卷的各维度及总问卷原始分

因素	3岁(N=1198)	4岁(N=1203)	5岁(N=1197)	6岁(N=1206)
语言	3.10±0.91	3.63±0.71	4.04±0.58	4.18±0.56
数学逻辑	3.13±0.81	3.75±0.62	4.12±0.55	4.47±0.43
视觉空间	3.23±0.87	3.93±0.62	4.25±0.53	4.47±0.44
身体运动	3.67±0.67	3.99±0.54	4.17±0.51	4.22±0.48
音乐	3.66±0.75	3.90±0.65	4.06±0.63	4.17±0.65
人际交往	3.67±0.79	3.95±0.64	4.21±0.52	4.24±0.64
自我认识	3.40±0.81	3.76±0.65	4.07±0.58	4.18±0.60
自然观察	3.56±0.77	3.89±0.66	4.12±0.54	4.22±0.51
总分	280.42±58.97	315.44±46.28	338.52±39.21	350.13±38.18

2. 性别常模

以性别为自变量，各维度分和总问卷分为因变量进行多元方差分析，结果表明：幼儿多元智力从语言智力到自然观察智力上性别差异均具有统计学意义。因此，需要建立幼儿多元智力问卷的性别常模，结果见表6和表7。

表6　幼儿男性常模

年龄	统计量	语言	数学逻辑	视觉空间	身体运动	音乐	人际交往	自我认识	自然观察	总分
3岁(600)	M	3.04	3.07	3.17	3.68	3.59	3.58	3.38	3.54	276.61
	SD	0.90	0.79	0.86	0.67	0.75	0.80	0.81	0.77	58.34
4岁(602)	M	3.57	3.72	3.88	3.96	3.78	3.88	3.69	3.87	310.88
	SD	0.69	0.62	0.62	0.53	0.64	0.65	0.66	0.68	45.60
5岁(601)	M	3.96	4.07	4.17	4.15	3.92	4.11	3.99	4.09	332.53
	SD	0.59	0.56	0.54	0.52	0.65	0.56	0.59	0.56	40.79
6岁(605)	M	4.09	4.04	4.40	4.16	3.99	4.10	4.05	4.16	342.32
	SD	0.60	0.46	0.48	0.49	0.69	0.70	0.63	0.56	41.15

表7　幼儿女性常模

年龄	统计量	语言	数学逻辑	视觉空间	身体运动	音乐	人际交往	自我认识	自然观察	总分
3岁（598）	M	3.17	3.19	3.29	3.69	3.73	3.75	3.42	3.58	284.49
	SD	0.92	0.82	0.88	0.66	0.74	0.76	0.82	0.78	59.42
4岁（601）	M	3.70	3.78	3.99	4.01	4.04	4.37	3.84	3.91	320.60
	SD	0.73	0.61	0.60	0.56	0.64	0.58	0.67	0.66	46.50
5岁（596）	M	4.13	4.18	4.33	4.20	4.22	4.32	4.15	4.14	344.90
	SD	0.55	0.52	0.50	0.49	0.56	0.47	0.56	0.51	36.30
6岁（601）	M	4.32	4.52	4.56	4.31	4.45	4.18	4.37	4.33	362.12
	SD	0.46	0.36	0.32	0.34	0.45	0.47	0.41	0.43	29.38

（五）常模的形式

1. 百分位常模。根据幼儿各年龄组的原始分数换算出百分位等级P，画出百分位常模的剖面图。任何一个幼儿得分P小于2.5%为差，得分P在2.5%—16%之间为较差，得分P在16%—84%之间为中等，得分P在84%—97.5%之间为较好，得分P大于97.5%为优秀。

2. 因子T分常模。根据幼儿各年龄组的原始分数通过正态分布下所对应的值，用T=50+10Z编制出幼儿多元智力问卷的Z值和T分等值表。任何一个幼儿得分在X±S范围者为中等，得分在X−S到X−2S之间者为较差，得分低于X−2S者为差，得分在X+S与X+2S之间者为较好，得分超过X+2S者为优秀。

三、讨论

（一）常模样本

该问卷覆盖年龄范围为3—6岁。考虑到我国地域辽阔，人口密度分布不均，在取样设计时，按照我国地理行政区域，根据人口构成比例进行抽样，样本的性别比例为1.1786∶1，与我国人口性别比例基本符合，且样本的收回率及合格率较为理想，故所选样本具有良好的代表性，符合心理测量学的要求。

（二）常模

该问卷制订了我国城市版3—6岁幼儿多元智力评定常模。由于城市幼儿的多元智力得分在各个维度以及问卷总体评价中差异均存在统计学意义，故分别建立了年龄常模和性别常模。最后对问卷得分进行了标准化处理，从而能更科学地评价幼儿多元智力发展水平。

参考文献：

［1］（美）霍华德·加德纳．多元智能［M］．沈致隆，译．北京：新华出版社，2003．

［2］杨丽珠．儿童个性发展与培养的实验研究［M］．长春：吉林人民出版社，2001．

［3］Rapee RM，Craske MG，Barlow DH．*Assessment instrument for pan-icdisorder that includes fear of sensation-producing activities*：*The Albany Panic and Phobia Questionnaire*［M］．Anxiety，1995．

［4］傅茂笋，寇增强．大学生适应量表的初步编制［J］．中国心理卫生杂志，2004（9）．

［原载于《山西大学学报［哲学社会科学版］》，2010年第6期］

儿童作为研究者：一种新兴的研究取向*

山西师范大学　席小莉
华南师范大学　黄甫全

【摘要】伴随着当代人类的赋权解放和儿童权利运动，新兴儿童观及新童年社会学孕育了“儿童作为研究者”的新的研究取向。它承认儿童作为积极的社会角色，认可儿童在研究中的参与、合作乃至领导地位，以儿童的个体生活及广泛的社会生活为研究内容，采用儿童适宜性的研究方法，旨在凭借知识的社会建构而实现儿童解放；它呼吁重建儿童主体的研究观念，确立双重的研究关系，获取多方面的外部支持，探索情境化的操作模式，考量儿童适切性的研究伦理。

【关键词】儿童作为研究者；赋权；解放；研究主体；积极社会角色

“儿童”这个词语在传统的认识中被赋予了“未成熟”和“发展中”之义，指称被动和需要保护的个体。儿童在研究中更多地以研究对象的角色出现，处于客体地位而“被研究”。近年来，随着赋权解放运动的发展和联合国《儿童权利公约》（Convention on the Rights of the Child，简称CRC）的颁布，人们开始认识到，作为未成年个体的儿童，不再被动地依赖于成人而存在，而是作为积极的社会角色对其生活的环境施加影响。儿童在研究中的地位，亦经历了从“对儿童”（on children）的研究到“与儿童”（with children）一起研究再到“由儿童”（by children）主导研究的转变。儿童在研究中的主体性逐渐凸显，儿童的权利与声音得到空前的重视。本文拟就“儿童作为研究者”的兴起、内涵、策略与

* 本文系广东省哲学社会科学“十一五”规划2010年度后期资助项目（立项批准号：GD10HJY01）“学习化课程论稿——课程文化哲学初探”，主持人：黄甫全，成员：曾文婕、尹睿、张三花、席小莉等。广东省普通高校人文社会科学重点研究基地2008年重大项目（项目编号：08JDXM88001）“新中国小学教育基本理论发展的文化哲学清理与建构”的阶段研究成果。主持人：黄甫全。

价值进行探讨，以期引发更多的关于儿童及儿童研究问题的思考。

一、“儿童作为研究者”的动因

（一）人类赋权和解放运动的追求

“儿童作为研究者”这一研究取向出现在以女性、少数民族和残疾人群体为主体的赋权和解放运动的大背景中。这一运动广泛关注社会生活中的少数和被忽视群体，强调尊重他们的声音并赋予其权利。对研究参与权的关注是赋权和解放运动的内容之一，它涉及研究服务于谁的兴趣、谁拥有研究和研究为了谁等问题。赋权和解放运动为受忽视和被压迫群体开展属于自己的研究奠定了合法性基础。那些在过去仅仅作为研究对象的人，现在拥有了影响研究过程的权力，成为了实现自身改变的主体。儿童作为研究者的理念真正赋予了儿童研究的权利，有力地呼应了这一发展趋势。有研究者认为，“正如女性主义修正了男性在研究舞台上的掌控地位一样，儿童作为研究者，也同样可以修正成人在研究世界里的操控格局，这种意识形态批判正在呼唤人们挑战一贯由成人主导的儿童研究和儿童生活的合法性。”[①]

（二）儿童权利运动的呼唤

较之于赋权和解放运动，儿童权利运动更明确地将关注的中心聚焦在儿童身上。20世纪以来，自瑞典儿童教育家爱伦·凯（Ellen Key）发出“20世纪是儿童的世纪”的呼吁之后，世界各国一直在致力于从政策、法律、社会文化等各个层面来尊重和保障儿童的各项权益。其中，影响最大的是联合国《儿童权利公约》的颁布，它肯定参与权是儿童权利的重要组成部分。《儿童权利公约》的54条中有3条涉及儿童的参与权和决策权，如“缔约国应确保有主见能力的儿童对影响其本人的一切事项自由发表意见”（第12条）、“儿童应有自由发表言论的权利”（第13条）、“应尊重并促进儿童充分参与文化和艺术生活的权利，并鼓励为儿童提供从事文化、艺术、娱乐和休闲活动的适当而均等的机会”（第31条）。这就在政治合法性上，明确倡导人们“在社会研究中接纳所有的儿童是一种义务”。“儿童有权利在研究中作为一种合法的声音被倾听，儿童研究者与成人研究者的观点一样具有合法性。”[②]这种权利关系的改变在实践中也引发了一系列由非政府组织发起的、由儿童自己完成的研究项目的开展。

---

① Kellet M. *Children as active researchers: a new research paradigm for the 21st century*[R]. Milton Keynes: E. S. R. C. Economic and Social Research Council, 2005:6.

② Grover S. *Why won't they listen to us? On giving power and voice to children participatingin social research*[J]. Childhood, 2004, 11(1):81-93.

（三）当代儿童观的倡导

当代儿童观的演进也是促进“儿童作为研究者”这一研究取向发展的重要力量。儿童观是人们对儿童的根本看法和观念。从古代的“小大人”到中世纪的“生而有罪”，再到卢梭、杜威等人对儿童的发现和阐释，当代儿童观在历史演进的基础上生发出了更为丰富的内涵。儿童不再被简单地看作生物学意义上的、发展中的、缺乏能力的、具有统一发展阶段的个体，而是多样化存在的、具有独特视角的、拥有超出成人预期的、积极的社会主体。儿童观的这些新发展折射到儿童研究领域中，一方面承认了儿童视角和观点的价值，认可了儿童在研究中的地位及其研究成果；另一方面，对儿童能力的全新预期，也在理论上为儿童作为研究者的实践扫清了障碍。从新近的研究结果中可以看到，“儿童，像成人一样，拥有自己的观点和看法，有权被倾听，并且有能力用适宜的方法表达自己。”[①]

（四）新童年社会学的推动

20世纪70年代，新童年社会学的兴起，在社会学领域中掀起了童年问题研究的热潮。它“是在批判传统社会化理论的基础上发展起来的，否认仅仅把童年看作一种生物学事实，否认儿童的消极地位，提倡把童年作为一种具有积极建构意义的社会现象加以研究。”[②]它提倡让儿童作为积极的社会成员，参与知识的建构过程和童年的日常生活。这一理论思潮更为具体地推动了“儿童作为研究者”的研究实践。儿童作为童年亚文化的主角，让我们从独特的儿童“局内人”视角来理解他们的世界。毕竟，儿童所做的研究能够获得成人研究无法获得的信息，儿童用不同于成人的眼睛来观察、用不同于成人的方式来提问与交流，儿童的研究对整个人类的知识建构发挥着自己独特的力量。这也使得儿童不但可以成为研究的参与者，而且逐渐地成为合作研究者和研究的领导者。

二、“儿童作为研究者”的内涵

“儿童作为研究者”作为21世纪兴起的一种新型研究取向，指的是儿童作为积极的社会角色，采用适宜的研究方法，参与或领导研究项目，从而建构社会生活的实践活动。

（一）儿童的积极社会角色

要让“儿童作为研究者”成为可能，首先需要实现对儿童角色与地位的重新认识，理

① Einarsdóttir J. *Research with children: methodological and ethical challenges*[J]. European Early Childhood Education Research Journal, 2007, 15(2): 197-211.

② 王友缘. 新童年社会学研究兴起的背景及其进展［J］. 学前教育研究，2011（5）:34-39.

解把握儿童作为积极的社会角色的事实。历史上，儿童被看作父母或监护人的“财产”，作为需要成人保护的对象出现。今天，有关“儿童”的概念发生了转变，儿童不再是不成熟的、蒙昧无知的，而是拥有自己的精神世界、审美标准甚至哲学观点的独特个体。在社会生活中，“儿童被当作积极的社会行动者，他们是自己生活的‘专家’”。①儿童正逐渐地被概念化为他们自己的童年及其周围社会生活的积极主体，作为与政治、经济、教育等并行的文化和制度网络的生产者和参与者，儿童及其文化已被嵌入并形塑到复杂的本地情境之中。实际上，儿童作为一种社会角色对于自己生活的观点与成人的理解是不同的。这就使得“儿童作为研究者”具有了独特的价值，为我们开辟了一条尊重儿童权利的新路径，丰富了我们对童年和儿童世界的理解。

（二）儿童的参与、合作与领导

在早先的主流文献和研究中，儿童通常被当作研究的对象来看待。在“儿童作为研究者”这一新的研究取向中，儿童实现了从被动的研究对象向主动的研究主体的转变。儿童参与到研究过程的各个阶段，包括提出研究问题、设计研究过程、收集和处理数据、撰写研究报告和宣传研究结果等。然而，这种转变并不是一蹴而就的，至少经历了“由成人设计和实施、儿童参与的研究”“儿童作为知情参与者提出自己意见并承担相关任务的研究”“由儿童设计和实施的研究”②三个阶段。正如有研究者指出的那样，儿童在研究中的参与是阶梯型的：装点门面式的参与研究；知情参与并分享观点的研究；由儿童发起和引导的研究。可以看出，在“儿童作为研究者”这一研究取向中，虽然儿童在研究中的参与角色是有差异的，但整体上表现出从一般的参与者到合作研究者，再到研究领导者的趋势，儿童在研究中的主体地位不断增强。

（三）儿童的个体生活与广泛的社会生活

儿童研究的内容依据对儿童定位的细微差异而有所不同。将儿童定位为其自身生活的“专家”，这就意味着儿童开展研究的内容更多地聚焦在童年及其自身生活的范围内。如调查儿童眼中电视的社会本质、研究父母的工作对儿童的影响、对不同年龄段小学生有关暑假的观点的比较等。将儿童定位为更广泛的社会生活的主体，这就意味着把儿童看作年轻的公民及与成人一样的社会利益相关者，并参与社会计划及公共服务。如有关城市环境、健康、犯罪、性别、两性等问题的研究。显然，儿童研究者所涉及的研究范围，不但包含儿童自身的生活，也可以包括更广泛的社会生活。总之，“把儿童纳入社会研究中的潜力

① Kellet M, Ding S. '*Middle childhood*'[M]//Fraser S, et al. London: Doing Research with Children and Young People, 2004:214.

② Alderson P. *Children as researchers: the effects of participation rights on researchMethodology*[M]//Christensen P, James A. London: Research With Children: Perspectives and Practices, 2000:321.

是巨大的，他们可以以‘成长中’的视角来看待童年及整个社会世界。”①

（四）儿童适宜性的研究方法

从根本上讲，“将儿童纳入社会研究主要不是本体问题，而是一种方法的调整。”②尽管我们非常强调儿童的主体作用，但与成人相比，儿童有其生理和心理发展的特殊性。因而，选择或创造适宜儿童采用的研究方法，是儿童能否真正成为研究者的内在要求。从确定研究主题、选择研究对象、遴选观察地点，到分析数据、撰写研究报告、传播研究结果，均需采用多样化的研究方法，以满足儿童做研究的需求。如将参与式观察、访谈、问卷、文本分析等方法进行形象化和简单化调整。同时，儿童也会采用一些更加具体的研究技术，如采用拍照、绘画、日记、团体访谈等方式收集数据，采用研究报告、海报、墙报、摄像或摄影展的方式来呈现其研究结果。与儿童生活的特点相结合，将研究与游戏结合的方法也被采纳。研究方法是探究世界的工具，并不专属于成人，儿童也可以合理地使用乃至创用研究方法来完成自己的研究。从整体来看，参与性研究方法在儿童研究中是更有前途的一类方法。

（五）儿童的解放及社会建构

从整体来看，“儿童作为研究者”这一新的研究取向有两个方面的意图。从方法论层面看，这一取向借助“研究”这个形式，赋予儿童更强烈和深入的话语权，让儿童以一种更为主动的、系统的、批判的和符合伦理的方式发出自己的声音，让儿童的权利得到更合理和更有力的解放。研究赋予了儿童力量，研究的过程和结果改善或“纠正”了成人与儿童之间关系的不对等，使儿童真正地获得了主体地位。从本体论层面看，就儿童研究的结果而言，儿童的研究并不是练习性或游戏式的，其结果可以对知识的建构及真正的社会生活产生积极作用。“儿童优先考虑的问题、设计的研究框架及收集数据的方法在本质上是不同于成人的，这些都为知识的发展提供了有价值的观点并作出了原生态的贡献。”③同时，儿童的研究结果还有可能会对公共政策和社会决策产生实际的影响。

① Uprichard E. *Children as ‘being and becomings’: children, childhood and temporality*[J]. Children and Society, 2008, (4):168-187.

② Uprichard E. *Questioning research with children: discrepancy between theory and practice* [J]. Children and Society, 2010(24):3-13.

③ Kellett M. *Childrenasactive researchers: a new research paradigm for the 21st century*[R]. Milton Keynes: E. S. R. C. Economic and Social Research Council, 2005:8.

三、“儿童作为研究者”的策略

（一）重建研究观念

在传统的认识中，研究是一项系统、严谨、复杂的工作，只有成人，甚至只有经过科学训练的成人才能胜任研究工作。“儿童作为研究者”这一立场的成立，至少需要对以下两个方面进行重新理解。第一，对“研究”本质的重新理解。研究是探求、分析事物内部矛盾和外部联系以发现其规律的过程，只要符合研究的一般程序、探究事物规律的行为都可称之为研究。研究不是成人的特权，儿童只要能够完成研究的任务，就可以成为研究者。这就需要转变成人在研究中将儿童作为装点门面的幌子、操纵其研究、以研究的中心角色出现的局面。第二，对儿童研究能力的再认识。以往人们总是认为，由于儿童的思维水平和活动能力有限，他们不具备作为研究者的充足的知识和技能。但实际上，就知识而言，当前的研究表明，在关于童年及儿童自身的领域内，儿童拥有优等的知识，他们是自己生活的专家。有关技能的问题，儿童研究技能的不足是由于缺乏对儿童进行相关的技能训练。只要能在认识研究的本质、选择研究问题、一般的数据收集、简单的数据分析、研究结果的传播等关键环节对儿童进行针对性训练，即使2—6岁的低龄幼儿也具有研究能力。

（二）确立研究关系

“儿童作为研究者”这种实践活动需要处理好两类研究关系：儿童研究者与成人支持者之间的关系及儿童研究者与作为研究对象的儿童之间的关系。首先，建立研究中成人对儿童的“支持”关系。最新研究呼吁：“成人在研究中的角色是儿童的支持者，而非控制者或管理者。”[①]成人需要摒弃那种以自己的兴趣影响儿童甚至否定儿童的想法，避免提供不适宜的研究方法培训和侵占儿童的研究成果所有权的做法，应将自身定位为真诚认可儿童的想法，为儿童提供适宜的研究方法培训，帮助儿童做好“跑腿”工作，为儿童的研究结果寻找传播平台的积极支持者。建设这种“支持”关系，一方面需要克服成人对儿童强势的思维定式；另一方面，还要采取更具亲和力的方法和策略，鼓励儿童改变将成人当作权威的习惯，避免取悦成人。其次，在儿童研究者与作为研究对象的儿童之间建立“中立”的研究关系。儿童研究者在把其他儿童作为研究对象时，应该保持客观、公正的研究态度，而研究对象应该为其提供真实、平等的“局内人”观点。这种同辈之间的研究关系在不同的儿童之间表现得非常微妙，诸如年长与年幼、善于表达与不善于表达、家庭富有与家庭贫困、健全与残疾、担任班干部与否等因素都会对研究关系产生影响。适宜研究关

① Kellet M. *Empowering children and young people as researchers: overcoming barriers and building capacity*[J]. Child Ind Res，2011(4):39-53.

系的确立，包含在对儿童研究者进行的研究方法培训中，也需要考虑儿童研究者自身的成熟程度及其处理同伴关系的能力。

（三）获取外部支持

作为社会群体中的一员，儿童做研究并不是一种孤立的行为，需要学校、教师、家长、资金等外部条件的支持。学校体制的支持是儿童成为研究者的一个重要保障。学校，包括幼儿园、小学、中学，作为儿童生活与学习的主要社会场所，在课程规划和时间、空间安排上，要为儿童做研究提供支持。如开设专门的研究培训课程、支持儿童在小组学习时间开展研究、为儿童收集研究资料提供便利的场所等。教师是儿童做研究的潜在支持者或合作者，他们如果缺乏对儿童做研究的意义的认识和理解，将削弱赋权儿童做研究的力量，就会将儿童的研究引向传统的教学活动。为此，教师需要在对儿童的日常管理中认可儿童做研究的价值、为儿童做研究提供物质和技术的帮助。家长是儿童作为研究者的重要外围条件。他们可以在日常生活范围内对儿童的研究赋权，包括同意、支持儿童进行研究，为儿童提供时间及物质上的便利。当然，儿童做研究也需要资金和资源的支持，如音像设备、差旅费支出等，学校和社会机构可以通过建立合理的资金投入机制为儿童研究提供物质保障。

（四）探索操作模式

儿童做研究是一项复杂的系统工程，需要结合儿童的生活实践进行计划和安排，探索适宜的研究模式。俱乐部模式、学习小组模式、工作坊模式和密集训练模式是儿童做研究的几种常见模式。在俱乐部模式中，儿童通过参与每周一次的研究俱乐部会议，学习研究的程序，然后自己完成研究。这种模式最大限度地减少了对儿童学校生活的影响，给了儿童最大的自主性。但在时间上会与儿童的其他活动产生冲突，这需要儿童的牺牲精神及其父母的支持。在学习小组模式中，儿童利用学校中已有的学习小组来完成研究。这种模式能使儿童拥有固定的时间来完成研究，但其问题则是儿童研究的过程可能会受到不能理解和支持儿童做研究的学校管理者及教师的干扰。工作坊模式一般把研究训练分成三部分，每部分用相互间隔的一整天时间完成。儿童在第一次工作坊之后开始收集资料，第二次后分析资料，第三次后完成研究报告，各个阶段之间的连续性较强。密集训练模式常要求儿童在两周时间里完成一个小规模的研究计划，最适合在假期中进行。另外，也可依据研究地点的不同把研究分为基于学校、基于大学、基于社区三种不同的操作模式。不同模式必须考虑不同的适用范围，同时也要考虑文化背景的差异性。

（五）考量研究伦理

研究伦理是任何社会科学研究不可回避的议题，“儿童作为研究者”也不例外。由于儿童身份的特殊性，其间包含的伦理问题更为复杂，主要包括安全、隐私保护、知情同意等问题。就儿童的安全来讲，研究活动要在保护儿童安全的前提下，尽可能地赋予儿童做研究的权利。如当儿童要外出做研究时，需要有成人陪同，但成人又要避免因其在场而对研究产生负面影响。就隐私保护而言，儿童研究者必须学会尊重及保护其研究对象的隐私。例如“儿童研究者要像成人研究者那样，对任何可能给其他儿童带来伤害或危险的信息进行保密。”[①]但当儿童研究者发现其研究对象处在危险中时，要向成人寻求帮助。知情同意问题是儿童研究中特有的伦理问题。一方面，儿童需要让其研究对象了解研究的基本目的、内容及结果的处理，尊重其知情权。另一方面，儿童研究者又要避免因表述不当而误导研究对象或使其放弃参与。研究的伦理问题一定程度上可以通过对儿童进行培训来解决，但也受到儿童自身发展和认知水平的限制。

四、“儿童作为研究者”的愿景

（一）社会、知识及个人价值

“儿童作为研究者”这一实践活动，对社会进步和公共政策产生了积极的影响。这一研究取向“试图打破由能力和社会符号（包括年龄、国别、种族、社会阶层、地理位置、语言等）所限定的排外或边缘化的等级制度”，[②]推动社会平等和民主的进步。儿童作为社会世界构成的代表，以其不同于成人的角色和身份参与社会研究，促进了社会发展的多元化及不同社会群体之间的相互沟通与理解。同时，在可靠和有效的前提下，儿童具有原创性和独创性的观点影响着社会政策和实践，尤其是与其自身有关的研究问题，更是对与他们自己和其他儿童生活相关的政策产生影响。

“儿童作为研究者”赋权儿童作为知识的生产者，推动了知识的民主化；认可儿童创造知识的途径与方式，实现了知识的多样化。一方面，儿童作为一种有能力的社会角色，可以从自己特有的视角表达对社会现象和问题的看法，丰富我们关于童年和儿童世界的知识。儿童的研究增加了从儿童的视角获得的有关儿童经验的知识，也撼动了成人在知识世界里的霸权地位，推动了知识的民主化。另一方面，儿童在研究中建构知识的独特性，推动了知识的多样化。我们可以通过儿童这种社会成员的观点获得更多的有关“社会”和

① Kellet M. *Empowering children and young people as researchers: overcoming barriers and building capacity*[J]. Child Ind Res，2011（4）:39-53.

② Bélanger N，Connelly C. *Methodological considerations in child-centered research about social difference and children experiencing difficulties at school*[J]. Ethnography and Education，2007，2(1）:21-28.

"社会结构"塑造的经验和方法。儿童所提供的知识和观点是独特而有价值的，儿童的研究丰富了知识创造的路径，也从根本上改变了人们的知识观。

"儿童作为研究者"对儿童自身的发展也具有深远的价值。"研究"赋予了儿童积极的社会角色，更促成了儿童生命本质力量的充分阐发，是人类主体性发展道路上的新发现。作为研究者的经历是一个赋权的过程，可以使儿童在生活的其他方面获得自信和自尊；强化儿童解决问题和沟通的能力；发展儿童可迁移的相关技能，如组织、管理、分析和评价；提高其伦理意识；等等。同时，研究的过程使儿童能够获得更为充分的自我意识，逐渐认识自己的能力与特点，合理理解自己与他人的关系。

（二）未来展望

当我们走进21世纪的第二个十年的时候，对儿童的赋权与尊重以"儿童作为研究者"的面貌出现，这无疑是社会民主道路上的一个巨大进步。在世界范围内，越来越多的研究人员和社会组织开始投身这一研究领域。如一个在欧洲七个国家展开的"欧洲小学儿童作为研究者"项目（Children as Researchers in Primary Schools in Europe），以大学为中心，为小学提供儿童研究训练和支持儿童的研究项目。另外，在澳洲、中东、亚洲等地也出现了以社会公平、文化融合、社会参与为目的的支持儿童开展的研究。这些研究的组织者，有大学研究机构、非政府组织，也有"联合国开发计划署"（UNDP）这样的国际组织。可以预期，这一研究取向在未来将会受到更多的关注。

然而，作为一种初露端倪的研究理论与实践样式，也还存在着诸多需要继续探索的问题。

就研究范式而言，"儿童作为研究者"可以被包含在已有的成人研究范式中，还是需要建立一个新的研究范式？这到底仅仅是一个方法论问题，还是同时涉及了认识论和本体论的改变？就研究的对象与内容而言，如何让特殊群体（如残疾、学习困难、少数民族）儿童成为研究者？如何创设儿童领导的研究知识体系？儿童仅适合于研究与童年及其自身生活有关的问题，还是应参与更普遍的社会研究？就研究的方法与结果而言，如何通过学校或研究机构来支持和管理儿童的研究过程？如何更好地捕捉和记录儿童研究的过程？如何评价儿童的研究结果？如何最大化儿童研究及其结果产生的影响？所有这些问题都既是摆在研究者面前的障碍，又是研究者可以继续研究的空间与动力。

参考文献：

[1] Barker J, Weller S. '*Never work with children?*': *the geography of methodological issues in research with children*[J]. Qualitative Research, 2003(2).

[2] Kellet M. *Children as active researchers: a new research paradigm for the 21st century*

[R]. Milton Keynes: E. S. R. C. Economic and Social Research Council, 2005.

[3] Fielding M. *Transformative approaches to student voice: theoretical underpinnings, recalcitrant realities*[J]. British Educational Research Journal, 2004(2).

[4] Uprichard E. *Questioning research with children: discrepancy between theory and practice ?*[J]. Children and Society, 2010(24).

[5] Grover S. *Why won't they listen to us? On giving power and voice to children participatingin social research*[J]. Childhood, 2004(1).

[6] 塞尔玛·西蒙斯坦. 儿童观的后现代视角 [J]. 幼儿教育（教育科学版），2007(2).

[7] Einarsdóttir J. *Research with children: methodological and ethical challenges*[J]. European Early Childhood Education Research Journal, 2007(2).

[8] 王友缘. 新童年社会学研究兴起的背景及其进展 [J]. 学前教育研究，2011(5).

[9] Kellet M. *Small shoes, big steps! empowering children as active researchers*[J]. Am J Community Psychol, 2010(6).

[10] Kellet M, Ding S. '*Middle childhood*'[M]//Fraser S, et al. London: Doing Research with Children and Young People, 2004.

[11] Corsaro W. *Interpretive reproduction in children's role play*[J]. Childhood, 1993(1).

[12] Alderson P. *Children as researchers: the effects of participation rights on research Methodology*[M]//Christensen P, James A. London: Research With Children: Perspectives and Practices, 2000.

[13] Hart R. *Children's participation*[M]. London: Earthscan/UNICEF, 1997.

[14] Uprichard E. *Children as 'being and becomings': children, childhood and temporality*[J]. Children and Society, 2008 (4).

[15] Fargas-Maltet M, et al. *Research with children: methodological issues and innovative techniques*[J]. Journal of Early Childhood Research, 2010(2).

[16] Alderson P. *Research by Children: rights and methods*[J]. International Journal of Social Research Methodology, 2001(2).

[17] Alderson P. *Ethics*[M]// Fraser S, et al. London: Doing Research with Children and Young People, 2004.

[18] Kellet M. *Empowering children and young people as researchers: overcoming barriers and building capacity*[J]. Child Ind Res, 2011(4).

[19] Bélanger N, Connelly C. *Methodological considerations in child-centered research*

about social difference and children experiencing difficulties at school [J]. Ethnography and Education, 2007(1).

[原载于《教育发展研究》，2012年第24期]

对象、参与和领导：论儿童在研究中的角色演变*

山西师范大学　席小莉
华南师范大学　袁爱玲

【摘要】 伴随着人类对“儿童”的逐渐发现与认识，“儿童”与“研究”在社会科学领域中相遇。在儿童观的历史演进、社会科学研究范式的转型及人类赋权解放思想的推动下，儿童在研究中的角色经历了三种样态的演变，即儿童作为研究的对象、研究的参与者和研究的领导者。从具有生物学特征的研究对象到具有社会文化特征的研究对象的转变内蕴着儿童从生物人到社会人的发展历程；从研究的被倾听者到研究的合作者的演进映射出了儿童参与研究能力的不断增长；儿童作为研究的领导者则彻底打破了成人在研究世界里的支配格局，让儿童成为研究的主角。

【关键词】 儿童研究；研究对象；研究参与者；研究领导者

“儿童”一词并不是古已有之，而是伴随着人类文化发展出现的概念。自卢梭（Rousseau）在18世纪“发现儿童”之后，儿童作为独特的社会存在开始受到关注。19世纪末发生在欧美国家的儿童研究运动，在人类历史上第一次将儿童丰富而全面地纳入研究视野中。此后，在心理学、教育学、人类学、社会学等多个领域，儿童研究蓬勃地展开了。在儿童研究并不漫长的历史中，儿童在研究中的角色因人们对儿童自身及儿童与成人关系认识的不断深化而发生着变化，经历了作为研究的对象、研究的参与者和研究的领导者三种角色样态的演进。

* 本文系广东省哲学社会科学“十二五”规划2012年度项目“儿童作为研究者：理论建构与实践探索”（GD12CJY08）的阶段性成果

主持人：袁爱玲　成员：席小莉　林举卿　廖　莉　张　莉

一、儿童作为研究的对象

在儿童研究的早期阶段，儿童在研究中的角色主要表现为“具有生物学特征的研究对象”和“具有社会文化特征的研究对象”两种样态。受进化论、生理学、实验心理学和实证主义研究范式的影响，儿童在研究中的角色是具有生物学特征的研究对象。在社会科学研究中的文化因素和人文取向的推动及儿童权利运动的滋养下，儿童在研究中的角色逐渐向具有社会文化特征的研究对象转变。两种角色的发展折射出了从“生物”到“人”、从孤立的个体到文化和环境中的对象的儿童认识论转变。

（一）具有生物学特征的研究对象

18世纪末，裴斯泰洛奇（Pestalozzi）等人对儿童发展过程的观察记录拉开了科学儿童研究的帷幕，但当时的研究还是零星和缺乏社会影响力的。19世纪末到20世纪早期，以霍尔（Hall）为首的心理学家与教育学家在欧美掀起了一场声势浩大的儿童研究运动。这场运动以发现儿童的心理特征和为学校与家庭提供服务为目标，采用个案观察、实验及问卷等方法，开展了儿童健康、智力、情感、态度、兴趣等的系列研究，吸引了科学家、教育研究者、社会工作者、临床心理学家及家长等多种群体的参与。

以儿童研究运动为代表的早期儿童研究是人类探索儿童的一次高潮。在这次浪潮中，儿童扮演了具有生物学特征的研究对象的角色。这种角色定位既与当时儿童研究的理论基础密切相关，也与实证主义研究范式紧密关联。就理论基础而言，对当时儿童研究直接产生影响的是进化论、生理学和实验心理学。进化论将人视为动物进化的产物，第一次明确了人的自然性与生物性，使西方早期乃至之后的儿童观打上了“生物化”烙印；生理学作为研究活机体的正常生命活动规律的生物学分支学科，为儿童研究提供了生理构造上的成果基础；实验心理学对儿童心理现象发生、发展和活动规律的研究直接促进了儿童研究的发展。这就使得当时儿童研究的目的是发现以生理机能为基础的儿童心理特征。如以杜威（Dewey）为代表的机能主义心理学对儿童本能的研究和比纳（Binet）、西蒙（Simon）所开创的智力测验均属此类研究。就研究范式而论，受实证主义的影响，这个阶段对儿童的研究在方法上逐步从常识性、非正式的方法向“科学”的研究方法迈进。“实验室研究”“儿童传记”和“统计学研究”是当时研究者公认的科学研究方法。这些方法采用实证科学的研究范式，把儿童当作站在成人对面的“客观”对象来研究，强调成人与儿童之间的二元分离，并使用既定的工具和方法获得对儿童的认识。

早期的儿童研究具有明显的科学主义倾向和进化论旨趣，把儿童当作具有生物学特征的研究对象，容易导致对儿童的一种“物化”态度，忽略儿童的主体感受和其生活的文化背景，忽视儿童研究中的伦理问题及研究对儿童产生的影响。如在一项有关儿童怜悯和同情的研究中，桑德斯（Saunders）和霍尔让儿童直接面对诸如动物受折磨、发现动物死亡、被杀、寒冷、饥饿或没有依靠等大量特殊情境，以调查儿童的反应，这种操作过程会对儿童的情绪情感造成伤害。而华生（Watson）用白鼠对一个十一个月大的婴儿进行的惊恐反应条件反射研究，也给婴儿造成了精神痛苦。当时的哈佛大学心理学实验室主任闵斯特伯格（Munsterberg）认为研究会使儿童非人化，那种明显的“智力解剖”式的儿童研究在当时就饱受诟病——“儿童应该被热爱而不是被研究。”[①]

（二）具有社会文化特征的研究对象

20世纪20年代后，对儿童的研究在多个领域中继续深入和扩展。心理学领域逐渐摆脱了生物学的影响，成为一门独立自觉地研究儿童发展的学科。在寻求儿童发展的普适性规律的同时，开始日益重视社会文化、社会生活的重大作用，认为儿童的心理发展除了受生物和年龄因素影响之外，历史阶段和非规范性事件也发挥着越来越重要的作用。从皮亚杰（Piaget）的认知发展理论到维果斯基（Vygotsky）的社会文化历史理论，从华生的行为主义到班杜拉（Bandura）的社会认知理论都表现出了这种趋势。人类学家则从文化相对性的角度用“他者的目光”考察儿童的发展特征。如米德（Mead）和本尼迪克特（Benedict）对部落儿童的研究表明，文化对人的影响优先于生物属性对人的制约。社会学家从社会整体概念出发，研究社会关系和社会行为对儿童的影响，如尼尔·波兹曼（Postman）的研究表明，媒体信息的扩展破坏了童年和成年的界限，消弭了童年生活。

这个阶段，儿童依然是研究的对象，只是这种角色不再与其生活的社会和文化背景相剥离，而是渗透了丰富的文化参照信息。这与20世纪早期以来社会科学领域的新兴研究取向具有内在的一致性。诸如强调人的文化存在的文化取向，注重人与环境复杂互动的生态取向，关注人的价值和自我存在的人本取向等都强调文化、环境与人的相互作用。在这种背景下，“儿童”就成为一个饱含文化信息的概念，儿童在研究中就成为一个越来越鲜活而独特的个体。也正是这种鲜活性和独特性使研究者不但关注儿童的生活背景，而且重视儿童的主体感受并自觉地思考成人与儿童在研究中的关系。一些情境论者认为，研究者的研究行为本身就构成了对儿童生活情境的改变——“不速而至的新来者扰乱了布景”。[②]

儿童在研究中的这种角色变化也与20世纪早期和中期整个社会对儿童权利的日渐关注密切相关。1924年的《日内瓦儿童权利宣言》主张，儿童需要特殊的照料；1959年联合国大会通过了《儿童权利宣言》，以保护各国儿童的权利。这种关注反映在研究领域，使研究者在设计研究时，逐渐具有了尊重和保护儿童的意识。有心理学家认为，儿童比成人更加脆弱，容易被利用，要关注儿童研究中的伦理问题，在设计和实施研究时必须格外

① H. K. Wolf. *Historical Sketch of Child Study* [J]. Northwestern Journal of Education, 1896 (7): 9-12.

② (美) R. 里·托马斯. 儿童发展理论：比较的视角 [M]. 郭本禹，译. 上海：上海教育出版社，2009：131.

小心。

作为一种具有社会文化特征的研究对象，儿童在研究中的形象越来越丰满和生动。这种研究角色克服了对儿童生物属性的过度依赖，为其文化存在创造了空间。但根本上，这还是主客研究范式下的角色样式，难掩二元对立的尴尬。要彻底突破这种角色的禁锢，需要人们更加坚定地发现和认可儿童的能力。正如杜威认为的那样，儿童是发展中的人，处于一种未成熟的状态，但未成熟状态就是有生长的可能性，儿童“现在就有一种确实存在的势力——即发展的能力。”①

二、儿童作为研究的参与者

从生物学特征的对象到社会文化特征的对象，儿童在研究中的地位逐渐提高，但要真正让儿童在研究中发挥能动作用，必须让儿童的角色更具参与性。20世纪70年代以来，社会学领域里兴起了一股童年研究的热潮，它将童年看作社会构成的一部分，将儿童看作积极的社会角色，认为儿童像成人一样，有自己的观点和看法，有权被倾听，且可以用适宜的方法表达自己；1989年，联合国《儿童权利公约》的颁布，以准法律的形式强调了儿童在其自身相关事务中的参与权。受此影响，20世纪末期以来，儿童在研究中的角色发生了质的变化，他们不再仅仅作为研究的对象，而逐渐成为研究的参与者，在研究的过程中提供信息或参与决策。“被倾听者”和“合作研究者”是其两种典型的角色样态。

（一）被倾听者

儿童参与研究是成人研究者积极接受并赋权儿童的过程，倾听是儿童参与研究的必要阶段，它是成人研究者接受和回应儿童的积极过程，需要调动所有的情感进入儿童的世界，给儿童表达观点的机会，让儿童便于表达，保证儿童的观点被倾听并在适宜的时候付诸行动。在这个过程中，儿童是被倾听者，这是一种在成人设计和实施的研究中，为研究提供信息，表达自己的观点，并受到支持和重视的角色状态。很多研究者认为儿童的声音不但要被听到，而且要被正确理解，这样才能真正把“儿童的视角”纳入研究之中。在这样的研究中，儿童被邀请到研究中来，提出对某些问题的看法；成人鼓励儿童在研究中积极地表达自己的意见，帮助他们扫清各种表达观点的障碍。

在研究中倾听儿童涉及理念和方法两个方面。首先，研究者需要具备“倾听”理念，包括理解多样性、价值观澄清和支持对话等，从而有利于创设“儿童友好”的空间，以支持研究中情境化的需要、兴趣及儿童愿意采取的方式，避免儿童成为成人研究的工具。其

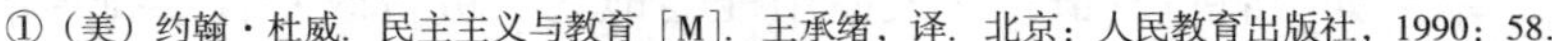

①（美）约翰·杜威. 民主主义与教育［M］. 王承绪，译. 北京：人民教育出版社，1990：58.

次，积极的倾听方法也非常必要，如参与性观察、儿童访谈、儿童摄影、户外旅行、书写绘画、地图制作、问卷调查、实物收集和图片分类等。克拉克（Clark）和莫斯（Moss）还对上述方法进行了整合，创用了有效倾听儿童的马赛克方法（The Mosaic Approach），以创造完整的儿童视角。

儿童作为被倾听者参与研究的范围非常广泛，涉及家庭、学校、社会、法律、医疗等各个领域。研究揭示，即便是低龄儿童都可以作为可靠的信息提供者。毫无疑问，与儿童作为研究的对象相比，在研究中倾听儿童的声音不但进一步认可了儿童的社会地位与权力，也向儿童主体性的发挥迈进了一步。儿童在研究中的声音变成一种值得尊重和信任的力量。

儿童在研究中的这种角色，一方面与童年社会学对儿童能力和社会角色的重新定位密切相关。这种定位更明确地表现在“倾听儿童声音”（Listen to Children）的社会思潮中，强调在家庭、教育机构及社会生活等情境中尊重儿童的观点，给予儿童表达自己声音的机会。另一方面，也受到社会科学研究中的解释主义及批判理论等的影响。解释主义主张通过解释性理解获得对事物的意义建构，这为儿童在研究中表达自己的声音提供了理论前提；批判理论强调研究者与被研究者之间的平等对话和互动，以此来唤醒人在历史过程中被压抑的真实意识，解除偏见，获得自由与解放，在这样的前提下，儿童在研究中作为被倾听者就包含了理解与创造的意蕴。

但也有研究者发现，在这类研究中，研究是由成人倡导，成人决定主题，成人解释结果，儿童很少有机会对研究计划和研究过程产生影响，儿童是被动的参与者。对于研究活动而言，儿童依然是客体。不难看出，儿童在研究中作为被倾听者只是儿童参与研究的初级阶段。

（二）合作研究者

伴随着童年社会学对儿童认识的进一步深入和儿童权利呼声的不断高涨，儿童正逐渐地被概念化为童年及其周围生活世界的积极主体，具备一定决策的能力。作为与政治、经济、教育等并行的文化和制度网络的生产者和参与者，儿童及其文化逐步被嵌入并形塑到复杂的本地情境之中。在这种观念的影响下，儿童作为自身权利的主体，在研究中不仅仅需要被倾听，还可以扮演更为积极的角色——合作研究者。

儿童的合作研究者角色是指儿童在研究中参与决策，与成人一起做研究的角色状态。在这个过程中，成人是研究过程的引领者，儿童在策划及实施的每一个环节都能参与，他们的观点和意见不但得到重视，而且还能影响最终的决策。20世纪90年代以来，儿童开始参与到研究过程的各个阶段，包括提出研究问题、设计研究方法、收集和处理数据、起草研究报告和传播研究结果。如哈特（Hart）等人使用社会地图法进行改善社会排斥、分类和等级参与，深入理解组织结构和决策，比较不同环境的优劣，揭示决策模式的研究。有研究者与一个12岁的儿童合作完成一项有关探究性学习在小学课堂中应用的研究并共同署名发表了研究成果。另外，来自人类学、教育、社会研究、地理学及公共健康等不同领域的研究者与儿童合作开展的参与性行动研究（PAR）不断增加。

在此前的研究中，与成人相比，儿童无论在研究能力还是在决策权力上始终处于天然的劣势地位。让儿童在研究中成为合作研究者对成人与儿童的研究关系提出了挑战。通过肤浅创造“儿童友好”的环境不能修正儿童与成人研究者之间的不平等关系。建立合作研究关系需要成人认识到，“儿童的能力不同于、不低于成人的能力”[①]，儿童可以与成人站在同一水平线上讨论问题，儿童的行为、观点和对问题的分析与成人一样具有合法性。建立合作研究关系也需要成人在协商背景中与儿童进行合作。这种协商背景是成人研究者与儿童研究者之间基于研究目的、知识、政治立场及权利关系而建立的平等、尊重与相互沟通的氛围。有研究者指出考量研究伦理、批判性自我反思、发展主体间性及让自己成为儿童等是成人研究者与儿童建立协商关系的有效策略。

儿童作为合作研究者渗透着尊重儿童观点和能力的理念，儿童不但被倾听，而且成了研究过程的有力影响者。研究的主题、方法和结论不再是由成人完全操控，决策的过程实现了共享。同时，这种研究角色也唤醒了儿童的主体意识，增加了儿童的自信和责任感。但在这类研究中，成人制订研究问题的框架，选择研究方法，控制研究结果的分析，他们依然是研究的主导角色。这体现了成人在研究中的天然优越感和成人对儿童主体能力的怀疑，究其根本，这类研究关系在向共同主体道路迈进的同时，仍然存有明显的主客研究范式的烙印。儿童如何能够在平等、知情和没有压力的条件下与成人研究者一起工作？成人研究者应该在多大程度上支持或管理研究？如何避免剥削和操控儿童？这些问题推动着儿童在研究中超越合作研究者向研究的领导者迈进。

三、儿童作为研究的领导者

儿童在研究中的参与使儿童的声音真正影响了研究过程，但要让儿童成为研究的主体，必须赋予他们更多的研究权力。21世纪初，伴随着童年社会学、儿童权利和赋权解放运动的进一步深化，儿童已被看作积极的社会行动者和自己生活的“专家”。在此基础上，人们不再满足于把儿童看作研究的参与者，而是通过优化研究关系，开发新的研究模式，创新研究方法，提升研究技能，让儿童以研究领导者的角色出现在研究领域中。

在儿童领导的研究中，儿童自己选择研究问题，制订研究计划，完成研究报告，成人

① A. Solberg. *The Challenge in Child Research from “Being” to “Doing”*［M］. // J. Brannen, M. O’BRIEN Children in Families: Research and Policy. London: Falmer Press, 1996:53-65.

作为研究的支持者或儿童的助手帮助儿童完成研究。儿童不再作为研究中的从属角色而是成为研究的主角，他们用自己的眼睛观察和发现问题，从自己的视角建构对社会的理解。虽然儿童领导研究面临着诸多研究技术和能力的挑战，但有研究者认为，儿童研究技能的不足是由于缺乏对儿童进行相关的技能培训，只要能在认识研究的本质、选择研究问题、一般的数据收集、简单的数据分析、研究结果的传播等关键环节让儿童接受针对性训练，即使低龄儿童也可能具备研究能力。最有代表性的探索是英国开放大学儿童研究中心（Children's Research Center）的研究活动。该中心致力于赋权儿童完成自己的研究，为儿童提供系统的研究方法培训和指导，引导儿童选择研究项目、收集分析资料、完成研究报告，并帮助儿童传播研究成果。他们的研究表明，儿童具备领导研究的潜能。

在这类研究中有两类研究关系值得关注，包括儿童研究者与成人之间的关系及儿童研究者与其研究对象之间的关系。在儿童研究者与成人的关系中，成人对儿童是支持而不是控制或管理的关系。儿童领导成人开展研究，如抄录访谈、将数据输入电子表格等，成人的角色转变为儿童的助手。成人的帮助可以使儿童将精力聚焦在更重要的研究设计和结果分析方面。在儿童研究者与其研究对象的关系中，儿童与其研究对象之间是"中立"的关系。儿童研究者在把其他儿童或成人作为研究对象时，应该保持客观、公正的研究态度，而研究对象应该为儿童研究者提供真实、平等的"局内人"观点。

就实践操作而言，儿童领导的研究可以有不同的模式，俱乐部模式、学习小组模式、工作坊模式和密集训练模式是儿童领导研究的主要类型。在俱乐部模式中，儿童通过自主参与每周一次的俱乐部研究会议，学习研究的程序，然后自己完成研究。这种模式给了儿童最大的自主性，但在时间上容易与其他活动冲突。学习小组模式是儿童利用学校中已有的学习小组来完成研究的一种实践框架。其优点是儿童拥有固定的时间来完成研究，但其问题则是儿童研究的过程可能会受到不能理解和支持儿童做研究的学校管理者及教师的干扰。工作坊模式是让儿童在脱离学校情境的工作坊中分步骤开展研究技能训练，然后自主完成研究的实践路径。其优点是各个阶段之间的连续性较强。密集训练模式是儿童在短期内集中完成一个小规模的研究计划，成人可以随时提供支持的操作方式，最适合在假期中进行。凯利特（Kellett）认为，工作坊模式是最有效的模式。

就研究技术与方法而言，儿童在研究中所采用的研究技术与方法与成人研究者有很大差异。奥尔德森（Alderson）指出，从确定研究主题、选择研究对象、遴选观察地点到分析数据、撰写研究报告、传播研究结果，儿童均采用了多样化的研究技术与方法。具体而言，经过形象化、简约化与游戏化处理的参与式观察、访谈、问卷、文本分析等方法是适合儿童研究者的方法。不同的研究阶段需要不同的研究技术，如可以采用拍照、绘画、日记和团体访谈等方法收集资料，用研究报告、海报、墙报、摄像和摄影展等形式呈现研究结果。更多的研究者认为，参与性研究方法在儿童领导的研究中更具优势。

儿童领导研究是儿童研究领域中的一种全新理念与实践，其应用与扩展面临着复杂的伦理、操作与资源困境，如安全、隐私保护和知情同意等伦理问题，研究时间的协调和研究结果的严谨性与有效性问题，学校和家庭支持及研究资金保障等外部条件与社会支持问题等。即便如此，这种研究取向依然是一种充盈着强大的内部张力、具有强烈吸引力与生命力的声音。其中，儿童的研究与儿童教育和儿童发展更紧密地结合在一起，儿童的研究行为既在当下创造社会价值，又服务于其未成熟状态，指向未来发展。它不但是儿童在社会生活中地位不断提升、思想观点和行动能力得到充分肯定的结果，也与社会科学领域中的女性主义、建构主义、后结构主义等研究范式中所强调的关注弱势群体、平等、创造性、不确定性和多元视角理念相一致，更是社会民主和人类解放发展的诉求。

儿童作为研究的领导者是儿童在研究中角色的革命性发展，它打破了成人在研究世界里的支配格局，对社会进步和公共政策产生了积极的影响，促进了社会发展的多元化及不同社会群体之间的相互沟通与理解；增加了从儿童的视角获得的有关儿童经验的知识，也撼动了成人在知识世界里的霸权地位，推动了知识的民主化。同时，儿童领导研究是一个赋权的过程，可以使儿童在生活中获得自信和自尊；强化儿童解决问题和沟通的能力；发展儿童可迁移的相关技能，如组织、管理、分析和评价等；提高其伦理意识，是儿童主体性生成的新路径。

四、结语

儿童在研究中从“对象”到“参与者”再到“领导者”的角色演变，事实上是从“对儿童的研究”（Research on children）到“与儿童一起研究”（ Research with children）再到“由儿童主导研究”（ Research by children）的关系嬗变。这一过程与儿童观的历史演变、社会科学研究范式的转型及人类赋权解放思想的推进密切相关，三种角色之间也存在着时空维度的相互影响。

从儿童观的演变看，儿童在研究中角色的演变与儿童观的历史演进有着内在一致性。从 “小大人”到需要保护的人，再到发展中的和有权利的人，以及自己和社会生活的主人，儿童在社会生活中的角色经历了从受忽视到受重视，再到成为社会主人的变换历程。伴随着对儿童发展特征和能力的不断肯定，儿童在研究中的主体性逐渐增强，儿童的力量也日益凸显。

从研究范式看，儿童在研究中这三种角色的变化与19世纪末期以来社会科学研究范式的转型相契合。从实证主义到后实证主义，再到批判理论和建构主义，研究者与研究对象之间的关系从主客二分到平等交流再到“视域融合”，成人与儿童在研究中角色的界限越来越模糊，研究的文化性和情境性越来越受到关注。

从社会思潮来看，人类赋权和解放运动为儿童在研究中角色的演变提供了良好的社会环境。这一运动广泛关注社会生活中的少数和被忽视群体，强调尊重他们的声音并赋予其权利，这也使儿童在研究中的权力备受关注。因而，儿童在研究中角色的演变不仅仅是认识与方法的发展，也是社会公平与民主的进步。

从时空结构来看，儿童在研究中三种角色出现的时间有先后的不同，但三种角色在当前的时代中同时并存且相互影响，都有其存在的价值。“参与者”和“领导者”样态的出现以“研究对象”样态的研究成果为前提和基础，“研究对象”样态的研究又会受到“参与者”和“领导者”样态的影响，逐渐融入尊重、赋权和主体性发展的理念。

儿童在研究中三种角色的历史演变以人类社会经济、政治、文化发展为背景，体现了人类对自身认识的逐渐深入，也是成人在主体性发展道路上的“去自我中心”过程，尊重、赋权、多元、共存越来越成为儿童研究的基本立足点。但儿童作为研究的参与者和领导者的角色发展时间较短，加之已有成人社会价值观体系的限制及家庭、社会、教育机构先在文化观念的制约，因而其还不够成熟，面临诸多的障碍和困境，还有待继续探索和推进。

参考文献：

[1] 高觉敷，叶浩生．西方教育心理学发展史［M］．福州：福建教育出版社，1996.

[2] 张斌贤．外国教育史［M］．北京：教育科学出版社，2008.

[3] 季苹．西方现代教育流派史论［M］．北京：北京师范大学出版社，1995.

[4] F. H. Saunders, Hall G S. *Pity*[J]. American Journal of Psycgology, 1900(11).

[5]（美）米尔腾伯格尔．行为矫正：原理与方法［M］．石林，译．北京：中国轻工业出版社，2004.

[6] H. K. Wolf. *Historical sketch of child study*[J]. Northwestern Journal of Education, 1896(7).

[7] 心理学百科全书编辑委员会．心理学百科全书［M］．杭州：浙江教育出版社，1995.

[8]（英）奈杰尔·拉波特，乔安娜·奥弗林．社会文化人类学的关键概念［M］．鲍雯妍，张亚辉，译．北京：华夏出版社，2009.

[9]（美）尼尔·波兹曼．童年的消逝［M］．吴燕莛，译．桂林：广西师范大学出版社，2011.

[10]（美）R．默里·托马斯．儿童发展理论：比较的视角［M］．郭本禹，译．上海：上海教育出版社，2009.

[11]（美）约翰·华生．儿童研究简史［M］//朱智贤．儿童心理学史论丛．北京：北京师范大学出版社，1982.

[12]（美）约翰·杜威．民主主义与教育［M］．王承绪，译．北京：人民教育出版社，1990.

[13] A. Clark. *Listening to and involving young children: a review of research and practice* [J]. Early Child Development and Care, 2005, 175(6).

[14] L. Lundy. '*Voice*' *is not enough: Conceptualising Article 12 of the United Nations Convention on the Rights of the Child*[J]. British Educational Research Journal, 2007(6).

[15] H. Shier. *Pathways to participation: openings, opportunities and obligations* [J]. Children & Society, 2001(115).

[16] S. Brostrom. *Children's participation in research*[J]. International Journal of Early Years Education, 2012(9).

[17] C. Pascal, T. Bertram. *Listening to young citizens: the struggle to make real a participatory paradigm in research with young children*[J]. European Early Childhood Education Research Journal, 2009(2).

[18] M. Kellet. *Small shoes, big steps! empowering children as active researchers*[J]. Am J Community Psychol, 2010(6).

[19] J. Einarsdóttir. *Research with children: methodological and ethical challenges* [J]. European Early Childhood Education Research Journal, 2007(2).

[20] A. Clark, P. Moss. *Listening to Young Children: The Mosaic Approach*[M]. London: National Children's Bureau and Joseph Rowntree Foundation, 2001.

[21] 史秋琴．儿童参与与公民意识［M］．上海：上海文化出版社，2007.

[22]（美）詹姆斯·博曼．社会科学的新哲学［M］．李霞，译．上海：上海人民出版社，2006.

[23] 陈向明．质的研究方法与社会科学研究［M］．北京：教育科学出版社，2000.

[24] W. Corsaro. *Interpretive reproduction in children's role play*[J]. Childhood, 1993(1).

[25] R. Hart. *Children's participation*[M]. London: Earthscan/UNICEF, 1997.

[26] J. Coad, R. Evans. *Reflections on practical approaches to involving children and young people in the data analysis process*[J]. Children and Society, 2008(1).

[27] R. Hart. J. Rajbhandary. *Using participatory methods to further the democratic goals of children's organizations*[M]// SABO K. Youth participatory evaluation: a field in the making ,Champagne: Jossey-Bass, 2003.

[28] S. Kinash, M. Hoffman. *Child as Researcher: Within and Beyond the Classroom*[J]. Australian Journal of Teacher Education, 2008(6).

[29] R. D Langhour, E. Thomas. *Imagining participatory action research in collaboration with children: an introduction*[J]. American Journal of Community Psychology, 2010(46).

[30] N. Bélanger, C. Connelly. *Methodological considerations in child-centered research about social difference and children experiencing difficulties at school*[J]. Ethnography and Education, 2007(1).

[31] A. Solberg. *The challenge in child research from "being" to "doing"*[M]. //BRANNEN J, O'BRIEN M. Children in Families: Research and Policy. London: Falmer Press, 1996.

[32] M. K. E. Lahman. *Always othered : ethical research with children*[J]. Journal of Early Childhood Research,2008(3).

[33] P. Alderson. *Research by children: rights and methods*[J]. International Journal of Social Research Methodology, 2001(2).

[34] M. Kellett. *Children as active researchers: a new research paradigm for the 21st century?*[R]. Milton Keynes: E. S. R. C. Economic and Social Research Council, 2005.

[35] M. Kellett. *Empowering children and young people as researchers: overcoming barriers and building capacity*[J]. Child Ind Res , 2011(4).

[36] M. Fargas-Malet, D. Mcsherry, E Larkin, et al. *Research with children: methodological issues and innovative techniques*[J]. Journal of Early Childhood Research, 2010(2).

[37] M. Kellett. *Rethinking Children and Research: Attitudes in Contemporary Society*[M]. London: Continuum International Publishing Group, 2010.

[38] 姚伟. 儿童观及其时代性转换 [M]. 长春: 东北师范大学出版社, 2007.

[原载于《华南师范大学学报（社会科学版）》, 2013年第2期, 此次有修改]

幼儿园课程与教学

努力推进课程改革，积极贯彻《纲要》精神

山西省幼儿教育中心　李志宇

【摘要】“十五”期间，山西省在贯彻落实《幼儿园教育指导纲要（试行）》中，以进行幼儿园课程改革为核心内容，针对长期以来幼儿教育“小学化”、幼儿园课程随意化等问题进行了实验研究，初步建构了包括课程目标、课程设置、课程结构、课程实施、课程管理与评价的幼儿园课程体系，对提升全省幼儿教育水平、推进幼教改革的进行，起到了积极的促进作用。

【关键词】《幼儿园教育指导纲要（试行）》；幼儿园课程改革；课程体系

2001年教育部颁发了《幼儿园教育指导纲要（试行）》（以下简称《纲要》）后，山西省幼儿教育中心组织省内幼教界各层面的专业工作者，在北京师范大学、华东师范大学、南京师范大学等单位有关专家的指导下，以“十五”期间，山西省教育科学规划重点课题“山西省幼儿园课程改革实验研究”为依托，开展了贯彻落实《纲要》的一系列改革活动。

一、改革背景与研究思路

我省通过“八五”和“九五”“实施幼儿素质教育的实验研究”，在学习和引进先进的教育理念的同时，增强了幼儿园及教师组织教育活动的目标意识和自主研究意识，很多幼儿园纷纷引进各种课程模式，但由于缺乏正确指导和深入理解，仍然停留在形式模仿上，课程模式本土化滞后；同时，受利益驱动，一些幼儿园“盲目跟风”“急功近利”，大量的早期识字、双语教学、珠心算、艺术特长及名目繁多的各种特色教育等充斥着幼儿教育课程。

基于以上情况，我们确定了山西省幼儿园课程改革的总体思路：从山西省实际出发构

建幼儿园课程体系，既增强对不同社会文化、不同经济条件、不同发展个体的适切性，又保证了国家幼儿教育总目标、总方针的落实；既保证了山西省教育决策部门对幼儿园课程的宏观导向与引领，又有利于广大幼儿园教师及其所在地区教育行政部门和教科研部门的积极性和创造性的发挥。通过课程改革，实现社会、家庭、幼儿园的教育资源整合，促进在园幼儿全面、和谐、可持续地发展，以及促进广大园长、教师的专业发展。

幼儿园课程改革的指导思想：一是力求体现《纲要》的基本理念，关注幼儿的全面和谐发展，强调以游戏为基本活动，寓教育于幼儿园的环境和幼儿一日活动之中，重视幼儿的主动活动、活动过程和课程的整合；二是注重幼儿园课程理论和实践的结合，促进教师的教育观念向教育行为转化，提升教师的专业水平。

二、建构课程体系与推进课程实施

（一）建构幼儿园三维课程目标体系

在课程建构中，目标体系的建构是一项技术性很强的工作，它直接影响教育活动的展开及评价指标的确定。我们在进行山西省幼儿园课程目标的建构过程中，深入领会《纲要》精神，结合我省幼教特点，从幼儿的年龄特征、学习内容（健康、语言、社会、科学、艺术）及幼儿发展目标（情感、态度、能力、知识、技能）这三个维度建构了完整的三维目标，旨在体现各领域目标、各类型目标及各年龄段目标的整合。

从年龄这个维度，我们将目标分解为3—4岁、4—5岁、5—6岁三个年龄段的目标，一方面体现目标的阶段性，突出各个阶段的不同特征；另一方面体现目标的连续性，突出各个阶段目标的相互衔接。

从学习内容领域这个维度，我们将《纲要》中的健康、语言、社会、科学、艺术学习领域进行了相对的划分，具体划分如下表：

学习内容维度：领域目标及类别

领域	目标分类			
健康	情绪情感	生活习惯	身体锻炼	安全保健
语言	倾听欣赏	表达表现	前阅读、前书写	
社会	自我意识	社会常识	人际交往	
科学	科学态度与方法	科学常识	数形时空	
艺术	感受欣赏	表现创作		

从幼儿发展这个维度，我们力求每个领域及每个年龄段的目标与主要内容都体现情感、态度、能力、知识、技能目标，并运用不同的方式表述。情感、态度类目标的表述方式一般是“体验”“感受”“愿意”“乐意”“喜欢”“对……感兴趣”“大胆”“关注”等；知识技能类目标主要用“知道”“学习”“了解”“会”等方式表述；能力类目标则综合反映在各类目标中。

在具体目标的建构过程中，我们注意了以下几个方面：

1. 充分体现《纲要》精神。在目标体系框架的确定上，每一领域将《纲要》中提出的目标作为该领域的总目标，在此基础上又分解出年龄段目标与主要内容；在具体目标制订上，力求体现《纲要》中蕴含的“以人为本、生活化、整合化”等理念，强调课程目标要有利于幼儿的全面发展，强调预设目标和生成目标的整合。

2. 体现目标的可操作性与弹性化。为兼顾我省不同地区和不同层次幼儿园的实际需要，一方面，目标陈述较为具体，便于大家理解和操作，以适应全省大部分幼儿园教师的素质状况。另一方面，为了满足一些走在改革前列的幼儿园的需要，我们又提出了难度较高的目标整合思想与要求，集可操作性和弹性化为一体。

3. 实现学科逻辑与心理逻辑的结合。我们在三维目标建构中，努力遵循学科知识体系的逻辑结构，以“学习内容”这一维度体现各领域内容的连续性；同时，依据幼儿心理发展逻辑，从幼儿发展的年龄特征和发展领域的维度来体现目标的年龄适宜性。

4. 重视情感、态度目标。情感、态度类目标很重要，但不易量化评价，在实施过程中容易被忽视，所以，在我们建构的三维目标体系中，特别把情感、态度置于前列，以体现对此类目标的重视。

（二）改革幼儿园课程的组织与实施

1. 重视课程实施理论层面的研究。我们将理论思考的成果反映在《山西省幼儿园课程指南》的“课程组织与实施”中，突出了幼儿园课程组织实施中的教育性、师幼互动性、开放性、针对性、灵活性、创造性等原则，对幼儿园教育环境的创设、一日活动的组织、家园共育、社区乡村资源的利用、教育衔接五个方面均提出了总的要求，并分领域从三个方面提出了具体的课程实施要求：一是指出教师在实施该领域课程时应有的观念、知识与技能的准备；二是点明了该领域教和学的特点，以便教师设计教和学的方案，提高教与学的效果；三是点明了该领域应该特别注意的普遍性的问题。

2. 着力于课程实施实践层面的探讨。在这方面，我们采取“子课题跟进”的方式带动各幼儿园课程的改革。子课题实验园重点从以下几个方面进行探索：

（1）有效地开发课程资源，解决课程资源贫乏的问题。如运城市盐湖区实验幼儿园承担的“幼儿园环境资源的开发与利用实验研究”就很有代表性。他们充分利用当地的自然资源，开展让孩子走进田野的活动，让神奇的大自然为幼儿获得对周围世界的感性认识提供天然素材，让幼儿用自己的眼睛去看世界，用自己的方式了解世界，为幼儿提供了探索的空间和实践的园地。这些研究在某种程度上为幼儿园开发课程资源起到了示范性作用。

（2）将幼儿教育渗透在一日生活和游戏中，解决只重视上课，忽视生活和游戏的教育问题。如晋中市第一幼儿园承担的子课题“幼儿科学教育生活化的研究”，注重探讨生活化的综合课程；注重在生活中感受科学，在生活中感知数学；注重结合本园幼儿的特点，立足从幼儿一日生活的各个环节中寻找恰当的教育契机和内容，解决生活中出现的问题，推动教师从教育观念向教育行为转化。

（3）确立新型的课程实施中教师的角色定位，以改变教师角色定位单一化和单向性的问题。如汾阳市海洪幼儿园承担了“新课程理念下教师角色转换的研究”，首先通过学习新的课程理念，了解新课程对教师角色的要求，又通过案例分析，引导教师发现实践中教师角色存在的问题，再通过观摩活动，分析教师在教学实践中的角色定位，以促进教师的角色转变。

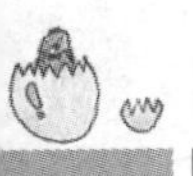

此外，各实验园还探索出了课程实施中的“个别化教育”问题、区域活动指导问题、环境创设问题等，在一定程度上解决了本园教育教学中存在的实际问题，为本地及全省提供了借鉴的经验。

3. 加强课程实施宏观管理和实践层面的指导。在各实验园开展研究的基础上，我省幼教行政和业务部门加强了对课程改革的宏观管理及成果的推广工作。如组织课题开题、中期检查研讨、课题结题评审及经验交流会等，以课题促提高和推广；开展“优秀幼儿园活动设计”、论文评选及省保教能手的评选活动，以评选促提高和推广。

（三）确定课程评价的主要内容和方法

首先，在评价理念上，我们重视评价的发展性功能，注重过程性评价和终结性评价的结合，将评价伴随和贯穿于幼儿园教育活动的每一个环节，强调评价内容的全面性、评价主体的多元性、评价手段的多样性和评价情境的真实性，从而使评价与教育过程紧密结合。

其次，我们初步探索出了幼儿和教师发展性评价的内容与方法。幼儿发展评价的内容主要注重两个方面：一是评价内容依据幼儿各年龄段的发展目标来确定，强调各领域和各年龄段的不同评价重点，呈螺旋式上升；二是对幼儿在活动中表现出的情感、态度、能力等方面予以充分关注。我们主要采用了观察评价、成长记录袋评价、表现性评价、等级量表评价四种方法，力求通过这样的评价来了解幼儿的发展层次，描绘幼儿发展成长的轨迹，把握幼儿今后的发展方向，实现幼儿的个性化发展。

在幼儿教师评价方面，我们主要探讨了“教师教育教学行为评价”和“教师个人素质评价”两个方面。“教师教育教学行为评价”的内容主要是：目标是否建立在了解本班幼儿现状的基础上；教育内容、方式、策略、环境条件能否调动幼儿的积极性；教育内容要求是否兼顾群体需要和个体差异；教师指导是否有利于幼儿主动、有效地学习等。我们提倡将幼儿行为的评价作为教师教育活动质量评价的依据之一，但反对将幼儿发展评价作为教师教育教学质量评价的唯一依据。“教师个人素质评价”主要从以下几方面着手：专业理念（专业情感、专业态度、目标意识、保教并重）、教育能力（一日活动安排、活动设计、游戏组织、区域活动、观察评价、应变能力、教育内容与方法、言语表达、艺术技能、创设情境、家园合作、教育研究）、专业知识（知识结构、信息技术）。

三、改革的成效与反思

（一）初步构建了山西省幼儿园新课程体系

“十五”期间，我们组织省内外幼教科研力量和一线的优秀人员，研究编制了《山西省幼儿园课程指南（试行）》，为省教育厅提供了决策依据。我们边研究、边实验、边编写、边修改，设计和编制了山西省幼儿教师指导用书《幼儿园课程改革理论指导》《幼儿园课程改革实践指导》《幼儿活动材料》《幼儿发展评价记录——连接教师与家长的纽带》以及辅助材料。以上指导用书初步构建了山西省幼儿园新课程体系。

1.《幼儿园课程改革理论指导》，帮助教师了解课程改革新理念和国内外较前沿的课程模式及发展趋势，拓展教师视野。《幼儿园课程改革实践指导》重在指导、启发教师创新，为教师提供多样化的活动思路、活动设计以及多角度的实施建议，帮助教师解决教育理念转化为教育行为的问题。

2.《幼儿活动材料》，旨在为教师进行教学改革提供相关的操作材料。首先，从《幼儿园课程改革实践指导》中提炼出“核心经验”，让教师明确每一课程领域应当给予幼儿的学习经验，并通过适当的活动材料来实施。其次，明确幼儿活动材料的功能定位，注重幼儿学习的生活化、游戏化，便于幼儿操作探索，便于教师与幼儿的互动，力求丰富和拓展幼儿的学习和生活经验，发展幼儿的多元智能。第三，注重所呈现内容的适宜性、有效性和可操作性。在内容的选择上力求体现山西的地方需求和地方文化特色，关注农村幼儿。第四，在分领域编写的基础上注重领域的整合，并以多样化形式呈现。

3.《幼儿发展评价记录——连接教师与家长的纽带》，旨在引领评价幼儿的正确方向，克服对幼儿进行评价时的单一化、片面化、刻板化和“唯智化”现象。此外，还在此基础上，从《幼儿园课程改革实践指导》和《幼儿活动材料》中选取重点内容，编写了以录音带为主要形式的辅助材料，分《故事·儿歌》《歌曲·乐曲》两类，其中《歌曲·乐曲》还增加了伴奏曲，既帮助教师和幼儿从多种角度进行教学和学习，也帮助家长了解幼儿园教育内容，方便家长指导孩子，以充分发挥教师指导用书和幼儿活动材料的功能。

（二）进一步促进了山西省幼儿园课程改革的深入开展

通过五年课程改革的探索、研究和实践，我省幼儿园课程改革取得了初步的成效。首先，为山西幼儿教育改革与发展引领了正确的方向。初步建构了本省幼儿园新课程体系，填补了长期以来山西没有针对本省幼儿园教师指导用书的空白，对规范我省各级各类幼儿园的办园方向，扭转“小学化”倾向起到了积极的作用。其次，为广大教师贯彻落实《纲要》精神、改善教育行为提供了专业支持。从课程理论学习、教育实践指导、幼儿经验建构等方面全方位地为广大幼儿园和教师理解、落实《纲要》铺设了不同的阶梯，不同层次和水平的幼儿园、教师都能从中获得帮助和指导，提高了课程实施的效果。第三，为开展课题研究和园本教研提供了更广阔的平台，促进了我省幼教研究人员和幼儿园教师的合作学习和共同发展。第四，为促进每一个幼儿全面和谐的发展提供了条件。在新课程方案的实施中，幼儿的自主性得到发挥，情感体验、习惯养成、探索精神和社会性发展得到重视，家长作为重要的课程资源也成为教师密切关注的对象。

虽然改革取得了初步的成效，但诸如农村和民办园的课程改革问题、幼儿园课程方案和课程实施过程的评价问题、教师专业发展问题、幼儿园教育进一步适应和满足家长和社会需求的问题、家长和社会的幼儿教育观念进一步转变的问题、幼儿园教育改革的成效问题等还是我们面临的重大课题。

参考文献：

[1] 宋生涛．陈鹤琴的课程思想对当前幼儿园课程改革的启示——兼谈《幼儿园教育指导纲要（试行）》教育理念［J］．甘肃高师学报，2007（2）．

[2] 于冬青．贴近幼儿生活的幼儿园课程——解读《幼儿园教育指导纲要（试行）》［J］．教育导刊，2002（22）．

[3] 李云翔．新《纲要》与幼儿园新课程观念［J］．大连教育学院学报，2003（3）．

［原载于《学前教育研究》，2006年第10期］

架起幼儿艺术游戏的桥梁

——幼儿音乐游戏图谱设计探索

山西省幼儿教育中心　赵爱云　张　红

【摘要】近年来，音乐图谱在幼儿园音乐游戏活动中的运用正在被越来越多的教师所重视和认可，但如何巧妙和恰当地设计图谱，更好地引起幼儿听、看的兴趣，帮助他们理解和感受音乐，教师仍普遍存在诸多困惑。研究者进行了如下探索：1．根据音乐作品不同特质设计图谱；2．根据音乐活动方式和不同类型设计图谱；3．根据幼儿的不同年龄特点设计图谱。让幼儿在游戏中玩转音乐，充分享受生活、享受艺术、享受游戏的快乐。

【关键词】音乐游戏；图谱；设计

游戏是幼儿的天性，游戏伴随着幼儿的成长，游戏也是幼儿特有的生活和学习方式，游戏的童年是五彩的、多样的、美丽的。音乐是一种美好的情感艺术，一首好的音乐作品往往蕴含着一种寓意，或抒发着一段心曲……如何把音乐所表达的种种美好情感通过浅显易懂的方式传达给幼儿，帮助幼儿学习和理解音乐的一种很好的方式就是用游戏的方式将抽象的音乐具体化、形象化、生动化。音乐图谱是用清晰、简单的图画、符号、线条等形式来表现音乐性质、情感、寓意等的一种直观形象性的视觉符号材料，非常符合幼儿的学习特点和学习方式，幼儿可以通过听觉、视觉的有机结合玩转游戏，在游戏中感受快乐。本文结合自己在实践中的探索经验，针对不同音乐活动方式、不同幼儿年龄特点和不同音乐作品风格设计图谱，提出自己的一些思考。

一、根据音乐作品的不同特质设计图谱

不同的音乐作品有着不同的风格和表达内容，教师要分析音乐本身的结构、内容和情绪，结合幼儿学习方式和幼儿具体形象的思维特点，设计幼儿喜欢并能够读懂的图谱，有效地发挥图谱的桥梁作用。比如歌曲《吹泡泡》（见图1.1、图1.2）的重、难点是理解和掌握歌词中事物与事物间复杂的联系和掌握休止符的唱法，一是突出歌词中几组不断变化的关联事物，歌词表达的意思是“星星是月亮吹出的泡泡，露珠是小草吹出的泡泡”，让幼儿用图画的形式画出星星和月亮的关系、露珠和小草的关系，在玩中习得关系较为复杂的歌词内容。二是突出强化幼儿对音乐旋律中休止符的认识，幼儿通过玩吹泡泡的游戏，结合图谱，理解泡泡大小不断变化、相互粘连直到爆炸的过程。这样的设计可以形象地帮助幼儿理解音乐中节奏、强弱、连音尤其是休止符的含义，使幼儿在轻松有趣的游戏氛围中获得快乐的体验和认知发展。

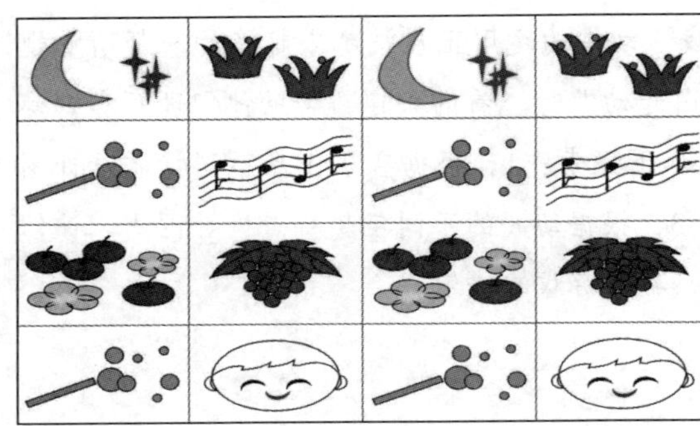

图1.1 《吹泡泡》的歌词

图1.2 《吹泡泡》的音乐旋律

欣赏音乐作品《喜洋洋》的核心价值和重、难点则是区分AB曲式两段音乐性质的不同表现手法。A曲式音乐铿锵有力、节奏明快，用鼓和镲来表现；B曲式音乐优美柔和、节奏舒缓，用柔软的绸带表现。通过质地和形象截然不同的两种事物的排列，幼儿很快就理解了两段音乐的不同性质（见图2）。幼儿通过视听结合，情不自禁地表现出两段音乐作品不同的情绪情感。

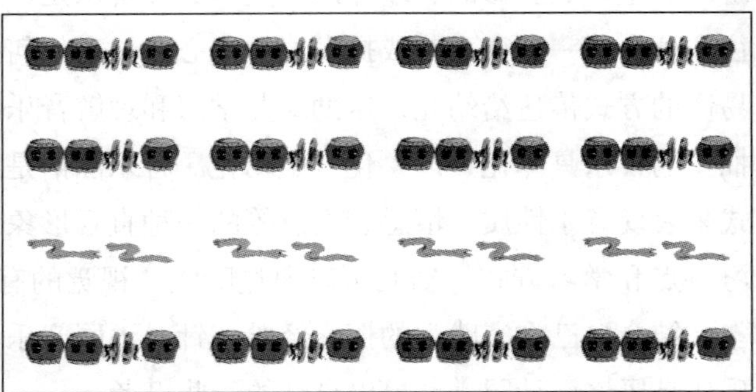

图2 音乐《喜洋洋》

二、根据音乐活动方式的不同类型设计图谱

幼儿园的音乐游戏活动类型丰富多样，应根据不同类型的音乐活动特点设计图谱。一般来说，形象性的图谱更能表现乐曲或歌曲的内容，即更多地运用于歌唱活动和欣赏活动中；符号性的图谱更能表达乐曲的节奏，多用于节奏活动或打击乐活动中。有时两者还会同时兼用和交叉使用。无论是形象性图谱还是符号性图谱，所采用的图像都要简洁明了，例如歌唱活动“小鸟唱歌”目的是帮助幼儿理解和记忆歌词，其图谱设计主要采用形象性的方式，基本是一个乐句一幅图，且要突出每句歌词的重点，避免无关因素的干扰。

如第一句：“我看见小鸟唱歌”——一双眼睛和一只正在唱歌的小鸟；

第二句：“在那小树上”——一棵小树；

第三句：“它向我点头唱歌”——小鸟的头部，表现点头的状态；

第四句：“猜它在说什么?”——一个大问号；

第五句：“啾啾啾啾啾啾，啾啾啾啾啾啾。”——十二只小鸟的嘴巴和发出的音波。

图3 “小鸟唱歌”

而在节奏活动“瑶族舞曲”（见图4）中，采用了符号性图谱设计的方式，设计了四分音符和八分音符两种节奏，分别用拍手和跺脚表示：“太阳”表示四分音符的跺脚节奏，“月亮”表示八分音符的拍手节奏。“太阳”符号和“月亮”符号分别代表跺脚和拍手的节奏动作。形象性图谱与符号性图谱相互交融的情况会经常存在。开始接触音乐图谱的幼儿，将符号转换为相应动作的能力较弱，所以在设计图谱时，教师可直接采用形象化的符号。如将图中的“太阳”换成“脚丫”图案，“月亮”换成“小手”图案，给幼儿以更直观的印象，使幼儿一看就明白“脚丫”就是跺脚，“小手”就是拍手。在打击乐活动中，还可以直接换成小乐器的形象让幼儿一目了然，这样，幼儿能自然地迁移学习经验，从形象性图谱逐步过渡到两者兼用，再过渡到符号性图谱，学会在各种符号与相应的动作要求之间建立某种联系，进一步增强阅读、符号与音乐有机结合、有机转换等能力，同时幼儿在快乐的游戏中其音乐素质也得到了提高。

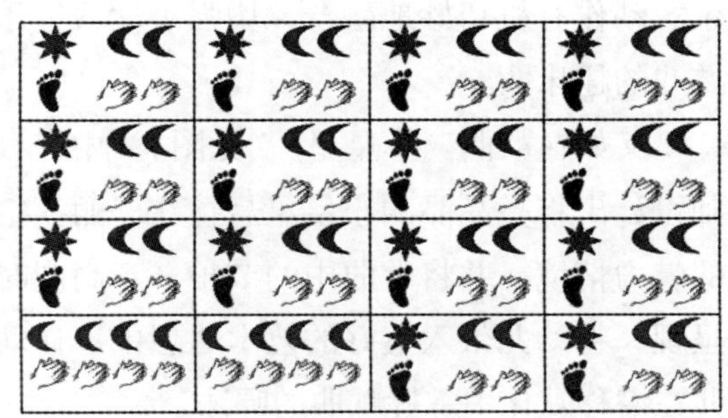

图4 “瑶族舞曲”

三、根据幼儿学习音乐的不同年龄特点设计图谱

3—6岁幼儿共同的年龄特点都具有具体形象性，但是，不同年龄段的幼儿又表现出各阶段不同的年龄特点，因此，一定要根据幼儿不同年龄段的年龄特点设计图谱。

（一）小班年龄段的幼儿直觉行动性思维特点体现得尤为明显。在选择音乐时，歌词结构一定要简单，旋律要明快，在图谱设计上，力求用形象性的简单图画来表现，对歌词内容的表现要具体形象，同时歌词内容要便于幼儿用动作表现，如歌曲《小老鼠打电话》（见图5）中，小老鼠、小花猫、电话、小朋友都是幼儿熟悉且非常喜欢的事物，便于幼儿理解歌词大意，并容易吸引幼儿的注意力，激发幼儿的学习兴趣，增添趣味性，同时也便于小班幼儿理解和用动作表现音乐作品内容。

图5 《小老鼠打电话》

（二）中班年龄段幼儿具体形象性思维特点尤为突出。在设计图谱时同样以形象性图谱为主，但要在注重帮助幼儿理解歌词内容为主的基础上，同时还要注重用图谱帮助幼儿理解歌词并创编歌词内容。如歌曲《大蛀牙》（见图6）用生动形象的小朋友、大蛀牙、嘴巴、家具的形象，帮助幼儿理解歌词大意，并以递增的方式表现出歌曲的结构与规律。幼儿通过玩游戏的形式将歌曲、图示、动作有机巧妙地融合，增强了学习音乐游戏的趣味性。

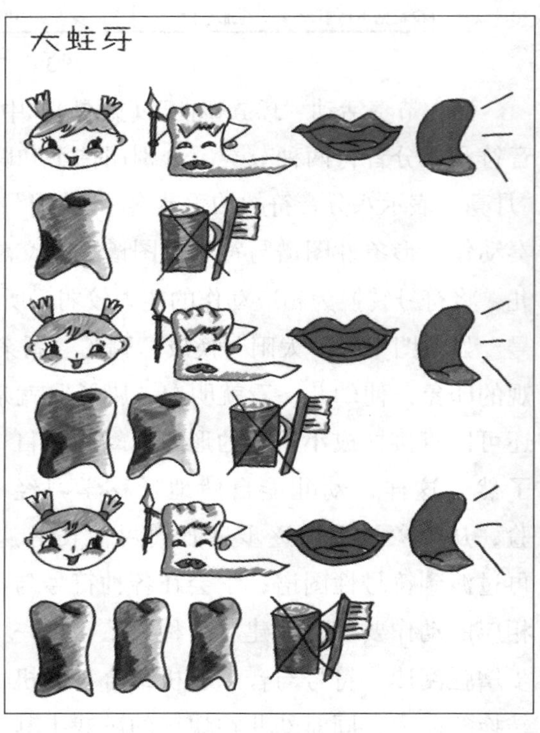

图6 《大蛀牙》

又如在歌曲《小星星》（见图7）中，教师设计出将亮晶晶的小星星悬挂在美丽夜空的魅力情境，并将歌曲中的节拍、音高同时呈现，将幼儿带入美好的艺术遐想中，让幼儿在潜移默化中掌握歌曲的唱法。

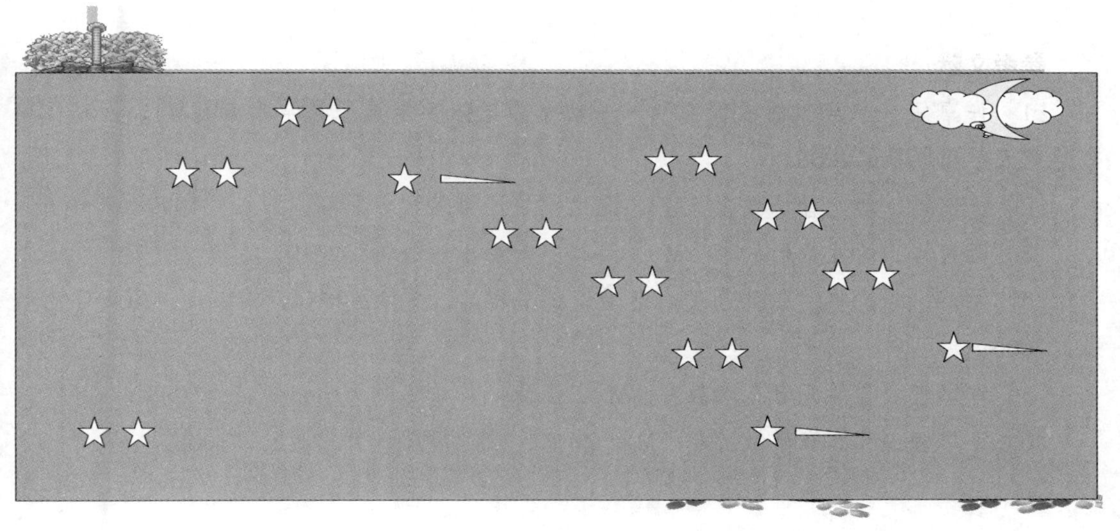

图7 《小星星》

（三）大班年龄段幼儿抽象逻辑思维开始萌芽。教师在设计图谱时，重在表现歌词之间段落变化的部分，而共用的部分只用一些符号、线条即可代替，大班幼儿的图谱较多用于符号性图谱，也可将符号性与形象性图谱结合、交叉运用，图谱除了用于表现音乐性质、情感、内容外，还可表现音乐的旋律、节奏和故事情节。如音乐欣赏《水族馆》（见图8）在设计上将音乐情境、音乐旋律、故事情节三位一体有机结合，将幼儿带入音乐的意境中，让幼儿充分感受乐曲的美、欣赏音乐意境的美，从而达到自主地表现艺术的美。

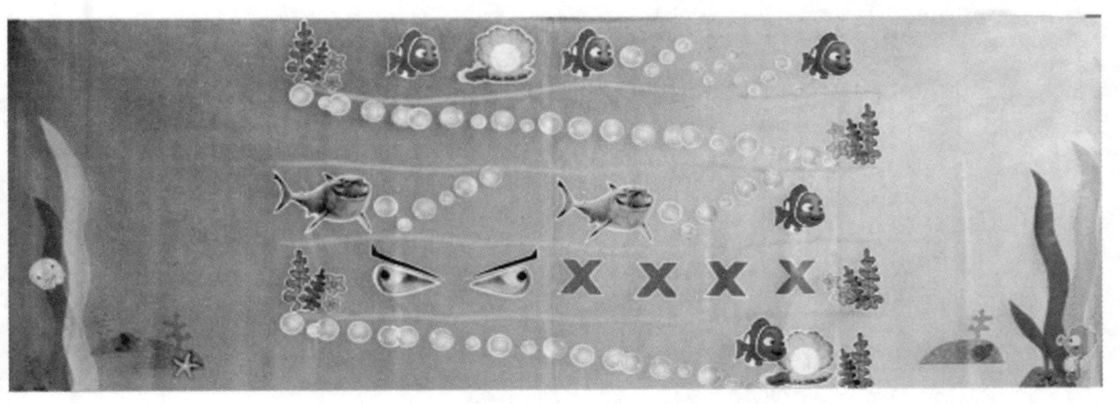

图8 《水族馆》

总之，不同的音乐特质、不同的活动类型、不同的年龄特点，音乐表现的重点一定是不同的，教师要树立以儿童发展为本的教育理念，遵循儿童学习特点与学习方式，在读懂儿童方面下功夫。在艺术游戏引领的过程中，应以教师艺术的情感去拨动幼儿艺术情感的琴弦，让幼儿充分享受生活、享受艺术，让游戏点亮孩子的快乐童年！

参考文献：

[1] 许卓娅．学与教的心理探秘——幼儿园集体音乐舞蹈教学指南［M］．南京：南京师范大学出版社，2008.

[2] 王懿颖．幼儿音乐教育［M］．北京：中国劳动社会保障出版社，1999.

[3] 蒋荣辉．幼儿音乐教育［M］．海口：南海出版公司，2010.

[4] 吴英，李晓杰．幼儿园教育活动设计与指导（艺术）［M］．南京：河海大学出版社，2006.

[5] 许卓娅．学前儿童艺术教育［M］．上海：华东师范大学出版社，2008.

[6] 许卓娅．我和音乐做游戏［M］．南京：江苏凤凰教育出版社，2008.

幼儿家庭早期阅读指导现状调查与思考

山西省幼儿教育中心　赵爱云　林凤鸣

【摘要】幼儿家庭早期阅读指导是指父母在家庭中创设良好的阅读环境，激发幼儿阅读兴趣，帮助孩子获得阅读技能、吸收丰富的知识和经验、施加教育影响的活动过程。研究者采用自编的《3—6岁幼儿家长早期阅读调查问卷》调查了某幼儿园224名家长。调查发现：被调查家庭中大部分家庭具备了开展早期阅读的条件，但对幼儿早期阅读重要性认识存在片面的理解，缺乏指导方法。研究者建议：一是从观念方面帮助家长深入正确地理解早期阅读的内涵，从幼儿发展的角度认识早期阅读的价值；二是从加强家庭中早期阅读活动的指导方面，指导家长为幼儿创设丰富、有趣、温馨的阅读环境，幼儿园应定期向家长展示早期阅读示范活动，家长应将指导幼儿早期阅读的活动科学化。

【关键词】幼儿；家庭早期阅读；阅读环境；家长指导

一、问题的提出

幼儿早期阅读，是指幼儿园、家庭通过向幼儿提供与视觉刺激有关的材料（图书、图片、录像带、碟片、电视、多媒体、幻灯片、符号、标志），让幼儿主动接受有关材料的信息，在观察、思维、想象的基础上对材料信息进行初步理解和语言表达、表现的一种认知过程。“所谓家庭早期阅读指导是指父母在家庭中创设良好的阅读环境，激发幼儿的阅读兴趣，帮助孩子获得阅读技能、吸收丰富的知识和经验、施加教育影响的活动过程。”① 儿童心理学有关资料表明，幼儿阶段是语言学习的关键期，也是语言发展的最佳期。家庭

①徐雪珍，郭美卿．农村幼儿家庭早期阅读指导现状调查［A］．李洪曾：上海市幼儿家庭教育研究论文集［C］．上海：上海市教育科学研究院家庭教育研究与指导中心，1998：405.

在幼儿语言教育中的影响更大，因为孩子用语言与家庭成员进行交流的时间较多，而早期阅读又是语言教育的重要组成部分，它不仅有利于幼儿拓展视野、陶冶性情，促进幼儿观察能力、思维能力及语言表达能力等综合素质的提高，还有利于密切亲子关系，是优化家庭环境的重要途径。面对知识经济日新月异，多元价值并存的信息时代，人们越来越清楚地认识到阅读能力是人终身学习的基础。然而，现在的年轻父母，由于观念偏差或工作压力、生活节奏加快、缺乏指导方法等原因，家庭早期阅读指导存在许多问题，本调查的目的：一是了解3—6岁幼儿家庭早期阅读指导现状，二是为提高家长科学指导幼儿早期阅读提供建议。

二、研究对象与研究方法

（一）研究对象：从山西省省直某幼儿园分别抽取小、中、大班幼儿家长65名、76名和83名，共计224名填写《3—6岁幼儿家长早期阅读调查问卷》，共发放问卷224份，收回有效问卷202份，问卷回收率91%。

（二）研究方法：由课题组编制拟订家长问卷，采用问卷调查的形式进行。问卷内容包括：1. 家庭成员的基本情况；2. 家长对早期阅读的认识和看法；3. 家庭中家长指导幼儿开展早期阅读活动的现状。

三、结果与分析

（一）被调查对象家庭基本情况

从调查结果显示，家庭结构得分最高的一项是父母与孩子组成的三口之家占62.3%，其中，主要由父母带孩子的占59%；父母文化程度在大专以上的占51.3%；父母的职业集中在工人、企业干部、机关干部、公司职员、个体户五种类型中。由此得出，本园幼儿的家庭结构及父母的职业较稳定，文化程度相对较高，说明大部分家庭具备了开展早期阅读的条件。

（二）家长对早期阅读的认识和看法

1. 问卷结果显示，100%的家长认为父母有必要为孩子买书，说明家长已普遍认识到阅读图书在早期教育中的作用。

2. 83%的家长认为“早期阅读就是看书识字”，说明绝大多数家长对早期阅读的概念认识不全面。

3. 关于“早期阅读主要是为入小学做准备”的观念，仅有44%的家长持反对意见，说明有相当一部分家长还未认识到早期阅读不仅是为入小学做准备，更主要的是为幼儿一生可持续发展奠定基础的重要性。

4. 有86%的家长认为早期阅读对孩子知识面的拓展、智力的开发方面作用较大，而较少涉及孩子的情感、能力、兴趣、习惯等非智力因素方面的作用。说明大部分家长对早期阅读认识片面、浅显，同时也体现了家长重知识、轻兴趣、轻能力的观点，这样必然影响早期阅读的质量，家长的教育观念确实需要更新。

（三）家庭中家长指导幼儿早期阅读活动的现状

1. 幼儿在幼儿园以外的主要活动情况

表1　幼儿在幼儿园以外的活动情况

活动指导	看电视△	玩玩具	户外活动	听成人讲故事△	看书△	画画△	识字△	听录音△	写字△	看碟△	其他
百分比（%）	95.7	92	80	79.7	78	75	66.7	59.3	58	56	1.7

（注：△表示与调查中阅读活动关系密切的选项）

对表1中的分析显示：幼儿在幼儿园以外的主要活动集中在看电视、玩玩具方面，而且幼儿看电视、玩玩具大部分是独自的、盲目的，没有父母的指导。由此看出，家庭中幼儿开展阅读活动及家长对幼儿阅读活动的引导是很少的。

2. 家长指导幼儿阅读图书的现状

（1）阅读条件的创设

97.7%的家庭中有幼儿读物，23.3%的家庭中为幼儿订阅了部分杂志，说明家长能为幼儿提供一定量的图书，但大部分家长还不能为幼儿针对性地订阅杂志。分析原因，这与家长对杂志的了解不够有关，同时也与家长的文化程度、阅读爱好有关。在阅读环境创设方面：70%的家长没有给幼儿创设专门的阅读环境，表明大部分家长并没有意识到环境对幼儿早期阅读影响的作用。

（2）家长对幼儿早期阅读的指导现状及指导方法

表2　家长对幼儿阅读图书的指导现状

活动指导	从不	很少	有时	经常
百分比（%）	4	5.4	45.3	45.3

表3　家长对幼儿阅读图书的指导方法

活动方法	不看图书随便讲	逐字读	讲书中大意	创编	启发式讲解
百分比（%）	10.3	60.3	20.4	9	3

从表2、表3中得出，家长选择“有时、很少、从不”指导的比例很高，这说明家长对幼儿早期阅读指导重视程度不够，严重缺乏指导意识。同时，在指导方法上，60.3%的家长是按照图书中的汉字逐字读给幼儿听，大部分家长采用灌输式的方法，而只有9%的家长有创编意识，从而可以看出，大部分家长缺乏正确的指导方法和策略。

（3）家长自身阅读书籍现状

表4　家长每天用于自身阅读书籍现状

活动指导	2小时以上	1小时以上	随意	不阅读
百分比（%）	21.3	30.7	40	8

从表4结果显示，有52%的家长每天会抽出一定的时间进行阅读，但48%的家长从不阅读或随意。这说明，有近一半的家长不重视自身阅读。研究者认为，家庭教育区别于学校教育，很重要的一点就是家长潜移默化的隐性教育占主要地位，家长的行为是孩子模仿的榜样。因此，要在家庭中收到早期阅读指导的良好效果，家长必须树立良好的阅读榜样，这样才会影响和感染孩子。

（4）幼儿阅读习惯现状

调查显示，在孩子喜欢的图书类型中，82%是动画故事、童话，这表明，幼儿文学作品可以作为早期阅读的主要内容。其中，图文并茂、文字简短、图像鲜明的图画书占91.7%，充分验证了幼儿具体形象思维占优势的特点。幼儿喜欢让父母陪着看书占76.7%，说明家长对幼儿的指导是必要的。

表5　幼儿阅读图书行为现状

对书的态度	逐页翻	爱护书	整理书	随意翻
百分比（%）	21.7	29	10.3	39

表5表明，从幼儿的阅读行为、对书的态度来看，幼儿对看书的方法、阅读习惯、爱护图书方面比较欠缺，说明大多数幼儿家庭并未重视幼儿阅读行为的培养。

3. 家长指导幼儿看电视、识字、去图书馆、书店等情况

表6　家长指导幼儿看电视情况

活动指导	选节目内容	注意照明设备	注意看电视距离	随意	提问与指导
百分比（%）	24.3	4.3	62.7	3.7	5

表7　幼儿看电视内容的决定情况

决定权	孩子定	大人定	一起讨论定
百分比（%）	89.7	3.3	7

表6、表7显示，家长在陪幼儿看电视时，注意幼儿看电视的距离占62.7%；注重节目内容的占24.3%；提问与指导的占5%；幼儿看电视内容的选择89.7%由孩子决定。表明家长首先关注的是幼儿的用眼卫生，但忽视节目内容的选择和针对性的指导，大部分家长没有将看电视与幼儿早期阅读建立起联系，认为看电视只是一种娱乐活动，没有建立起指导意识，因此看电视内容大部分由幼儿随意选择。

表8　家长指导幼儿识字情况

方式	结合图片	结合实物	看路牌标志	用识字卡片	其他
百分比（%）	37.7	13.3	9.3	37.7	2

从表8可以看出，家长用图片、识字卡片指导幼儿识字的方法占75.4%，说明大部分家长教幼儿识字的方法比较单一，重点以单纯识字的方式为主，不注重利用具体环境随机引导。由此推断，大多数家长较重视幼儿识字的结果，不重视幼儿识字过程中书面语言经验的获得和幼儿对识字过程中的体验，这与家长的早期阅读观念有关，说明家长缺乏指导幼儿识字的方法。

表9　家长带幼儿去图书馆、书店的情况

去书店情况	经常	很少	从未去过
百分比（%）	2.7	31.7	65.7

表9显示，经常带幼儿去图书馆、书店的家长只占2.74%，97.3%的家长从未或很少带幼儿去过，说明家长并未重视图书馆、书店对培养幼儿早期阅读兴趣，丰富幼儿早期阅读经验，发展幼儿阅读能力的重要价值。

四、建议

（一）帮助家长树立科学的早期阅读教育观念

1. 深入正确地理解早期阅读的内涵

一是阅读内容的广泛性。帮助家长明确生活中的色彩、图像、文字、符号都可以有选择地作为早期阅读的材料，其内容可拓展到文字之外的其他更广泛的领域，从这个意义上讲，在生活中随处都可引导幼儿进行早期阅读活动。二是学习过程的综合性。要明确早期阅读是充分调动幼儿视觉、听觉、触觉等多种感觉参与的学习过程，它既包括幼儿对阅读材料的理解，又包括融观察、记忆、思维、想象、表达等多种认知于一体的综合过程，充分体现了形象性与多样性。从这个角度讲，幼儿的看、听、说、读、写、画、玩等都可作为早期阅读的活动方式。三是正确认识成人指导的必要性。首先，色彩、文字、符号、图像等有一定的抽象性，需要成人给予指导，幼儿才易理解。其次，成人的指导可使幼儿较准确地收集阅读过程中的信息而不易出现歧义。最后，科学地指导幼儿早期阅读，更有利于幼儿认知、情感、兴趣、能力的全面和谐发展。

2. 从幼儿发展的高度认识早期阅读的价值

幼儿教育是为幼儿一生奠定基础的，而不仅仅是为入小学做准备，未来社会是终身学习的“学习化社会”，每个人都需要较强的学习能力来不断获取新的信息，适应新的未来。早期阅读对幼儿形成一生爱读书、善观察、会表达等素质起到极其重要的作用，站在这个高度思考问题，家长就会更着眼于孩子阅读兴趣的激发、习惯的养成、经验的获得、能力的培养，并且关注孩子在活动过程中的表现与发展等。

（二）加强家庭中早期阅读活动的指导

1. 采取有效的家庭早期阅读指导方法。幼儿园要提高家长对早期阅读指导的教育意识和教育策略，有目的、有计划、有系统地宣传家庭早期阅读的目的、意义、方法、途径。

2. 指导家长为幼儿创设丰富、有趣、温馨的阅读环境。因为环境的创设直接影响阅读指导的效果，家长首先要以一颗爱心、童心去关心、指导孩子，让孩子在安全、温馨的家庭氛围中成长。其次，家长要为幼儿树立良好的阅读榜样，在指导幼儿阅读的同时，自身也要不断学习。最后，在物质准备上，家长要根据幼儿年龄特点、心理特征、兴趣及发展水平选择适宜的阅读材料和内容，专门设置安静、温馨的阅读空间，培养幼儿的良好阅读习惯。

3. 定期开展早期阅读示范活动。幼儿园通过召开家长经验交流会，开展幼儿早期阅读展示会、交流会，帮助家长参与了解早期阅读策略、内容、形式。

4. 建议家长开展丰富多彩的家庭早期阅读活动。家长应利用业余时间带孩子去书店、图书馆，让幼儿在浓厚的阅读氛围中感受文化的熏陶。有条件的家长还应带孩子观看童话剧、演讲、话剧等语言表演活动，拓宽幼儿的阅读领域，丰富幼儿的生活，开阔幼儿的视野。

5. 家长应将指导幼儿早期阅读的活动制度化。坚持陪孩子在相对固定的时间，有规律地阅读图书、杂志，重视看电视、碟片内容的选择和启发引导。同时，随时随地、充分利用路牌、标志等阅读材料进行随机指导，多为孩子创设语言表达的机会，使孩子成为善于观察、勤于思考、想讲、多讲、会讲、乐讲的人才。

参考文献：

[1] 黄欣．儿童早期阅读能力提高策略 [J]．现代教育科学，2014 (6)．

[2] 徐雪珍，郭美卿．农村幼儿家庭早期阅读指导现状调查 [A]．李红曾：上海市幼儿家庭教育研究论文集 [C]．上海：上海市教育科学研究院家庭教育研究与指导中心，1998．

教师对幼儿积木游戏活动的观察、解读与指导

山西省幼儿教育中心　朱建灵

【摘要】积木具有高度的开放性、可变性、灵活性和易拆易建的特点。在搭建的过程中，幼儿能充分发挥想象并获得大量有意义的核心经验。解决教师在开展积木游戏中的组织、观察与指导上存在的问题，可从以下三个方面入手：1．把握幼儿思维和动作的关系，理解幼儿的动作发展水平；2．观察幼儿搭建活动的过程，全面了解幼儿的认知发展水平；3．抓住幼儿的游戏行为适时介入，提升幼儿的游戏水平。

【关键词】幼儿；积木游戏；搭建行为；观察与指导

积木具有高度的开放性、可变性、灵活性，其易拆易建、操作性强，幼儿可以根据自己的意愿和想象进行组合搭建，是一种深受幼儿喜欢的游戏活动材料。幼儿在玩积木游戏时，通过平铺、延长、堆高、架空、穿越等形式，可以搭建出各种物体，获得大量的有意义的核心经验。因此，积木游戏越来越受到幼儿园的普遍重视，许多幼儿园的班级都设置了积木区，有的幼儿园还为幼儿配备了高品质的单元积木，并设置了专门的积木活动室。但是，教师在组织幼儿开展积木游戏活动时，读不懂幼儿的游戏行为，不会分析幼儿在游戏中表现出来的发展水平，所以，如何观察和指导幼儿的游戏过程、游戏行为，提升幼儿的游戏水平也就成为当前亟待解决的问题。建议教师在开展积木游戏时可以思考以下几个方面：

一、把握幼儿思维和动作的关系，理解幼儿的动作发展水平

小班幼儿在玩积木游戏时，往往花费很长时间也搭不出一个让教师看来比较像样的东

西，这时教师会感到焦虑，认为幼儿的搭建水平不是教师所期望的。其实，这是小班幼儿玩积木游戏出现的普遍现象，因为幼儿最初的思维和动作是分不开的，动作是思维的起点，是解决问题的概括性手段。[①]小班幼儿的直觉行动思维表现最明显，幼儿在动作中进行思维，主要依赖自身动作进行的思维，以及幼儿自身对物体的感知。动作和思维同步进行，幼儿不停地摆弄积木，其思维也在同步进行着，如果幼儿的搭建行为一旦停止，思维也就随着幼儿动作的停止而结束。这一时期的幼儿在积木游戏中往往是先无意识地摆弄，没有目的性，只对积木材料本身、对搭建的动作以及使用积木感兴趣，如果在积木游戏开始时，教师问："你想搭什么？"幼儿会说："我不知道。"无法回答教师的问题。只有当幼儿直接感知它的存在，并且对材料进行反复探索，才能引发幼儿的想象。小班幼儿常用延长、平铺、堆高这些搭建技能，至于自己能搭出什么，幼儿不会关注。在搭建过程中，幼儿觉得已搭出的形状像什么，然后会说这是我搭的汽车、房子……这个阶段的幼儿只会先做后想。

中、大班幼儿的思维特点主要是具体形象思维，随着幼儿活动范围的扩大、感性经验的增加、语言的丰富，为思维的发展创造了有利的条件。[②]这一时期，幼儿的思维主要依赖于事物的具体形象、表象以及对表象的联想，常常是一边想一边做。幼儿搭建水平逐渐提高，对称、穿过、覆盖等搭建技能被幼儿运用在自己的游戏中。如幼儿想要搭建一座房子，会一边回忆头脑中感知过的事物的表象，也就是房子的具体形象，一边采用对称、架空、覆盖等形式用积木把所想的呈现出来。[③]大班后期，幼儿的抽象逻辑思维开始萌芽，幼儿开始使用概念、判断、推理的思维形式，认识事物的本质特征以及事物内部的必然联系，这一时期是幼儿具体形象思维和抽象逻辑思维同时并存的一个时期。幼儿在搭建积木时有了一定的计划性，可以先想后做，其目的性更加明确，搭建行为更加复杂，由单一模式发展为各种模式的组合搭建，且运用更加自如。例如幼儿在给动物园搭围栏，常常会按照一种排列模式进行，比如以一个半圆形积木— 一个柱形积木— 一个半圆形积木这样的模式依次排列，但是还没搭完，柱形积木就用完了。幼儿通过观察、判断需要向同伴借用几个积木就可以把围栏搭完，或是选用其他的替代物来继续游戏。教师如果能够正确把握幼儿思维发展的特点，就会关注幼儿积木游戏时的思维发展过程，从而理解幼儿在积木游戏中的动作发展水平，为幼儿提供适宜的支持性策略。

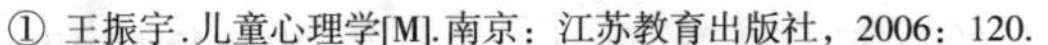

① 王振宇. 儿童心理学[M]. 南京：江苏教育出版社，2006：120.
② 王振宇. 儿童心理学[M]. 南京：江苏教育出版社，2006：121.
③ 王振宇. 儿童心理学[M]. 南京：江苏教育出版社，2006：123.

二、观察幼儿搭建活动的过程，全面反映幼儿的认知发展水平

幼儿选择进入积木区后，教师首先要看幼儿选择哪些积木，是单元积木、二倍积木、柱形积木还是其他类型的积木，以及积木的大小、形状等方面。幼儿选择了这些积木后，下一步准备搭建什么，接下来将会发生什么搭建行为，这都是教师应该关注的环节。其次，要关注幼儿正在搭建什么物体，运用了哪些搭建技能，会出现什么样的结构形式。如小班幼儿在平铺、堆高、围拢等搭建技能的运用上，搭一个简单的物体大概要用多少块积木，以及每种积木使用的数量等。大班幼儿在进行搭建活动时，教师应注意观察幼儿是否按计划实施，作品和幼儿最初的计划是否具有一致性；用了哪些辅助材料，辅助材料是否丰富了幼儿的游戏情节以及辅助材料的适宜性问题；搭建的内容是单一的还是多样化的，穿越、覆盖、链接、对称等搭建技能的运用如何；幼儿在活动过程中如何游戏，如何解决游戏中材料的短缺，如何处理和同伴之间发生的矛盾，以及在积木搭建过程中幼儿问题解决能力的提升。

例如中班积木活动区，楠楠小朋友用16根四倍积木横向平铺成一个长方形，用四个单元积木、两个二倍积木将长方形的长加高，用两个二倍积木将长方形的宽也加高，然后将长方形围拢。接着又用7个四倍积木在长方形的宽的一面，搭出一个斜坡，最后用四倍积木横着平铺来封顶。当封顶还剩三分之一时，楠楠发现没有四倍积木了，于是说："老师，没有木棍（四倍积木）了。"教师没有及时回应，楠楠等待了片刻，见教师仍然没有回应，楠楠将作为围拢的二倍积木取下来，用单元积木和二倍积木替代，然后将取下来的四倍积木用作房顶的顶盖。这时，轩轩拿走了楠楠的一块四倍积木，楠楠看了看没有阻止，继续将最底层平铺的平台拆掉用单元积木替代，然后用刚才替下的四倍积木继续封顶。这时，佳佳也来拿楠楠的四倍积木，楠楠说："这是我刚刚拆下来的，让我先用好吗？"佳佳放下了手中的积木，楠楠用四倍积木将房顶封顶后，对身边的教师说："老师，你看我的停车库搭好了。"

这是楠楠小朋友在积木区活动的片段，较全面地反映了幼儿的学习与发展水平。楠楠小朋友进入活动区后，一直在搭建停车库，说明幼儿心中有计划，活动过程中也是一直按照计划执行的；过程中遇到了材料不够的问题，楠楠向教师求助，但是，教师并没有及时回应，楠楠也没有因此放弃计划，而是自己积极动脑筋想到了用别的材料替换，即用半倍积木、单元积木来代替二倍积木，用四倍积木来解决架空的问题；当轩轩拿走他的积木时，楠楠并没有反对，而是继续替换材料，当佳佳也要拿走四倍积木时，楠楠用商量的口吻和佳佳进行了协商，佳佳也认识到，拿别人的材料是需要征得对方同意的。楠楠和材料互动、和同伴互动、和教师互动时所产生的问题，也反映了幼儿的思维活动过程、幼儿在

游戏中遇到问题以及解决问题的能力。

需要注意的是，一些教师经常对幼儿开始的搭建过程关注度不够，把注意力放在幼儿游戏结束时搭出了什么，片面地从搭出的物体像不像、积木用得多不多、规模大不大等缺乏科学性的主观判断来评价幼儿的建构活动，这是教师缺乏专业性的表现。教师应认真观察幼儿是怎样和材料互动的，幼儿对材料反复探索的细节，以及在搭建过程中幼儿对产生的问题、困难是通过什么方法解决的。幼儿的搭建过程伴随着幼儿的思维过程，教师要注意观察幼儿在建构行为中能否表现出多个领域的目标，要关注幼儿在积木游戏中学习与发展的整体性，以便对幼儿的建构发展水平进行客观、全面的分析和评价。

三、抓住幼儿的游戏行为适时介入，提升幼儿的游戏水平

教师在观察幼儿的积木游戏时，当看到幼儿还没有搭出成型的物体时，心里往往很着急，特别是看到幼儿不能按教师所想的方向进行搭建，或是搭建得不够好，教师就会不由自主地帮助幼儿完成。虽然幼儿的作品在很短的时间内会变得像模像样，但这不能够反映幼儿真正的建构水平，教师要有足够的耐心等待幼儿将要发生的建构行为，而不是直接演示给幼儿怎么搭来帮助幼儿完成作品，使得游戏立刻结束。教师的所到之处，也就是幼儿游戏的结束之时。因此，此刻教师应管住自己的手，避免动作示范。

有的教师还会用直白的语言告诉幼儿怎么做，比如幼儿在给建造的房子打地基，地基总是不够稳固，幼儿搭建了第二次又倒塌了，教师往往急切地说："你换圆柱体当房子的房梁就不会倒了。"幼儿会在教师的语言提示下操作，不再尝试第三次或是用其他的方法。在打地基的环节上，教师所谓的帮助会让幼儿在下一次的搭建中还会碰到同样的困难和障碍。因此，教师应闭上自己的嘴，避免语言示范。

教师介入的最佳时期是幼儿反复探索而又无法成功、搭建行为即将结束就要准备放弃的时候。同时，教师还要思考"我为什么此时要介入？介入后我能帮助幼儿获得怎样的经验和发展"。教师应有清楚的目标意识，教师可以在材料上给予幼儿新的支持，或是在方法上给以启示、建议进而引发幼儿新的思考。

如中班幼儿在积木区，搭建了一个动物园，动物园只有一个高高的楼牌，幼儿只是把动物园的大门搭建出来，对其他方面不够关注。这时教师可以引导幼儿"你的动物在哪里呀"，于是幼儿搭建了一个大大的围栏，然后把教师提供的辅助材料长颈鹿、斑马、狮子、老虎、兔子放进了围栏。这时教师再一次引导幼儿，"这些动物都住在一起会不会打架呢"，幼儿用单元积木将围栏分成了好几个区域，然后把这些小动物分别放进了自己的家。教师一步步地拓展幼儿的游戏范围，教师的介入满足了幼儿的想象，同时也顺应了幼

儿的游戏意愿，开阔了幼儿的游戏思路。教师利用小步递进的方法，完善了幼儿作品的复杂程度，帮助幼儿完成游戏目的，提升了幼儿的游戏水平，将幼儿的游戏发展水平向前推进了一步。当然，教师介入幼儿游戏的方法是多样的，只要符合当时的教育现场，用教育的眼光来观察幼儿的游戏行为，帮助幼儿获得新的经验，在解决问题时学会思考，都是可以借鉴的。任何不恰当的介入都不能有效地促进幼儿的学习与发展，甚至将幼儿游戏的发展引入相反的方向。

因此，教师只有树立正确的教育观、儿童观，珍视游戏对幼儿学习与发展的独特价值，不断提高自己的专业水平和专业能力，反思自己的教育行为，才能有效地支持幼儿的学习与发展。

参考文献：

[1] 王振宇．儿童心理学［M］．南京：江苏教育出版社，2006．

[2] 华爱华．教师在积木游戏中的观察与指导［J］．幼儿教育，2014（13）．

幼儿园集体教学活动设计缺少什么

山西省幼儿教育中心　成　莉

【摘要】活动设计是幼儿园教师进行集体教学活动的起始环节，也是活动成功完成的首要保证。研究者通过工作中的观察和思考发现，目前，许多幼儿园集体教学活动设计普遍缺少对幼儿发展情况的分析、对每一环节教学目的的说明以及对重、难点的突破策略分析等重要内容，希望能引起广大教师的思考。

【关键词】幼儿园；集体教学活动；活动设计

集体教学活动设计是每位幼儿园教师每天都在进行的工作，也可以说是幼儿园教师的看家本领之一。教师进行活动设计的过程实质上就是将实际教学活动的每个环节、每个步骤在教师头脑中预演的过程，即教师通常所说的备课。这个过程是一个集体教学活动进行的起始环节，也是活动成功完成的首要保证。但是，研究者通过在工作中的观察和思考发现，目前幼儿园活动设计存在许多问题，除了一般性的教学目标、内容、方法方面的问题之外，还普遍忽视或缺乏一些很重要的内容，笔者希望通过本文能引起广大教师的思考。

一、缺乏对幼儿发展情况的分析

幼儿的发展是一个教学活动实施的出发点和归宿，而发展的过程一定是在原有经验基础上所进行的同化或顺应。因此，一个适宜的教学活动必须与幼儿原有的发展水平紧密相连，通过教师一系列的设计，引导与支持幼儿原有的经验得到丰富或提升。反之，一个缺乏与幼儿原有经验衔接的活动，无法有效地帮助幼儿得到发展。

但是研究者发现，目前，许多幼儿园教师的教学活动设计忽视和缺乏对幼儿原有经验的分析和思考。许多教师在进行活动设计的时候，只关注活动内容的新颖性、环节的流畅性等活动本身的设计，而对幼儿发展的个体差异以及如何通过设计，促进每一个幼儿在原有经验上得到发展却没有花费太多的心思。

比如在一个“认识不同数字”的大班数学活动中，教师精心准备了许多不同的操作材料，还设计了许多有趣的游戏。但是，整个活动对幼儿基本没有难度，幼儿很容易地达到教师的所有要求，这说明教师在进行教学活动设计的过程中没有充分考虑幼儿的现有水平，活动的难度低于幼儿的发展水平。这样的教学活动即使再有趣、再新颖，逻辑再严密，对于幼儿的发展又有多大的促进作用？此外，还有许多教师常常直接从教科书或杂志上抄袭一些现成教案进行教学活动，因为他们认为这些教学活动是标准和完美的，但事实上，这些活动设计只是按照大多数孩子的普遍发展情况设计的，或者按照作者本班幼儿的情况设计，不一定适合所有的孩子。当教师把这样的教学活动设计直接照搬到本班进行时，不一定能取得很好的效果。

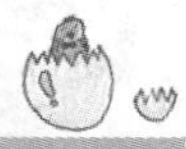

因此，一个适宜的集体教学活动一定要对本班幼儿的情况作出细致具体的分析，即使没有作出书面的分析，也要在设计的时候做到胸有成竹。

二、缺乏对每一环节教学目的的具体说明

幼儿园集体教学活动是一项有目的、有计划的活动，虽然其中允许有生成的成分，但教师应该对整个活动所要达到的目的和通过哪些策略达到这些目的非常明确。

目前，许多教师在活动设计的过程中，虽然能够列出活动的教学目标，但对每一个环节的教学目的缺乏具体说明，只是笼统、粗略地进行罗列，如第一步导入环节……第二步进行探索……第三步总结评价……非常模式化。这样容易造成教师对每一环节的具体任务及其与整个教学活动的关系模糊不清，难以发挥每个环节的实效性。

比如教师经常会在活动中使用各种游戏，但是游戏的具体目的是什么，通过游戏能发展孩子什么，心中并不明确，因而出现活动表面上热热闹闹，可孩子实际什么也没有学到的状况。同时，这种模式化的、简单的罗列方式还容易使教师形成一种固定、僵化的思维方式，教师被现成的教案牵着走，而不能根据每一环节的目的灵活处理好教学过程中出现的各种问题。比如在一个“学习8的分解组合”的数学活动中，幼儿在开始环节已经能够熟练掌握，但教师并没有过多考虑这个环节在整个活动中的作用，还是坚持依照预设的步骤进行一个个“有趣”的活动，致使整个活动成为一种无意义的展示和重复。

因此，教师应该在教学活动设计的过程中具体说明每个教学环节的目的，以便在教学过程中明确目标，充分发挥每个环节的有效性。

三、缺乏对突破重、难点的策略分析

重、难点是一个教学活动的核心部分，是对幼儿教育价值最大，同时也是难度最大、最有挑战性的环节。但是，许多教师在活动设计过程中缺乏针对重、难点而进行的全面的思考与评估，常常出现在活动过程中环节设置过多，时间、精力分配不合理，在遇到重、难点时不能有效地进行突破的现象。

比如在一个诗歌仿编活动“小雨点”中，活动的重、难点应该是让幼儿练习诗歌的仿编，但是在活动的前期，教师讲故事、做游戏占用了大量的时间，幼儿基本没有太多时间进行诗歌的仿编，教师只好匆匆收场，整个活动感觉头重脚轻，没有有效突破重、难点。同时，由于教师对突破重、难点的策略思考不够深入或过于单一，当在教学活动中遇到重、难点，尤其是当孩子的反应与教师预期的发展不一致的时候，教师总是感到非常困惑、尴尬和力不从心，不知如何改变。因此，在活动过程中常常出现越是重、难点越是匆匆带过的奇怪现象，其中一个很重要的原因就是，教师在教学活动设计的过程中缺乏一些对突破重、难点的策略分析，没有预先充分考虑到重、难点可能遇到的困难或出现的各种情况，并对这些问题和情况没有设计出不同应对的策略。

因此，在教学活动设计过程中，教师应该对活动的重、难点进行充分的预计与分析，以保证在教学过程中可以轻松自如地应对和解决这些问题，有效地突破这些重、难点。

总之，活动设计是幼儿园集体教学活动成功实施的前提条件，也是非常重要的一个环节，与幼儿的发展有着密切的关系。教师应该充分重视这个环节，充分发挥活动设计在幼儿园教学活动中的重要作用。

参考文献：

[1] 程妍涛，王晓芬，刘洋．0—8岁儿童的发展适宜性方案 [J]．早期教育，2005 (8).

[2] 孙秀荣．幼儿园课程设计的基本步骤 [J]．早期教育，2000 (17).

[3] 张春霞．寻求适宜，促进发展——有感于幼儿园集体教育活动 [J]．学前课程研究，2007 (3).

[4] 朱敏．多元智能理论视野下的课程设计研究 [D]．上海：华东师范大学，2003.

[5] 朱家雄．幼儿园课程 [M]．上海：华东师范大学出版社，2003.

幼儿语言教育实践探索

山西大学　刘　鹓

山西省幼儿教育中心　林凤鸣

【摘要】 基于学前阶段幼儿语言学习与发展的基本规律，充分认识幼儿语言教育的核心价值，可以设计多种有效的语言教育方法与策略。首先，立足教研，开展欣赏性倾听活动、有目的的倾听活动、辨别性倾听活动等各类语言教育活动，有目的地培养幼儿的倾听习惯；其次，将唱、演、画等多种艺术表现形式与教师规范的语言示范相结合，引导幼儿在主动表达与表现中获得语言能力的提升；第三，创设丰富、宽松的语言环境，结合日常的语言教育与各领域教育的相互渗透，对幼儿施加综合的语言教育影响。

【关键词】 幼儿；语言教育；早期阅读；教研活动

2001年教育部颁布了《幼儿园教育指导纲要（试行）》（以下简称《纲要》），为幼儿园教育教学的改革和发展提出了明确的要求，领会并贯彻落实《纲要》精神成为幼儿园工作的重心。在贯彻落实《纲要》精神的过程中，我们感到在实际教育教学过程中，真正将《纲要》要求体现在教师的行为中存在着诸多的困惑和问题。为此，我园以幼儿语言教育为突破口，开展了多方面的实践探索。

一、认真学习，把握语言教育领域的核心价值

（一）发展幼儿语言能力的重要性

语言既是思维的工具，又是思维的表现形式，人类的思维成果正是靠语言的帮助得以巩固、发展和传递的。在以信息和网络为特征的知识经济时代，会学胜过学会，而语言恰

恰是学习的工具，通过问、听、读等渠道，可以获得大量的知识信息。更为重要的是，语言还具有传承民族文化、弘扬民族精神的作用。

（二）语言教育对幼儿发展的价值

语言教育有助于幼儿语言能力的发展；语言教育有助于幼儿认识能力的发展；语言教育有助于幼儿社会性的发展。

（三）幼儿语言发展的关键经验

在幼儿园阶段，引导幼儿学会倾听、大胆表达，开展“前阅读前书写”活动，对幼儿语言的发展具有重要的价值和作用。

倾听是人类接触世界、表达自我的第一步，是幼儿接触社会、接受信息的重要手段之一，也是幼儿学习的一种好习惯。表达就是将自己看到的、听到的、想到的用词汇（符号）和语句说出或写出，是人与人之间交流的基本手段，是幼儿感知和理解语言的行为表现。

“‘前阅读’指儿童在早期阅读活动中表现出来的对阅读材料的兴趣、掌握的基本阅读与翻书技能，如学会在阅读的过程中关注图画细节，并通过对画面的观察形成预测、假设、验证等阅读策略，并逐渐获得对阅读材料的理解和深层意义的感知。”①

“‘前书写’是指学龄前儿童以笔、墨、纸张以及其他书写替代物为工具，通过画图和涂写，运用图画、图形、文字及其符号，表达信息、传递信息，与周围的同伴和成人分享、交流其思想、情感和经验的游戏和学习活动。”②

二、立足教研，探索幼儿语言教育的有效方法

教研活动一：为有目的地培养幼儿的倾听习惯。我们深入到小、中、大不同年龄段的各个教学班级，实地观察、记录、分析幼儿一日生活每个环节中倾听的现状、方法、内容及兴趣关注点，在此基础上，我们商定并开展了如下几方面针对不同倾听性质的幼儿倾听活动。

1. 欣赏性倾听活动。

我们通过有目的的语言活动及其他过渡环节开展欣赏性倾听活动。为小班的幼儿选择一些简短、有趣、易懂易记的儿歌、故事等；为中班的幼儿则选择一些稍长、形象生动、有一定表演性的内容；为大班的幼儿选择一些相对较长的内容，有时由教师讲，有时听录音带，有时请有兴趣参与这项活动的家长讲，尤其是男性家长来讲，让幼儿充分感受性别、声音、语言表达的种种不同情境。教师在讲的过程中利用木偶表演、大班幼儿的童话

① 刘宝根，李林慧．早期阅读概念与图画书阅读教学［J］．学前教育研究，2013（7）：55-60.

② 王纬虹，申毅，庞青．幼儿前书写活动的研究与实践［J］．学前教育研究，2004（5）：40-42.

剧表演、情境表演，配以经典的童话、故事录音，大大提高了各年龄段幼儿参与类似欣赏性倾听活动的兴趣，收到了较好的效果。

2. 有目的的倾听活动。我们在中、大班开展了每天十分钟让幼儿“说趣闻”的活动。教师给幼儿布置了一个每天都要完成的任务——晚上有选择性地看电视，或者上网，或者浏览图书、报纸和杂志，第二天选择一个自己认为最有趣的片段说给大家听。教师则时时提醒幼儿不仅要说得好，更要听得好，要做一个文明的小听众，要尊重主持人，安静地倾听趣闻，并让文明的小观众来当小评委。活动中，教师每天设置一个“最佳新闻奖”，给予幼儿适当的鼓励。

3. 辨别性倾听活动。我们在餐前设计了一个“悄悄话”游戏。每天请五个孩子分别和教师说一句悄悄话，然后由教师或幼儿来表演哑语，用动作和口型让大家猜猜他说的是一句什么话。

4. 其他倾听活动。我们还为幼儿创设了倾听的环境：在幼儿入园、离园的时候及饭前饭后的一些过渡时间，为幼儿播放一些优美动听的歌曲、故事、儿歌，或者由教师、幼儿讲故事等。幼儿听后，教师引导幼儿模仿、表达，充分发挥幼儿的想象力和创造力。

教研活动二：为解决“在语言活动中如何引导幼儿主动表达表现”的问题，我们进行了一系列的教学研讨活动。

1. 教师将所授内容辅以生动形象的画面，根据幼儿年龄特点可适度或局部放大，增强对幼儿的吸引力。

2. 采用多种形式，除了看、读、说、讲等形式外，还可以激发幼儿利用唱歌、表演、绘画等方式表现文学作品。

3. 教师规范自己的语言，在不同情境下，给幼儿以正确完整的、清楚的、优美的语言表达作为示范和引导。

为激发幼儿对儿歌内容的兴趣，教师将儿歌内容创编为生动有趣的故事，把幼儿引入主题，不仅给予幼儿充足的想象空间，而且激发了幼儿接下来观察图片的好奇心。教师把儿歌中每一句的关键内容都配上与之紧密结合的图片，图片是从原有活动材料的图中提取并延伸出来的，教师还与幼儿一起分析儿歌中的标点符号“!”“?”以及字句的语气。通过分析理解，幼儿还能将儿歌中所包含的感情色彩再结合动作表现出来。在幼儿熟悉图片内容与文字关系的基础上，教师采取锻炼幼儿思维逻辑和记忆的方法，幼儿说儿歌时从有规律抽离图片到随机抽离图片逐步过渡，让幼儿在缺少视觉刺激的情况下回忆儿歌内容，到最后在完全没有视觉刺激的条件下，幼儿能够熟练地理解并有表情地朗诵儿歌。

教研活动三：针对“大班家长要求开展幼儿识字、写字教学活动的问题”，我们结合《纲要》中语言教育领域对幼儿前阅读、前书写的要求在教研中进行了分析。

1. 在园内为幼儿创设潜性环境

如在幼儿的口杯、毛巾、椅子、床位、衣柜、鞋柜、小抽屉等幼儿触目可视、触手可及的地方或可用的物品上附写文字。在直观理解的基础上，让幼儿潜移默化地感受到文字与实物的对应、文字外在形象的刺激等。

2. 投放有关的区域材料

拼汉字：用偏旁和部首分别制成不同颜色的、可操作的小卡片。幼儿通过拼不同的偏旁和部首，一方面，对偏旁有更深的了解；另一方面，能够组合成不同的汉字。

图文匹配：每幅图有相对应的文字，以图来找文字或者以文字来找图。如拿到“老虎”的文字卡片，去找画有老虎的图片，也可以拿到画有老虎的图片，去找文字“老虎”。

词语接龙：如水果—果树—树枝，幼儿根据字形进行接龙游戏。

拼句拼字游戏：教师提供一首完整的儿歌或诗歌，再将另外同篇幅的儿歌或诗歌裁成句（长条状），请幼儿仿照原文拼摆。为提升难度，教师在后期可以将其裁成字（方块状）供幼儿仿照原文拼摆。

标识关键字：在阅读区为幼儿提供的阅读材料中，将出现频率高的文字用特殊记号（涂醒目色）标识，突出关键字。

3. 鼓励幼儿利用图示和自己认识或是感兴趣的文字进行记录活动

如记录“太阳日记”，即幼儿通过关注每天的日期、天气状况以及当天的某一件事情，自己动笔记录下来，并用书面语言的方式表现出来。在前期记录过程中，幼儿使用自己创造的图示来表示汉字，如星期用“☆”来表示。如果幼儿有兴趣要求学写汉字，教师应及时将汉字正确规范地展示给幼儿。

三、勤于实践，有效开展语言教育领域的活动

（一）创设良好宽松的语言活动环境和氛围

本着为幼儿创设温馨、舒适的语言区域环境的宗旨，我们创设了开放、多元的语言区域，提供了材料丰富、难易层次不同、体裁多样的阅读材料，以满足幼儿的不同需要。

如通过倾听来发展幼儿的语言能力：听录音指读、听录音绘画、听录音圈字、故事儿歌欣赏等。

通过拼摆操作来发展幼儿的语言能力：图形图案拼摆讲述、儿歌、古诗拼摆、故事排图、词语接龙。

通过表演来发展幼儿的语言能力：开展儿歌、诗歌、童话、故事等内容的表演游戏。

通过书面交流来发展幼儿的语言能力：编小报、写日记、制作图书等。

此外，还创设了阅读信息无处不在的环境。如在幼儿作业袋、小抽屉上贴上自己的名字或图示；在观察角的植物上贴有符号标签；在卫生间将如厕规则、盥洗顺序用图示来表示；等等。

（二）开展有目的、有计划的语言教育活动

在谈话活动中，引导幼儿学习倾听他人的语言，采用合适的内容和语言形式与人交谈；在讲述活动中，引导幼儿学习在集体面前清楚地表达个人看法；在文学活动中，引导幼儿学习理解和使用叙事性的语言表达；在早期阅读活动中，为幼儿提供接触书面语言的机会。同时，在活动过程中，我们还应注重根据幼儿的兴趣，生成活动内容。

（三）注重日常生活中与幼儿言语的交流

本着“幼儿是在运用中学习语言”的原则，我们注重在一日生活中与幼儿进行语言交流，每天尽量保证与每一个幼儿有一次个别的交流。对于幼儿发起的谈话，教师要积极回应，积极为幼儿创设“想说、敢说”的语言环境，并且经常抛出话题，引起幼儿自由交谈，让幼儿把所看到的、听到的讲给同伴听，使幼儿在生活中交流、在交流中学习，不断提高幼儿的语言表达能力。

（四）注重与其他领域的相互渗透

我们在语言教学中结合整合思想，有效地把相关领域的内容整合起来，从而促使教学内容更加适合幼儿的认知特点。如健康领域中有了解自己的生长与营养、卫生、锻炼、情绪的关系的相关内容，根据这样的目标，教师与幼儿一起讨论生成了“你健康吗”的主题活动。在活动过程中，教师更多地引导幼儿采用谈话、调查、访问、记录、查阅资料、收集记录信息等语言活动的形式，让幼儿通过听、说、记录等具体活动方法与成人互动，与同伴互动。幼儿通过各种渠道获得不同类型的信息，丰富了有关生长发育的常识，同时也明白了自己的生长与营养、卫生、锻炼、情绪的关系。另外，活动还提高了幼儿大胆表达、表现的能力，促进了幼儿的语言发展。

（五）家园共育提高幼儿阅读能力

家园共育工作中针对部分家长对早期阅读概念认识有偏差的现象。我们采取有效的家庭教育指导方法，通过家长会、家园联系栏、半日开放活动、专题讲座、研讨等形式，有目的、有计划、有系统地向家长宣传早期阅读的方法、途径，提高家长对早期阅读活动内涵的理解和认识，帮助家长掌握幼儿阅读特点。我们指导家长根据幼儿年龄及阅读特点、兴趣、发展水平，选择适合的阅读材料和内容，创设温馨的阅读环境。同时，要求家长为

幼儿树立良好的阅读榜样，与孩子共同成长。此外，幼儿园还定期开展早期阅读示范活动，请家长与教师共同设计活动、共同参与活动、共同研讨评价、共同商议教育策略，并召开家长阅读经验交流会。

四、幼儿语言教育效果及体会

（一）促进了幼儿语言能力的发展

小班幼儿在后半学期已能大胆地在成人及伙伴面前口齿清楚地朗诵儿歌，用较准确的词汇表达自己的愿望；中班幼儿在后半学期能围绕主题进行讲述，表达清晰、用词较准确、神情自然；大班幼儿通过培养，能围绕主题进行小辩论、研讨，能较完整地描述一个事物或事件、知道记日记的基本方法，并能结合符号、图画、文字等多种方法进行简单的记录。

（二）带动其他领域教育的学习探索

通过对语言领域教学的探索，教师建立起学习—教研—教学相结合的学习模式，并对其他领域中《纲要》的目标和内容要求逐个进行了剖析，进一步明确了五大领域的核心内容和具体要求。在教材分析、组织实施方面，教师能在突出本领域特点的基础上实现相互渗透、有机整合。

（三）促进了教师专业成长

教师走过了语言领域理论到实践的学习探索过程，对理论指导实践有了深刻的体会。研究使他们从日复一日的教学过程中找到了自己的差距，尝到了突破旧课程模式后成功的喜悦，为他们的工作带来了新的活力和动力。教师撰写的论文、制作的区域材料多次在省、市获奖，一支研究型的教师队伍正在悄然成长。

参考文献：

［1］刘宝根，李林慧．早期阅读概念与图画书阅读教学［J］．学前教育研究，2013（7）．

［2］王纬虹，申毅，庞青．幼儿前书写活动的研究与实践［J］．学前教育研究，2004（5）．

［3］周兢．学前儿童语言教育［M］．北京：高等教育出版社，2015．

［4］周兢．幼儿园课程实施指导丛书：语言［M］．南京：南京师范大学出版社，1997．

［原载于《教育理论与实践》，2007年第S2期］

幼儿对图画书的审美感知研究*

山西大学　李晓华

学术论文集

【摘要】感知是进入审美经验的门户，真正的审美活动是从审美感知开始的。本研究从四个方面探讨了幼儿对图画书艺术形式审美感知的过程：焦点追踪感受图画书的连贯叙述，重复表达表现图画书的节奏韵律，心理完形掌握图画书的平衡稳定，视点搜索关注图画书的微小细节。

【关键词】幼儿；图画书；审美感知

感知是进入审美经验的门户，真正的审美活动是从审美感知开始的。贝尔将艺术称为一种“有意味的形式”，认为艺术作品中由各个要素（色彩、线条、形状、空间感）等构成的纯粹的关系是一种客观存在的、有着内在意蕴的形式。审美经验的产生必须以对这种纯粹形式的审美感知为基础。在审美活动中，最先发生的即是审美主体对审美对象的感性的直接反应，阿恩海姆把它称为“直觉的认识”。这种对纯形式的观赏让人产生一种如痴如醉的快感，使人获得一种远离一切生活的超脱感觉。

图画书作为一种特殊的视觉艺术形式，是外在形式美和内在意蕴美的绝佳结合体，具有丰富的审美价值。图画书研究者培利·诺德曼（Perry Nodelman）曾经明确指出，图画书是一门严肃的艺术，它值得像对待其他艺术一样严肃地对待。连贯、节奏、平衡和细节是已有研究者在探讨图画书的艺术形式时必然涉及的重要方面。本研究旨在探讨幼儿在图画书欣赏过程中是如何对图画书的这些艺术形式进行审美感知的。

* 本文属于全国教育科学“十二五”规划教育部青年课题“基于图画书欣赏的幼儿审美经验研究”（编号：EHA130393）成果之一
主持人：李晓华　成员：郭芸芸　刘　羽　杨彦捷等

一、焦点追踪感受图画书的连贯叙述

叙事性是图画书的本质特征。与任何书的基本功能一样，向阅读者传达一个完整的故事是图画书最基本和最核心的目的。图画书不是用作观赏的书，它的作用在于在幼儿心中创造故事的世界。既然要讲故事，连贯就变得很重要。图画书需通过形式之间的起承转合、前后衔接来达到叙述完整故事的目的。然而，在形式的表达上，无论是图画还是文字，单独来看都经常会出现形式断裂、表现空白的情况。即便如此，幼儿一样能够感受到图画书的连贯性和叙述性。他们到底是如何做到的呢？

每个幼儿在欣赏图画书的时候，都会下意识地选择一个或几个自己特别关注的事物作为焦点。幼儿全神贯注地投入到图画书的欣赏过程当中，无论故事进展到何种程度，幼儿总是执着地关注自己所选择的那个焦点的变化。通过对自主选择焦点的追踪，幼儿切身感受到了图画书向前行进的思维线，体会到了图画书的连贯性和叙述性。

幼儿对焦点的选择大部分时候是故事的主角。在阅读《莎娜的红毛衣》时，“红毛衣”就成为多数幼儿关注的焦点。当故事进行到毛衣拆完了，莎娜笑眯眯地说：“那么，谁给我织毛衣呢？”此时，几乎所有的幼儿都会毫不犹豫地喊出：“找奶奶。”与成人不同，幼儿关注焦点的来源，并执着地追踪着焦点的发展方向。成人则不易像幼儿那样专注于一件事物或在一件事物上全身心地投入，所以，当面临情节转折的时候经常会表现得手足无措。幼儿通过焦点追踪更准确地预言了图画书的叙事走向，真切地感受到了图画书的连贯性与叙述性。

有些时候，幼儿也选择图画书中的非主体事物作为焦点。《加油，鸡蛋哥哥》中，有幼儿选择将“鸡蛋哥哥”尾巴上的蛋壳作为焦点进行关注。伴随着蛋壳从有到无渐进式地运动，幼儿在意识上将整个图画书串联起来，一步步感受着图画书中情节的推进。在《驴小弟变石头》中，幼儿则将边缘化的形象——大灰狼作为焦点。大灰狼在某一页的突然消失使幼儿的心灵与图画书之间产生了一种张力，幼儿不禁问道：“大灰狼呢？”直到幼儿被告知“春天来了，大灰狼去寻找食物”时，他们才如释重负。幼儿的发问实际是一种渴望从心理上重新调整策略、重建内心叙事关系的应激表现。由此可见，成人视而不见的事物也很有可能是幼儿视觉关注的焦点。

幼儿通过焦点追踪感受着图画书的连贯性与叙述性，当事实上连贯性的方向与幼儿的心理期望不符时，幼儿的心理就会产生冲突，从而作出应激的提问反应。倘若提问能够得到合理的解释，幼儿就会立即调整感知策略，重新确立图画书叙述性的趋势。

二、重复表达表现图画书的节奏韵律

多数图画书都是一气呵成一个故事，情节一环扣着一环，连贯性很强，不重复。但是，也有图画书选择用重复、对比、往返的节奏来架构整个图画书的结构，铺排欲表现的主题与想传递的故事。在这些图画书中，节奏发挥着重要的“骨架”作用。书本有了节奏，就有了思维的律动，整本书的主题也就更鲜活、更生动了。同时，读者也能从节奏的秩序中发现反复出现的核心理念，并在作者铺陈的，或松或紧的节奏中，触动或紧张或舒缓的情绪，与书本产生共鸣。

研究发现，幼儿感受图画书节奏韵律的方式主要是通过语言上的重复表达来表现的。幼儿语言上重复表达的方式呈现出两种不同的类型：一是重复图画书中一再出现的词汇与语句；二是自己创编有节奏的词汇，将图画书中隐藏的节奏显性化。

《好饿的毛毛虫》中，无论是图画还是文字都表现出强烈的节奏感，幼儿深深地被这种节奏感所触动。在研究者与幼儿共同欣赏此书的过程中，幼儿总是积极地作出重复语言的反应。每当研究者读到“可是肚子还是……”的时候，幼儿总是不厌其烦地积极回应：“好饿”。幼儿通过重复接话这种方式来表达自己对图画书中节奏的体会与感受。在幼儿独立讲述图画书的过程中，同样可以看到幼儿对节奏感的把握与理解。幼儿在独自讲述《好饿的毛毛虫》这个故事时，虽然语句与故事原文多处有所出入，但却准确地抓住了这个故事中最关键的节奏——“可是，还是很饿”。可见，图画书中重复的话语并没有使幼儿产生厌烦的情绪，反而是幼儿最容易也是最想抓住的东西。重复的模仿式语言反应是幼儿对图画书节奏与韵律的最直观的感受与表达。

与《好饿的毛毛虫》不同，《不是我的错》中的文字并没有透露出任何的节奏感，节奏与韵律主要是通过图画的重复与对比来实现的。在欣赏这本图画书的过程中，幼儿沉迷于从后景的合影中指认出前景发言的主人公这项活动。研究者每读完一页上的文字时，幼儿总是会紧接着一边用手前后比画一边说：“他是他”“他——他”。幼儿执着于通过自创语言来表达自己对此图画书中节奏与韵律的把握。幼儿对这种重复行为不厌其烦，并贯穿欣赏整个图画书的始终。即使同一个幼儿在多次欣赏这本图画书时，每次的表现也仍然像第一次那样。幼儿能够发现并感受到图画书所隐藏的节奏。即使图画书的文字对节奏感没有丝毫的透露，幼儿仍然可以通过读图将贯穿图画书始终的、潜在的“一一对应”关系进行建构，并通过自创语言的重复表现出来。

三、心理完形掌握图画书的平衡稳定

平衡是所有艺术作品共有的重要属性，图画书作为一种特殊的艺术形式同样具有平衡的性质。所谓平衡，是指艺术作品中所包含的每一件事物，都达到了其停顿状态时所特有的一种分布状态。在平衡的艺术作品中，各种形式要素之间的关系达到了最大程度的确定，以至于不允许这些要素有任何细微的改变，与此同时，艺术作品的整体也呈现出必然性的特征。然而，这并不意味着任何艺术作品都必须达到物理的平衡，对于艺术作品来说，更重要的是能使欣赏者获得一种心理上的平衡。实际上，艺术作品也常常是通过不平衡的形式而唤起欣赏者的心理平衡的。艺术作品试图通过“未到顶点”来唤起欣赏者对“顶点”的期待与丰富的想象。幼儿在欣赏图画书的过程中，经常会碰到非物理平衡的形式或情节，面临不愉快的张力刺激。在这种情况下，一种称为“完形”的心理事件就会自动发起，这种知觉完形机制能够较好地帮助幼儿感受图画书的内在平衡并获得心理平衡。

《嗷呜，怪兽阿抖来了》是幼儿百看不厌的一本图画书。在这本书的第6页呈现了一个叫作托尼的怪物，第5页上有一行文字写道：“他不像托尼那样，有1 642颗牙齿。”每当翻到这一页，大部分幼儿都会开始一颗颗地点数牙齿。幼儿在一颗颗地认真点数后告知研究者“有一百个牙齿”，然后紧接着提出质疑：“不是应该有1 642颗牙齿吗？”此时，旁边的一个幼儿快速应答道：“其他的都在肚子里呢，它肚子里也有很多牙齿。”“1 642颗牙齿”与画面上牙齿数量之间的不平衡使幼儿感受到了一种不愉快的张力，幼儿通过“其他都在肚子里”这一知觉完形释放了自己紧张的情绪，实现了心理的平衡。同时，幼儿的这一感受也恰恰与图画书自身内在的平衡相吻合。这本书第5页的左下角有一个小小的注解：“说明：有些牙齿没露出来。”因此，幼儿通过完形实现自我心理平衡的过程，同时也是对图画书内在平衡进行感受的过程，幼儿有能力通过心理完形感受图画书的平衡与稳定。

《喵喵》是一本仅仅由两三句话贯穿始终的图画书，全文只有“咿呀”“喵喵”“乖啊乖”“睡觉了”四个关键词汇，棕色的猫咪和小宝宝是整个图画书中主要的角色线索。对于图画书第22页右上角突然出现的两只小小的猫咪，幼儿在感到意外的同时也给出了各种解释：“这（最小的猫）是它（棕色的猫）的弟弟，这（灰色的猫）是它（棕色的猫）的哥哥”“它（最小的猫）是宝宝，它（棕色的猫）是爸爸，它（灰色的猫）是妈妈”“它们（最小的猫和灰色的猫）都是它（棕色的猫）的好朋友”。幼儿通过知觉本身的“完形”组织力，建构了三只猫之间的关系，让两只小猫咪的出现变得合情合理，将不平衡转化成了平衡。

通过不平衡形式表达内在的平衡在图画书中是很常见的。面对这种不平衡形式，幼儿一定会产生不愉快的张力刺激，但是，这种张力刺激持续的时间是极为短暂的。幼儿会即刻调动知觉本身的组织能力，建构“完形”，从而实现对图画书内在平衡的感受，并同时获得心理上的平衡。

四、视点搜索关注图画书的微小细节

细节是图画书中最为迷人的因素。安东尼·布朗对细节极为热衷，他曾经说过：“当我还是一个孩子的时候，我就爱看画谜——就是那些隐藏在图画书中的图像。”[①]在图画书中常常隐藏着一些作者有意或无意留下的细节，这些细微的呈现置身于画面当中，有的暗藏于书中的每一页，有的仅仅在某些特定的某页出现。这些细节能够紧紧地抓住欣赏者的眼球，让他们反复地对同一本图画书产生兴趣。因此，幼儿阅读图画书的过程也可以被看作是一种与细节玩捉迷藏游戏的过程。

图画书中的细节有的与作品的主题息息相关，细节与故事主题产生关系，细节的出现强化了图画书原本的故事，推进原先的故事进一步向前发展，营造了叙事线索上的另一个高潮。《莎娜的红毛衣》最后一页展示了一个美好的结局：莎娜终于穿上了奶奶织好的红毛衣，她非常高兴。正要合上书的时候，幼儿突然指着封底上的图画说：“每个人都织了衣服，都有了毛衣，最后小动物都有毛衣了。”研究者立即追问：“它们的毛衣都是谁给织的呀？”幼儿齐声回答道：“奶奶。”原来这本图画书的结局并不只是莎娜穿上了红毛衣，而是莎娜和她所有的动物朋友都穿上了奶奶亲手织的毛衣。如果说莎娜穿上红毛衣是故事的一个高潮的话，封底的细节画面则向我们展示了一个高潮的迭起和升华。

图画书中的细节大多数只是创作者直觉的挥洒，非刻意营造，因而没有特别的意义，只是为了让图画书多一些生趣，多一些生动的力量。幼儿总是能够搜索到这些微小的细节，感受它，并享受它。《鳄鱼爱上长颈鹿》中出现了较多无关主题的细节。在此书中，有一幕鳄鱼被摔进医院的场面，每个幼儿都颇多注意这幅画面中的细节。幼儿一边用手指着每个动物，一边说：“它的尾巴弄了，它的尾巴也弄了，它的脖子……它的身体又弄了。”“它瞎个眼睛，它断了一个这个，它耳朵，它这个，它尾巴……它丑脚丫子。”“它生病了，它也生病了，它也生病了，它也生病了。”等。在这本书的最后一页是长颈鹿抱着鳄鱼慢慢离去的身影，幼儿每翻到这一页都会提醒研究者：“你看，一个毛毛虫，一个蜗牛。”幼儿在《鳄鱼爱上长颈鹿》中发现的细节与故事主题并没有太大关系，这些细节的缺席并不会影响故事整体的走向，但是，却让图画书变得更加耐人寻味，更加趣味无穷。

幼儿热爱图画书中的细节，与成人相比，幼儿更善于发现和感受图画书中的细节。在图画书欣赏的过程中，幼儿借助其强大的图像思维能力，发现了许多成人都难以发现的细

① (美) 阿恩海姆.艺术与视知觉 [M].滕守尧，朱疆源，译. 北京：中国社会科学出版社，1984：508.

微之处，感受到了图画书不可抗拒的魅力。

人的审美心理是作为一个复杂的系统存在的。审美感知并不是对审美对象各个成分及其关系的零散认识，而是将其分析综合，形成一种对审美对象形式的整体性把握。同时，审美感知并不是对审美对象的一种被动的复制，而是一种积极建构和完形的过程。正如阿恩海姆所提出的那样，审美活动中的感知并不是一种纯粹的对现实的反射，而是一种介入了理性的感觉，感知之中充满着理解，知觉本身具有理解力的性质。因此，幼儿的审美心理是作为一个不稳定的系统，以运动的方式与审美对象相互作用的结果。

参考文献：

[1] 康长运．幼儿图画故事书阅读过程研究［M］．北京：教育科学出版社，2007．

[2] 方卫平．享受图画书——图画书的艺术与鉴赏［M］．济南：明天出版社，2012．

[3] 康长运．图画故事书与学前儿童的发展［J］．北京师范大学学报（人文社会科学版），2002（4）．

[4]（日）松居直．我的图画书论［M］．上海：上海人民美术出版社，2009．

[5] 林美琴．绘本有什么了不起［M］．乌鲁木齐：新疆青少年出版社，2012．

[6]（美）阿恩海姆．艺术与视知觉［M］．滕守尧，朱疆源，译．北京：中国社会科学出版社，1984．

［原载于《学前教育》，2016年第3期］

幼儿绘本欣赏审美偏爱研究及其对艺术教育的启示*

山西大学　李晓华
东北师范大学　刘明月

【摘要】幼儿在绘本欣赏过程中表现出一定的审美偏爱。研究发现，幼儿的审美偏爱多为动物形象的、以暖色调为主的绘本；对于绘画风格的三种类型——卡通、写实、漫画，幼儿在审美偏爱上呈递减趋势。研究进一步分析了幼儿审美偏爱的成因，并基于研究结果对幼儿园艺术教育提出了建议。

【关键词】幼儿；绘本欣赏；审美偏爱；艺术教育

一、引言

绘本，翻译自欧美的“picture book”，又称图画书。日本著名儿童文学家松居直认为，绘本不单单是“文+图”，而应该是“文×图”。随着绘本的价值不断得以挖掘，人们对绘本价值的关注也慢慢地由传统的文学功能开始向艺术功能发生转变。图画书研究者培利·诺德曼（Perry Nodelman）首次提出，“绘本是一门严肃的艺术，它值得像对待其他艺术一样严肃地对待。”[①]于是，很多学者专门从艺术学的角度对绘本作出了解释。Bader明确指出绘本是一种视觉艺术形式，必须从视觉/言语的整体性来体验。图画是绘本最主要

* 基金项目：全国教育科学“十二五”规划教育部青年课题“基于图画书欣赏的幼儿审美经验研究”（编号：EHA130393）
属于全国教育科学“十二五”规划教育部青年课题“基于图画书欣赏的幼儿审美经验研究”（编号：EHA130393）成果之一
主持人：李晓华　成员：郭芸芸　刘　羽　杨彦捷等

① 康长运．幼儿图画故事书阅读过程研究［M］．北京：教育科学出版社，2007：188.

的表达媒介。绘本借着连续数页来传达讯息，达到“画中有话，话中有画”的传达功效。[①]Keifer将绘本定义为是一种艺术品，它借着连续数页来传达讯息，这讯息可以完全是用图画的方式来呈现，也可透过文字与图画两者之联合来表达。[②]Huck指出：“绘本是透过文学艺术与插画艺术两种媒体传达讯息，在书里文本与插画共同承担叙事的责任”。[③]绘本作为一种特殊的视觉艺术形式，是外在形式美和内在意蕴美的绝佳结合体，具有丰富的审美价值。

20世纪“图像时代”的到来，使得绘本成为幼儿园课程教学中非常重要的、新型的教育资源。绘本阅读日益在幼儿园得以普及，并成为幼儿园区域活动、自由活动时幼儿的重要选择内容之一。与此同时，绘本还被广泛应用于幼儿园五大领域课程的导入活动中。但是，无论对绘本的使用采用何种形式，都只重在强调绘本的“可阅读性”“故事性”和“文学性”，都只将绘本当作一种独特的文学形式而已。实际上，幼儿在阅读绘本的过程中，不仅仅会被绘本中的故事所打动，同时还会着迷于绘本的“美”。《3—6岁儿童学习与发展指南》中明确提出：“教师应该创设条件让幼儿接触多种艺术形式和作品”。虽然已有零星的研究开始关注绘本作为一种艺术教育资源的价值，但还是远远不够的，绘本在幼儿艺术教育中的价值亟待继续挖掘。本研究从幼儿绘本欣赏时的审美偏爱[④]入手，探索了幼儿绘本欣赏时的审美偏爱特点，寻找了影响幼儿审美偏爱的主要原因，并对如何将绘本这一幼儿喜爱的、极具艺术教育价值的资源运用于幼儿园的艺术教育提出了建议。

二、研究设计

（一）研究对象

本研究选取山西省太原市某公立幼儿园大一班的幼儿为研究对象。共40名幼儿，其中，男生18名，女生22名。

（二）研究方法

本研究采用了参与式观察法和访谈法。研究者一方面亲自参与到幼儿园绘本欣赏活动过程中，在活动中观察幼儿的具体表现，并记录幼儿在绘本欣赏过程中的语言和行为；另一方面，在观察过程中穿插访谈法，对幼儿进行随机访谈，获取更为准确、真实的原始

① 严丹. 幼儿在图画书阅读中的创造性表现研究［D］. 北京：北京师范大学，2007：4.

② 黄淑娟. 国小学童图画书导赏教学及其插画反应探讨［D］. 台南：台南师范学院，2000：8.

③ 何应杰. 儿童阅读图画书意义建构之研究［D］. 嘉义：嘉义大学国民教育研究所，2003：9.

④ 审美偏爱（又称“审美偏好”）是个体审美心理结构的重要组成部分。现代美学和审美心理学理论研究认为审美偏爱是个体审美心理活动的选择性和指向性。它表现为“个体对某种审美客体或某种形态、风格、题材的艺术品优先注意或优先审视的心理倾向”（叶朗，1988）.

材料。

（三）研究过程

1. 研究者根据研究目的，将绘本按照形象、绘画风格、色调三个维度进行分类，并根据所观察幼儿园现有的绘本资源和该园幼儿自主选择的绘本类型，列出了代表作品，示例如下（表1）。

表1 绘本分类表

分类维度	种类	代表作品
形象	人物形象	《我妈妈》 《爷爷一定有办法》 《爸爸去上班》
	动物形象	《我不想生气》 《不要再笑了，裘裘》 《婷卡》 《小泰的小猫》
	景物形象	《小叶子成长日记》 《小椅子》 《美丽的自然》
绘画风格	卡通	《大卫惹麻烦》 《一粒种子的旅行》
	具象写实	《荷花镇的早市》 《漏》
	漫画风格	《别这样，小乖》 《我的连衣裙》
色调	暖色调 （以红、黄、橙、粉为主）	《穿袜子的狐狸》 《猜猜我有多爱你》
	冷色调 （以蓝、绿、灰为主）	《鼹鼠的音乐》 《小熊不刷牙》

2. 进行参与式观察与访谈

一方面，在大班幼儿进行集体绘本教学活动时进行参与式观察，即参与幼儿园大班绘本阅读课程的全过程，包括课前准备、课程组织以及资料的收集等环节，并对幼儿在绘本阅读时的语言和行为进行全程记录；另一方面，对区域活动时选择图书区的幼儿进行观察与记录。观察的内容包括：幼儿在哪类绘本面前停留时间较长、欣赏绘本时会有哪些动作与具体表现等。在幼儿欣赏完绘本后对幼儿进行有目的的随机访谈。

3. 整理观察和访谈记录

三、结果与分析

（一）幼儿绘本欣赏的审美偏爱特点

研究发现，幼儿在欣赏绘本时表现出如下审美偏爱的特点：

1. 形象。在绘本的主题形象上，幼儿多偏好以动物形象为主的绘本故事。根据研究者对大班内图书区的观察，每天一到两次的区域活动，进入图书区的幼儿每天人数不等，但一个星期下来，78名幼儿中有85%的幼儿都会选择形象为动物的绘本。观察结果还显示，在形象上，幼儿的审美偏爱所表现出的性别差异并不明显，也就是说，幼儿对于动物形象为主的绘本有普遍的兴趣和注意力。

2. 绘画风格。绘画风格的三种类型——卡通、写实、漫画在幼儿的审美偏好上呈递减的趋势。幼儿多偏好卡通类型绘画风格的绘本，写实风格的绘本只有少数人进行翻阅，而漫画风格类型的绘本最不受幼儿欢迎。这与一些学者在幼儿绘画作品的审美偏爱研究上所得出的结果一致，认为那些带有拟人和夸张的作品更能吸引幼儿，能引起幼儿的优先注意。另外，在绘画风格上，幼儿审美偏爱所表现出来的性别差异较为明显，据观察统计，喜欢卡通风格的幼儿占幼儿总数的80%，其中，女生占51. 25%，男生占28. 75%；喜欢写实风格的幼儿占12. 5%，其中，女生占5%，男生占7. 5%；喜欢漫画风格的幼儿仅占7. 5%，其中，女生占2. 5%，男生占5%。也就是说，喜欢卡通风格的女生比男生多一些，而喜欢写实风格和漫画风格的男生比女生多一些。

3. 色调。在色调上，幼儿多偏爱以暖色调为主的绘本。绘本欣赏中，幼儿对以冷色调为主的绘本没有表现出特别的排斥以及其他明显的情绪，但相比暖色调为主的绘本，其偏爱程度确实有所下降，并且表现出不喜欢黑色等特别灰暗的颜色。在色调这一维度中，大班幼儿所表现出的审美偏爱在性别差异上并不显著。

（二）影响幼儿绘本欣赏审美偏爱形成的原因

1. 形象上，幼儿为什么如此偏爱以动物形象为主的绘本呢？在与幼儿的访谈中，研究者整理出幼儿喜欢动物形象的原因："小兔子画得很好看""这个公主的裙子很漂亮""鸟的羽毛很多""我家也有一只小狗"……一些外国学者认为，是因为绘本所展现的是"儿童熟悉的生活事物"，如一些动物的生活习惯和喂养方式幼儿十分了解，也可能家里正饲养这些小动物，并且有的动物还可以与自身属相相联系，显然这个原因十分贴切也很重要，但它并不是全面的。研究者认为还应加上国内学者的看法，即绘本所表现的事物具有一定的"可观赏性"。世界上的动物形象本就有成千上万种，这本身就对幼儿有着无尽的吸引，再加上绘本中又运用了一定的表现手法，使得动物的形象更具观赏效果，更符合幼儿的审美需要，所以，不难获得幼儿的偏爱。由此可见，以动物为主题的绘本因为这些形象与幼儿生活经验的契合性，以及动物形象的极强观赏性而被幼儿所偏爱。

2. 绘画风格上，幼儿为什么偏爱卡通风格的绘本呢？通过整理访谈内容，发现原因有："月亮加上眼睛很可爱""故事很有趣""这个苹果画的和我想的一样"……这些原因在一定程度上反映出拟人和夸张的手法使物体的形状发生了一定改变，具有感情色彩，幼儿更易于接受这样的物体形态，张奇称这样的作品带有"亲融性"，会格外受到幼儿的偏爱。

但是，漫画风格的绘本同样带有夸张的色彩，为什么幼儿不喜欢这一风格呢？研究者进行了进一步观察。在一次区域活动中，研究者和幼儿共同欣赏了一本漫画风格的绘本，欣赏完幼儿给出的看法是："这人的胳膊太细了""表情太丑""人的头发怎么可能有这么多呢"，只有一名幼儿说："好搞笑呀。"由此可见，幼儿虽然喜欢夸张的表现手法，但漫画风格绘本中的夸张手法过于强烈，大部分幼儿对此还是无法理解，而卡通风格的绘本将拟人与夸张融合在一起，使画面生动且富有情趣，幼儿更易接受。

另外，在绘本风格上，研究者认为，性别差异较为显著的原因与男生和女生所关注的焦点不同有关。根据对男生和女生的分别访谈可以看出，大部分女生比较关注绘本风格所体现出来的内容是否"漂亮""好看"，而大部分男生则较为关注绘本风格所体现出来的内容是否"有趣""好玩""有意思"，所以，带有拟人色彩，绘画手法可爱的卡通风格绘本更多地受女生欢迎；而线条简洁，但表意丰富的漫画风格绘本更多地受到男生的欢迎。

3. 色调上，幼儿为什么偏爱暖色调的绘本呢？从物理学上说，暖色调中的大部分颜色在光谱中属于可见光波长的长端，易被幼儿的直觉接受，特别是红色和橙色，其色彩表现性强，是人的视觉选择性中最突出的色彩。这在研究者的观察中也有所体现。

班内的图书区有一本原创绘本，是根据民间故事改编而成的，这本绘本的整体以黑、灰、白为主，偏中国风。在研究者想与幼儿共同欣赏这本书时，部分幼儿表现出注意力不集中，并且与研究者讲条件，或者直接拿出他所喜欢的绘本让研究者讲。所以，研究者只让幼儿观察了绘本的封面，然后问幼儿的感受，幼儿的回答有："那只猫太黑了""它的眼睛好恐怖""颜色太黑了"……而对色彩鲜艳的绘本，如《我不想生气》，幼儿则表现得很活跃，喜欢小兔子的衣服，喜欢树叶的颜色，"这个颜色让我觉得很温馨"等。可见，幼儿对于色调的感受还是十分强烈的，这一点从幼儿的美术活动中也可以反映出来。有时，幼儿绘画所使用的颜色并不是物体本来的颜色，而是幼儿所喜欢的颜色，这些颜色所表现出的共性就是以暖色调为主。

四、讨论与建议

绘本不仅仅是一种文学形式，更是一种对幼儿来说尤其重要的视觉艺术形式，是幼儿审美教育的重要媒介之一。我们要充分利用这一资源，重视发挥绘本的审美教育价值，以绘本为载体，最大限度地丰富幼儿的审美体验，以促进幼儿审美心理的健康成长。

第一，要充分尊重幼儿的主体性，走出“是不是”逻辑。在实践中，我们看到教师在指导幼儿欣赏绘本时总是特别爱说“是不是”“对吗”“是吧”。究其根本，“是不是”背后潜藏着的是成人无意识的傲慢与专制。即使一个成人表面上非常喜爱儿童，但在他的内心仍会产生一种强有力的防御本能。长此以往，这样的教育将导致幼儿陷入一种极其冷漠的状态，他们的精神或心理将会变得越来越“懒惰”或“懒散”，他们的活力和创造力将被大大地压抑。作为教育者，我们要从心理根源上摒弃专制和控制，必须变得谦逊和慈爱。教师要努力学着理解儿童的表达和表示，要努力学着自我控制而不是控制幼儿。在绘本阅读教育活动中，教师要少说一些自己的想法，多听一些幼儿的表达，为幼儿的阅读欣赏创造一个宽松、自由的氛围。例如幼儿欣赏《猜猜我有多爱你》这本绘本时，感兴趣的可能并不是此绘本暖色调所带给人的温暖的、母爱的感觉，而是醉心于小兔子和大兔子夸张的动作、百变的造型，遇到这种情况，教师不能一味地向幼儿提问：“这本绘本的色彩是不是让你觉得很温暖呀?”之类的封闭式的问题，而是应该首先学会接受，接受幼儿自己的感受。教师可以把自己成人化的理解与幼儿分享，但是不能强行引导，最好是让幼儿觉得教师的理解和自己的理解只是众多理解中的一种罢了。只有在这种自主、自由的氛围中，幼儿才能更好地调动自己的主体性，主动选择那些与自己心灵匹配的绘本，也才能尽兴地与喜欢的绘本进行主体间的交流与对话，从而获得丰富的审美经验。

第二，要肯定幼儿的审美直觉，鼓励幼儿勇于表达。阿恩海姆提出，人类的心灵先天具有两个方面：一种是理智，一种是直觉。直觉是认识之基本的和不可或缺的两方面之一。①直觉是人人与生俱来的一种认识上的天赋。幼儿与成人都具备直觉能力，但幼儿的直觉能力比成人要强很多。幼儿不会像成人那样通过理性分析、综合概括来获得认识，直觉是他们认识世界的主要方式。艺术无所谓对错，每个人都有权利表达自己对艺术作品的感受。直觉是视觉和表演艺术、诗歌或音乐所专有的，我们应该用艺术活动应该被对待的方式来对待它。落实到具体实践活动中，教师要多给幼儿一些自由表达的机会，要十分尊重幼儿“情之所至”的表达。例如对于绘本中的动物形象，孩子喜爱的缘由各有不同，有的是觉得小兔子很可爱，有的是想到了自己家里的小兔子，有的只是因为喜欢小兔子毛茸茸的感觉。孩子喜欢小兔子的任何理由都是无错的，我们要尊重幼儿自身对美的感受。不仅如此，教师还要多鼓励幼儿进行表达。只有这样，幼儿才会越来越相信自己的直觉认识，才会敢于抒发自己的情感体验，也才能汲取更加丰富的审美经验。

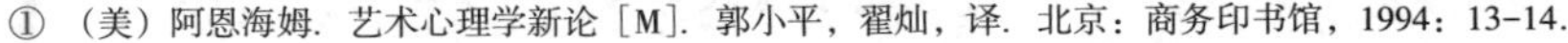

① （美）阿恩海姆. 艺术心理学新论［M］. 郭小平，翟灿，译. 北京：商务印书馆，1994：13-14.

第三，要注重支架作用的发挥，向幼儿传递必要的审美背景知识。我们说直觉是艺术欣赏活动中占主导地位的认识方式，但是，这并不意味着审美活动中没有任何需要理智掌握的东西。艺术的精神总是通过其艺术形式来实现的。艺术作品创作的情况、作品创作的技法技巧、艺术作品创作的科学背景，以及艺术作品中带有文化意义的形式等都是需要教育者向幼儿传达并说明的。本研究发现，幼儿在进行绘本欣赏过程中不仅对绘本中的图画和叙事内容感兴趣，而且还表现出对绘本创作技巧技法、文化背景等的兴趣。绘本作为一个整体统一的载体，它的形式和内容一样能吸引幼儿的眼球。作为教育者，我们要积极顺应幼儿的这一心理趋势，在进行绘本阅读欣赏时，教师不能仅仅停留在向幼儿传递绘本故事内容的层次，而且还要积极满足幼儿对技巧技法探究的欲望，更要主动地向幼儿解释和传达绘本创作所采用的技巧技法，帮助他们积累和掌握创造美的一些规律。长此以往，这些积淀于幼儿心灵中的经验将为今后的审美活动奠定良好的知识基础，对有意识的审美活动的开展也是大有裨益的。

参考文献：

[1] 康长运．幼儿图画故事书阅读过程研究［M］．北京：教育科学出版社，2007．

[2] 严丹．幼儿在图画书阅读中的创造性表现研究［D］．北京：北京师范大学，2007．

[3] 黄淑娟．国小学童图画书导赏教学及其插画反应探讨［D］．台南：台南师范学院，2000．

[4] 何应杰．儿童阅读图画书意义建构之研究［D］．嘉义：嘉义大学国民教育研究所，2003．

[5] 封蕊．绘本运用于幼儿园美术教育的可行性与策略分析［J］．教育导刊（下半月），2014（6）．

[6] 张奇．幼儿对美术作品审美偏爱特点的实验研究［J］．心理发展与教育，1993（2）．

[7]（美）H·加登纳．艺术与人的发展［M］．兰金仁，译．北京：光明日报出版社，1988．

[8] 张奇．儿童审美心理发展与教育［M］．北京：北京师范大学出版社，2001．

[9] 李红，刘兆吉．儿童审美心理的发展［J］．西南师范大学学报（哲学社会科学版），2002（2）．

[10] 朱光潜．文艺心理学［M］．合肥：安徽教育出版社，1996．

[11]（意）蒙台梭利．童年的秘密［M］．马荣根，译．北京：人民教育出版社，2004．

[12]（美）阿恩海姆．艺术心理学新论［M］．郭小平，翟灿，译．北京：商务印书馆，1994．

［原载于《教育导刊：下半月》，2016年第1期］

陈鹤琴幼稚园课程实验对当前幼儿园课程变革的启示

——文化生态观的视角

太原师范学院　贾宏燕

【摘要】当前，我国正在进行的第三次课程变革中出现的问题与20世纪20年代幼儿教育中面临的问题有某些共同之处，陈鹤琴立足国情的幼稚园课程改革警示我们，正确认识我国的文化生态，在现代化背景下重新阐释和改造我国的传统文化特征，是解决我国幼儿园课程变革中出现的诸多问题的重要思路。

【关键词】幼儿园课程变革；立足国情；文化生态；社会文化传统；创造性转换

当前，我国正在进行的幼儿园课程变革取得了巨大成就，但也慢慢呈现出不少问题，其中的一些问题与20世纪20年代幼儿教育中面临的问题有某些共同之处。陈鹤琴当年的做法对我们解决目前所面临的问题具有启示意义。

一、陈鹤琴的幼稚园课程实验

20世纪初，我国的学前教育主要照搬外国的模式，从教育内容、方法，到设施设备，先效法日本，后仿效德国，然后是美国。福禄贝尔、蒙台梭利和杜威等人的教育思想和主张相继对当时的幼儿园课程产生过影响。

“五四”新文化运动提倡政治民主和科学进步，西方各种教育思潮和流派开始在大陆广泛传播。但以陈鹤琴为代表的教育家洞察了当时幼儿教育所面临的实际问题，即照搬外国模式所带来的弊病和旧课程的混乱局面。陈鹤琴痛陈当时幼儿园“外国化”的倾向：“现在中国所有的幼稚园，差不多都是美国式的。幼稚生听的故事是美国的故事，看的图画是美国的图画，唱的歌曲是美国的歌曲，玩的玩具，用的教材，也有许多是从美国来的。就连教法，也不能逃出美国化的范围。”①可以说，当时的中国幼稚教育已深陷东抄西袭、踟蹰冥行的状态。

为解决中国幼儿教育的实际问题和困境，陈鹤琴提出从课程改革入手进行全面实验，在南京创立了中国第一个实验幼稚园——鼓楼幼稚园，亦即他所谓的“中国化的新幼稚园”。他指出：“幼稚园的设施，总应当处处以适应本国国情为主体，至于那些具有世界性的教材和教法也采用，总以不违反国情为唯一的条件。”②具体而言，鼓楼幼稚园从以下几方面达成符合中国国情的课程改革目标：

第一，根据本地区的社会情形和季节变化来编制课程、选择教材。如在编制课程的原则中要求教师调查当地社会情形，熟悉当地的自然界现象与普通自然物的生长状况。而教材则大部分是自然界、社会中日常所见的万事万物。

第二，根据我国儿童的心理特点和文化特色来选择教学法。如教学采用游戏式的方法；设计了读法教学中的缀法牌、挂图，算术教学中的点数牌、滚珠盘、旋珠盘和初学加法片等具有中国特色的教具。

第三，根据我国国民素质较低的现实拟定幼稚生的习惯表。包括卫生习惯；做人的习惯（个人的、社会性的）；游戏及工作的习惯；智力上的习惯。

第四，根据我国的经济发展水平、教育经费和各地情况来选择幼稚园设备与儿童玩具。其目标是：一要省钱；二要与当地社会情形相似；三要用本国货。

揆诸历史，我们发现陈鹤琴的“中国化的新幼稚园”的一系列课程实验是20世纪二三十年代中后期兴起的“新教育中国化”运动的重要组成部分。和“新教育中国化”运动的倡导者一样，陈鹤琴是在“适合本国民性与国情”的意义上使用“中国化”这一概念的。国情是指一个国家源于历史的现阶段的政治、经济、文化等；而民性则指国民的本性与素质。众所周知，任何一个时代的国情与民性都是历史与现实的融合，适应国情和民性在很大程度上就是适应历史和现实现状。而“在时人的观念中，传统是存在于过去、属于历史且与现代社会要求二元分立的。在这样的语境中，‘历史’就是‘传统’的代名词。”③适应历史和现实就是适应传统和现实。而“传统是围绕着人类的不同活动领域而形成的代代相传的行事方式，是一种对社会行为具有规范作用和道德感召力的文化力量，同时也是人类在历史长河中的创造性想象的沉淀”，④它往往作为一种难于超越的集体无意识，深深地潜藏于一个民族的深层心理和深层意识中。

可见，当年陈鹤琴为扭转我国幼儿教育“外国化”的倾向，并不只是将国外教育理论引进和改造来解决中国幼儿教育的问题，而是立足中国国情创立中国自己的幼儿园课程。

① 陈鹤琴. 陈鹤琴全集（第2卷）[M]. 南京：江苏教育出版社，2008：75.

② 陈鹤琴. 陈鹤琴全集（第2卷）[M]. 南京：江苏教育出版社，2008：76.

③ 吴冬梅，等. 何谓“新教育中国化”[J]. 华东师范大学学报（教育科学版），2005（2）：72-78.

④（美）爱德华·希尔斯. 论传统[M]. 傅铿，吕乐，译. 上海：上海人民出版社. 1991：2.

陶行知就曾对此做过高度评价："陈鹤琴教授所指导的幼稚园教育实验，也是意义重大又令人鼓舞的。他和他手下的工作人员有感于目前在幼稚园教育中所使用的一些教材和教法都是照搬外国的，其中一些不符合中国儿童的实际，所以在1923年秋季开始用自制的玩具、中国的儿歌、童话以及其他教材在幼稚园中进行实验。"[①]所以，有学者指出，陈鹤琴的课程实验使我国幼儿园课程趋向科学化，而他提出的符合中国国情的课程实验宗旨，则有力地扭转了我国幼儿教育"外国化"的弊端，改变了清末以来幼儿园课程的混乱局面，使我国的幼儿园课程建设既有扎实的理论基础，又积累了丰富的实践经验，缩短了我国与国际幼儿教育的差距，并制定了全国统一的《幼稚园课程标准》，促成了我国幼儿教育的历史性转变。

二、反思我国当前幼儿园课程变革中存在的问题

不可否认，我国目前正在进行的第三次幼儿园课程变革取得了很大成就，它首先在教育理念层面上对20世纪80年代以前已经不适应新时代要求的幼儿园课程进行了冲击，改变了学前教育工作者头脑中的一些陈旧观念。当前，不少实践工作者和学者开始对课程改革进行了进一步地反思，于是，一些质疑和问题被提了出来。

如有学者认为，自改革开放以来，"美国幼儿教育课程模式对于中国幼儿教育发展有着无可比拟的影响力。"中国"幼儿教育课程改革的历程简直就是一个美国幼儿教育课程模式'你方唱罢我登台'的热闹场面。"课程改革"以西方各种先进理论为自己的指导思想，但是缺乏自己的理论基础，致使在改革过程中，出现理论与实践相背离的现象，……"[②]而建构主义、多元智能、后现代主义等西方理论，目前已成为我国幼儿园课程改革领域十分强势、十分流行的要素，时下甚至呈现出一种"言必称建构主义""言必称多元智能"的趋势，不关注传承和发扬中华优秀文化。[③]这和当年陈鹤琴所痛陈的幼儿园"外国化"的情形有些类似，难免使人产生似曾相识的感觉。

其实，面对各种各样在我国幼儿园"盛行"的国外幼儿园课程模式，我们应该看到，这些课程都是在西方特殊文化背景中产生和发展的，它们与中国文化之间存在着相当的距离。因此，这些西方课程模式在中国"水土不服"和幼儿园教师"消化不良"的情况就在所难免，从而造成理论与实践相脱节的现状。对此，陈鹤琴当年已有清醒的认识："这并不是说美国化的东西是不应当用的，而是因为两下国情上的不同。有的是不应当完全模仿的，尽管在他们美国是很好的教材和教法，但是在我国采用起来到底有许多不妥当的地

① 陶行知. 陶行知全集（第6卷）[M]. 成都：四川教育出版社，1991：285.

② 李敏谊. 美国幼儿教育课程模式研究［D]. 北京：北京师范大学，2006：2.

③ 师云凤. 乡土教育资源在幼儿园教育活动中的运用［J]. 学前教育研究，2006，(1)：19-20.

方。要晓得我们的小孩子不是美国的小孩子，我们的历史、我们的环境均与美国不同，我们的国情与美国的国情又不是一律的；所以他们视为好的东西，在我们用起来未必都是优良的。”[①]所以，幼儿教育理论与实践相脱节，只是幼儿园课程变革呈现的表面化问题，其根本性的问题则是课程的文化、社会和政治适宜性问题，即课程的国情适宜性问题，归根结底是课程的价值取向问题。陈鹤琴成功的幼稚园课程实验告诉我们，只有立足中国国情才能解决目前幼儿园课程变革中出现的困境，幼儿教育才能真正承担起“基础教育的基础”的使命。

三、立足我国社会文化传统，树立幼儿园课程变革的文化生态观

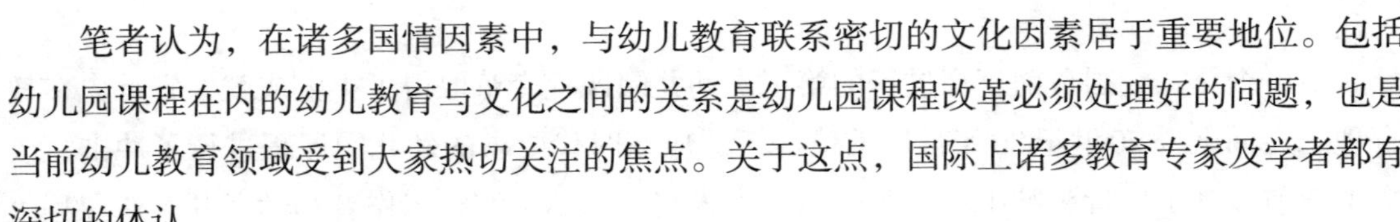

笔者认为，在诸多国情因素中，与幼儿教育联系密切的文化因素居于重要地位。包括幼儿园课程在内的幼儿教育与文化之间的关系是幼儿园课程改革必须处理好的问题，也是当前幼儿教育领域受到大家热切关注的焦点。关于这点，国际上诸多教育专家及学者都有深切的体认。

美国学前教育专家约瑟夫·托宾曾说过，中国“正力图通过改革学前教育体系，来培养新一批能参与全球经济竞争的劳动力。无疑，许多美国的学前教育工作者很高兴在中国的幼儿园中推广建构主义、活动区角、自我表达、方案教学。但作为一个教育人类学者，我担心这些教学法将如何融入中国的文化传统和价值观之中，以及在贯彻这些方法时，如何考虑中国社会本土的实际情况。”[②]

托宾的担忧是不无道理的。因为教育是一种复杂的社会现象，除受社会制度的制约外，还受本民族文化传统和已经形成的价值观念的影响。社会文化传统不仅决定了个体幼儿的发展方向，也决定了幼儿教育机构的发展方向。因此，幼儿园课程改革应该明确地反映社会文化的价值观。否则，就成了无源之水，无本之木。布鲁纳在回顾自己的亲身经历时曾说：“不顾教育过程的政治、经济和社会文化来论述教育理论的心理学家和教育家，是自甘浅薄的，势必会在社会上和教室里受到蔑视。”[③]

（一）从“三种文化中的学前教育”的研究说起

20年前，托宾在其著名的“三种文化中的学前教育”的研究中，向人们呈现了中、日、美三国学前教育的实际状况以及影响教育的文化因素。该研究中围绕录像内容进行的

① 陈鹤琴．陈鹤琴全集（第2卷）［M］．南京：江苏教育出版社，2008：75.

② 朱家雄．国际视野下的学前教育［M］．上海：华东师范大学出版社，2007：142.

③ 布鲁纳．布鲁纳教育论著选［M］．邵瑞珍，等，译．北京：人民教育出版社，1989：92.

多种层面的对话，准确反映了我国普遍的幼儿教育价值取向，实际上也再次生动地展现了中西方文化和价值观念的差异。

20年后，托宾在前述三个国家的三个幼儿园中又进行了比较，发现中国学前教育发生的巨大变化，主要表现在中国学前教育在观念和行为上逐渐向美国和日本靠近。这就表明，当前我国幼儿教育改革的主导理念是来自欧美和日本等发达国家的。当然，这种现实的存在是有其合理性的，因为幼儿教育改革理念的变化适应了我国改革开放后社会变革的大趋势，是幼儿教育对社会发展作出的正确回应。但同时，我们也应该看到，由于这些主导我国幼儿教育变革的理念都是来自西方发达国家及其文化背景中，因此出现了与我国现实情况差距太大并与传统文化形成巨大反差的窘境，并在幼儿园课程变革中出现了理论与实践相脱节的现状。因此，如何从我国自己的文化特征及文化生态出发，就成为化解这种幼儿园课程改革困境的一条重要思路。而这里的文化生态实际上包含两个方面，一是中国文化自身有着独特的文化生态；二是中国文化又是世界多元文化生态中的一分子。

（二）正确对待我国的文化生态

多元文化并存是我国文化生态的一个极其重要的特征。众所周知，我国幅员辽阔，由于历史地理和经济发展等方面的原因，导致我国各地区之间文化差异较大。这就导致幼儿文化背景的差异、幼儿发展需要的差异和教师专业水平的差异，幼儿园课程改革的理念不可能被存在如此大的文化差异中的幼儿和教师接受。例如对入学准备而言，对于落后地区的幼儿，在缺乏相应的图书、信息等条件下，如果也采纳发达地区幼儿教育的做法，以游戏为主进行教育教学，而不增加一些读、写、算的要求，那么，这些幼儿极有可能达不到入学后的学业标准。因此，幼儿园课程改革要能在不同地区幼儿发展的不同需要中发挥自己应有的作用。

其次，我国自改革开放后，社会结构发生了重大变化，阶层分化日益明显，利益主体多元，贫富差距拉大。因此，政府应该对弱势群体予以保障和支持，而教育作为这种保障系统的一个重要组成部分，幼儿园课程改革理应为消除这种贫富差距，开发低成本、高质量的课程来满足不同阶层幼儿的需要，通过幼儿园课程的“有差别对待”，在保证幼儿教育质量的同时，兼顾其公平，为构建和谐社会贡献一己之力。

（三）在现代化背景下对我国的传统文化特征进行创造性转换

作为世界多元文化生态中的一个有机组成部分，学习西方现代化的幼儿教育理念和先进的教育教学方式，对我们这样一个后进国家的发展其实是一种历史的必然选择。正如国际政治学家亨廷顿认为，在非西方国家现代化的早期阶段，西方化与现代化密切相关，非西方社会吸收了西方文化相当多的因素，并在走向现代化中取得了缓慢的进展。但当现代化进度加快时，西方化的比率下降，本土文化获得了复兴。

但是，我们必须要明白，这种“复兴”并不是在中国文化“西方化”的过程中实现的，而是在中国文化现代化的指向中才能真正实现。这种理念早在20世纪二三十年代的“新教育中国化”运动中就被提倡者所洞悉并践行。“新教育中国化”的倡导者主张，“新教育中国化”是中国教育的现代化，是通过对传统教育的选择、继承、改造和发展来实现的教育的现代化。他们摆脱了传统和现代对立的、非此即彼的思维模式。认识到教育要走向现代化，必须根植于传统和现实，但又不能寓于传统，必须对传统加以创造性地转换。

以史鉴今，当前要求幼儿园课程变革立足我国文化传统，并不是要我们守着自己所谓的优秀文化“裹足不前”，而是应该从我国自己的、指向现代化的文化特征出发。首先对传统教育中与现代教育理念相一致的原则进行重新阐释并赋予其现代的内涵，这种阐释在一定程度上是对文化传统进行反思并赋予其现代意义的。比如“学会共同生活”是国际21世纪教育委员会向联合国教科文组织提交的报告中提出的教育的四大支柱之一，这应当是一种现代教育理念，但我国传统的集体主义教育中确实也包含了共同生活的意义，只是不同时代对其内涵会有不同的阐释。过去比较强调个人服从集体，掩盖了个性的发展，轻视了自我的存在，忽略了差异性和创造性，这种千篇一律、千人一面的同一性显然已经不符合时代的要求。在今天这样一个开放的社会里，我们仍然要进行集体主义教育，但集体主义的内涵具有了新的意义，那就是强调差异性前提下的和谐性，强调个性化前提下的社会化。可见，这种反思基础上的重新阐释实际是在发扬本民族的优良传统，但却采取了更加务实和合理的策略来面对自己的文化传统。

同时，我们也应该明白，在我国文化传统中确实存在着落后的、消极的因素。传统中国几千年的小农社会所积淀的文化与现代工业社会和信息社会有极大的不适宜之处。因此，幼儿园课程改革要对传统文化进行选择。“‘望子成龙’‘望女成凤’固然是美好的愿望，但家长固守着的龙凤标准仍然是成为‘人上人’，这种追求意味着一定的负面影响，即‘人上人’是传统社会中差序等级思想的反映，所谓‘人上人’永远只能是极少数，须以从小吃得‘苦中苦’来竞争，须以大部分人的失败来换取。于是，家长不惜牺牲幼儿现在的幸福（童年的快乐），不惜违背发展的规律。从现代社会的进步来看，这显然是落后的。”[①]因此，这种文化选择应该有一个判断的标准，那就是我们所坚持的文化传统是否有利于我们融入世界文明的现代化进程。但不管是重新阐释还是改造，我们都应始终坚守我们的文化之“根”，既要避免在追求现代化的过程中消融本民族的文化，又要避免偏激地对待自己的文化传统。

总之，在当今多元文化发展的大趋势下，幼儿园课程改革如若不充分考虑其文化适宜

① 朱家雄．中国视野下的学前教育［M］．上海：华东师范大学出版社，2007：74.

性，那么课程改革是不可能成功的。我们应该时刻清醒地认识到，中国的幼儿园课程改革，绝不是按照某些西方的价值取向，去做西方倡导的事情。中国的幼儿园课程改革，更多地应该考虑中国人该做些什么，当然，可以借鉴西方的理论和经验，但是其立足点应该是中国的社会文化传统。在中国进行幼儿园课程研究，应向陈鹤琴学习，从课程内容、教材教法和玩具设备各方面充分考虑中国社会本土的情况；而在具体的幼儿园课程改革中，应该以解决幼儿园存在的现实问题为出发点，如在当前构建和谐社会的背景下，如何使幼儿园课程改革兼顾质量和公平。而不应只是去追逐所谓的新理念、新名词，否则，很有可能会使课程研究和课程改革都处于落空的状态。更令人担忧的是，如若因此陷入一种“文化殖民”甚至是“文化自殖民”的旋涡中，只会给正在进行的幼儿园课程改革及整个中国文化带来不堪设想的后果。因此，学前教育工作者只有将幼儿园课程改革和研究的出发点集中于我国社会文化传统的创造性改造，而不只是通过研究去验证某些假设，或者去演绎某种理论、移植国外的某些实践，那么，我国指向现代化的幼儿园课程改革才能取得更大、更长足的发展。

参考文献：

[1] 陈鹤琴．陈鹤琴全集（第2卷）[M]．南京：江苏教育出版社，2008.

[2] 吴冬梅，等．何谓“新教育中国化”[J]．华东师范大学学报（教育科学版），2005（2）.

[3]（美）爱德华·希尔斯．论传统 [M]．傅铿，吕乐，译．上海：上海人民出版社．1991.

[4] 陶行知．陶行知全集（第6卷）[M]．成都：四川教育出版社，1991.

[5] 李敏谊．美国幼儿教育课程模式研究 [D]．北京：北京师范大学，2006.

[6] 师云凤．乡土教育资源在幼儿园教育活动中的运用 [J]．学前教育研究，2006 (1).

[7] 朱家雄，张婕．教育公平——一个不容回避的学前教育问题 [J]．教育导刊，2006（2）.

[8]（美）塞缪尔·亨廷顿．文明的冲突与世界秩序的重建 [M]．周琪，译．北京：新华出版社，2002.

[9] 朱家雄．中国视野下的学前教育 [M]．上海：华东师范大学出版社，2007.

[10] 朱家雄．国际视野下的学前教育 [M]．上海：华东师范大学出版社，2007.

[11] 布鲁纳．布鲁纳教育论著选 [M]．邵瑞珍，等，译．北京：人民教育出版社，1989.

[原载于《学前课程研究》，2009年第9期，此次有修改]

幼儿音乐欣赏活动的三阶段分析及教育建议

太原师范学院　高卫红

【摘要】 幼儿欣赏音乐有其特有的规律，感知音乐、理解音乐、想象音乐受认知能力的局限，欣赏音乐常常要与认知建构、行动、环境等因素密切相连。幼儿教师要把握幼儿欣赏音乐三个阶段的特点，引领幼儿走入音乐，使幼儿园的音乐欣赏活动顺利开展。

【关键词】 直观感知；环境；重复；模仿；建构；创新

音乐通过声音的高低变化，演奏速度、力度等的调控，呈现在人们面前一个色彩丰富的感性世界，表述着人类特有的思想感情。音乐是幼儿生活学习的重要组成部分。幼儿的音乐欣赏是幼儿倾听音乐、快乐体验的过程，是感悟音乐并对音乐刻画的色彩、画面和对音乐制造的情绪、情感体验的积累过程，是在外显性地、创造性地表述音乐的同时，不断完善音乐审美能力的探究过程。受到幼儿年龄和认知能力的制约，幼儿欣赏、倾听音乐要经过以下三个阶段。

一、幼儿被音乐音响的吸引、直观感知音乐阶段

音乐的创作来源于生活，存在于人类生活的每一个角落，以其丰富的表演形式及表现手法被人们喜爱，幼儿常常在不经意间被吸引进去，他们或是止步于都市婚庆锣鼓的热闹喧嚣中，或是玩耍游戏于播放音乐的橱窗前，或是静静地躺在妈妈哼唱摇篮曲的臂弯里。音乐像微风一样，轻轻拂过；音乐像幼儿的玩伴，和幼儿一起快乐玩耍；音乐像万花筒，千变万化地吸引着幼儿。音乐为幼儿带来了丰富多彩的听觉感受。

儿童感知到的音响存在于现实生活环境之中。一个声音对幼儿的刺激，是幼儿听觉器

官与幼儿的生活环境相互作用的结果，是一个经过幼儿的听觉器官，到幼儿作出相应的反应的过程。幼儿从胎儿期对声音就有反应，从出生七个月就能够理解一些声音的内涵。

幼儿的注意是以无意注意为主的。音乐创造的声音环境，常常在幼儿的生活中、玩耍中，幼儿的欣赏音乐活动也在这样的环境中不经意地发生。幼儿这种不经意的欣赏方式，受声音刺激度、音乐表演形式的吸引强度和幼儿的关注度影响。幼儿在感知音乐的同时，被音乐带来的声音氛围吸引，并不自觉地被音乐带领，转化为幼儿的主动探究。这些吸引常常是幼儿的关注点、兴趣点，比较容易转化成幼儿隐性的审美偏好。幼儿感知音乐音响更多的是对音乐的一种本能的生理反应。

这个阶段幼儿教师应更多地关注和研究幼儿生活的音乐环境，一方面，宏观掌控幼儿发生无意注意的时机；另一方面，微观营造生活化的音乐氛围。如入园音乐的生活化，音乐播放内容的广泛性、系统性等的设计，促使幼儿将对音乐的无意注意转化为隐形的音乐偏好。

二、幼儿对音乐的理解、内化阶段

幼儿在玩游戏时，常会哼唱出曾经听过的某句歌词或音乐，兴奋地敲出某个节奏，并不厌其烦地模仿、反复。这种模仿现象反映出幼儿对某些音乐经历的记忆被唤起。幼儿自发、主动地模仿，再现音乐，是幼儿开始体会、领悟、理解音乐的表现。在回忆多样的表演形式、宏大的演出场面、激昂的音乐情绪时，幼儿就开始了主动探究音乐，并一次又一次地重复、忘我地沉醉其中。在愉悦的同时，常常伴随着幼儿内心对音乐粗浅、直观的感悟。

幼儿在有环境条件支持的前提下，音乐记忆也常被唤起激活。给幼儿提供打击乐器，幼儿会主动模仿成人敲击乐器的神态、节奏，播放曾经听过的乐曲，幼儿会兴奋地摆动身体。当幼儿与音乐再次相逢，幼儿开始探究性地模仿，去发现音乐世界的变化、秘密。幼儿用肢体、语言对音乐进行表述。音乐多次响起，幼儿就会进行多次探究，并不厌其烦地学习，他们把音乐当作了玩伴。在满足了幼儿探究音乐需要的同时，幼儿把对音乐的记忆悄悄留存下来。当音乐的速度慢下来，乐句与乐句间的停顿变长了，音乐句子变得单一了，幼儿就会发现音乐的情绪是不高兴的、伤心的；当音乐速度舒缓、音量适中，幼儿又会把心里的感受与妈妈的关爱和抚慰联系起来；当音乐快速跳跃时，幼儿又发现了声音的色彩是明亮的，是愉快的心情感受。这样，音乐与幼儿的现实生活有机地联系起来，幼儿的音乐画面里有愉快的幼儿园生活，有故事、人物、情节。在缤纷的音乐世界里，幼儿睁大了眼睛发现着、寻找着，释放着快乐幸福的情绪。音乐经验的建构变成幼儿主动地、快乐地体验音乐的过程。在幼儿不断地模仿、不停地哼唱过程中，音乐引领着幼儿走到音乐的背后。幼儿在音乐的陪伴下，建构着内心的音乐世界。音乐的旋律、色彩、情感和幼儿的生活、学习、认知联结在一起。幼儿的听觉与肢体达到了协调统一，对音乐的理解和记忆得到了提升。

音乐与幼儿的再次相遇是幼儿最初的音乐记忆和对音乐的最初理解，他不同于成年人欣赏音乐。幼儿的音乐欣赏，需要提供适宜的环境和展开音乐活动的条件；对音乐的理解，依赖于重复实践活动的过程，需要幼儿自主地发现，还需要时间的等待。总之，是一个被激活的过程，是幼儿实践探究、内心建构的过程。

在这个过程中，教师应更多创设能够诱发幼儿重复体验、领悟音乐的实践活动，并适时地给予幼儿精神层面的有力支持。教师还应设法融入幼儿的音乐体验过程中，把教师对音乐理性层面的理解和幼儿交流互动起来，使教师思想、情感的介入转化为幼儿对音乐体验整体内容的一个组成部分，而不是全部。

三、幼儿对音乐的创造性表述阶段

随着音乐经验的不断积累，幼儿全方位打开了感知音乐的通道，幼儿头脑中逐步形成了审美心理意象，强烈要求表达内心的音乐。在快速感知音乐的同时，能合理地利用媒介，创造性地表述音乐。表达的方式除了模仿还有语言陈述、歌曲表达、律动形式、舞蹈形式、图画形式和乐器演奏等。

当听到熟悉的音乐，幼儿的身体会随着音乐节拍动起来。当听到能够理解的歌词时，幼儿能够运用肢体把情感表述出来，比如轻轻地放下手来表达音乐的关爱。当听到进行曲时，幼儿会跟随音乐有力地走起来，俨然一名军人的做派；当听到关于春天主题的音乐时，幼儿画了一个大大的眼睛，眼睛里有花，有草，有蝴蝶。当音乐响起，板凳成了飞奔的战马，纱巾成了飞翔的翅膀，幼儿自由地表现着自己的思想感情，陶醉在音乐的美景中。

幼儿对音乐外显的、直观的陈述，实现了自己的愿望，表达了自己独特天真的想法。幼儿在创造性的表述中，逐步建立起对音乐艺术的思维习惯和对音乐的审美。

这个阶段，教师应更多地为幼儿提供能够促进他们多角度、多构成、多侧面表述音乐的机会和条件，提供表述音乐的多种简单技能，让幼儿对音乐的表述更容易、更直接。

杜威认为，经验就是经历、是过程、是情感。幼儿的音乐欣赏就是在幼儿生活中开始，在幼儿的快乐重复性活动中展开，在幼儿的音乐探究过程和对音乐创造性的表述经历中不断完善、丰富起来的。分析幼儿音乐欣赏的三个阶段，能够帮助我们找到引领幼儿欣赏音乐的捷径。幼儿在音乐的陪伴下，开始认识世界、感悟人生的旅程。

参考文献：

［1］王懿颖．学前儿童音乐教育［M］．北京：北京师范大学出版社，1997.

［2］许卓娅．学前儿童艺术教育［M］．上海：华东师范大学出版社，2008.

［原载于《山西教育》（幼教），2016年第4期］

手工制作与儿童创造想象的发展*

运城幼儿师范高等专科学校　侯娟珍

【摘要】 想象是对头脑中已有的形象进行加工重新组合成为新形象的过程。创造想象是一种有意想象，是创造力的核心。儿童期是想象最为活跃的时期，想象几乎贯穿于儿童的各种活动之中。手工制作是儿童喜欢的结构性游戏活动之一，从立意构思到材料选择，从加工制作到成品修饰，每一个环节都为儿童的创造想象提供了充分的发展空间和有利条件。

【关键词】 儿童；手工制作；创造想象

增强国人的创新能力是长期以来一个普遍关注的话题，“钱学森之问”始终是悬在中国教育者头上的一柄利剑。《2012中国SAT年度报告》又引发了热议，有学者认为“国内二元化思维教育，大大限制了学生的想象力和思辨能力，以及批判性的独立思考能力”。①无论此观点正确与否，但培养学生的创新思维、创新意识和创新能力，必须从基础教育开始，这已是不争的事实。

一、儿童期是想象最为活跃的时期

创造想象是一种有意想象，是创造力的核心。它是根据一定的目的、任务，在脑海中创造出新形象的心理过程。是用积累的知觉材料作为基础，使用许多形象材料，并把它们加以深入，通过组合，创造出新的形象。创造想象具有首创性、独立性和新颖性等特点。

---

* 本文系山西省教育科学“十一五”规划幼教专项课题“幼儿自制玩具教师指导策略研究”研究成果（课题项目编号GH-Y036）主持人：侯娟珍　课题组成员：董赛霞　张翔升　高晓敏

① 范玉刚. 不必避讳中国学生创新能力不足［N］. 中国教育报，2012-11-06.

它需要对已有的感性材料进行深入的分析、综合、加工、改造，在头脑中进行创造性的构思。创造想象与创造思维密切联系着，它是一切创造性活动的重要组成部分。它在人类生活中，以及一切创造活动中具有重要意义。可以说，没有创造想象，生产劳动、科技发明、艺术创作中的一切活动都无法有效进行。

儿童在两岁以后其想象就迅速发展。儿童期是想象最为活跃的时期，想象几乎贯穿于儿童的各种活动之中。儿童在游戏中，不断地依靠想象而变换物体的功能，在听故事时形象随着故事的进展而丰富，在听音乐、画画、搭积木等各种造型活动中，也都离不开想象，想象的形象常常是儿童行动的推动力。儿童想象发展的一般趋势是从简单的自由联想向创造性想象发展。主要表现在三个方面：从想象的无意性，发展到开始出现有意性；从想象的单纯再造性，发展到出现创造性；从想象的极大夸张性，发展到合乎现实的逻辑性。“在儿童的想象中，无意想象占主要地位，有意想象在教育的影响下逐渐发展。再造想象在儿童期占主要地位。在再造想象发展的基础上，创造想象开始发展起来。”[①]

二、手工制作与儿童想象的发展

手工制作是指“运用一定的物质材料（如纸、泥、布、生活中废弃材料及植物的根茎等），用手和简单的工具（如剪刀、胶水等），通过撕、折、剪、贴、捏等手法，制作成平面的或立体的物体形象的活动。”[②]手工制作从立意构思、材料选择甚至是加工制作等每一个环节，都为儿童的想象尤其是创造想象的发展提供了广阔的空间和充分的条件。笔者通过观察、案例、行动等研究得出如下结论：

（一）愉快的情绪体验能够引发儿童动手创作的欲望

案例一：玩具制作“飞转的陀螺”

幼儿园的赵苗老师发现幼儿从家里带来了市场上卖的各种陀螺，于是她根据大班幼儿的年龄特征，设计了自制玩具“飞转的陀螺”活动。她首先引导幼儿观察陀螺，然后和幼儿共同讨论如何找中心点，如何选材等；最后，引导幼儿尝试用不同的纸片、牙签、橡皮泥等制作陀螺，还在纸片上装饰了不同的图案。在整个制作过程中，幼儿注意力特别集中，没有一个幼儿说不愿意制作，他们表现出了极大的兴趣，而且制作出来的陀螺完全不一样，因为每个孩子都有自己的想法。在此过程中，幼儿充分发挥了各自的想象力和创造力；平时都是父母给买玩具，而当自己会制作玩具时，他们很有成就感，也充分感受到了动手的快乐和成

① 陈帼眉. 学前儿童心理学［M］. 北京：人民教育出版社，1990：37.

② 孔起英. 学前儿童美术教育［M］. 南京：南京师范大学出版社，1998：37.

功的喜悦。当孩子们制作好后，就迫不及待地玩了起来，还高兴地展示给教师看。“老师，我的陀螺转起来了！”“老师，我的陀螺转起来可漂亮了！”“老师，我的陀螺能转很长时间！”幼儿的兴奋之情溢于言表，因为他们制作的不是展览品，而是可以玩耍的玩具。同样，在其他手工制作活动中，幼儿每每完成一件作品，都会表现出极大的自信。

实践要求与个人的创造需要相结合是形成创造想象的基础。“玩具是孩子的天使”，对儿童来说，自己动手制作玩具的过程也是一种游戏的过程，儿童乐于动手，更乐于动手制作玩具。他们在“做中玩”“玩中做”，沉浸在对材料的摆弄和操作快乐之中。儿童对玩具的渴求和对动手活动的渴望，形成了儿童个人的创造需要，正是这种创作需要与教学要求的结合，促成了儿童创造想象的发展。适中的愉快情绪使智力操作达到最优，这时起核心作用的是兴趣。笔者走访的30所幼儿园中，无论儿童所在的幼儿园条件好坏，无论儿童年龄的大小，无论儿童生活背景和生长区域环境的优劣，对教师提供的制作活动由衷的喜爱与极大的热情是儿童共同的特征。尤其是对有些很少开展此项活动的乡村幼儿园，偶尔的一两次制作活动，仿佛是儿童“丰美的盛宴”。儿童自制玩具过程既满足了儿童动手需求，又满足了其娱乐的需要，给儿童带来了极大的快乐。

（二）丰富的表象积累能够启发儿童富有个性的构思

案例二：玩具制作“会变的光盘”

侯锦霞老师组织的大班自制玩具活动“会变的光盘”，让每一个观摩活动的教师都惊叹不已。大家不单是赞叹教师对本次活动的恰当引导，更重要的是感叹孩子们丰富的想象和富有个性的创造。全班参与活动的28名幼儿，所制作的玩具完全没有雷同，每个孩子都有自己的构思方案。一样的废旧光盘经过孩子们的巧妙构思与细心制作，变成了完全不一样的“自行车”“表盘”“娃娃脸”“拨浪鼓”“方向盘”“奥运五环”“棒棒糖”“向日葵”等。最为感慨的是洋洋小朋友，他把纸棒穿入光盘中心制作成了碾中药的“药碾”；亦飞小朋友能够把废旧的报纸卷成圆柱形，用光盘做底，做成了漂亮的“水杯”。而这完全得益于侯锦霞老师活动之前对儿童表象的积累。在日常生活中，她反复引导幼儿观察生活中的圆形物体，归纳其形状特征；游戏活动中，她组织“词语接龙”，让幼儿说出不同圆形物体的名称；美工活动中，她激发幼儿的想象力，开展圆形添画——“有趣的圆”等活动，为幼儿积累了丰富的表象。

手工制作前期的构思阶段，是发挥儿童想象力的主要环节。构思就是立意、创意。它是指在头脑中通过想象和思考，对所制作的玩具的造型、结构、色彩、装饰、成品效果、性能等构成要素及其相互关系，以及与手工作品本身相关的各种外部条件，进行全面计划与思考的过程。构思的内在加工分为三个环节：一是选择形象、捕捉形象，即作者在头脑中搜寻选择已有的表象，把它们作为创造新形象的基础。二是对这些已选择好的表象进行造型、构成、色彩诸方面的加工、改造与重组，在头脑中呈现初步的新形象。在这一过程中也可能同时出现其他设计方案。三是通过比较筛选出最佳方案。“构思是以表象为基础的，此阶段教师帮助儿童积累丰富的表象过程，也正是激发儿童想象力的过程，可以说没有丰富的表象积累，就没有儿童富有创造性的构思。”①

（三）多种材料的提供能够诱发儿童探究想象与创造

案例三：“我们班的宝贝银行”

贾巧珍老师非常注重幼儿手工材料的积累，她经常动员幼儿和家长把家里不用的东西拿到幼儿园，这样在班级的一角就形成了一个“宝贝银行”。在保证安全、卫生的前提下，贾老师首先引导幼儿将收集来的材料进行分类，各种各样的废布头、化妆瓶、包装盒、包装箱、包装袋等整齐有序地摆放在那里，如同一个丰富多彩的“材料超市”；其次是引导幼儿观察各种材料的特性，并引导幼儿开展丰富的联想与想象，如“方形的盒子能做什么？”“用什么材料来做娃娃家的茶具呢？”在儿童自由游戏的活动时间，让他们通过看一看、比一比、试一试等观察、比较与操作，发现各种材料及材料之间的秘密。这样，幼儿在收集整理的过程中，零距离地认识并探索各种材料的特性，便于幼儿在自制玩具活动中自主选用材料。如在“多彩的毽子”活动中，儿童不仅用“鸡毛”制作毽子、用“布条”制作毽子，还会想到用“方便面袋子”等制作出不同材质的毽子等。丰富的手工制作材料，极大地激发了儿童的想象力和创造力。

材料是构思、设计得以物化的基础，不同的物质材料具有不同的工艺性能和审美特征，也分别适应于不同的造型要求。对幼儿来说，材料既是引发他们探索的刺激物，又是他们主动构建对周围世界认识的中介，更是诱发他们创新意识的因素。因此，我们要为幼儿提供大量的操作材料，使幼儿在自己选择、自己决定、自己动手、自己进行观察发现中激发创造的动机。手工材料的多变特性与幼儿的手工行为有着密切关系，手工材料品种多样化，可以拓宽幼儿视觉观察想象的范围，促进幼儿发展性思维的拓展，进一步引发幼儿的探索性行为。同时，提供充足的、可启发幼儿探索的材料，能引发幼儿丰富的思维活动，从创造学的角度讲，它给幼儿带来了更多的灵感和顿悟，它能支持幼儿的创新，使幼儿敢想、敢探索。因而，在构思过程中考虑用什么样的材料和怎样运用这些材料，教师必须结合“因意选材”和“因材施艺”制作规律，为幼儿提供“多种”材料，引导儿童进行联想、想象和创造。

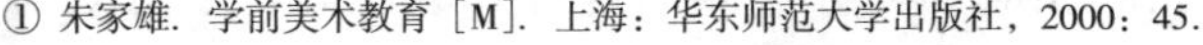

① 朱家雄. 学前美术教育［M］. 上海：华东师范大学出版社，2000：45.

(四)制作中精细的修饰能够激发儿童积极求异思维

案例四：玩具制作“漂亮的水母”

大班自制玩具“漂亮的水母”活动中，儿童自由选择，有的利用废旧纸杯，有的用方便面碗，还有的用可比克筒等做水母的身体，但从主体材料的选择上，就已经彰显了儿童的求异思维。在讨论用什么来做水母的触手时，有的说用彩色纸条，有的说用皱纹纸，还有的说用塑料袋剪成条，也有的说用毛线……在讨论怎样将水母的触手与身体衔接的问题时，大家的回答更是五花八门，很有创意，有的说用双面胶把触手粘在方便面碗上；有的说用打孔器在纸杯边上打一圈孔，然后将触手穿进去、绑住；还有的说把所有的触手一头对齐，打一个孔，穿上绳子，最后粘在纸杯上……虽然儿童最后制作的水母和真正的水母差距较大，但他们都极力选择自己喜欢的材料和颜色进行制作和装饰；儿童不仅学习了思考、学习了选择、学习了创新，而且能够通过亲自动手操作，验证了自己的想象与创造。它不像传统教学的方式，一个主题下，一样的选材，一种解决途径，结果堵塞了儿童的思路，桎梏了儿童的创新意识。这种开放式的动手游戏活动，推动着儿童必然会展开多角度、多方向的思维活动。幼儿结合各方面的信息，在产生大量解决问题途径的同时，获得新奇、独特的反应，从而培养思维的广阔性和灵活性。

一件自制玩具的最后环节是修饰完成阶段。对儿童来讲，对所做作品的修饰是此阶段的制作重点。自制玩具的修饰包含对作品外观和功能两方面的修饰。此过程伴随着儿童积极的思维状态，这对儿童创造力、想象力的发展具有重要作用。首先，儿童对作品外观的装饰非常重视，这源于儿童对自己亲手制作的劳动成果的珍惜和对美的追求。“爱美之心人皆有之”，儿童为了使自己的作品能够锦上添花，会花费很多精力和时间进行小心细致的装饰，以增强其美感。儿童对颜色、线条、形状的感知与运用，正是其想象发展的过程。其次，基于对玩具功能的关注，儿童会在作品的功能上投入大量精力，如对如何使自己制作的“风车”转得更快，如何使制作的“风筝”飞得更高等问题，儿童会进行反复的修饰，在此过程中的修饰同样也伴随着儿童的想象与创造。总之，儿童想象丰富，在装饰阶段常常会出现“超常发挥”的情况，如儿童用纸盒做一只大象，在大象庞大的身体后面粘一条小小的尾巴；给自己用废旧泡沫块做成的“奥特曼”披上长长的斗篷，在成人看来这很不合乎视觉比例要求，但这正是富有儿童特点的表现手法。

总之，手工制作活动是儿童喜欢的结构性游戏活动之一，它更多地体现出开放性、低结构的教育特点。对于同一制作主题来说，材料的选择、制作的方法等都不是唯一的，儿童可以尝试运用不同的材料与方法来完成相应的任务。因而这种开放性的动手游戏活动，必然推动着儿童会展开多角度、多方向的思维活动；同时每一件手工作品的完成，都是儿童动手自行操作、自行探究、自行解决问题的过程，更有利于调动儿童多种感官参与学习；这不仅使儿童的思维得以训练，而且培养了儿童的动手、观察、思考和协作能力。实践证实，愉快的手工制作活动能够开发儿童的创新思维，培养儿童的创新潜能。然而，贵在坚持，幼教机构只有科学依据儿童的学习特点和发展规律，持续普及与有序开展丰富多彩的手工制作活动，才能够更好地激发儿童的求异思维和提升儿童的创造想象力。

参考文献：

[1] 范玉刚．不必避讳中国学生创新能力不足［N］．中国教育报．2012-11-06．

[2] 陶国富．创造心理学［M］．上海：立信会计出版社，2002．

[3] 张景焕．培养创造力——创造活动课程设计原理与指导策略［M］．济南：山东教育出版社，2003．

[4]（美）罗恩菲德．创造与心智的成长［M］．王德育，译．长沙：湖南美术出版社，1993．

[5]（瑞士）让·皮亚杰．教育科学与儿童心理学［M］．傅统先，译．北京：文化教育出版社．1981．

[6] 陈帼眉．学前儿童心理学［M］．北京：人民教育出版社，1990．

[7] 孔起英．学前儿童美术教育［M］．南京：南京师范大学出版社，1998．

[8] 朱家雄．学前美术教育［M］．上海：华东师范大学出版社，2000．

［原文名为《手工制作对儿童创造想象发展研究》，原载于《中国教育学刊》，2013年第5期，此次有修改］

区域互访：提升幼儿园区域活动质量的有效策略

山西省康乐幼儿园　郭晚盛　郭海燕

【摘要】 如何在幼儿园教育资源有限的情况下，推动区域教育活动质量的提升，充分满足儿童的多元发展需要？本文基于推动环境资源共享、特色环境创设和区域格局合理划分的目的，提出了实现特色区域互访的主要策略，构建了特色区域互访教育活动的新模式，探讨了特色区域互访活动开展的价值。旨在让幼儿在精心创设的特色环境中，通过自主游戏和充分互动，促进自我意识发展，学会学习和交往，而且能有效解决幼儿园教师资源欠缺、办园经费有限所导致的区域环境创设不够丰富、质量不高等问题，激发教师的教育智慧。

【关键词】 区域活动；区域互访；社会性；自主游戏

幼儿园要“以游戏为基本活动”，这是我国学前教育改革中的一个重要命题，也是幼儿园课程改革的重要指导思想。随着幼儿园区域活动的开展，幼儿自主游戏活动得到了长足发展，但就目前活动开展的现状来看，普遍存在和亟须解决的主要问题是：多数幼儿园，尤其是内陆城市公办及乡镇中心幼儿园，班级幼儿人数严重超编，大大影响了丰富多样的区域创设；一些幼儿园建筑设计不规范，活动室空间有限，限制了幼儿的自主活动；大多数幼儿园经费有限，只能保证最基础的材料投入，无法满足高质量区域创设的需求；教师综合素质普遍不强，制约了区域创设的质量和多样性等。这些现状的存在，严重制约了幼儿自主游戏活动的开展。因此，如何在幼儿园教育资源有限的情况下，推动区域教育活动质量的提升，充分满足儿童的多元发展需要，就成为非常值得研究的命题。在这方面，推动幼儿园区域互访活动的开展无疑是一种非常有效的策略。

一、实现区域互访的主要策略

首先抓住一个新的概念，即“共享”。“共”凸显了空间的策略，它不仅仅是幼儿园多功能室或户外大型活动的公共区域，更强调了各班级的空间有效利用。而“享”，则是“享受”“享有”，不仅仅是班级区域的共同拥有，更多的是时间、特色材料、教师指导及幼儿合作的“享有”。主要通过四项措施确保“共享”的条件：统一环境创设的主题风格。在“养习、启智、育康、播乐”的办园理念指导下，每学期根据不同年龄段教育目标统筹规划主题风格，如在不同年龄段分别确定了“三晋风韵”“绿色生态”“书香飘韵”等主题风格。

此外，全园不分年龄段统一创设“安全”“养习”两大园本核心课程的互动墙饰。统一风格意在更好地突出园所文化内涵与特色、物化园本教育理念，营造和谐之美的教育氛围。

提倡统一风格之下的班本特色环境创设。各班教师根据本班的课程特色、幼儿兴趣、教师专长、家长资源等，打造本班的特色环境风格，从而形成班班有特色、有亮点的情形。如童话世界、感官天地、民俗风情等，为幼儿充满兴趣的互访提供了基本条件。

着力打造特色活动区域。每班保证有一个特色活动区域，且面积要比其他普通区域大，占活动室空间的四分之一，能供多个幼儿甚至不同年龄段幼儿同时游戏，如“梦想小剧场”“三晋面食一条街”“快乐厨艺坊”“魔幻汽车城”等。这些特色活动区域使幼儿的游戏活动异彩纷呈，满足了幼儿对不同游戏活动的兴趣需要，弥补了活动空间不足的问题，实现了区域环境、教师资源和环境材料的互补。

下放权力确保特色环境打造的实效性。每学期将创设班级环境的经费下放到班级教师手中，由教师和班级家委会成员共同保管使用，园长最后审核，这样很好地调动了教师创设环境的自主性、积极性和创新性，确保了特色环境创设的实效性。

二、构建特色区域互访教育活动的新模式

特色区域互访活动创新之处在于没有照搬集体“走班制”形式，而是探索开展了班级之间部分幼儿的互访模式。这就为更大程度地扩大幼儿交往范围，更加注重幼儿社会性发展创设了良好条件。目前，其互访形式主要有两种：

同龄平行班两两互访。每日的区域活动时间，教师组织十名幼儿进入其他班级进行互访游戏活动，在实现共享环境的同时也共享了“人”——不同班级的幼儿和教师。制定相关互访活动制度及评价机制，明确教师分工职责，主班教师负责来访幼儿的接待、交流，并做好特色区域的介绍及互访幼儿游戏活动中的观察与指导；配班教师负责本班出访幼儿

的组织及安全管理，协助被访班级教师进行区域游戏的观察、组织、指导。同龄班级间的互访，在特色区域设置和材料的投放、使用上可以相互补充。教师可以就不同的区域主题进行相互补充。不同班级之间开展区域游戏活动的同时，也能相互启发、相互学习、相互竞争。

混龄班两两互访。混龄互访是在不同年龄段的班级互访，目前主要在中大班或中小班幼儿之间开展。混龄互访活动的进行，彻底打破了年龄、班级之间的界限，对各班特色区域创设提出了更高要求，即投放材料面更广、层次更多、适应性更强，需依据幼儿的年龄特点设置，也可供不同年龄段幼儿同时进入；不仅考虑小年龄段幼儿的活动特点，也要考虑材料对大年龄段幼儿的挑战性，使不同幼儿都能找到适合自己的材料游戏。年龄小的幼儿可以选择自己能力范围内的游戏，有时也跟随哥哥姐姐进行以大带小的游戏，这样既给幼儿提供了经验共享机会，又弥补了家庭中无法拥有的兄弟姐妹之间的亲情交往。

三、特色区域互访活动开展的价值

特色区域互访活动实践，对幼儿园发展呈现出了多方面的价值。

第一，特色区域互访活动符合当前大多数经济尚不发达地区的特点。通过共享，很好地解决了班级空间小，幼儿人数多，可共享的多功能活动室有限，优质教师资源欠缺，办园经费有限所导致的区域环境创设不够丰富、质量不高等问题。

第二，特色区域互访活动切合了当前国情特点。我国特别是城市已经进入两代均为独生子女的时代，幼儿在家庭中不仅没有兄弟姐妹，连表亲兄弟姐妹的关系也大都没有，混龄的互访活动弥补了这一点，对解决所谓“独生子女”型人格有很好的针对性。

第三，特色区域互访活动切合了时代发展的需要。互访活动中，幼儿通过介绍自己、接待客人、互助游戏、感恩回馈、自我意识的形成等，不仅学会学习，更学会了交往，情商得到进一步培养，这些都顺应了新世纪教育改革的潮流。

第四，特色区域互访活动激发教师挑战教育智慧。教师要思考如何消除来访幼儿的陌生感、如何激发幼儿的兴趣、不同年龄段幼儿以大带小的互动效果、环境材料的适宜性、观察幼儿的发展需要、制订调整教育计划等，这些都给教师的进一步发展带来新的挑战。同时，由于班级之间要考虑本班幼儿和来访幼儿的彼此需要，教师常需共同探讨设计内容，收集并投放材料，教师的交流与合作也得到进一步加强，各班区域创设质量在交流中整体上得到进一步提升。

[原文名为《“串门”让幼儿园的区角互动起来》，原载于《中国教育报》，2013年11月17日第2版，此次有修改]

根植经典文化，汲取传统营养

——以太原市育杰幼儿园为例

太原市育杰幼儿园　刘桂英　徐晓梅

【摘要】 如何在幼儿园教育中渗透传统文化、传授民族经典？太原市育杰幼儿园主要从以下两方面着手进行：一是通过创设氛围，传承民族经典。民族经典教育环境的创设，为师幼提供了良好的观赏、交流、体会、享受的空间。二是鼓励创新，探究教学方法。探索出融诵读、赏析、表演为一体的具有多元文化教育手段的模式，以点带面稳步推进，采用“情境表演法”“故事法”和“综合法”等多种教学方法。幼儿在游戏、生活与学习的自然过程中，从传统文化中汲取营养，获得美的熏陶，习得人际礼仪，感受万物联系，获得多方面的成长。

【关键词】 经典文化；教育环境；教学方法；太原市育杰幼儿园

《幼儿园教育指导纲要（试行）》（以下简称《纲要》）明确提出：“充分利用社会资源，引导幼儿实际感受祖国文化的丰富与优秀，感受家乡的变化与发展，激发幼儿爱家乡、爱祖国的情感。”古城太原2500多年的沧桑岁月，孕育了悠久灿烂的文化，也造就了王之涣、王翰、王维、白居易等一大批在中国历史上耀眼夺目的文人才俊。“古典诗词诵读在幼儿教育的文化传承”是太原市育杰幼儿园多年来探究与实践的课题。

太原市育杰幼儿园依托本地历史文化资源，在根植于中华经典文化的基础上，将“传承经典、融合现代、树师德风尚、创品牌幼儿园”的办园理念作为立园之本，并确定“幼儿学古诗”作为幼儿园的科研建设重心。根据自身的特点和优势，紧扣现实生活，有目的、有计划、有组织地通过多种活动方式，建立了以幼儿为主体，以实践性、自主性、趣味性、创新性为主要特征的古诗诵读课程体系。

一、创设氛围，传承民族经典

民族经典教育环境的创设，可为师幼提供良好的观赏、交流、体会、享受的空间。如我们在教学楼大厅设立“国学小憩”专栏，分期张贴一些适合幼儿理解的经典古文的原文和注解；楼道两边的“成语故事”，用漫画的形式讲述“闻鸡起舞、拔苗助长、杯水车薪、掩耳盗铃”等耳熟能详的成语典故；“山西文化名人”专栏，定期宣传白居易、王维、王之涣、柳宗元等古代山西著名诗人的生平和佳作；幼儿活动室里的“古诗墙”“古诗区域”，分别呈现孩子们的古诗图文日记、仿编古诗记录本、水墨画古诗、拼图玩古诗、古诗迷宫、古诗连环画等互动学习材料；幼儿盥洗室旁有“晨必盥、兼漱口”，午睡室门上有“冠必正、纽必结”的提示和警语……这些丰富多样的传统文化学习环境，以赏、诵、画、猜、玩等不同的表现形式诠释着民族经典文化，以“润物细无声”的方式带领师幼一同走进经典，感悟经典灵魂。

同时，我们选择那些韵律和谐、节奏感强、短小亲切的篇目，利用跟读、接龙读、跳皮筋、说快板等形式，在晨间、餐前、离园、散步等零散时段让幼儿诵读，把经典融入幼儿游戏、生活与学习之中，使幼儿在轻松、愉快的氛围中接受来自经典文化的“活”的教育。

二、鼓励创新，探究教学方法

在多年实践的基础上，我们将古诗词的感受和学习与幼儿园各领域教学自然结合，探索出融诵读、赏析、表演为一体的具有多元文化教育手段的模式。

（一）以点带面稳步迈进

首先，我们本着以幼儿发展为本、激发兴趣为主、培养审美情趣当先的原则，力求从浩如烟海的中国优秀古诗词中，精选出适合小、中、大不同年龄段幼儿学习的古诗词、成语、寓言等教学素材，并按故事诗、猜谜诗、动物诗、友情诗等进行归类。之后，我们本着分工合作、整体推进的原则，根据教师的不同教学风格，结合本人特长，制定了教法探究方向。如“通过情境表演学习古诗”“与艺术手法相结合表现古诗”“多种感官赏析古诗”的教学路径。

（二）教法多元激发兴趣

1. 情境表演法

根据诗词大意创编剧情，抓住主要情节，用表演的形式来展现诗词意境。如孩子们穿上用报纸做的服装朗诵岳飞的《满江红》；戴上用卡纸做的斗笠表演《一字诗》，用情景剧的方式展现《江南》美景等。

2. 故事法

将古诗内容改编成优美的故事，再配以教师生动的表情、体态等。由教师娓娓道来，在降低幼儿理解诗意难度的同时，进一步激发幼儿学习古诗的愿望，如古诗《早发白帝城》《小儿垂钓》等。

3. 综合法

同任何的教学活动一样，古诗教学的实践活动都不是单一教学方法的运用，而是多种方法的相互融合。幼儿的古诗教学更需要教师的知识积淀、教学智慧和专业技巧，对教师的综合素质要求更高。如在古诗《绝句》教学中，一幅幅美丽的春日风景图为幼儿展现了山川田野、春风花草的美景，一段优美的故事把幼儿带入“泥融飞燕子，沙暖睡鸳鸯”的意境，最后在一曲梦幻般的音乐中幼儿翩翩起舞。正当幼儿兴味渐浓时，教师趁热打铁，请幼儿自主选择美丽的立体图片，与它们做朋友，在幼儿随性把玩、欣赏一番后，教师让幼儿再根据听到的诗句作出判断，并把它们送到相应的背景图中。于是，幼儿又在“找朋友”的游戏中，锻炼了“倾听”能力，实现了“我想说”的愿望，也更加充分地体验到学习古诗的快乐与美好。而此时此刻，经典文化犹如一条涓涓细流，慢慢滋润着孩子们幼小的心田。

此外，画诗法、音乐法、谈话法、猜谜法、吟唱法、直入主题法、图片观察法等，均是较为成功的探究模式，这些教学方法的大胆应用能帮助孩子们很快理解古诗大意，感受语言的韵律美，甚至能体会到丰富的画面感，同时产生“学古诗，真有趣”的体验。更重要的是，他们将得到情感的愉悦、美的熏陶、文化的传承以及人生的感悟。

优秀的诗文犹如声声春雷震撼着孩子们幼小的心灵，又如一个个问号启发他们去思考、去探索，“润无声”式的积淀，渐渐地使幼儿懂得了“人之初、性本善”的内涵，习得了“长幼序、友与朋”的礼仪……

参考文献：

［1］陈茜灵子．幼儿园经典文化教育现状分析［J］．课程教材教学研究（幼教研究），2012（1）．

［2］陈丽红．经典文化传承与幼儿园主题教学的融合——“中国年”民俗主题活动的思考与实践［J］．山东教育，2012（12）．

［原载于《学前教育》，2013年第11期，此次有修订］

大班区域活动中的自由与约束

太原市迎泽区三晋幼儿园　高洁丽

【摘要】在区域活动中，教师既要给予幼儿充分的活动自由，又要有相应的规则约束，这是确保区域活动质量的内在要求。如何实现二者的和谐统一，可以从固定区域和临时区域的设置上切入，采取插卡进入区域活动的策略调节幼儿的活动；同时，合理投放材料，关注幼儿活动情况，辅以教师适时指导，并利用同伴合作来引导幼儿的自主活动，可以强化幼儿的规则意识，引导幼儿有序开展活动，确保区域活动的有效开展。

【关键词】区域活动；游戏规则；自由；约束

幼儿园要“以游戏为基本活动”，早在《幼儿园工作规程》《幼儿园教育指导纲要（试行）》中就有强调，《3—6岁儿童学习与发展指南》（以下简称《指南》）中也提到“要珍视游戏和生活的独特价值”。可见，游戏对幼儿学习与发展的重要性和必然性。因此，区域活动便成为幼儿园最基本的活动，在区域活动中幼儿自由、自发和自主地进行游戏，但同时一定会有规则的约束。正如刘焱在《幼儿园游戏与指导》一书中所述：“自由往往被看作游戏活动的本质。但是，游戏中不仅有自由，也有规则的约束。”[①]怎样才能真正做到自由和约束的和谐统一，让幼儿在区域活动中快乐游戏并有所获？现以大班区域活动为例，从以下几方面进行阐述。

一、区域设置中的自由与约束

班级的区域设置，一般是由教师根据班级活动室的结构，以及各个区域的特点和操作

① 刘焱. 幼儿园游戏与指导[M]. 北京：高等教育出版社，2012：25.

需求进行设置，利用区域柜、地毯、屏风、桌椅等进行区域分割，使班内的大部分区域固定，幼儿无法改变，只有选择进区的权利。为了充分、有效地利用空间，大班教师还可以为幼儿创设一些临时区域，给幼儿提供更多自由、自主的机会。

（一）固定区域的设置

无论是中、小班，还是大班，很多区域（各年龄班活动室的很多区域）平时都是固定的，这样既方便对材料的归类整理，便于幼儿自由取放，同时还便于幼儿根据需求随时自主地进行区域活动。科学区、美工区、思维区、语言阅读区这些区域都对操作空间有一定的要求。如科学区要满足探索水、光等所必须的条件；美工区要有宽敞的操作桌面、丰富的艺术表现所需的材料；思维区也会有一些地面的游戏、棋盘等；语言阅读区要有充足的光线，能激发幼儿表达的语言环境，让幼儿想说、敢说、喜欢说，所以这些区域必须是固定的。除此之外，一些社会性区域，如餐厅、医院、美容美发、邮局、摄影工作室等角色区都需要有相应的环境氛围，有助于激发幼儿进入角色并进行游戏，所以这些区域也必须是固定的。

（二）临时区域的设置

在区域活动时，教室的中间往往空得很大，但又不能设置固定的区域，这样会影响幼儿在活动时的走动。《指南》中的社会领域提到，5—6岁幼儿“能认真负责地完成自己所接受的任务”。因此，大班可以开设一些临时区域，让幼儿有自主创设区域的权利，增强幼儿的任务意识和主人翁意识。

分享区、叠高区、多米诺区等一些小型区域可以设为临时区域，幼儿可根据地面标记的提示摆放桌椅或地垫来创设临时区域。如在我们班的活动室中间就有一个临时区域——“分享区”，即将分享的玩具、图书分层放在一个活动推车内。区域活动时，幼儿根据标记提示拼摆地垫，并将推车放到旁边，在自己拼摆的地垫上进行分享游戏。

二、插卡方式中的自由与约束

任何游戏都有一定的规则，适宜的规则是保证游戏顺利进行的前提，在区域活动中也不例外。最基本、最重要的规则就是“插卡进区”，这是为了限定每个区的最多进入人数，保证幼儿活动的质量。同时，便于教师记录和分析幼儿的进区情况，并对幼儿进行适宜的引导，有效促进幼儿的全面和谐发展。

虽然“插卡进区”是一项常规要求，对幼儿的区域活动是一种约束，但不同的插卡方式同样体现着自由与约束。

（一）分区插卡——学习型区域的插卡方式

“插卡进区”这一规则在不同的年龄段有不同的要求。中、小班采用的是对应插卡的方式，即以对应卡袋或脚印的形式限制进区人数。到了大班，为了提高幼儿自我管理的能力，帮助幼儿学会自我计划，我们要求幼儿在区域活动时，将进区卡统一插在一个版面，以火车、楼房等形象化的统计表形式来表现进区情况。这种插卡方式多出现在科学区、思维区、美工区等学习型区域。幼儿在区域活动开始时，将自己的进区卡插在代表某一区域的火车或楼房中，之后直接到相应的区域中进行游戏。这是区域活动的常规要求，是一种约束，幼儿不能有进区与插卡不一致或窜区的现象。

（二）合并插卡——角色区的插卡方式

大班幼儿已经具有一定的合作游戏的愿望，以及基本的交往技能，所以在一些角色区我们采用合并插卡的方式，支持和满足幼儿在多个角色区之间开展游戏。例如我们在大班开设的角色区有“阳光餐厅”“医院”“美容美发”“非凡才艺”，这些区域都设在活动室，我们将插卡区统一设置在活动室门口，只要幼儿插入进区卡就可以在里面的任何区域进行游戏，并允许幼儿（多指角色区中的非工作人员）在各区域之间走动，进行多个区域的角色游戏。如幼儿可以先去饭店吃饭，再去做个头发，身体不舒服了可以去看病，以此实现区域之间的互动，增强幼儿的活动经验。再如允许幼儿把建构区拼插的玩具拿到超市售卖，将美工区制作的食物拿到餐厅售卖。同样可以将从超市购得的物品摆放在建构区搭建的商店中，以此来实现区域之间的互动与合作。通过这样的活动方式，我们将幼儿的角色游戏尽量生活化、真实化，以此唤醒幼儿的已有经验，让幼儿将游戏中获得的经验运用到生活中，并得到不断巩固。活动中，幼儿发现问题、分析问题、解决问题的能力得到提升。同时，这种插卡方式给了幼儿更多的自由和自主的空间。

三、材料操作中的自由与约束

（一）材料操作中的约束

在幼儿操作的过程中，有些材料在游戏时一定要受规则的约束。有以下几种情况：

1. 高结构材料操作中的约束。高结构材料一般分为两种，具有竞赛性的规则游戏和附加特定任务的作业。后者只是枯燥地摆弄，幼儿一旦完成任务，这个材料就没用了，对幼儿的发展无意义，所以不建议投放。

高结构的规则性材料都有它的固定玩法和规则，幼儿游戏时一定要遵守规则，在固定玩法的基础上可以创新玩法。虽然玩法是固定的，但是游戏的结果是不确定的，这种规则性强的材料同样会诱发幼儿的游戏行为，使幼儿控制材料。如大班的棋牌游戏“动物牌”

就有固定的玩法，即两名幼儿每人手里有4张牌，幼儿每取一张牌的同时要出一张牌，最后想尽一切办法使自己手里的4张牌的颜色或动物相同。虽然，幼儿会受到“动物牌”游戏规则的约束，但是赢牌的形式却是自由的，熟练游戏后幼儿还可以创新出不同的玩法。

2. 材料操作中的安全性约束。出于安全考虑，有些材料在操作时会受到一些约束，如有关水的实验一定要在戏水盆内操作，以免洒一地水滑倒幼儿；实验用的电池、灯泡绝对不能放入水中；嗅觉桶绝对不可以随便打开等，这些约束都是为了幼儿的安全和健康考虑。

（二）材料操作中的自由

在区域活动中，教师投放更多的是开放性材料。虽然教师在投放低结构材料时有计划、有预设目标且隐含在材料中，但是，当看到孩子们“出乎意料”地自创游戏和组合游戏时，教师也不能马上制止，应该仔细观察，认真分析幼儿的游戏行为，要知道孩子们在其中获得的远比我们想象中要多得多。例如在一次区域活动中，几个孩子将科学区的听觉筒、套盒、蹄形磁铁、电池组、电线、灯泡全部拿到桌子上，摆出了长长的铁轨、空中站台，然后用线路、磁铁连接成火车控制室，以及在木盒下面横放两个听筒，最后将其变成了可以行驶的火车。表面上看他们的游戏很混乱，但是仔细观察便发现孩子们真的是太了不起了。他们不仅对这些材料的特性非常了解，而且有很强的空间思维能力和叠高技巧。幼儿在开动“小火车”中感受到了圆柱体滚动的特性，这也是车辆发展史中最原始的形态，而且孩子们的交往能力也得到了很大的提高，他们有分工、有合作，还将“灯泡变亮了”的实验运用到情景游戏中。

四、观察指导中的自由与约束

教师有时在区域活动时通过观察发现，幼儿的一些游戏在规则的约束下显得有些不太适宜，于是进行了一些调整，目的是给幼儿更多自由的空间，有效地促进幼儿的学习与发展。

（一）允许部分材料出区

在区域活动中教师发现，有些材料如果限制在某个区域操作，其有效性不强。例如幼儿在尝试运用多种工具进行测量，以及使用放大镜时，如果只局限在科学区，可测量和观察的物体实在有限。所以，可以允许幼儿将这两种材料带出科学区进行操作。幼儿通过在活动室任意地探索，来体会不同物体所适宜的不同测量方法，进而感知放大镜的特点和作用。

（二）根据游戏需要，引导和支持幼儿寻找替代物进行游戏

有时当幼儿的游戏缺少材料时，可以到其他区域寻找替代物进行游戏。如在一次区域活动中，“顾客”点了一份炒面，可当“工作人员”回到厨房后四处寻找，才发现没有面条了，该幼儿走到餐桌前对“顾客”说：“请你等一下，我去给你做。”说着跑到思维区拿了几根鞋带，又到厨房简单加工了一下，端到了“顾客”的面前，“你点的五彩面……”在这种情况下，我们应给幼儿充分的自由，支持其寻找更多的替代物，如橡皮泥、剪纸条、吸管等。因为“游戏中这种对物体使用的转换替代特征，对幼儿同样是一种思维灵活性和发散性的练习。”①

（三）角色区“工作人员”也获得了选择的自由

在以前的区域活动中，我们要求角色区的非工作人员可以在各个区之间互动游戏，但是工作人员要“坚守自己的岗位”。可是在一次区域活动中，妮妮选择当医生，今天还真奇怪，一个病人也没有，妮妮就坐在那里一直等，走一走、动一动就又回到了原位，妞妞跑过来，“妮妮，咱们去小餐厅吧。”“不行，我是医生，不能走，老师会批评我的。”……听到这里，我不由地反思，这样的游戏孩子获得了什么？又看到妮妮那无聊的样子和等待的神情，我走过去，“妮妮，今天没病人吗？你可以带上你的仪器去给大家做个健康体检啊。”听了我的建议，妮妮高兴地开始了游戏。

通过这一案例，我反思真正的游戏应该是幼儿能通过游戏本身获得快乐，而不会受到游戏以外奖惩的影响。当因为缺少顾客而无法进行游戏时，教师可以引导幼儿想办法招揽顾客，仍然无法进行游戏时，也可以允许幼儿停止现在的角色，重新选择新的游戏。

五、“小老师”工作中的自由与约束

为了提高大班幼儿的自主能力和任务意识，在大班的区域活动中可以加入“小老师”的角色，在“小老师”的工作中同样体现了自由与约束。

（一）自由的体现

在幼儿自愿的情况下轮流当“小老师”，使每位幼儿都有当教师的机会。“小老师”可以在区域活动中拿着相机自由走动，可以站在一旁观看、拍照，也可以加入小朋友的游戏。在最后的小结环节中，“小老师”可以利用照片、视频将活动中幼儿的行为、作品等与大家分享，并对好的行为进行肯定、表扬，提出不适宜的、危险的行为供大家讨论、借

① 李季湄，冯晓霞.《3—6岁儿童学习与发展指南》解读[M]. 北京：人民教育出版社，2013：249.

鉴。在这样自由、自主的活动中，孩子们除了自主意识和能力提高了，他们还学会了与同伴的交往、学会发现别人的优点、增强了自信等。同时，我们老师也能看到在孩子们眼里的孩子和游戏是什么样的，这对我们今后教学工作的实施也有帮助。

（二）约束的体现

虽然“小老师”可以在区域活动时自由走动，可以选择站在一旁观看、拍照，也可以选择加入小朋友的游戏，但是却不能干扰其他小朋友的游戏，要在其他小朋友同意的情况下进行活动，否则会受到警告或叫停。其次，在最后的小结评价环节中只给“小老师”最多五分钟的时间，这样，一方面是避免时间的无限制延长而影响了后面的活动；另一方面，也是在暗示“小老师”不能什么都拍，拍的照片太多，活动就无法正常进行，要有一些自己的计划。最后要对“小老师”的表现进行他评和自评，让孩子们能够发现自己和他人身上的优点和不足，并虚心接纳，努力学习别人的优点，使自己不断进步。

只有从以上几方面真正地做到自由与约束的和谐统一，才能发挥区域活动的有效性，让幼儿在区域活动中快乐成长并有所收获。

参考文献：

[1] 李季湄，冯晓霞．《3—6岁儿童学习与发展指南》解读［M］．北京：人民教育出版社，2013．

[2] 刘焱．幼儿园游戏与指导［M］．北京：高等教育出版社，2012．

［原载于《山西教育》（幼教），2015年第9期，此次有修改］

幼儿园美术教育生活化的策略*

高平市新新幼儿园　杜末娣　李　燕

【摘要】幼儿园美术教育生活化的目的就是要培养幼儿的审美情趣、激发幼儿的创造热情，引导幼儿把通过美术活动所获得的技能与经验运用于生活实际。在三年的教育实践与研究中，我们总结出了美术教育生活化的4个策略：内容生活化、形式生活化、素材生活化和实践生活化。

【关键词】幼儿园美术教育；生活化；教育资源

三年前，我们满怀信心，开始国家级“十二五”课题“幼儿园美术教育生活化的探究”。三年来，孩子们在幼儿园这个丰富的教育环境中，亲身体验、动手操作、快乐成长。从尝试、探索到今天的前行，从体验、感悟到今天的思索，我们始终坚定信念，追逐梦想；三年后，我们硕果累累，收获着开展课题的成果与智慧。

本课题立足实践操作，注重积累教育经验，通过优化环境，开展全园性美术教育生活化公开观摩活动、家园共育亲子美术创意活动、庆“六一”美术作品展、秋之韵——亲亲大自然亲子活动、主题活动中的美术教育、自主式快乐美工区域等活动，探索出了美术教育生活化的教育策略。

一、立足幼儿生活经验，美术教育内容生活化

在选择美术活动内容时，我园教师以幼儿的生活经验为基础，充分选取生活中的素

* 课题名称：“幼儿园美术教育生活化的探究”（编号：2011-YB-156）
主持人：杜末娣　成员：李荣艳　毕志华　杜江霞　李　燕　都　燕　司新燕　毕　莉　陈巧仙　李静红

材，让幼儿亲近自然、善于发现，引导幼儿对植物、动物、景物进行观察，将本地民间艺术迁移在幼儿的美术活动中。

如在大班的“有趣的剪纸”活动中，我们带幼儿到长平公园欣赏本地最具特色的剪纸作品。在教师生动的讲解中，孩子们了解了本地的民间艺术——剪纸，并亲临民间艺人家里现场观看，在与艺人的交流互动中，他们对剪纸活动产生了浓厚的兴趣，因此在接下来的活动中，孩子们的操作就得心应手。

二、创设生活情境，美术教育形式生活化

儿童更多的是在生活或类似生活的情境中学习，凡是幼儿每天经历的衣、食、住、行、学、玩以及与人交往等实践活动，都是可被利用而且应该被恰当利用的美术教育契机。例如我们在开展水果沙龙活动中，教师选取幼儿生活中熟悉的各种水果，让他们进行想象制作，让幼儿在看得见、摸得着的情境中获得美的熏陶，在亲自动手中体验着成功的喜悦。

三、利用生活资源，美术教育素材生活化

大自然是一个丰富多彩的物质世界，它为幼儿的艺术创作提供了天然的素材，石头、沙、种子……这些随手可得的材料贴近幼儿的生活，易于唤起幼儿的创作热情与创作欲望。

一些被丢弃或忽略的生活材料，如包装盒、瓶子、报纸在图案、色彩、造型上往往很独特，只要通过仔细挖掘、精心挑选，进行适当加工、改造，它们将重放异彩，变成幼儿美术活动的新亮点。这不但有利于环保，促进幼儿养成废物利用的良好习惯，又可为美术活动增添生活的气息。

四、回归生活运用，美术教育实践生活化

有价值的活动应从生活中来，回到生活中去。美术活动的生活化目的在于帮助幼儿提升有关美的经验，同时，引导幼儿将获得的经验运用到实际生活中去。在教育研究与实践中我们提炼出以下几种方法：

（一）情境激趣法

兴趣是孩子前进的动力，教师创造情境能让幼儿积极参与到活动中，使幼儿在体验趣味的基础上、在探索中收获巨大的欣喜，激发其成就感。

在“美丽的花”这个美工活动中，为了激发幼儿创作的欲望，教师首先让幼儿回忆了故事《三只蝴蝶》，然后创设了“下大雨了，许多漂亮的蝴蝶在雨中飞来飞去，寻找躲雨的地方”这个情境。看到翩翩起舞的蝴蝶、听到哗哗的雨声，幼儿马上产生共鸣，想为蝴蝶找寻能避雨的地方：有的说找一棵大树，有的说找一个蘑菇……幼儿选择材料制作出各种形状的花，做好以后，幼儿迫不及待地跑到蝴蝶面前说：“蝴蝶，看，我的花做好了。多漂亮呀，快来这里躲雨吧。”

（二）观察引导法

我们引导幼儿观察生活，寻找周围生活中美好的事物，回忆最喜爱的动画片里的人物或动物形态特点，启发幼儿通过观察抓住事物的特征，并把自己的感受和联想表现出来，使他们的画面生动形象、充满儿童情趣。

在“不一样的娃娃”活动中，教师利用观察引导法，先让幼儿欣赏手工娃娃，观察娃娃不同的神态和服饰，启发幼儿抓住娃娃的特征选择不同的材料进行创作。最后，幼儿制作出了表情、头发、衣服、帽子等各不相同的娃娃，可见，幼儿有了初步的艺术表现和创造能力。

（三）循序渐进法

新颖有趣的美术材料能激发幼儿操作的兴趣，唤起幼儿创作的热情。但有时幼儿对材料的兴趣不是一成不变的，常常会因为材料的变化而转移。我们依据幼儿的特点、兴趣和能力，有针对性、目的性和梯度性地投放材料，或者尝试运用某种辅助材料，鼓励幼儿动手又动脑，满足其探索欲望，引发新的活动。

在“纸杯小制作”活动中，第一次投放纸杯和剪刀，让幼儿在欣赏纸杯花的基础上，根据自己的意愿进行创作。幼儿用卷、剪、涂等方式制作出了不同的作品；第二次增加毛根、毛线、网套，幼儿探索的欲望进一步增强，进而引发新的活动——“有趣的小人”。

（四）小组合作法

教师把班上幼儿分成若干组，每组4—5人，幼儿可按创作的主题内容进行讨论交流，相互启迪、相互激励、相互补充，使创造性想象产生共鸣，并生发连锁反应，幼儿在交流中启发与诱导出更多的新构思、新形象，最后创作出新颖独特的美术作品。

在“纸浆DIY”活动中，我们把幼儿分成两组，每组8人，共同用纸浆制作出“美丽的秋天”。活动中，孩子们能互相合作、共同配合制作完成完整的作品。

通过实践研究，我们深刻地感悟到：“生活经验”是创作的源泉，应注重让孩子们积累丰富的生活经验，真正实现了让孩子们在生活中感受美、欣赏美、表现美、创造美。

参考文献：

［1］李季媚，冯晓霞.《3—6岁儿童学习与发展指南》解读［M］. 北京：人民教育出版社，2013.

［2］顾玉兰. 回归生活的幼儿园美术教育［J］. 学前教育研究，2012（8）.

［3］李菲. 浅谈幼儿园美术教育生活化的策略［J］. 美术教育研究，2013（14）.

［4］马媛，寻舒珊. 幼儿园美术教学活动中的误区与有效性策略［J］. 教育与教学研究，2014（7）.

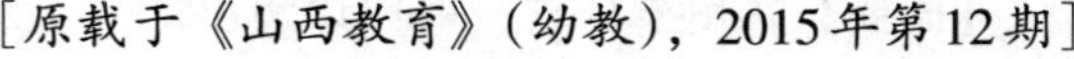

［原载于《山西教育》（幼教），2015年第12期］

幼儿园图书区阅读活动的指导与评价

运城市教育局　李引红

【摘要】在图书区进行的阅读活动是幼儿园开展阅读活动的最佳方法，而图书区环境的创设也正是教师为了让幼儿有随时接触图书的机会，以提高幼儿的自主阅读能力，更好地参与阅读活动而创设的教育环境。教师利用好图书区，适时地抓住时机对幼儿园进行指导和评价，对幼儿良好阅读行为进行强化，既可激发幼儿阅读的兴趣，又能有效地促进幼儿阅读能力的提高，收到事半功倍的效果。

【关键词】图书区；指导；评价

《幼儿园教育指导纲要（试行）》（以下简称《纲要》）明确了幼儿早期阅读在儿童教育中的特殊地位和必要性，早期阅读教育的重要性已得到诸多专家和教师的认可，幼儿阅读能力的培养已成为幼儿园教育实践的一个重要而全新的研究领域。在图书区进行早期阅读活动是幼儿园开展早期阅读教育的最佳方法，而阅读活动中的有效指导和正确评价能促进幼儿正确的阅读方法和阅读技能的形成和提高，使幼儿体验到阅读的乐趣，产生阅读的愿望。

一、图书区的创设

一个规则合理、材料充足的图书区可为幼儿阅读能力的发展提供多方面的支持。温馨舒适的环境、高质量的阅读材料和适切的规则可使图书区成为活动室中最受幼儿喜欢的区域。

（一）图书区位置的选择

图书区位置的选择很重要，它是有效开展阅读活动的前提和保障。《3—6岁儿童学习与发展指南》（以下简称《指南》）的“教学建议”要求图书区应该选择相对安静的地方，尽量减少干扰，保证幼儿自主阅读。因此在选择图书区时，我们认真考虑空间的位置和大小，将图书区设置在墙角靠窗户的地方，避免和喧闹的积木区及表演区相邻，并且保证其有充足的光源。另外，也会根据幼儿的年龄和人数决定图书区的大小。图书区位置的选择很重要，它是有效开展阅读活动的前提和保障。

（二）图书区材料的投放

图书区的位置确定以后，下一项工作就是在图书区摆放书架和投放各种必备的材料。我园统一配备与儿童身高相适宜的书架和既柔软舒适又鲜艳美观的靠垫及地毯，好多班级用特大软布包或充气沙发代替靠垫及地毯。除此之外，图书区还放置小型的桌椅、头饰、手偶、毛绒玩具、书签、胶水、订书机，并配备了笔筒和纸张，以鼓励幼儿将阅读活动拓展到书写活动，或进行故事的续编、仿编、创编以及自制图书。

（三）图书区图书的选取

《指南》中要求“提供一定数量、符合幼儿年龄特点、富有童趣的图画书”。因此在选择图书时，教师除了要考虑幼儿发展水平、与主题课程结合等基本要素外，还要考虑不同体裁的儿童文学作品，例如童谣、故事和诗歌等，让幼儿自主选择和阅读。另外，我们要保证图书的数量，确保每个班级每人最少阅读5本书，但不是把图书一次性陈列出来，因为过多的图书会增加幼儿选择的难度，使他们疲于选书而疏于阅读。

图书要分类摆放，还要结合幼儿年龄特点贴上标记。我园小班图书用不同水果做标记，中班用几何图形做标记，大班用数字或者几何图形做标记，这样做便于取放和管理。在中、大班图书区我们还投放幼儿自制的书签，便于幼儿记录自己的阅读情况和选择下次阅读的书。

二、图书区的指导

图书区的创设固然重要，教师的有效指导更是不可忽视。在幼儿图书区活动组织中，教师参与幼儿的活动，作为指导者、帮助者成为幼儿的阅读伙伴，教师在与幼儿的交流讨论、共同体验和发现中，达到精神的感应、心灵的交流。在幼儿阅读时，教师适时介入、有效指导很重要。

（一）图书区兴趣的策略指导

要发挥图书区的作用，前提就是让幼儿乐意进入图书区，要达到这一目的，最好的办法就是设法让图书区更具有吸引力，这就需要教师采取灵活的阅读指导策略。比如我园有的班级制作图书区“小广告”，介绍每周图书区投放的新书；鼓励幼儿在图书区使用玩偶讲述故事；让幼儿分享在图书区创作的绘画作品等。《指南》建议：“当幼儿遇到感兴趣的事物或问题时，和他一起查阅图书资料，让他感受图书的作用，体会通过阅读获取信息的乐趣。”

（二）阅读规则的强化指导

我园各班教师根据本班幼儿人数、图书区面积大小、图书数量，确定一次允许进入图书区的幼儿人数，并组织幼儿集体讨论制订图书区规则。教师将幼儿自己制订的规则用图文并茂的形式表现出来，有艺术性地张贴在图书区。规则提示进入图书区的幼儿保持安静，做到不影响同伴阅读；爱惜图书，阅读图书时轻拿轻放，读完后将它放回原处。我园还在中、大班开展了“图书管理员”的活动，管理员由班级幼儿轮流担任。管理员要关注图书区的图书是否摆放整齐，要及时整理，如果书有破损，要负责修补；如果小朋友出现争抢图书等情况，图书管理员还要做好调解工作。良好阅读习惯的养成需要教师在幼儿阅读活动时不断强化指导才能形成。

（三）平行阅读的示范指导

示范指导是图书区最初开展的常用的一种指导方法。所谓的平行阅读，就是教师寻找机会和幼儿一起阅读，通过教师的言传身教、以身作则来让幼儿感受一种阅读的氛围，从而激发幼儿的兴趣。良好的行为示范不仅可以让幼儿感受到教师对阅读的热爱，还潜移默化地影响了幼儿的阅读行为和阅读习惯。

（四）获取知识的分享指导

教师要引导幼儿学习在书本中寻找所需信息，使阅读成为其他活动的资源库，为幼儿知识的来源奠定基础，让幼儿深刻感受到我所需要的知识都能从图书区的图书中获取，体验图书知识分享的乐趣。

（五）适时适宜地介入指导

教师要了解幼儿在图书区的活动形式，进行有目的的介入指导。教师通过细致观察幼儿阅读时的行为、表情、语言，分析幼儿阅读状况，判断内在的需求，把握阅读动态和适时介入的时机。在这一过程中，教师要做的是用心去理解孩子，思考适当的指导策略，对幼儿的想法和做法应抱以支持和肯定的态度，不轻易否定和指责幼儿，让幼儿有真正的自主感。如在幼儿学习阅读的初期阶段，教师观察到幼儿的阅读习惯有很大的个别差异：有的频繁换书；有的半天盯着一幅画面不动；有的不断向同伴询问图书内容；有的主动向教师提出帮助；有的出现影响他人阅读活动的负面行为。教师应针对不同个性的幼儿采用易于幼儿接受的语言，提醒阅读速度过快的幼儿仔细观察细节，对于阅读速度过慢的幼儿，寻找原因，帮助其解决困难。当幼儿结伴读书时，教师采用的指导策略是，让幼儿自然分角色讲述，使同伴间产生互动，通过同伴间的互动促进幼儿的学习；当幼儿小组共同阅读活动时，教师要选择介入时机，且介入后的指导策略是通过讨论解决幼儿在个别画面上理解的困难，也可以通过轮流讲述调动每个幼儿的参与度；当师幼共同阅读时，这种阅读形式一般用于新图书的阅读指导，教师带有启发性的提问往往能引起幼儿进一步的思考，给幼儿的阅读起一个引导作用。

总之，教师的适时介入、适宜指导要以能促进幼儿活动，不妨碍幼儿的自主活动为原则。

三、图书区的评价

《纲要》指出："教育评价是幼儿园教育工作的重要组成部分，是了解教育的适宜性、有效性，调整和改进工作，促进每一个幼儿发展提高教育质量的必要手段。"为了丰富我园图书区活动，提高教师组织阅读活动的能力，促进幼儿阅读能力及阅读习惯的养成，我们对图书区的各项活动进行了认真评价。

评价的方法和形式包括教师对教师进行评价、教师的自我评价、教师对幼儿进行评价、随机评价、有组织的评价等，各种评价方法和形式要有机结合、相互渗透。这些评价方法和形式的丰富多元，既激发了教师参与评价活动的积极性，提高了评价的实效性，又切实促进了我园幼儿阅读能力的提高。

在图书区活动的评价中，我们从小、中、大各年龄段选取一个班作为实验评价对象。为此我们制订了一系列阅读活动评价表。

（一）图书区环境创设的评价

表1　运城市幼儿园图书区环境创设评价表

年　月　日

	班级	优	良	中
读书的标记、分类、摆放便于幼儿选择和取放	大四			
	中一			
	小三			

（续表）

	班级	优	良	中
每位幼儿阅读图书不少于6本（读书种类丰富）	大四			
	中一			
	小三			
读书适合本班幼儿的年龄特点	大四			
	中一			
	小三			
光线充足；安静、舒适、温馨	大四			
	中一			
	小三			
阅读规则设计适合本班幼儿阅读和理解	大四			
	中一			
	小三			
墙面布置新颖有创意（阅读沙龙、阅读日记、小记者、故事小明星等）	大四			
	中一			
	小三			
建　议	大四			
	中一			
	小三			

我们从图书区的位置、规则、书的摆放、书的多少等环境方面进行了详细评价，并分别给予合理的建议。例如建议大四班应在环境布置上增添修补图书的用具；中一班注意图书区的安全，尽量不要用图钉钉在墙上；小三班应该用几何图形来对图书进行分类等。大家虚心接纳评价者的建议，进一步丰富和完善本班图书区环境创设，为图书区的顺利开展奠定了基础。

（二）幼儿阅读记录与评价

表 2　运城市幼儿园图书区幼儿阅读记录与评价

班次　　日期

进区幼儿姓名	阅读兴趣									阅读习惯									阅读技能								
	进区时间			选书类型			阅读兴趣			正确姿势			安静阅读			爱惜图书			按顺序翻书			观察画面			完整讲述		
	5分	10分	15分	普通话	童话	儿歌	优秀	良好	加油	优秀	良好	加油	优秀	良好	加油	优秀	良好	加油	优秀	良好	加油	优秀	良好	加油	优秀	良好	加油

注：教师对进区幼儿阅读方面的表现进行记录和评价打“√”

上述表格主要从教师对幼儿在图书区的情况进行记录和评价，为教师提供了一个观察和评价幼儿读写能力发展的平台。教师可以用逸事记录法，简要记录幼儿在图书区的行为和重要事件，比如可以简单地记录幼儿翻书的方向是否正确；可以记录一本总会引发幼儿兴趣、吸引幼儿阅读的图书。这些记录或许比较简短，但非常有价值。根据这些信息，教师可以准确地了解与掌握幼儿的阅读兴趣、能力差异、发展水平、阅读时的不同需要以及阅读技能，便于对幼儿进行针对性和有效性的指导。同时，它也是向家长说明、展示幼儿前阅读和前书写能力发展的重要证据。

（三）图书区阅读活动的指导与评价

表 3　运城市幼儿园图书区阅读活动的指导与评价

教师　　日期

教师行为	环境氛围营造			图书的投放			进区规则			随机指导			关注幼儿		
	优	良	中	优	良	中	优	良	中	优	良	中	优	良	中

（续表）

<table>
<tr><td rowspan="3">幼儿表现</td><td>进区幼儿</td><td colspan="3">进、出区有序</td><td colspan="3">按要求取放书</td><td colspan="3">不影响别人看书</td><td colspan="3">有顺序翻书</td><td colspan="3">仔细、认真阅读</td><td colspan="3">整理图书</td></tr>
<tr><td rowspan="2">（ ）名</td><td>优</td><td>良</td><td>中</td><td>优</td><td>良</td><td>中</td><td>优</td><td>良</td><td>中</td><td>优</td><td>良</td><td>中</td><td>优</td><td>良</td><td>中</td><td>优</td><td>良</td><td>中</td></tr>
<tr><td></td><td></td><td></td><td></td><td></td><td></td><td></td><td></td><td></td><td></td><td></td><td></td><td></td><td></td><td></td><td></td><td></td><td></td></tr>
<tr><td>建　议</td><td colspan="19"></td></tr>
</table>

我们对阅读活动的指导评价表进行了两次修改，第一次在实施中我们发现表格在“幼儿表现”这一栏中的评价项目不便于教师的操作，修改以后我们从幼儿的阅读方法和遵守规则上进行评价，分别从“优、良、中”等级别上进行区分，这样更贴近本园实际情况。在评价中我们还发现，大四班在幼儿图书区增添了图书区开始和结束的音乐，自制的漂亮“小书签”为幼儿下次继续阅读增添了兴趣、提供了方法；中一班进区卡的使用和小三班的进区小脚印，都很巧妙地限制了幼儿进区人数，为幼儿在图书区很好地进行活动做了保证。

除此之外，我们还注重评价的激励作用，评价时根据幼儿各自的表现进行纵向比较，判断其是否进步，然后评出“十名阅读小明星”，有效地激发了幼儿的积极性。为了更好地激发幼儿的阅读兴趣，我们还开展了丰富多彩的阅读系列活动，如“儿歌”朗诵会、讲“故事”妙妙秀、立体童话剧等，使幼儿的动作和语言都得到充分、协调发展，有效地提高了幼儿感受美、鉴赏美、评价美、创造美的能力。

总之，图书区活动的有效指导与正确评价，能提高教师组织图书区的活动能力，形成幼儿良好的阅读方法和阅读行为习惯。但这是一个循序渐进的发展过程，教师还要善于捕捉有教育价值的瞬间，利用一切机会、场所，为幼儿提供含有较多阅读信息的教育环境，让幼儿在潜移默化中接受有关前阅读方面的知识，不断丰富词汇，为更好地进行自主阅读、培养幼儿阅读的自主性做好铺垫。

参考文献：

［1］周兢．早期阅读教育活动的构成要素、组织特点及质量评价［J］．幼儿教育：教育教学，2010（9）．

［2］牟群英．幼儿园早期阅读课程建构的实践研究［M］．北京：中国文史出版社，2014．

［原载于《山西教育》（幼教），2014年第1期，此次有修改和删减］

试论教师对幼儿自制玩具活动的指导策略

运城幼儿师范高等专科学校附属幼儿园　董赛霞

【摘要】 自制玩具活动对幼儿的学习和发展有着重要意义，但需要教师选择适宜的指导策略以保持幼儿对自制玩具活动的兴趣，促进其水平的提高。指导策略之一是为幼儿创设丰富多彩的自制玩具环境，旨在为幼儿提供足够的欣赏与感受空间，激发幼儿创作的兴趣；指导策略之二是提供多元化的指导，主要包括以积极的态度关注并影响、以参与的方式走进并指导、以互动的平台赏析并延伸、以多样的技能支持并拓展，旨在为幼儿动手操作的学习和发展提供有效的支持。

【关键词】 教师；幼儿；自制玩具活动；指导策略

手工活动是幼儿园艺术领域的重要内容之一，其中，自制玩具活动深受幼儿喜爱。幼儿园自制玩具活动，可以分为教师根据幼儿游戏和教学的需要为幼儿制作玩具、幼儿在教师的支持帮助下为游戏和学习活动制作玩具两大类。在我们以往的自制玩教具活动实践中，往往比较重视第一类而忽视第二类。近年来，我园将自制玩具活动纳入幼儿园教育常规计划，对“在幼儿中开展自制玩具活动”进行了系列的实践探索，幼儿从最初纯粹的玩具使用者变成玩具的制作者，并开展了师幼协同制作玩教具的活动。从中我们深刻地认识到自制玩具活动对幼儿的重要意义，对在自制玩具活动中如何提高教师的指导策略有了初步的探索。

一、创设丰富多彩的自制玩具环境

《幼儿园教育指导纲要（试行）》中艺术领域的“内容和要求”指出：教师要“引导幼

儿接触周围环境和生活中美好的人、事、物，丰富他们的感性经验和审美情趣，激发他们表现美、创造美的情趣”“指导幼儿利用身边的物品或废旧材料制作玩具、手工艺品等来美化自己的生活或开展其他活动”。由此可见，激发幼儿对自制玩具活动的兴趣，提高其欣赏、制作水平需要丰富的环境作支撑，因此，创设丰富的自制玩具环境是教师组织并指导幼儿活动的首要条件。

（一）为幼儿展示丰富多彩的自制玩具作品

皮亚杰认为幼儿的发展是在与客体交互作用过程中获得的。幼儿与客体环境交互作用越积极，发展就越快。因此在幼儿活动的场所应该为他们提供随手可取的自制玩具作品，使幼儿随时随地有机会接触各种材料的作品。值得注意的是，提供的自制玩具应当是多样性的，即注意自制玩具材料的多样性，如飞盘（布类）、彩纸球（纸类）、组装汽车（纸盒纸箱类）、降落伞（塑料袋类）、坦克（泥类）等来源于生活的各种废旧材料；也要注意作品题材的多样性，如人物、动物、植物、物品等；还要注意作品来源的多样性，既可以是购买的，也可以是教师制作的、幼儿自制的或亲子共同制作的。这样，幼儿可以在欣赏中感受单一材料的创造美及复合材料的组合美，体会到玩具的多元风貌，并观察不同的自制玩具，了解玩具的基本功能和重要意义，萌生“变废为宝”、自己动手制作玩具的愿望。

（二）与幼儿共同收集日常生活中多种多样的自制玩具材料

自制玩具活动中大量的废旧材料来源于生活，来源于家庭，因此，教师应指导幼儿及家长成为收集废旧材料的主人，让“变废为宝”成为大家共识的思维习惯。我们幼儿园在保证安全、卫生的前提下，利用专门空间设立“宝贝银行”，收集大量的废旧材料并指导幼儿进行分类整理，让幼儿在收集整理的过程中零距离地接触并探索各种材料的特性，便于幼儿在自制玩具活动中自主选用合适的材料。

二、提供多元化的自制玩具指导

在幼儿自制玩具的过程中，教师及成人对幼儿作品表现出积极的态度、提供适当的支持和指导，是有助于培养幼儿制作技能和良好习惯的重要保证。教师的支持和指导包括四个方面：

（一）以积极的态度关注并影响幼儿的自制玩具活动

教师需要对幼儿自发的自制玩具活动表示关注、兴趣和赞赏。幼儿是容易受暗示的，成人的关注有利于幼儿对制作玩具保持持久的兴趣和进一步的积极性，使他们养成喜欢制作的习惯。如在教师节、母亲节等节日里，我们经常组织幼儿制作节日礼物，让孩子在与成人的互动中感受动手制作带给自己的愉悦感。又如我们经常鼓励幼儿在家庭中进行亲子制作，并在班级设立“小小主持人”平台，鼓励幼儿向同伴介绍自己的作品，使其在与同伴的交流分享中获得愉悦与自豪。

（二）以参与的方式走进并指导幼儿的自制玩具活动

除了用积极的态度对幼儿的制作活动表示关注和赞赏，教师更需要为幼儿自制玩具活动提供时间和空间，以分享者、参与者的身份来加入，与幼儿共同分享制作活动的经验和快乐。对他们在活动中遇到的困难提供必要的示范和指导，对他们取得的点滴进步给予及时的鼓励，这将使他们有信心对自制玩具活动进行新的探索，逐步超出原有水平，朝着更高的水平发展。

陈鹤琴先生的“活教育”原则认为，凡是儿童自己能够做的，应该让他自己去做，凡是儿童自己能够想的，应该让他自己想。儿童自己去探索、去发现得来的知识才是真知识。[①]因此教师的指导应遵循“提供时间和空间，让幼儿充分去探索”的原则，切忌以过多的语言和示范“制造幼儿统一的经验”，干扰幼儿的创作思路，抹杀幼儿的想象空间。

以大班一课多研案例“可爱的小人”来说明。第一次制作活动中，教师以丰富的语言、周密的步骤示范了小人的制作方法。尤其对第一次呈现的造型材料“铁丝”，教师更是详细地做了示范，只给幼儿留出了不同肢体动作创作的空间，结果幼儿受教师示范的影响，限制了想象力的发挥。幼儿的作品从选材、组合到造型、装饰基本雷同，只是在小人的四肢造型上有平举、斜举、弯曲等简单的区别。活动以幼儿宣布“老师，我做完了”结束，显然与“老师，你快看我的小人在干什么”的积极表现相去甚远。

集体教研后，第二次活动在以下三方面做了调整：

其一是目标定位的调整。活动一的目标定位是“会跳舞的小人”（四肢的造型），这显然低估了大班幼儿的能力，探索空间的狭小使幼儿始终缺乏制作的灵感和成功的愉悦感；活动二将目标定位在“可爱的小人”，增加了类别、动态、造型等多元目标，从幼儿作品的丰富性（幼儿创作出了滑雪小人、机器人、奥特曼战士等）和活动结束后幼儿激烈的讨论表现，我们就可以看出此目标定位的成功性。

其二是教师示范度的调整。活动一属于完全示范，活动二则在三个“凡是”的原则下保持开放的态度。1. 凡是幼儿有经验的不再示范。如选材、材料之间的组合方法、人物造型后的装饰等。调整后幼儿的作品呈现出了富于变化、富有个性的特点，如给泡沫雪人围上了一条黄黄的围巾，给泥塑奥特曼战士披上了红色的神奇披风。2. 凡是新材料的呈现先让幼儿自己探索或同伴讨论。如材料“铁丝”呈现后不再由教师示范讲解它的特性，而是让幼儿先去充分接触、尝试，进而师幼互动共同总结铁丝易造型、穿透性强的特性。由于

① 蔡金梅. 怎样发展幼儿的想象［J］. 读书文摘，2005（14）：246-247.

有了第一次的经验感受，铁丝被幼儿玩出了新花样，有的用来连接头、身体、躯干，有的则用来做四肢造型。3.凡是幼儿有困难经探索依然不能解决的再做必要示范。如××幼儿在反复摆弄橡皮泥小人后，小人依然不能站起来，沮丧溢于言表，教师便适时给予帮助。示范度的调整扩大了幼儿的探索空间，极大地激发了幼儿进行自我学习和向同伴学习的兴趣。

其三是教师指导语言的调整。将“都来认真看老师怎么做的”“活动结束了，全部放下材料”“按照老师的要求一起来做”等指令性、强制性、灌输性语言变为“该怎么做呢？试试看就会找到答案”“活动结束了，没有关系，休息一会儿，还可以继续你的工作”“你可以用自己喜欢的方法去做”等建议性、鼓励性、引导性语言，使幼儿的活动变被动为主动，形成积极主动、乐于合作、善于探究的活动方式。

（三）以互动的平台赏析并延伸幼儿的自制玩具活动

幼儿自己做的玩具可能比较简单粗糙，但是它凝结着幼儿的智慧、情感和劳动，他们渴望得到周围同伴及成人的认可。教师可利用游戏、作品展示等平台，指导幼儿、作品、教师、家长形成有效互动，使幼儿在欣赏美、感受美的同时获得成功的愉悦感，增强自信心，进一步激发创作欲望。

在大班的纸盒类制作系列中有两个主题：“汽车”“动物”，围绕每种作品，教师和幼儿一起创设了不同的分享空间。

“汽车”主题——孩子们制作出了各种各样的车，兴奋的表情并不满足于看看而已，于是，教师跟孩子们共同创设出大型室内游戏“马路上的车”。用小积木、树叶等在室内模拟出马路、交通灯、停车场等场景，讨论了马路上的交通规则，然后将车合理而有序地布置在马路上，演绎警察与司机的故事……在这个延伸游戏中，孩子们彼此展示了自由创作的汽车造型，对汽车的构造与用途进行了充分的交流，围绕车在马路上的合理布局展开了一系列激烈的讨论。孩子们童稚的想象与现实的经验进行了碰撞融合。

“动物”主题——大象、蝴蝶、长颈鹿等动物在孩子们稚嫩的小手中相继出炉。孩子们纷纷建议：咱们建个动物园吧，这么多的动物相亲相爱地生活在一起才快乐。于是“快乐的动物园”应运而生。男孩为动物搭建各种各样的房子，女孩为动物朋友布置温馨的生活环境，动物之间也因此产生了很多的故事。离园时，家长们被幼儿的作品及作品所赋予的和谐相处的意义深深感染，也积极地投入到孩子们的游戏中。

作品的制作过程让幼儿收获了动手、动脑的愉悦，作品的巧妙展示更让幼儿感受到作品本身以及作品之间共同组合所赋予的意义。这种合作、交流、分享所创造的价值，已远远超出了作品的制作过程。

（四）以多样的技能支持并拓展幼儿的自制玩具活动

自制玩具活动的开展需要多种技能的支持，需要学习使用剪刀、打孔器、订书机、胶带、双面胶、牙签、针线等各种小工具，并运用简单的技能，如粘、穿、插、捏、缝、扭、卷、折等。教师对活动目标的定位、活动内容的选择、活动过程的设计等要根据幼儿的年龄特点及已有经验来进行，遵循“由易到难、举一反三、安全可行”的原则，让孩子循序渐进地接触各种工具、学习并灵活运用各种技能。

1. 技能目标层次化。对幼儿需要认识的工具材料、需要掌握的操作技能，教师要根据幼儿的年龄特点将其层次化分解并纳入教育计划，以保证自制玩具活动有目标、有计划地进行。如对于粘的技能培养，胶棒、胶带、乳胶、双面胶等材料都可以达到，但按照操作的难易程度应该是小班使用胶棒和乳胶，中班尝试使用胶带，大班学习使用双面胶。

2. 实施方法趣味化。为了保证安全操作，很多小工具的使用需要了解其注意事项，因此使用方法趣味化是教师指导策略的重心。儿歌具有短小简单、直观形象、朗朗上口的特点，利用幼儿喜欢的儿歌帮助其认识各种工具、材料，掌握正确的使用方法及常规是很重要的一种方法。如小剪刀的使用方法儿歌：“小小狗，把路走，走一步，咬一口。”小剪刀的使用常规儿歌：“小剪刀，轻轻拿，当心它的大嘴巴。剪纸时候请出它，不用剪刀送回家。”

3. 操作练习经常化。俗话说“熟能生巧”，技能要领掌握后，需要进行经常化的练习。幼儿园需要将三方面的活动有机整合，以达到练习的密度：专门的手工制作活动、一日活动中手工活动的渗透（如区域活动中的练习）、家园活动中的亲子手工制作。

自制玩具活动在我园开展期间，深受孩子们的喜爱。一提起制作活动幼儿就会欢呼雀跃，活动对幼儿的情绪、情感、合作、动脑动手等各方面能力培养效果显著；同时废旧材料得到合理的利用，有助于节约资源、保护环境，也有助于培养幼儿在生活中发现美、表现美、创造美。另外，幼儿园的自制玩具活动也带动了家长的积极参与，密切了亲子关系。孩子们喜欢自制玩具活动，最重要的理由是，活动将孩子的成功感物化为操作、物化为活生生的作品。自制玩具活动也为我们下一步的教研提供了思路：其他领域的活动如何也物化为幼儿喜爱的作品，让幼儿积极主动地活动。我们将利用开展自制玩具活动的经验，进一步促进教师的专业化发展。

参考文献：

[1] 蔡金梅．怎样发展幼儿的想象［J］．读书文摘，2005（14）．

[2] 教育部基础教育司．《幼儿园教育指导纲要（试行）》解读［M］．南京：江苏教育出版社，2002．

[3] 孔起英．幼儿园美术教育［M］．北京：人民教育出版社，2004．

［原载于《早期教育（教师版）》，2011年第7期，此次有修订］

幼儿园大班开展性教育活动的实践探索

运城市万荣县示范幼儿园　张　丽

【摘要】幼儿园性教育是帮助幼儿建立健康、科学的性观念，培养幼儿清洁卫生的良好习惯，学会自我防护的方法以免受性侵害，培养幼儿珍惜生命、热爱生活等美好情感的教育。研究者在大班进行了如下性教育的实践探索：1．开展性教育主题活动；2．在多种活动中融入性教育内容；3．家园合作开展性教育，旨在促进幼儿全面健康地成长。

【关键词】幼儿园性教育；大班幼儿；主题活动

一、幼儿园开展性教育活动的必要性

（一）预防幼儿性侵害事件发生

近年来，有关幼儿遭受性侵害的事件屡见于报端，引起了社会各界的广泛关注和重视。人们将舆论的焦点再次转移到性教育上，幼儿所受到的性侵害从另一方面来看，其实是性教育缺乏所导致的恶果。长期以来，成人对幼儿性教育的看法存在着一定的误区以及自身教育能力的不足，严重影响了幼儿性教育的施行。因此，对幼儿进行性教育，提高幼儿的自我防护能力，使幼儿免受性侵危害，成为很多教育工作者迫切希望解决的问题。

（二）发挥幼儿园对幼儿实施全面有效的性教育的优势

人自生命初始便有性生理现象，同时相应地伴随着某些性心理现象。幼儿出生后的最初几年是性教育最关键的时期，对其今后的成长发育、恋爱、婚姻与家庭生活都有着重要影响。这个年龄阶段，幼儿需要接受科学系统的性教育，培养正确面对“性”的积极情感与态度。在国内，6岁以前的儿童主要在幼儿园接受正式的教育，所以幼儿园是全面有效实施性教育的重要场所，幼儿园科学的性教育传授给幼儿的是一种态度，一种正面面对性好奇与性疑惑，破除性神秘的教育，这样的意识和态度对幼儿长大之后步入社会、顺利进入婚恋生活有着很大裨益，这也是幼儿园性教育所特有的优势。

（三）丰富幼儿园教育活动内容

幼儿性教育是幼儿园健康领域的重要组成部分，幼儿性教育中对身体的认识与保护、爱与尊重情感的培养、性别角色发展、友好的两性交往、幼儿性别化行为模式的发展等内容与幼儿园五大领域教育内容都有着紧密的联系。开展性教育活动，可以弥补当前幼儿园健康领域教育的缺失，把性教育与其他领域的教育结合起来，可以丰富幼儿园活动内容，促进幼儿健康、快乐、平安成长。

二、幼儿园大班开展性教育活动的具体实践探索

（一）开展性教育主题活动

首先，我们从幼儿的兴趣和需要出发，查阅大量相关幼儿性教育的书籍资料，参考国外先进的幼儿性教育思想建构体系，结合大班年龄段幼儿的身心发展特点，经过教师们的多次教研交流，讨论确立了我园大班性教育主题活动方案。方案围绕怀孕和出生、身体的认识与保护、性别角色发展、家庭常识的了解等方面，依据幼儿“性生理基础知识”“性别角色”“情感教育”三个分类目标，确定了性教育相关的内容。

我们参考以上多方面内容进行整合编排，形成三个主题单元活动，分别是：1．“生命，你好”；2．“我和我的身体”；3．“让爱住我家”。每个单元活动内容依据活动进行时幼儿的反应和教师们的思考讨论，内容弹性可调。在这三个主题活动下，包含了“动植物的生长”“我从哪里来”“我在妈妈肚子里”“猜猜我是谁”“男孩子，女孩子”“身体红绿灯”“我会保护我自己”“这是我家”“各行各业”“相亲相爱一家人”等10个主题单元活动。在主题活动设计中，我们在每周选择1个话题，让小朋友在探索中进行学习。具体如下图。

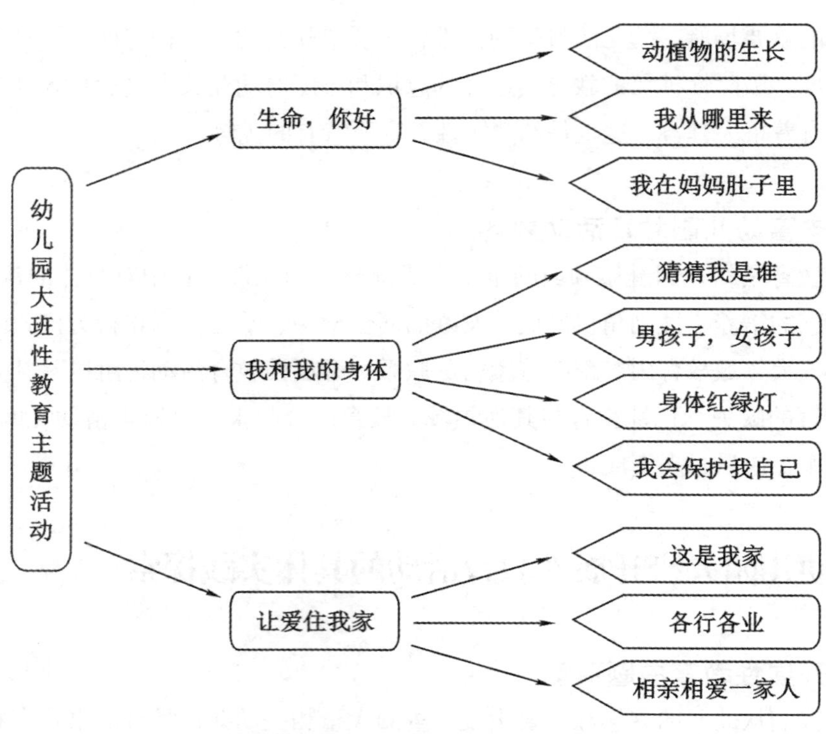

幼儿园性教育主题活动内容框架图

主题活动内容设计以动植物的生命生长为引子，通过让幼儿了解动植物繁殖、成长、衰老的生命过程，将性教育内容自然引入到活动中，再让幼儿逐步进入人类生命孕育及出生过程的学习，从而培养幼儿树立健康科学的性观念，以及珍惜生命、热爱生活的美好情感。

其次，科学有效地组织性教育主题活动。我们通过从网上下载内容健康的性教育动画、扫描专业图片等途径，获取大量的图像素材用于制作PPT，这些加工后的图像和动画让幼儿更加直观形象地了解自然环境中动植物生长、繁衍后代的奥秘等；大家一起在厨房活动室里泡发绿豆，通过观察豆芽的生长，感受生命的神奇；在集体教学活动中，教师用浅显的语言介绍母亲怀孕的周期、胎儿的形成发育和婴儿的出生等基本常识；在团体游戏中幼儿扮演鸡妈妈照顾蛋宝宝，从扮演妈妈孕育宝宝时的日常生活中，体会现实生活中妈妈的辛苦与伟大。

大班年龄段的幼儿求知欲强，喜欢动脑思考和尝试探索，我们采用集体讨论的形式，让幼儿在交流探讨中发现并明晰胎生和卵生动物的区别、自己是怎么来到这个世界上的、宝宝在妈妈肚子里的活动以及宝宝的出生部位等。同时，大班幼儿的动作较协调，手指灵活性强，借助幼儿的手脑配合操作，我们协助幼儿绘制出动物的成长图卡以及发豆芽、连连看怀孕过程等图卡。友好的互动交流，引发了幼儿对生命从何而来的思考。他们无所顾忌地提出自己的好奇和疑惑，让活动在自然、轻松的氛围中开展下去。

《生命，你好》主题系列之《我从哪里来》活动实录摘录（以下教师简称T，幼儿简称S）：

T：上次大家一起了解了可爱的小动物的出生和成长，那么你们知道自己是从哪里来的吗？

S1：奶奶说是在垃圾堆里捡到的。

S2：变魔术变出来的。

S3：医生用剪刀把妈妈肚子剪开，把我从里面抱出来的。

S4：啊!S3太可怕了，肚子剪开就死了!

S3：不会死的，我妈妈跟我讲的，有医生在呢，这是手术。

T：S3的妈妈告诉他的并没有错，其实我们每个人都是妈妈生下来的。你们每年的生日，就是妈妈生下你们的日子!大一班的李老师肚子大大的，其实里面就住着小宝宝呢。

S14：真的啊!

S6：那小宝宝是怎么装进肚子里面的？

S4：是不是像我们把东西塞到肚子里一样？

S5：我觉得本来就在妈妈的肚子里。

S13：老师，小宝宝是怎么进到妈妈肚子里面的？

T：爸爸和妈妈相爱结婚后，他们想有个小宝宝，于是爸爸把许多叫“精子”的东西放在妈妈的肚子里，精子在去妈妈肚子的途中遇到“卵子”，如果他们成为好朋友拥抱在一起，这时妈妈就怀宝宝了。小宝宝在妈妈肚子里慢慢长大，10个月之后，妈妈就把宝宝生出来了。

S7：原来是这样啊!

S6：还得等10个月啊!

S2：什么是精子啊？

S3：什么是卵子啊？

T：（出示图片）这个像小蝌蚪一样的东西就是精子了，卵子的形状像水母。真正的精子和卵子要比小蝌蚪和水母小很多很多。

S2：精子和卵子从哪里来的啊？

S1：小宝宝在妈妈肚子里面做什么啊？

S11：他吃什么呢？

S4：我在肚子外面和他说话，他能听见吗？

……

（二）在多种活动中融入性教育内容

在主题活动环境创设中，班级的墙面布置与性教育单元主题活动内容相结合；丰富区域活动中的性教育素材；教师的鼓励肯定及言传身教的影响；给幼儿营造一个充满爱的教育环境氛围，激发他们对美好生活的向往，真正将幼儿性教育的实施融入幼儿园的多种活动中。

1. 用角色游戏强化幼儿的性别意识

3—7岁是幼儿的性角色意识培养的重要阶段。在日常的生活中，他们会在大人的言行举止下“习得”性别角色和同等的性别观念，并在生活中对男孩和女孩的特征、行为、能力、责任等方面，也有着不一样的看法与期待。角色扮演游戏能加深幼儿对性别、性别角色的进一步认识，因此我们在角色区里投放与娃娃家生命主题相关的活动材料，如服饰、道具、场景等，要求教师多关注、观察幼儿扮演的角色，不断地引导他们对多元性别角色的认识。案例：

娃娃家是幼儿很喜欢的游戏之一，幼儿都会争着去当爸爸妈妈。豆豆说：“我当妈妈。”丁丁跑过来说：“我当爸爸。”乐乐也跑过来说：“我要当奶奶。”突然旁边的天天听到了说：“奶奶是女的，你是男孩只可以当爷爷或者哥哥。”乐乐听了知道自己错了，只好换了角色当哥哥了。

过了一会儿，宝宝发烧了，丁丁和豆豆带宝宝去医院打针，可医院没人，这时乐乐说：“我先当医生给宝宝打针吧。”豆豆说：“不行，你是哥哥呀。”乐乐说：“我在这里是医生，回到娃娃家里，我就是哥哥啦。”丁丁说：“哥哥长大了是可以当医生的。”3人又开始了给娃娃打针的游戏。

2. 利用图书让幼儿共同了解性教育常识

我们在全园各班级图书阅读区投放了大量关于性教育的绘本及音像材料，鼓励孩子借阅图书。比如《小威向前冲》《乳房的故事》《小鸡鸡的故事》《成长与性》《我的弟弟出生了》《我是女孩，我弟弟是男孩》《我宝贵的身体》《善解童贞》等许多非常好的关于性教育的绘本，以图文并茂、语言简单易懂的形式，让孩子们爱不释手，他们还可以借阅回家和父母一起阅读。绘本讲述了男女生理结构的不同、生命的诞生、生殖器的清洁、如何控制自己的性冲动、保护自己不要受到性侵害等，向幼儿和家长很好地诠释了健康的性观念，表达了“每个孩子都是宝贵的生命!”这样的情感。

3. 照顾小动物、植物，让幼儿感受新生命生长的奇妙

我们在全园开展了照顾小动物、植物的活动。幼儿把在家和父母一起养的小动物、植物带来投放到自然科学区，并和教师一起制作了观察记录卡，然后通过每天观察动、植物的变化，定时将其记录在记录卡上。教师组织幼儿到农场参观家禽家畜，在小鸡出壳的瞬

间，孩子们欢呼跳跃起来，大家在一起开心地讨论着鸡妈妈孵小鸡的趣事。通过实地观察，孩子们在感受新生命到来的喜悦之时，也学习了不同动、植物繁衍生长的奇妙的常识。

（三）家园合作开展性教育

幼儿性教育要想取得良好效果，我们需要采取多样化形式与家长互动，引导家长在日常生活中对幼儿进行科学合理的性教育。

家庭是幼儿生活的主要场所，父母是孩子的第一任老师，在家庭生活里父母可以随时对幼儿进行性教育。但在日常教育实践中，有些家长文化程度有限；有些家长处于观望中立的态度；有些家长思想保守，认为幼儿年龄还小，不愿意让自己的孩子过早接触这些性教育内容，所以教师要做好家长的教育工作，给予家长们指导孩子的正确方法。

首先我们在全园开展了家长大讲堂活动，班级教师也开展了亲子课堂，陆续向家长讲解了幼儿性教育的重要性及幼儿性教育的最佳方法，解答父母的疑问等；邀请家长参加园所开放日活动，观看教师关于性教育的公开课及参观班级的区域活动，绘本图书区向家长开放借阅图书、光碟等活动；在幼儿园网站"家园共育栏"及班级家长微信群里不断更新幼儿性教育的资料等。通过我们多方面的家园合作共育，大部分家长对孩子的性教育问题有了一个清晰明确的态度与认识，当孩子提出有关性方面的疑问时，家长们不再像以前那样搪塞回避了。

这是一位妈妈在班级微信群里与家长们分享的一段话：

宝宝："妈妈，我从哪里来的呢？"

妈妈："你是我生的呀。"

宝宝："那我们班点点小朋友是谁生的？"

妈妈："是点点妈妈生的，所有的宝宝都是由他们的妈妈生出来的。"

宝宝："哦，妈妈也太累了。"

妈妈："是呀，妈妈生你时很辛苦的，你来看妈妈怀着你时的照片……"

这位妈妈正面回答孩子宝宝的出生常识，以及妈妈在孕育孩子时付出的辛苦，这样不仅满足了孩子的好奇心，还在潜移默化中增强了孩子关爱父母的意识。

其次在日常生活中，家长对幼儿进行科学合理的性教育时还需注意：

1. 家长在家庭日常生活中，在穿着、发型及玩具选择等方面要有明确的性别区分，避免孩子从小对自己和他人形成错误的性意识，影响孩子的性取向及之后孩子的性格和行为。

2. 家长可以选择适当时机，如洗澡、睡觉前等很自然地让孩子认识自己的身体，用科学名词来解释男女的生殖器官，尤其是要孩子认识到生殖器官与人体其他器官一样，并不神秘，并告诉幼儿如何保护它，不能随便玩弄，要养成良好的卫生清洁习惯。

3. 家长自身的行为示范很重要。夫妻之间如果感情真挚融洽，道德高尚，就会给孩子树立良好的榜样，使孩子在以后生活中更喜欢生活，热爱生命，正确处理性方面的问题。

4. 家长对于幼儿的性提问可以因势利导，做到：（1）采取自然、温和的态度，坦诚回答，不要欺骗，不需要太详细的解释。（2）应轻描淡写地说明，不要有神秘感和不好意思。（3）回答孩子问题时应该坚决，果断明了，不需引申联想。

三、幼儿园开展性教育活动中的几点思考与建议

（一）性教育是一个长期的过程，需正式融入幼儿园教育活动当中

在教育过程中，我们对孩子施加某种影响以达到教育目的，要经过很长的一段时间才能看到教育的效果，幼儿的性教育同样如此，需要长时间的学习才能让幼儿产生潜移默化的影响。因此教育者在关注幼儿身心发展的同时，应对幼儿性教育的深度进行适当调整，在不同的教育阶段给予幼儿不同的性教育内容，正式把性教育融入幼儿园的课程当中，帮助幼儿获得正确的性常识，学习与两性建立良好的人际关系，塑造积极的自我形象，培养其健全的人格。

（二）多加深思，幼儿性教育要适时、适宜、适度

性教育存在一个尺度的问题。如何既保证孩子们接受正确的性常识，又使他们的好奇心不被带到不适当的深度，这是摆在我们面前最大的问题。幼儿性教育的尺度主要是根据幼儿的身心发展水平来决定的。教师需要有步骤、有选择、有针对性地对幼儿实施科学的性教育。在开展性教育活动时，应主要侧重于幼儿对性、性别、性别角色的直接体验性学习，以适应孩子的发展，促进其健康成长。

（三）实施幼儿园性教育，需加强师资培训

幼儿性教育涉及多种学科常识，要求教师应该博闻多学，有较开阔的知识面，除了掌握从事幼儿教育的专业知识和技能外，也要接受生理学、伦理学、社会学等方面知识的学习。教师树立正确的性教育态度和价值观，与其掌握专业知识同样重要，甚至更为重要，所以我们在对幼儿进行性教育前，也应该接受幼儿性教育教学内容、教学方法、效果评估等方面的专业系统的学习。我国学前教育师资职前培养和职后培训都需要增加上述方面的内容。

参考文献：

［1］王丽莉，徐韵．中西方儿童性教育比较［J］．山东教育，2007（36）．

［2］林剑影．学前教育专业幼儿性教育课程的目标、内容与实施要求［J］．学前教育研究，2010（12）．

［3］黄金花．幼儿性教育目标与内容的研究［D］．长沙：湖南师范大学，2008．

［4］丛中笑．浅析现代幼儿性别教育的基本问题［J］．中华女子学院学报，2005（4）．

［5］彭燕，杜学元．对当前幼儿园性别教育的几点思考［J］．伊犁教育学院学报，2004（1）．

［6］谢妮．学前儿童性教育实施现状、滞后原因及对策研究［D］．兰州：西北师范大学，2003．

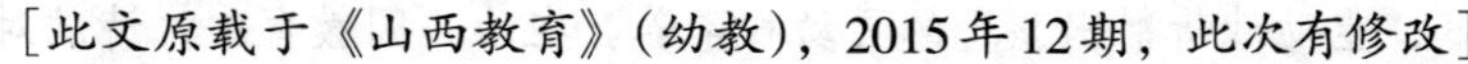

［此文原载于《山西教育》（幼教），2015年12期，此次有修改］

浅谈幼儿的诗歌启蒙

永济市银杏小学附属幼儿园　范云霞

【摘要】诗歌反映了儿童心理发展的特点，表达了儿童的内心世界，蕴涵着丰富的教育内容，生动地折射出孩子的灵动和素养。在幼儿园教育中，诗歌对幼儿发展的作用体现在以下几个方面：1．能契合幼儿的天性；2．能培养幼儿的情感和兴趣；3．能提高幼儿语言的连贯性；4．能培养幼儿的审美情趣；5．能传承民族文化。

【关键词】幼儿；诗歌；天性；语言连贯性

诗歌是什么？在幼儿心灵的书页上，诗歌将书写什么？雪莱说："诗是最快乐最良善的心灵中最快乐最良善的瞬间记录，诗是真与美的结合。"[①]诗歌是精神和血液里的东西，引起的是灵魂的震动，它的作用是长效而非短时的，是含蓄而非外显的，是深沉而非肤浅的。诗歌和儿童的关系表现在诗歌反映了儿童心理发展的特点，表达了儿童的内心世界，蕴涵着丰富的教育内容，生动地折射出孩子的灵动和素养。在幼儿园教育中，诗歌对幼儿发展的作用体现在以下几个方面。

一、诗歌能契合幼儿的天性

台湾作家林海音说过："我的幼年时代是在母亲和祖母的儿歌声中长大的。儿歌中有语文的学习，常识的增进，性情的陶冶，道德的灌输。中国诗歌就是一部中国儿童语言学，儿童心理学，儿童教育学，儿童伦理学。"[②]对幼小儿童来说，文学是他们成长的精神

① 郑荔.教育视野中的幼儿文学［M］.南京：江苏教育出版社，2005：200.

② 郑荔.教育视野中的幼儿文学［M］.南京：江苏教育出版社，2005：174.

摇篮，而诗歌是文学的重要体裁之一，被称作“文学中的文学”。

儿童天真、质朴、富有幻想。根据儿童发展心理学知识，儿童的思维方式带有诗歌的特点，儿童的游戏也时时显示着诗歌的色彩。美国诗人如默·戈登认为：“一个儿童对诗歌的喜好，就如同安置了一个让他永远心旷神怡的泉源。”[①]诗歌与儿童天性的契合，使他们之间体现了一种浑然天成的亲缘关系，它比别的文学体裁更能激发儿童的情感，更有助于提高他们的人文素养，陶冶他们的高雅情操。

二、诗歌能培养幼儿的情感和兴趣

在赏诗、诵诗的良好氛围中，我们可以趁势引导孩子学诗，让孩子在听、诵、演、悟的过程中走进诗歌的意境美。

（一）结合年龄分层学

我们从欣赏童谣到欣赏儿歌，从欣赏古诗到欣赏陶行知诗歌、毛泽东诗词，让孩子们领略诗歌的韵律美和语言美。其中，小班以五言为主，中大班以七言为主。如小班的爱国教育，引用陶行知的《中国人》：我是中国人，我爱中华国。中国现在不得了，将来一定了不得。通过欣赏唐朝诗人李绅的《锄禾》：锄禾日当午，汗滴禾下土。谁知盘中餐，粒粒皆辛苦。教育孩子从小知道节约粮食，爱惜农民伯伯的劳动成果。再如教育中大班孩子自立自强的《自立歌》：滴自己的汗，吃自己的饭，自己的事情自己干。靠人靠天靠祖上，不算是好汉。歌唱春天的《咏柳》：碧玉妆成一树高，万条垂下绿丝绦。不知细叶谁裁出，二月春风似剪刀。

（二）结合季节熏陶学

我们有效利用大自然课程资源，春天赏孟浩然的《春晓》：春眠不觉晓，处处闻啼鸟。夜来风雨声，花落知多少。夏天诵杨万里的《小池》：泉眼无声惜细流，树荫照水爱晴柔。小荷才露尖尖角，早有蜻蜓立上头。秋天吟杜牧的《山行》：远上寒山石径斜，白云生处有人家。停车坐爱枫林晚，霜叶红于二月花。冬天学王安石的《梅花》：墙角数枝梅，凌寒独自开。遥知不是雪，为有暗香来。不同的季节吟诵不同的诗，让孩子们在诗的熏陶下、诗的意境中，感受大自然的美好。

① 郑荔.教育视野中的幼儿文学［M］.南京：江苏教育出版社，2005：186.

（三）结合节日抒情学

“三八”夸妈妈，“五一”赞劳动，“六一”庆节日，“九十”颂老师。如清明节祭祖先怀英雄，学习杜牧的《清明》：清明时节雨纷纷，路上行人欲断魂。借问酒家何处有，牧童遥指杏花村。环境保护日学习环保儿歌《废电池》：废电池，你别扔，有害物质黑又凶。土壤、空气、地下水，一旦污染难澄清。教育孩子保护环境要从我做起，从小事做起。庆元旦活动中，大班表演王安石的《元日》：爆竹声中一岁除，春风送暖入屠苏。千门万户曈曈日，总把新桃换旧符。喜庆欢快，年味十足，并且具有教育意义。

赏、学、诵、演四个环节的层层递进，生动活泼地引导幼儿走进诗歌，诵读诗歌，使幼儿园形成人人喜欢诗歌的书香氛围。

三、诗歌能提高幼儿的语言连贯性

幼儿在学习诗歌中可以接触到丰富的词汇。好的诗歌语言优美，句式整齐规范，可为儿童提供使用语言的良好范例。语言连贯性的发展是儿童语言能力和思维发展的重要环节，诗歌在培养训练幼儿的语言能力方面具有不可忽视的作用。反复吟唱有情节、有节奏、有哲理且充满趣味的儿歌，能促进其语言思维的发展。如毛泽东的《咏蛙》：独坐池塘如虎踞，绿荫树下养精神。春来我不先开口，哪个虫儿敢作声？再如陶行知的《爱与害》：你就是我，我就是你。只愿爱你，不愿害你。如果害你，就是害己。幼儿对这些诗歌百念不厌，在念唱过程中提高了语言连贯性。

四、诗歌能培养幼儿的审美情趣

诗歌的语句优美、富有节奏和韵律，能培养幼儿最初的美感。如诗歌《四季太阳》：春天的太阳暖心房，夏天的太阳麻辣烫，秋天的太阳金灿灿，冬天的太阳暖洋洋。不论是词汇还是节奏都充满美感，具有强烈感染力。再如讲卫生儿歌《洗脚丫》：睡觉前端来盆，小脚丫走进水，就像两只小鸭子，游来游去多欢喜。讲礼貌儿歌《捶捶背》：老公公，八十岁，请您坐下来，给您捶捶背。安全儿歌《争当文明人》：小朋友，要牢记，上下楼梯有秩序。不拥不挤不吵闹，互相礼让最重要。营养儿歌《红萝卜，绿青菜》：红萝卜绿青菜，红红绿绿真可爱。吃萝卜吃青菜，身体健康人人爱。这些儿歌都有助于充实幼儿的内心世界，培养其良好的习惯，它们对孩子的影响是终身的。

五、诗歌能传承民族文化

诗歌还蕴含着许多有关道德、理想和创新的内容，给幼儿提供了成长的范型。如诗歌《我和老师》：老师个不高，心灵手儿巧。她像参天树，我是林中鸟。树绿叶茂，本领他来教。小鸟快乐叫，大树乐弯腰。教育孩子从小要有一颗感恩之心和尊师敬长的情感。毛泽东的《呈父亲》：孩儿立志出乡关，学不成名誓不还。埋骨何须桑梓地，人生无处不青山。给幼儿以美好的憧憬，激励幼儿要有远大的理想。陶行知的《每事问》：发明千千万，起点是一问。禽兽不如人，过在不会问。智者问得巧，愚者问得笨。人力胜天工，只在每事问。教育孩子从小要有“打破砂锅问到底”的创新精神。

一个孩子经常浸润在优美、灵动、充满智慧的诗歌中，从小就体会到人间至真、至纯、至美的感情，这样的孩子肯定是诗意的、健康的、乐观坚强的，让我们以诗歌为载体，让每一个孩子都能健康快乐地成长。

参考文献：

[1] 郑荔．教育视野中的幼儿文学［M］．南京：江苏教育出版社，2005．

[2] 陈旋．唐诗三百首［M］．喀什：喀什维吾尔文出版社，2003．

[3] 赵珉娜．幼儿古诗启蒙教学初探［J］．新课程学习（上），2011（08）．

[4] 毛前静．诗歌朗诵中让幼儿的情感自然流露［J］．今日教育：当代幼教，2009（6）．

[5] 叶淑芳．儿童诗歌启蒙教学发展语言能力的探索［J］．科教导刊（电子版），2016（24）．

［原载于《运城教科》，2011年第7期，此次有删减］

《指南》背景下幼儿园“以游戏为基本活动”的实践初探

——以国家学前教育改革发展实验区芮城县为例

运城市芮城县教育科技局　杜永健　李俊丽

【摘要】针对幼儿园“小学化”现象严重的问题，国家学前教育改革发展实验区芮城县教育行政部门采取了以下改革措施：1．改变“小学化”的一日活动时间安排；2．改变“小学化”的室内环境空间布局；3．改变户外活动以运动游戏为主的现状；4．改变教师在游戏中的角色定位。初步实现了幼儿园“以游戏为基本活动”。

【关键词】《3—6岁儿童学习与发展指南》；幼儿园；游戏；国家学前教育改革发展实验区；芮城

游戏对幼儿发展的重要性已成共识。如《幼儿园工作规程》指出：幼儿园教育工作的原则之一是“以游戏为基本活动”；《3—6岁儿童学习与发展指南》（以下简称《指南》）也指出：“幼儿的学习是以直接经验为基础，在游戏和日常生活中进行的”。

然而，反观我县幼儿园，游戏是基本活动吗？答案是“否”。什么是基本活动呢？答案是“上课”。

那么，如何做才能让游戏成为幼儿园的基本活动呢？我县自2013年成为山西省《指南》实验区，到2016年被教育部确定为国家学前教育改革发展实验区（承担的试点任务之一是“贯彻落实《指南》”），我县幼儿园在课程游戏化的道路上历经五年不断探索与实践，取得了有目共睹的成绩：幼儿园室内、室外自主性游戏活动蓬勃开展，孩子们正在游戏的快乐中健康成长。

具体而言，我县幼儿园“以游戏为基本活动”的课程游戏化实践与探索主要实现了四个方面的改变。

一、改变“小学化”的一日活动时间安排

《指南》颁布以前，全县幼儿园的一日活动时间安排基本上同小学一样，每天以上课为主，幼儿没有自由游戏的时间。

针对这种状况，教育局对全县幼儿园一日活动安排提出了明确的要求：每天由教师主导发起的集体教学活动不超过1次，户外游戏活动不少于2小时，室内区域游戏时间1—1.5小时，其他时间为生活活动。

在教育局的统一要求下，全县各幼儿园以建立稳定、有规律的一日生活，满足幼儿自主活动需要为原则，分年龄段自主安排本园作息时间。一些幼儿园还尝试除午休和餐点外，其他时间允许教师根据需要灵活调配。

这个改变，首先在一日活动安排上给予了幼儿自由游戏的时间保障，帮助教师把“以游戏为基本活动”的理念落实在教育实践中。

二、改变“小学化”的室内环境空间布局

《指南》颁布以前，全县多数幼儿园教室内桌椅以排排坐的形式摆放，仅有的几个玩具柜靠墙放在教室的后面。玩具柜里放着几小筐教师让玩、孩子才能玩的雪花片等插塑类玩具。全县幼儿园教室里没有一个活动区域。

针对这种现状，教育局对全县幼儿园提出以下改变室内活动空间环境的要求：

第一，创设自由游戏的区域活动空间

在室内区域游戏空间布局上，我们要求全县幼儿园要合理地规划活动室空间，每个班级创设娃娃家、积木区、美工区、玩具区、图书区这五大基本活动区域；还可以利用走廊及楼梯空间创设木工区、表演区等比较喧闹的区域；有条件的幼儿园可以专门创设生活体验室、积木游戏室、科学探究室、图书室、美工游戏室、表演游戏室等专门的区域游戏室。在区域设置上，要注意动静分开，并且各区域之间相互贯通，便于幼儿自由游戏。

第二，投放丰富多样的区域游戏材料

在游戏材料投放上，我们给全县教师提供了每个区域的材料清单，使材料投放更有目的性。比如娃娃家要投放小宝宝、婴儿床、奶瓶、衣服、梳子、牙刷、婴儿车等与娃娃相关的游戏材料；厨房投放锅、碗、瓢、盆、刀、叉、勺子、筷子等真实的餐具材料；还有

警服、白大褂、高跟鞋等与职业扮演相关的服装。在材料标识上，我们要求教师用实物、照片、简笔画、拓图、文字等形式在材料柜上为材料做明确标识，便于孩子发现材料、使用材料和归还材料。

改变活动室空间和投放丰富多样的游戏材料，为幼儿游戏提供了物质条件。在幼儿游戏时，我们允许幼儿自主选择区域、自主选择材料、自主选择伙伴进行游戏。

这个改变让全县幼儿教师在教室空间布局的形式上去掉了“小学化”，把幼儿游戏的空间还给幼儿，让教室成为幼儿自由游戏的场所，以此推动教师去改变“小学化”的教育行为。这个改变也让全县幼儿教师充分体会和认识到了幼儿园课程和小学课程的不同特点，以及环境和空间在幼儿学习发展当中的作用与条件。

三、改变户外活动以运动游戏为主的现状

《指南》颁布以前，全县多数幼儿园户外活动以运动游戏为主，类型比较单一。户外活动在形式上也以教师组织的集体游戏为主，没有或很少有幼儿的自由游戏。

针对这种现状，我们要求全县幼儿园在户外环境创设上，除运动区外还要创设沙水区、泥巴区、大型户外搭建区、美劳区以及表演游戏区等多种活动区域。

在户外各区域材料的投放上，我们要求教师要投放来自大自然和生活中的废旧物品，以及其他低结构和非结构的材料，以满足幼儿自主活动的需求。

比如在运动区，我们投放了沙包、跳绳、皮筋、轮胎和铁环等大量材料，以发展幼儿的基本动作。在美劳区，我们投放了瓶、罐、纸杯以及贴有瓷砖的大块涂鸦墙面，让幼儿自由涂画以充分表达表现；在建构区，我们投放了纸箱、奶粉桶、PVC管、木梯、大型搭建积木等材料，让幼儿根据自己的意愿进行搭建、构造，充分体验建构游戏的乐趣；在沙水区，我们投放了瓢、盆、铲子、筛子以及利用废旧物制作的多种工具材料等，让幼儿充分体验玩沙、玩水的乐趣；在泥巴区，我们投放了来自黄河滩的、不沾手且便于塑型的优质胶泥，孩子们用泥巴捏出了各种各样的人物、动物及物品的形状，充分满足了幼儿自由创造的乐趣。

这个改变使孩子们在户外也能体验到多种多样游戏的快乐，加上室内区域游戏活动，我们真正地把所有的游戏还给了孩子。

四、改变教师在游戏中的角色定位

《指南》颁布以前，全县幼儿教师缺乏正确的儿童观、教师观和游戏观。教师在游戏中控制幼儿，孩子们玩的基本上是教师主导的、主题框架下的“假游戏”，很少有孩子们自发、自主、自由玩的“真游戏”。

针对这种现状，我们通过理论结合实践等多种形式的培训、片区大教研活动和园本教研活动来转变全县教师的“三观”（即儿童观、教师观和游戏观），并强制要求教师在看不懂幼儿游戏行为、不会用专业知识解读幼儿游戏、不会用正确的策略介入幼儿游戏时，只要不出现安全事故，一般不要介入，只需在一旁静静地观察，学着客观真实地记录，然后进行研讨，慢慢“读懂”幼儿游戏。这样，“教师撤出-

教师儿童观的改变带来了教师观的转变。从此，我县幼儿教师的角色不再是高高在上的知识传递者，而是给儿童学习提供“支架”的人：游戏前，教师是创设游戏环境、提供游戏材料的人；游戏中，教师是观察儿童游戏，记录儿童游戏行为，尝试用有效的师幼互动策略帮助儿童解决问题、支持儿童完成游戏的人；游戏后，教师是和儿童一起交流游戏经验、分享游戏成功体验的人。

教师儿童观和教师观的改变彻底转变了他们的游戏观，也使全县幼儿园开展的游戏活动逐渐向“真游戏”迈进。

保障自由游戏的时间、保障自由游戏的空间和材料、教师放手让幼儿游戏，这只是我县在课程游戏化道路上迈出的一小步。下一步，我县将尝试用游戏的思路对生活活动、集体教学活动等“非游戏活动”的游戏化进行探究，尝试将幼儿园课程从关注文本及教材转向关注幼儿的经验和需求，努力实现幼儿园课程游戏化，努力实现幼儿园“以游戏为基本活动”。

参考文献：

[1] 程学琴．安吉游戏解读与指导——放手游戏，发现儿童［M］．上海：华东师范大学出版社，2017．

[2] 张晖．课程质量提升之路（上）——以江苏课程游戏化项目推进为例［J］．学前教育（幼教版），2017（1）．

教师教育与专业成长

山西省幼儿园教师队伍现状调查与相关建议

山西省幼儿教育中心　李志宇
山西大学　王福兰

【摘要】本研究采用文献分析与问卷调查法，对山西省幼儿园教师队伍现状进行调查，结果发现：幼儿园教师队伍总体呈壮大之势，民办幼儿园教职工占主体；与国家标准相比，现有幼儿园教师数量严重不足；幼儿园教师队伍呈年轻化趋势，但师资队伍不够稳定；幼儿园教师队伍性别结构单一，男性教师很少；幼儿园教师学历水平整体有所提高，但部分教师并非学前教育专业毕业；幼儿园教师事业编制少，社会地位仍很低；幼儿园教师未评职称人数多，待遇尚未得到充分保障；幼儿园教师队伍城乡分布不均衡，农村缺乏优质师资。针对这些具有普遍性的问题，研究者建议：1．拓展学前师范教育资源，确保数量充足，确保培养质量；2．加强幼儿园教师培养与培训，提高幼儿园教师队伍整体素质；3．完善幼儿园教师职称体系，落实相关地位和待遇；4．合理解决教师事业编制问题，促进学前教育协调发展。

【关键词】幼儿园教师；山西省；现状调查；建议

《国家中长期教育改革和发展规划纲要（2010—2020年）》提出，要大力发展学前教育，重点发展农村学前教育。学前教育的发展，在某种意义上取决于教师队伍的发展。为了了解山西省幼儿园教师队伍的现状及存在的问题，我们一方面结合2001—2012年山西省学前教育事业统计年报中的相关数据，对全省幼儿园教师队伍发展状况进行文献分析，另一方面自编《山西省实施幼儿园教师国家级培训计划情况调查问卷》，对山西省11个市的幼教管理机构和师训管理机构进行问卷调查，就各市幼儿园教师总人数，城区、镇区、乡村教师人数分布，公办和民办幼儿园教师人数分布，有编制和无编制教师人数分布，教师年龄结构分布等情况进行调查分析。我们希望借此全面了解山西省幼儿园教师队伍的现状及存在的问题，为加强山西省幼儿园教师队伍建设和做好幼儿园教师培训工作提供依据。

一、山西省幼儿园教师队伍现状

（一）教师队伍总体呈壮大之势，民办幼儿园教职工占主体

随着国家和社会对学前教育的重视，山西省幼儿教育的规模总体呈扩大趋势。与此相应，幼儿园教职工人数也在逐年增加。从图1来看，教职工从2002年的30 216人增加到2012年的58 666人，专任教师从2002年的20 183人增加到2012年的38 194人，增长显著。从表1来看，2007年到2012年，教育部办、集体办幼儿园的教职工数增幅不大，而民办幼儿园的教职工数有明显增加。2007年，民办幼儿园教职工数仅占教职工总数的39%，而2009年已占教职工总数的44%，2012年更是上升到54.6%，增幅明显。可以说，民办幼儿园教职工已成为山西省幼儿园教职工队伍中的一支重要力量。

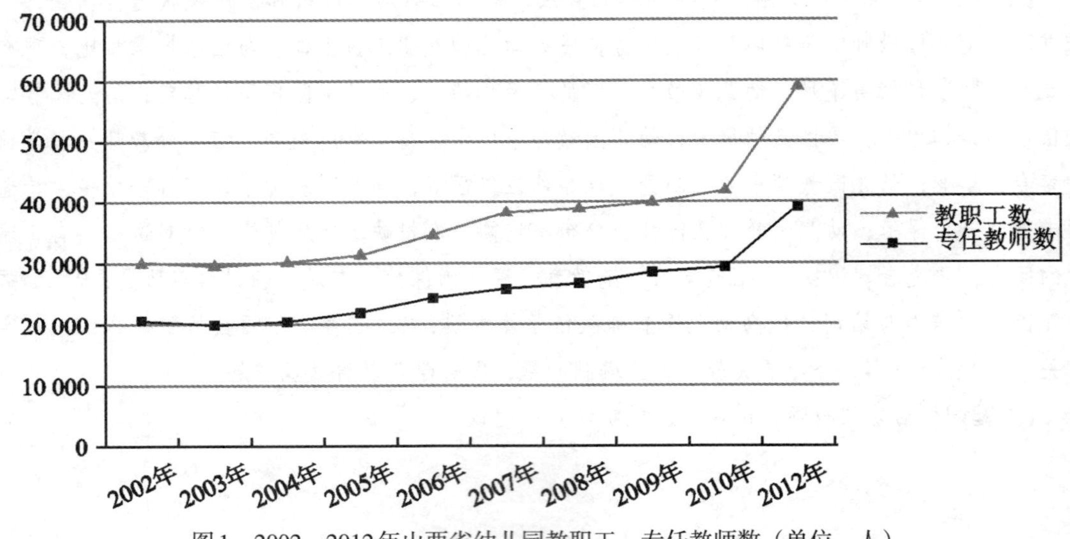

图1　2002—2012年山西省幼儿园教职工、专任教师数（单位：人）

表1　2007年、2009年、2012年山西省幼儿园教职工人数表

	2007年	2009年	2012年
教育部门办	11 036	11 051	14 252
集体办	4 355	4 296	4 410
民办	14 861	17 433	32 055
其他部门办	7 581	6 690	7 949
合计	37 833	39 470	58 666

（二）与国家标准相比，现有幼儿园教师数量严重不足

从总体上看，山西省幼儿园教师数量严重不足。依据教育部《幼儿园教职工配备标准（暂行）》（教师〔2013〕1号）的规定，全日制幼儿园教职工与幼儿人数比的上限为1∶7。《山西省2011—2012学年初教育事业发展统计公报》显示，山西省幼儿园在园幼儿共914 797名。根据国家标准，需要教职工130 685名，而目前仅有教职工58 666名，师幼比为1∶15.6，缺口很大。按每班30名幼儿、每班两名专任教师计算，山西省最少应有专任教师60 986名，而目前仅有专任教师38 194名，师幼比为1∶24，教师数量严重不足。根据《教育部、中央编办、财政部、人力资源社会保障部关于加强幼儿园教师队伍建设的意见》（教师〔2012〕11号）的要求，到2015年幼儿园教师数量要基本满足办园需要。这就意味着，从2013年到2015年，山西省每年至少要补充8 000名合格的幼儿园教师。《山西省中长期教育改革和发展规划纲要（2010—2020年）》提出，到2020年要“基本普及学前教育，学前三年毛入园率达到80%以上”。由此可见，山西省学前教育师资队伍建设的任务非常艰巨。

（三）幼儿园教师队伍呈年轻化趋势，但师资队伍不够稳定

从图2来看，山西省幼儿园园长和专任教师队伍总体年龄结构为25岁及以下最多，占33.2%。其中，园长的年龄以30—50岁为主，占74%，专任教师的年龄以25岁及以下最多，占37.1%，不到40岁的教师占88.4%。从数据上看，幼儿园教师队伍整体年轻化。但细究则会发现，师资队伍现状不容乐观。在专任教师中，公办教师的年龄在40岁以上的占25.2%，存在一定的年龄老化问题。年龄较大的教师虽然经验丰富，但存在职业倦怠现象，有相当一部分有经验的公办幼儿园教师，由于待遇低、工作压力大等原因转岗去当了小学教师或者索性离开教师岗位。在专任教师队伍中，聘用或临时代课的教师占23.7%，占比相当大。聘用或临时代课等意味着教师的权益难以得到有效保障，这很不利于整个教师队伍的稳定。

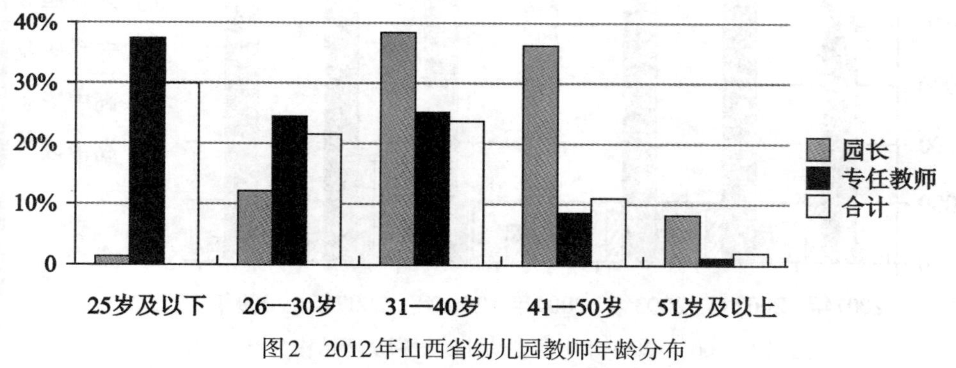

图2　2012年山西省幼儿园教师年龄分布

（四）幼儿园教师队伍性别结构单一，男性教师很少

从2012年山西省学前教育事业统计年报的数据来看，女性教职工占幼儿园教职工总数的93.48%，女性园长占园长总数的88.43%，女性专任教师占专任教师总数的99.01%。由此可见，男性教师极少。由于学前教育工作性质以及政府和民众对学前教育的认识存在偏差等原因，部分社会公众对男性从事学前教育工作颇不认同。又因为幼儿园教师待遇偏低等问题长期得不到解决，所以从事学前教育工作的男性极少。这一缺失很可能对幼儿的健康发展带来不利影响。

（五）幼儿园教师学历水平整体有所提高，但部分教师并非学前教育专业毕业

2001年以来，山西省幼儿园教师队伍的学历结构发生了巨大变化，大专及以上学历者所占比率迅速提高。从图3来看，到2009年，拥有专科以上学历的教师占教师总数的65%。从图4来看，2012年拥有专科以上学历的教师已占教师总数的72%。其中，拥有本科及研究生学历的教师人数从2005年起迅速增加，到2009年占教师总数的15%，到2012年达到18.8%，而高中及以下学历的教师则从2001年的11%降到2012年的1.9%。随着国家和社会对学前教育的日益重视，高等院校学前教育专业不断扩大招生规模，再加上幼儿园教师专业化需求的不断提高，越来越多的幼儿园教师通过各种途径提升了自己的学历，这在一定程度上促进了山西省幼儿园教师学历的整体提升。然而，我们也看到，有相当一部分教师不是学前教育专业毕业的。幼儿园教师学历的专业性还有待进一步提高。

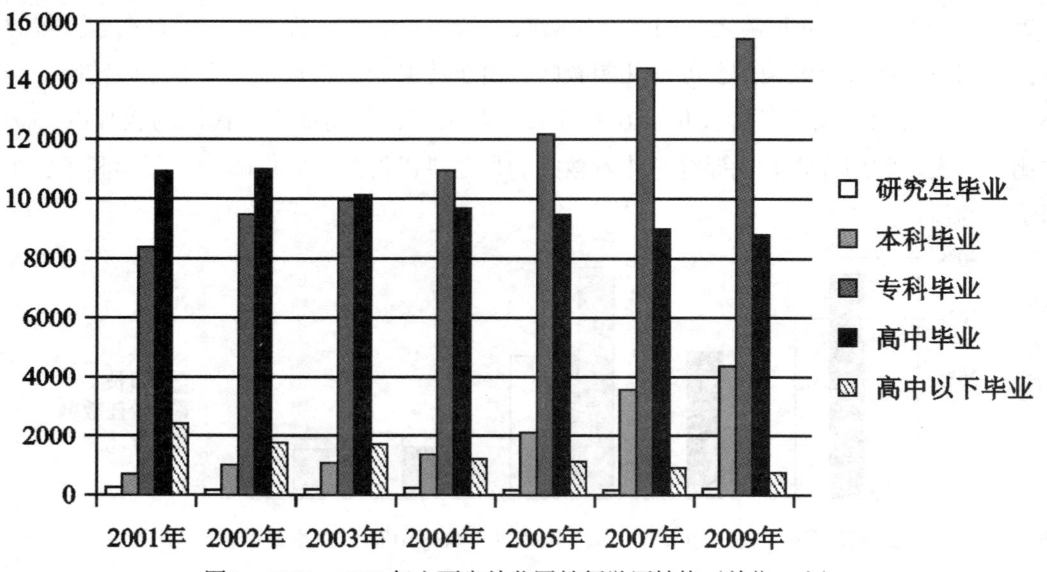

图3　2001—2009年山西省幼儿园教师学历结构（单位：人）

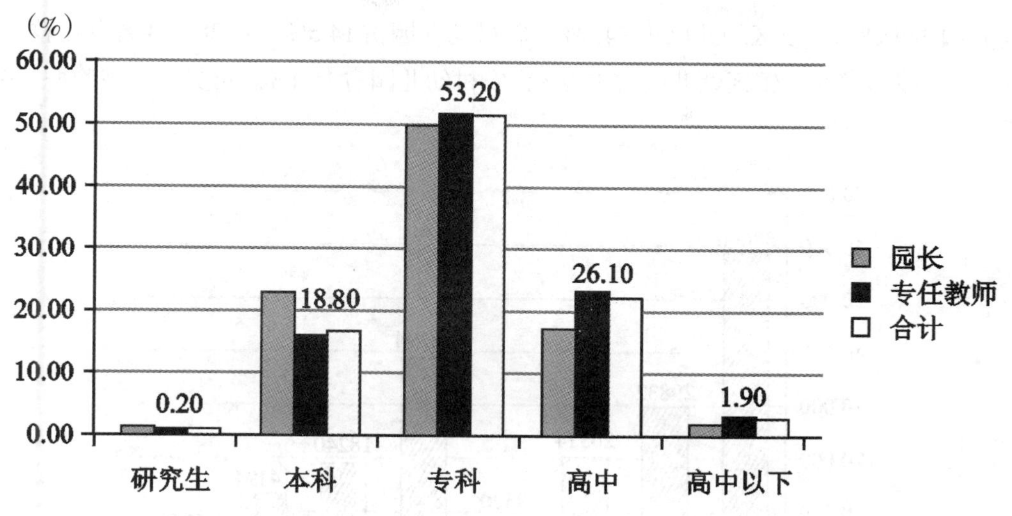

图4　2012年山西省幼儿园园长和专任教师学历结构及百分比

(六) 幼儿园教师事业编制少，社会地位仍很低

问卷调查结果显示，目前山西省幼儿园中的在编教师仅占幼儿园教师总数的28.9%，其余均为非在编教师。非在编教师所占比率过大，说明幼儿园教师的法律地位还没有真正确立，没有成为国家公益教育事业的主体力量。虽然在“学前教育三年行动计划”实施过程中，一些市、县开始招聘幼儿园在编教师但数量并不多。可以说，幼儿园教职工的编制问题已成为当前困扰学前教育事业发展和办有质量的学前教育的重要问题之一。

(七) 幼儿园教师未评职称人数多，待遇尚未得到充分保障

2012年山西省学前教育事业统计年报显示，目前，山西省拥有专业技术职称的幼儿园教师占总数的41.1%。其中，拥有幼教一级职称者占20.9%，拥有幼教二级职称者占5.4%，拥有幼教三级职称者占0.9%，拥有幼教高级职称者占13.6%，拥有中学高级职称者占0.3%。在幼儿园园长群体中，拥有幼教高级职称者占27.4%，拥有幼教一级职称者占17.4%，拥有中学高级职称者仅占1.2%。在幼儿园专任教师群体中，拥有幼教一级职称者占21.4%，拥有幼教高级职称者占11.8%，拥有中学高级职称者仅占0.2%。目前，山西省还有58.9%的幼儿园教师未评职称。职称是衡量教师教学水平的主要指标之一，也涉及教师的工资奖金、福利待遇等，会对教师工作的积极性以及教育质量产生较大影响。

(八) 幼儿园教师队伍城乡分布不均衡，农村缺乏优质师资

当前，山西省的幼儿园教师队伍不仅数量严重不足，而且城乡分布极不均衡。

一是城乡教师数量分布不均衡。图5显示，2012年，在58 666名幼儿园教职工中，城

区幼儿园占50.8%，镇区幼儿园占34.6%，农村幼儿园占14.5%。在38 194名专任教师中，城区幼儿园占47.8%，镇区幼儿园占37.2%，农村幼儿园占15.1%。可见，城乡教职工分布严重不均衡。

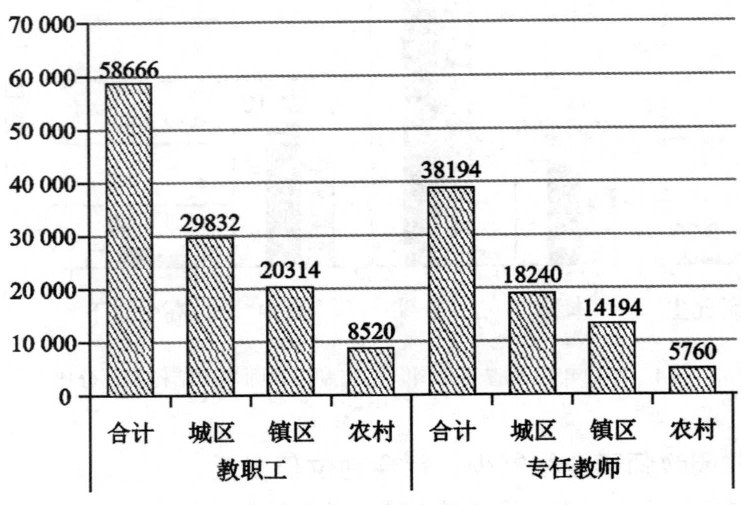

图5　2012年山西省幼儿园教职工和专任教师城乡分布　（单位：人）

二是城乡教师学历分布不均衡。2012年，在拥有专科学历的幼儿园专任教师中，城区幼儿园占56.4%，农村幼儿园仅占5.6%；在拥有本科学历的幼儿园专任教师中，城区幼儿园占21.5%，农村幼儿园仅占5%；而在拥有高中及以下学历的幼儿园专任教师中，城区幼儿园占33.3%，农村幼儿园占44%，农村幼儿园教师整体学历水平比较低。

三是城乡教师职称分布不均衡。问卷调查结果显示，在拥有高级职称的专任教师中，农村幼儿园教师极少；在拥有初级职称的专任教师中，农村幼儿园教师所占比率较高；在未评职称的专任教师中，农村幼儿园教师所占比率最高。

四是城乡教师接受培训机会分布不均衡。从2012年山西省学前教育事业统计年报来看，2012年全年，山西省专任幼儿园教师中，接受过各级各类培训的为192 076人次，其中，农村幼儿园教师仅为15 934人次；接受过国家级培训的幼儿园专任教师是7 034人次，其中，农村幼儿园教师仅为301人次。由此可见，农村幼儿园教师接受培训的机会相对要少很多。

总的来说，农村幼儿园教师数量少、学历低、职称低、专业化水平低，导致农村学前教育质量不高。

二、关于加强幼儿园教师队伍建设的建议

在第一个“学前教育三年行动计划”实施过程中，山西省学前教育事业发展迅速，幼儿入园率由2010年底的60.7%提高到2013年底的80.4%。然而，调查分析显示，山西省幼儿园教师队伍现状堪忧，存在不少问题。从全国来看，山西省的这些问题颇具普遍性，应引起各级政府及有关职能部门的高度重视。笔者提出若干幼儿园教师队伍建设的建议，供各级政府参考。

（一）拓展学前师范教育资源，确保数量充足，确保培养质量

针对山西省幼儿园教师数量不足、质量不高的现状，有必要加强幼儿园教师培养，进一步拓展学前师范教育资源。一是扩大师范院校学前教育专业招生规模，特别是扩大普通高等师范院校学前教育专业本科和研究生的招生数量。同时重视招收一定比例的男生，以解决幼儿园教师队伍中男性稀少的问题，促进学前教育事业的可持续发展，促进幼儿的健康发展。各类师范院校要进一步加强学前教育专业建设，按照《幼儿园教师专业标准（试行）》的要求设置课程，保证教学质量，以培养合格的幼儿园教师。二是完善初中毕业起点五年制学前教育专科学历教师培养模式。三是拓宽学前教育师资培养途径，通过自考、函授等形式培养幼儿园教师。四是在高校建立幼儿园教师培养基地，鼓励幼儿园教师每年到高校参加一定学时的理论培训。五是鼓励专科以上应届非学前教育专业高校毕业生参加学前教育专业培训，使其取得幼儿园教师资格证后，加入幼儿园教师队伍；六是采取入编、补贴、奖励等措施，鼓励高校毕业生到农村幼儿园任教。

（二）加强幼儿园教师培养与培训，提高幼儿园教师队伍整体素质

建议将职前培养与职后培训相结合，提高师资队伍整体素质。职前培养重点解决幼儿园教师数量与资质合格的问题，职后培训重点提高幼儿园教师专业能力，促进幼儿园教师专业发展。

一是加强职前培养。师范院校要及时更新观念，明确培养目标，改革课程设置和教学模式，培养合格的幼儿园教师，缓解幼儿园教师数量不足、质量不高的问题。按照《幼儿园教师专业标准（试行）》的要求，各类师范院校一要加强对学生的职业道德教育，帮助学生树立正确的职业观，养成以德育人、热爱幼儿、勤业精业、团结协作、尊重家长、廉洁从教、为人师表、爱岗敬业的良好职业道德；二要加强学生的专业基础和职业技能教育，要求学生在校期间掌握学前心理学、学前教育学、学前保育学等专业知识，提高专业素养；三要帮助学生掌握教育信息技术，具备一定的文字表达能力，提高教学实践能力，为将来快速适应幼儿园教师工作打下基础。

二是加大职后培训力度。一方面充分利用幼儿园教师国家级培训计划，尊重地方实际

与幼儿园工作的特殊性，将“国培”项目与省培项目相结合，统筹规划，因地制宜，创新培训模式，建构国家、省、市、县、园五级教师培训网络，并鼓励和支持幼儿园教师积极参加学历进修，以不断提高幼儿园教师的专业素养。另一方面，对学历不达标、非学前教育专业毕业或者从小学转岗过来的教师采取有针对性的补课措施，安排相应课程，提高培训质量，促使他们尽快适应幼儿园教师工作。

（三）完善幼儿园教师的职称体系，落实幼儿园教师的地位和待遇

目前，山西省还有58.9%的幼儿园教师未评职称。《关于加强幼儿园教师队伍建设的意见》（教师〔2012〕11号）明确提出，要完善幼儿园教师职务（职称）评聘制度。对于公办幼儿园，应当合理确定高级、中级、初级岗位之间的结构比例，完善幼儿园教师工资保障机制，保障幼儿园教师在工资、进修培训、评优评先、专业技术职务评聘、社会保险等方面与当地中小学教师具有同等地位。对于民办幼儿园，应当重在建立普惠性民办幼儿园教师保障机制，切实保障非公办幼儿园教师工资待遇和职务（职称）评聘权利。对长期在农村基层和艰苦边远地区工作的幼儿园教师，可考虑在职务（职称）评聘方面给予政策倾斜。农村幼儿园非事业编制教师工资建议由县级政府统筹，其工资标准不得低于当地最低工资标准，逐步建构幼儿园教师政府管理机制，以保障幼儿园教师的合法权益。

（四）合理解决教师事业编制问题，促进学前教育协调发展

《关于加强幼儿园教师队伍建设的意见》（教师〔2012〕J11号）要求各省（区、市）于2014年底前出台公办幼儿园教师编制标准，加快核定公办幼儿园教师编制。在2015年底前，各地要按照《幼儿园教职工配备标准（暂行）》（教师〔2013〕1号），补足配齐各类幼儿园教职工。对山西省来讲，在2015年底前补足配齐各类幼儿园教职工，特别是农村幼儿园教职工有相当大的难度。

为解决公办幼儿园的编制问题，各级政府及编制部门可考虑实行编制总量控制，在行业间、系统内进行编制的结构性调整，把不必要的编制转入急需的编制上来，还可以把其他事业单位空闲的编制适当补给幼儿园教师。当然，考虑到幼儿园教育的特殊性，还需要适当考虑保育员、保健医生、炊事员、保安人员等的编制问题。

为加强民办幼儿园的管理工作，建议为普惠性民办幼儿园配备有编制的幼儿园教师。在民办幼儿园教师已成为山西省幼儿园教师主体的情况下，应为民办幼儿园增加一定数量的编制，以保障民办幼儿园教师队伍的稳定与保教质量的提高。

合理解决编制问题，建设高质量的幼儿园教师队伍，有利于促进公办、民办、各类部门办幼儿园协调发展，促进城乡幼儿园均衡发展，进而促进学前教育的可持续发展。

[原载于《幼儿教育（教育科学版）》，2014年第7期]

山西省幼儿园教研活动的现状及发展建议

山西省幼儿教育中心　原　燕

【摘要】幼儿园教研活动的有效开展对提高园所教育教学质量、促进教师专业成长、促进幼儿健康和谐发展有着重要的作用。近年来，我省幼儿园教研活动的质量有了很大的提高，体现在教研意识有所增强、教研时间得以保障、教研目的更为明确、教研的形式方法日渐丰富、教师在教研活动中的参与性有所增强等。但与新的形势与要求相比，我省幼儿园教研活动的开展还存在管理力度不够、主题缺乏联系、教研主持人的作用还需加强、教师教研活动的主体地位还需进一步增强等问题。因此，通过将教研制度建设与园所文化建设紧密联系、营造开放的研究氛围、增强教研活动的针对性、加强区域间教研活动的开展等途径，可进一步提高幼儿园教研活动的有效性，使其成为促进我省幼儿园保教质量不断提高的动力。

【关键词】山西省；幼儿园；教研活动；现状；发展建议

幼儿园教研活动是幼儿园教研工作的重要组成部分，是提高园所教育教学质量、提升教师专业素质、促进幼儿健康和谐发展的重要途径和有效手段，在《幼儿园教育指导纲要（试行）》（以下简称《纲要》）颁布后，其更多的是以“园本教研”这一名词来出现，这使得教研的内容、教研的主体及教研的目的都变得更为清晰和明确，幼儿园对教研活动的作用和意义也有了更为深刻的理解和认识。近年来，我省各级各类幼儿园对教研工作越来越重视，也进行了许多有益的尝试和积极的探索，但同时也存在着一些问题，如何提高教研活动的有效性，让教研活动真正成为教师专业发展的助推器成为我们必须面对的问题。

一、幼儿园在教研活动方面的新变化

（一）幼儿园教研意识有所增强，教研工作得到重视。幼儿园的教研工作曾经只是“自上而下”的一种要求，一种制度，幼儿园对教研工作的重要性还缺乏正确的认识。《纲要》颁布以来，不少研究都将提高幼儿教师专业素质与幼儿园教研活动紧密结合起来，使幼儿园逐步认识到教研工作的重要性。同时，幼儿园从制度上、时间上、人员上予以保障，并逐步将幼儿园教研活动与幼儿园教育教学相结合、与教师专业成长相结合，对于教研活动的有效性也日渐关注。

（二）教研的时间得到保障，教研的次数得以增加。《纲要》颁布之前，我省大部分幼儿园也确立了教研时间，大多为两周一次，但教研活动也会经常被其他活动挤掉。现在，大多数幼儿园的教研活动为一周一次，有些幼儿园甚至是一周两次，而且教研活动时间基本得到保证，不再会被其他活动挤掉，有时其他活动还会让位于教研活动。

（三）教研的目的指向更为明确，教研的主题来源更贴近教育教学。大多数幼儿园明确了开展教研活动与提高园所教育质量、教师专业素质及幼儿发展的相互促进关系，教研活动与园务会不再混为一谈，教研主题的选择由以前的自上而下，变为自下而上的、从教师在教育教学实践中的困惑和问题中产生。有些幼儿园还能从现有的问题中提取出一些反映教育教学中的核心问题，并将其作为本园一段时期内研究的主题，通过系列研究，让教师对这一问题形成较系统的探讨。

（四）教研开始体现“研”的成分，教研形式与方法也丰富起来。过去，教研活动的形式多为读书报、听讲座等信息搜集式，还不能真正称之为“研”；而目前多数幼儿园在教研活动中注重了教师的实践反思和合作交流，引领教师用研究的方法和态度去审视自己日常的教育教学。在教研方法上，过去多为一个人讲、大家听，而现在更多的是要大家参与到研讨中，集体设计活动方案、教学观摩、说课评课为目前幼儿园常用的教研方式。

（五）教师在教研活动中的参与性有所增强，主体性逐渐体现。过去，因教研目的性不强，教研形式、方法单一，教研与教育教学结合不够紧密，教师在教研活动中多为被动的听者，因此参与教研的积极性和主动性不高，教研活动被认为是日常教学中额外的工作。现在，在教研活动中，教师既是问题的提出者，又是问题的解决者，教师的主体地位得以体现，教研的形式、方法的多样化也促进了教师参与教研活动的积极性，不少教师也从教研活动中获得了指导和帮助，因此，教师参与教研的积极性较以前有所增强。

虽然我省幼儿园的教研活动有了长足的进步，但在提高教研工作有效性方面还有很多的困惑，例如如何能透视到教师表面问题的实质，使教研更有触动性；如何把握研讨的深度与广度，让研讨者的思路进一步拓展；如何将教研与教师队伍素质的提高更有机地结合等，这些问题都需要我们进一步加以研究和探讨。

二、幼儿园教研活动中尚存在的问题

（一）对教研活动的管理力度不够。不少幼儿园认为教研活动所涉及的主要是有关教育教学方面的事，属于教学副园长的职责范围，而园长往往很少参与。其实，教研活动不仅关系到幼儿园的教育教学，更关系到幼儿园整体的文化建设，关系到教师队伍的专业发展，从而影响到幼儿园的长远发展。因此，对教研活动的管理应是幼儿园管理中的主要内容，园长只有认识到这一点，形成并逐步完善一套通过教研活动促进园所发展和教师专业成长的管理制度，教研活动才会具有生命力。

（二）教研主题之间缺乏相关的联系。虽然很多幼儿园的教研主题来源于教师在教育教学中遇到的问题，但一些幼儿园缺乏将问题进行归类和整理的意识或能力，不能通过问题看到教师真正的困惑是什么，从而引导教师从理论到实践进行系统的讨论和尝试，而是就问题来研问题。一方面，不利于教师对问题进行全面系统的思考；另一方面，也不利于教师经验的整合。

（三）教研主持人的意识与作用还需增强。教研主持人在整个教研活动中起着“穿针引线”的作用，在他的引领下参与教研的教师进行着群体对话、思维碰撞，获得专业提升。但在实际教研中，存在着这样两种主持方式：一是教研主持人完全掌控话语权，整个教研活动以他一个人的讲述、一个人的观点为主，这种教研主持人没有搞清楚教研的主体到底是谁，没有调动其他教师进行积极思考和参与研讨，只有“教”而无“研”；另一种则是教研主持人的作用主要体现在开头和结尾，主持人在开头交代一下教研的内容，在结尾对教研活动略加小结，中间的过程则由教师们挨个谈论自己的看法。第二种教研主持人将自己置于教研之外，不明确自己应在教研中承担的角色和发挥的作用，既没有对教研问题进行剖析，也没有对教研活动进行引领，教师们只是泛泛而谈，有时还会脱离教研内容，将研讨引向另外的方向。即便有的教研主持人非常明确自己的角色和作用，但一个好的教研主持人所应具备的理论基础、分析判断能力、准确表达引导能力等个人素质也是需要进一步加强学习和锻炼的。

（四）教师工作的积极性、个人素质影响了教研活动的质量。教师是教研活动的主体，他们对工作的投入程度会影响其对工作中存在问题的敏锐度；另外，教师的教育理论基础也会影响其对问题的理解和判断。而目前，我省公立幼儿园普遍存在教师队伍年龄偏大、工作中开拓创新精神不足、第一学历多以幼师毕业为主、对新的理念的理解常常会用自己以往的经验来同化等现象，这些直接影响到教师参与教研活动的态度和对问题的剖析程度。

（五）教研活动的方式还应进一步丰富，其针对性还需进一步加强。目前，幼儿园虽然在教研活动中也采用了一些形式，但相对于幼儿教育发展较好的地区，我省大多数幼儿园的教研活动方式还是比较单一的，以课例研究的教研居多；在操作过程中，也缺乏将教研方式与研究的内容、教师的需求、教研的目标有机地整合，如有些幼儿园学习了参与式教研，就无论什么内容都采用参与式教研，也许有些教研主题用体验式教研或辩论式教研更能达到目的。因此，教研方式不仅仅是吸引教师参与教研的一个手段，更要注重它与研究内容、研究人员、研究目标相适宜，并服务于它们。

（六）缺乏对教研活动的反思与评价。目前，大部分幼儿园都十分强调教师对自己教育教学活动的反思，而较少对教研活动进行反思。教研活动的反思及作用与教育教学反思大致相同，主持人、参与的教师通过对自己在教研中的表现、所研问题的剖析和理解程度、自己的收获等方面进行反思和评价，从而积累经验，寻找不足。一方面使主持人、教师个人在研究思路、解析问题、言语表达等方面更为成熟；另一方面，也会促使幼儿园的教研工作更加完善、有效。

（七）教研活动中缺乏专业引领。许多幼儿园反映，由于教师之间的学历、经历大致相同，在教研活动中遇到有争议的问题或拿不准的问题，常常无法解决；还有些教师感觉教师之间的讨论好像总是在一个平面上，不能透过问题来看到其本质性的东西。因此，教研活动缺乏高于教师水平的专家的参与，在一定程度上会影响到教研活动持续有质量地开展。

以上问题的存在影响了幼儿园教研活动的有效性，也影响了教师参与教研活动的积极性，制约了幼儿园富有内涵的发展。

三、改善幼儿园教研活动的措施

（一）开展各类学习活动，提高教职工队伍素质。众所周知，我们已进入知识经济时代，科学技术的飞速发展，特别是信息技术的高度发展，使得知识与信息更新换代的速度大大超过人类以前的任何时代，个体发展的水平越来越取决于个体不断利用信息培养自我学习和自我教育的能力，而非他固有的知识水平。作为人生启蒙阶段的幼儿园教师，更应该注重自我的完善与提高，只有这样才能跟上时代的步伐，培养出符合新时代要求的幼儿。幼儿园应努力营造学习氛围，成为学习型组织，为教师的学习成长创造条件；教师个人也要主动学习，借助同伴互助的力量，努力提高个人文化修养和专业素质，增强自我反思与研究的能力。

（二）建立有效的教研制度，让教研与幼儿园文化建设紧密结合。幼儿园通过教研活动的开展，应让教师感到教研活动对自身教育教学质量提高方面有很大帮助，对自己的专业成长有很大促进，在与同伴的互助过程中能获得职业幸福感，由此产生基于学习、进取、合作、和谐的团队文化。并且，应该让教研活动与幼儿园办园质量、教师专业成长和幼儿健康和谐全面发展自然地融为一体，形成幼儿园独特的文化氛围。

（三）进一步明确研讨的目的，形成开放的研究氛围。要引领教师进一步明确，开展教研活动不是为了组织精品活动，而是要实实在在地改进和提高日常的教育教学质量；开展教研活动也不是对某位教师进行批评和指责，而是要发自内心地去帮助每一位教师在已有水平的基础上得到提高。因此，在教研中，发言者所提的意见应中肯，既要指出优点，又要指出问题，同时还有改进的建议；被评者要从改进个人的工作角度去听取意见，对于别人的不同意见不要急于反驳，而是要进一步思考为什么别人会有这样的想法，之后坦诚地与对方交流。这样，教研活动中有的只是思想的交锋，而非言语上的互不相让，教师的心扉逐渐打开，氛围才会融洽和谐。

（四）在教研选题上进一步斟酌，切实选取那些能促进教师发展的真问题开展研究。开展教研活动最大的优点就是可以借助同伴的力量实现合作学习，那么研究的内容必然要能激发大家的思维，引发大家的互动，既基于教师的现有水平，又高于教师的现有水平。教师通过交流、讨论、研究、探索获得理论上的提升，获得实践上的指引，获得思路上的拓展与明晰。同时，应注重每次教研活动之间的有机联系，让研讨形成系列，从而让参研者对某一问题形成系统的理解和把握，获得整体经验的提升。在教研活动中，应重点关注教师对待幼儿的态度及幼儿学习的态度，引导教师从了解、把握幼儿学习的特点出发去改进教育教学，而不是关注教师的教育技能技巧。

（五）增强教研方式与教研内容、教师学习特点等的有机联系。好的教研方式应服务于教研的内容、教研的参与者及教研的目标，在一个教研活动中也可根据活动进程的需要，灵活变换教研方式。如针对教师理论学习时与实践相脱节的现象，可以采用亲身体验式教研，在教研活动中通过教师实际操作和角色换位，来达到教师理论与实践的结合；当教师在实际教研活动中对一些问题的看法产生较大的分歧时，可采用辩论式教研，让教师通过辩论感受不同的视角对问题的理解，从而促成问题的解决。此外，常用的教研方式还有案例分析式、复式视频法、参与式等，在实际教研活动中可结合需要灵活选取。

（六）发挥园内省市学科带头人、骨干教师、保教能手的引领作用。在教研活动中，经常会发现教师提出的一些问题缺乏深度和广度，需要专家的指导和引领。但实际情况却是那么多的从事幼儿教育研究的专家没有经常深入到幼儿园。因此，我们幼儿园要培养自身的专家、学科带头人、骨干教师等教师队伍中的优秀者，要重点培养他们加强理论修养，将实践的操作进一步提升，逐步成为幼儿园中的专业引领者。

（七）加强对幼儿园教研活动的反思评价研究。每次教研活动后，要坚持对本次教研活动的开展情况进行反思评价，评价可以面向整体的教研活动，从教研活动的主题、教研活动的目标、教研活动的准备、教研活动的过程、教研活动的主持人及参与教师、教研活动效果等进行全方位评价，也可结合幼儿园急需解决的问题着手，重点评价其中的一点或儿点；评价可以是量化的评价，也可是质性的评价，但所有的评价都要做好记录，留存档案。这样一段时期后，就可以看到幼儿园在教研活动方面的进步及教师的成长，教研活动的有效性定会得到一定程度的提高。

（八）发挥各级教研员的作用，建立园际间的交流与合作机制。各级教研员承担着指导、检查、推动本地幼儿园健康发展的任务，要将幼儿园的教研工作列入指导、检查的重要内容中。作为教研员，不仅要参与幼儿园的教研活动，在教研活动中以平等的地位与教师们研讨沟通，更要以敏锐的视角发现教师实际的困惑和问题，用教师能够理解和接受的方式予以引领。同时，教研员还要发挥自己区域指导的优势，建立区域中园与园之间的交流与合作，实现人力资源的共享，从而促进幼儿园之间的均衡发展。

总之，教研活动是幼儿园落实《纲要》精神，推动课程改革的有效途径。关注教研活动的有效性，定会为园所的发展、教师的成长注入源源不断的生机和活力。

参考文献：

[1] 沈心燕．教研支持方式的实践与思考［M］．北京：北京师范大学出版社，2009．

[2] 教育部基础教育司．《幼儿园教育指导纲要（试行）》解读［M］．南京：江苏教育出版社，2002．

[3] 关松林．校本教研指南［M］．北京：国际文化出版公司，2003．

［原载于《教育理论与实践》，2009年S1期，此处略有修改］

幼儿园教研活动方式的有效性评价探析

山西省幼儿教育中心　成　莉　赵爱云

【摘要】 如何评价幼儿园教研活动方式的有效性？研究者提出可以从以下四个方面对幼儿园教研活动方式的有效性进行深入、系统的评价。一是是否服务于教研主题——与教研主题的一致性；二是能否激发教师参与的热情——对教师参与的支持性；三是是否具有充分的准备——对教研过程的预控性；四是是否有助于研究问题的深入——对问题解决的保障性。

【关键词】 幼儿园；教研活动方式；有效性；评价

教研方式是影响幼儿园教研活动质量的一个非常重要的因素。但是，长期以来，人们对教研活动方式有效性的评价缺乏整体性，甚或仅仅停留在“方式是否灵活、多样”这样较浅的层次，导致评价不够深入、系统，无法真正帮助幼儿园教师开展高质量的教研活动。那么如何评价一个教研活动方式的有效性，研究者认为应当着重把握以下四个方面。

一、是否服务于教研主题——与教研主题的一致性

每个教研活动需要解决的问题分属于不同的主题，而教研方式就要根据不同的主题来选择，以便高效地达成教研目的。因此，教研方式与教研主题的关系应当是一种服务与配合的关系，教研主题不同，教研方式的选择自然也不同。评价教研方式的有效性首先应当评价其是否服务于主题，是否与主题保持一致，为教研目的服务。

例如要解决教师在日常的教学实践中经常出现却又被忽视的问题，可以采用录像对

比式教研活动方式。通过回放视频比较教师教学过程中的不同行为，以及取得的不同效果，使教师获得切实的感受和体验；而对于应当如何教授幼儿绘画技能之类的、可以用直观的事实和效果来澄清教师认识误区的教研问题，可以采用作品分析式教研活动，“用事实说话”（幼儿作品），通过对比分析不同教学方式下产生的不同，引导教师主动发现和思考问题。相反，如果在幼儿园的教研活动中不顾教研主题的差异，采取统一、僵化、固定的教研形式，或者一味凸显教研形式的热闹、花哨，就会降低教研方式对教研主题的促进作用。这就好像一篇文章，虽然写得洋洋洒洒、文采飞扬，但文不对题，也不会是一篇好文章。因此，教研活动的管理者应当根据教研主题明确活动目的，明晰通过教研活动要解决教师教学实践中的哪些问题，以及在活动中教师能获得哪些发展，然后根据不同主题与教研目的的需要，确定更有助于问题的解决和教师的发展的教研方式。

二、能否激发教师参与的热情——对教师参与的支持性

教师是幼儿园教研活动的主体，教师的参与与发展也是教研活动最终的落脚点之一。有效的教研方式有助于调动教师的积极性和主动性，吸引不同层面教师参与活动，有效激发每位教师的内在动机，让教师感觉到自己的主体性得到了尊重与发挥，并能发挥不同教师的不同优势。因此，评价幼儿园教研活动方式另一项有效的重要指标，就是要确定这种教研方式是否充分考虑到教师的参与性，能否对教师的参与形成有力的支持。首先，教研方式的确定应当适合教师的原有经验与水平，比如对骨干教师、年轻教师采取不同的教研形式：对于年轻教师可以采取相对比较简单的以观摩教育教学活动、评价教育教学活动为主的“课例式教研”，让教师通过真实的情境，对照自己的经验，形成直观的感受，能够有话可说；而对于理论和经验都较丰富的骨干教师，可以采用针对两难问题展开的辩论式教研，帮助他们更为深刻地反思教学的理论与实践。其次，教研方式应能对不同个性特点的教师都起到支持作用。如平时教研气氛比较沉闷、教师普遍不善言谈的幼儿园可以采用参与式教研或抽取不同问题的教研方式，使每个教师都委以重任，或者鼓励教师根据自己的想法选择话题。活动中也可以通过表格、记录单、绘画、互动游戏等策略支持教师研讨。这样的教研形式更有利于激发不同水平、不同层次和不同类型教师的教研热情，促使他们积极思考、主动参与，最大限度地获得专业的提高与发展。

三、是否具有充分的准备——对教研过程的预控性

俗话说“不打无准备之仗”，教研活动形式作用的充分发挥，教师也需要像在教学活动之前进行活动设计一样，对教研方式的组织过程进行精心、细致的设计与准备。因此，评价教研活动方式有效性的第三个重要指标就是是否提前进行充分的设计与准备。首先，教研管理者应当对各种不同的教研方式有深入的了解，把握不同教研方式的特点、适用性与操作程序。然后，每一次教研活动的方式都应当由教研管理者在明确教师问题的基础上，精心选择或者创造新的教研形式。最后，应当对所选定的教研方式在本次教研活动中的过程进行具体的策划与设计，对教研方式运用过程中可能遇到的问题进行设想，并提出相应的解决策略。此外，教研管理人员还应当在教研活动正式开始之前，向所有参与教研活动的教师详细介绍本次教研方式的有关要求与注意要点，以便教师能够正确、自如地参与到这种方式的教研之中。

四、是否有助于研究问题的深入——对问题解决的保障性

评价教研方式的有效性，最终要落到问题的研讨和问题的解决。因此，评价幼儿园教研方式有效性的最后一个要点，就是看整个教研过程是否深入、有效地、最大限度地保证了研讨问题的深入探讨与有效解决。这就要求教研管理人员在运用某种教研方式的过程中必须准确把握这种教研方式的适用性，合理安排教研方式的各个环节，充分发挥教研形式的有效价值。

同时，在教研过程中遇到某些阻碍或突发事件的时候，能否灵活地进行调控，确保教研活动能顺利进行。或者根据当时的情况进行临时改变，帮助教师真正理解和体验问题背后所隐藏的深层原因，激发教师的认知冲突和思想交锋，有效地完成与落实本次教研活动的目的与任务。

总之，要评价幼儿教研活动方式的有效性，一定要把握其核心，即教研活动的出发点与最终落脚点都是为了其最终的目的：解决教育实践问题—提高教师能力—提高幼儿园教学质量—促进幼儿的发展。如果忽略了教研方式与教研目的之间的关系，就会导致教研活动走过场、流于形式，大大降低教研活动的实效性，难以切实帮助教师解决教育实践当中的问题。

参考文献:

[1] 夏永芬. 园本教研要注重有效性 [J]. 教育科研论坛, 2008 (8).

[2] 钱芬. 提高园本教研的有效性初探 [J]. 教育导刊 (幼儿教育), 2007 (8).

[3] 沈心燕, 左小静, 等. 园本教研的实践与思考——浅谈园本教研中的四组关系(下) [J]. 幼儿教育, 2007 (7).

[原载于《山西教育》(幼教), 2014年第3期, 此次有修改]

幼儿园教师招考方式与考试内容的现状与问题

——基于30份招考简章的文本分析

山西省幼儿教育中心　韩慧菲

【摘要】幼儿园教师公开招考作为公办园教师进入教师编制的准入门槛，其考核内容对于教师队伍的专业化发展有着重要的导向性作用。本研究收集了北京、广东、山西和甘肃等7个省市的教育行政部门发布的30份幼儿园教师公开招考简章，并对其进行了文本分析。研究结果发现：1.考试方式。多为笔试、面试相结合；2.考试内容。笔试考核的内容相对系统，但过于宽泛。缺乏针对学前阶段的专业性要求，与《幼儿园教师专业标准（试行）》的契合度不足，尤其是对教师专业知识、能力及态度的考核不够全面；面试考核的内容侧重技能技巧，但评价方法相对单一。建议将幼儿园教育的实际需求与《幼儿园教师专业标准（试行）》中的要求相结合，完善考核内容和方法，使其兼具全面性与专业性。

【关键词】幼儿园教师；公开招考；教师队伍建设；《幼儿园教师专业标准（试行）》

一、问题的提出

自2015年起，国家教师资格考试的改革已拉开序幕，教师资格考试开始逐步实行全国统考，除对现有的教育学和心理学知识进行考查外，考试将增设对于综合素质、学科教学能力的考查，并突出对教育教学实践能力的考查。上述改革充分说明：国家正在加强对新教师质量的把关和监控。与此同时，自国务院于2010年12月印发《国务院关于当前发展学前教育的若干意见》一文后，公立幼儿园多开始借助社会公开招考的方式引进人才，各个省市均开始采用"逢进必考"的原则对新教师进行选聘。教师招考以二次测验的形式对已取得教师资格证并且力图走向教师岗位的人员进行严格的考查与甄别。[①]对于希望进入幼教行列中的新教师来说，在取得教师资格证后，顺利通过各地、市教育行政部门组织的新教师公开招考也是其加入教师队伍的必要环节。

然而，诸多研究者提出：目前各地教育部门所组织的教师社会公开招考过程仍存在一些问题。例如李升伟等人提出："各县区招聘考试形式单一，试题内容普遍简单，缺乏统一专业标准。"[②]李勇等人则认为："通过公开招聘而进入幼儿园的教师与本园所需岗位不符合的现象较多。"在笔试阶段，考查内容存在一定的不合理现象。"多数地区的考查科目为教育学和心理学或教育心理学的基础知识，有的地区还注重考查公共基础知识，极少数地区涉及学前教育专业方面的基础知识。"而在面试阶段，则多参照公务员面试，过分地注重专业技能而忽视了对学前教育的相关专业素养的进一步考查。[③]

基于上述问题，本研究意在以《幼儿园教师专业标准（试行）》（以下简称《专业标准》）中的相关要求为依据，对目前我国各地教育部门所组织的幼儿园教师社会公开招考过程中的考核内容和形式进行描述、分析与反思，希望通过对招考方式及内容的优化，推动学前师资队伍的专业化发展进程。

二、研究方法

本研究借助网络平台共收集到30份2015年7月至2016年6月期间，各地教育行政部门所发布的内容相对详尽的幼儿园教师公开招考简章。这些招考简章主要来自北京、上海、广东、辽宁、山西、河南、甘肃7个省、市。其中，城市地区招考简章18份，农村地区12份。

研究者对收集到的招考简章中所公布的考试内容进行了文本分析。分别按照类别统计笔试、面试过程中考核内容出现的频率，并对不同内容出现的频率进行了分析比较。此外，以表格的形式呈现了有代表性的文本。

三、研究结果

（一）笔试阶段：考核内容相对系统，缺乏针对学前阶段的专业性要求

在考试环节的设置上，有90.01%的招考简章中设置有笔试环节，其余简章中并未专门设计笔试环节。然而，在不对求职者进行笔试的地区，有些会选择在面试阶段设置专门的"答辩"环节，以保证对求职者专业知识及态度的考查。例如某招考简章中明确指出：

① 刘雄英. 当前教师招考存在的问题及改进策略［J］. 中国教育学刊. 2011（5）：15.

② 李升伟，李桂云. 三年行动计划与幼儿教师入职招聘变革——以河北省秦皇岛市为例［J］. 教育导刊（下半月），2013（8）：73.

③ 李勇，萧楠，卢清. 当前我国公立幼师招聘存在的问题及其应对策略［J］. 大庆师范学院学报，2014，34（2）：139-142.

会“依据《××市贯彻幼儿园教育指导纲要（试行）实施细则》，进行学前教育基本理论及案例分析等内容的答辩”。对于仍有部分地区的招考过程缺乏笔试环节的设置，本研究认为，完全省略笔试环节而不对求职者的专业知识储备进行系统性考核，很难保证所录用人员具有基本的知识素养。

在考试内容的针对性上，笔试阶段考试普遍缺乏针对学前阶段的专门性要求。调查结果显示：仅有56.67%的招考简章中的内容明确针对学前阶段；33.33%的简章内容等同于对其他学段或类别的教师考试；3.33%的等同于现行的公务员入编考试。具体来看，如表1所示：将对幼儿教师的考核直接等同于小学教师或副科类教师的考查现象较为常见，在上述情况下，所考查的专业知识会被界定为教育类综合知识、普通心理学、新教育理念与新课改知识等不涉及学生年龄段的综合性教育知识。但与小学及其他学段的学生相比，学龄前儿童在身体、心理发展及学习特点上都具有一定的特殊性，若没有针对这一阶段幼儿的专业性知识，则难以对其进行有针对性的适宜性教育；如果将其简单地等同于艺术类（副科）教师，同样是在一定程度上忽视了对幼儿教师的专业性要求。

在考试内容的全面性上，各地现行的招考内容忽视了部分学前教育专业中应涵盖的领域知识。招考简章中最多涉及的是对教育、心理学相关知识的考核，占比为73.33%；其次，有43.33%的招考简章涉及对最新教育政策及理念的考查。相比之下，对于涉及学前阶段的《3—6岁儿童学习与发展指南》（以下简称《指南》）、《幼儿园教育指导纲要（试行）》（以下简称《纲要》）中相关内容的考核频率为整体的16.67%，相对较少。而考核率最低的内容则分别为学前卫生学（16.67%）、五大领域专业知识（10%）、幼儿园安全知识等专业性内容（6.67%）。此外，有10%的地区选择将公共基础知识作为考核内容。其中，多数地区将其以一定的比例（30%～60%）纳入到笔试内容中，也有部分地区将其作为笔试考核的全部内容，而完全不涉及对教师专业性知识的考查。（见表1）

表1　学前教育笔试内容

考核类型		举例说明
笔试内容	等同于小学教师	幼儿园和小学教师笔试的内容为教育综合知识和写作；初中教师是……
	等同于艺术类（副科）教师	对报考体育/体育与健康、音乐、舞蹈表演、烹饪、幼儿园职位的考生，本人在文科综合与理科综合中自选一类进行考试。
	等同于公务员入编考试	笔试内容包括公共基础知识、职业能力倾向性测试和综合能力测试。
	具有学前阶段针对性	幼儿教育学、心理学、《纲要》《指南》及幼儿教育相关知识。

（二）面试阶段：侧重考核技能技巧，评价方法单一

在考试环节的设置上，有93.33%的招考简章中设置有面试环节，另外有6.67%的简章中并未设置面试环节，仅把笔试成绩作为新教师选拔、录用的唯一标准。

从考试内容的选择上看，各地教育部门倾向于考核求职者技能技巧、说课试讲能力。其中，有60%的招聘简章会对求职者的"技能技巧"进行考评，其次是试讲、无生上课占总体的50%。而使用相对较少的考核方式有结构化访谈（23%）和备课、说课（20%）。从考核的具体方式与要求上看（见表2），考核形式有全面考查、抽查或允许求职者自行选择项目进行才艺展示。但无论具体形式如何，我们可以看出：考核与评价的重点都集中在对表演过程或艺术作品的优劣评定上，也就是说，该环节仅要求求职者进行简单的文艺特长或技能展示，并直接通过某段演奏、表演或作品的质量对求职者作出评价，考核过程相对简单，评价方式相对单一。而这显然与《专业标准》中对幼儿教师专业性的界定与要求是不符的，即使是与之直接相关的艺术教育领域，也在一定程度上与《纲要》中对于幼儿艺术教育的教育目标及要求相背离，须引起教育相关部门的重视及进一步反思。相比而言，"试讲、无生组织教学活动"与"活动设计、组织实施教学活动"则归为针对《专业标准》中教育活动的计划与实施能力的考核，如表3中呈现的细则及要点中可以看出：该考核过程多侧重对求职者的应变能力、逻辑思维能力进行评价，而对于学前教育专业知识与理念的重视程度则相对较低。

从考核内容的全面性来看，现有的公开招考较少涉及《专业标准》中所包含的诸如"环境的创设与利用""一日生活的组织与安排""游戏活动的支持与引导"等专业能力的有效考查。仅重视在组织教育教学活动时所表现出的综合能力，而相对忽视对《专业标准》中其他能力的考核是当前面试内容中存在的主要问题之一。

表2　技能技巧考核的具体方式及要求

	技能技巧考核的具体方式及要求
对技能技巧进行全面、详尽的考核	1.绘画：命题简笔画（不上色），作画工具自备。画纸由招聘小组准备。（10分） 2.弹琴：自选曲目，完整地演奏。（15分） 3.声乐（唱歌）：自选一首歌曲，清唱。（15分） 4.舞蹈：面试者自选舞蹈，题材不限。（20分）
	1.讲故事：面试前10分钟在备考室抽取儿童故事，面试时有语气、有表情地讲出故事内容，时间3分钟内。 2.边弹边唱：现场边弹钢琴边演唱一首歌曲，曲目自选，时间3分钟内。 3.舞蹈：现场表演一段舞蹈（伴奏音乐自备），时间3分钟内。
对技能进行抽样考查	面试成绩总分100分，其中讲故事40分、音乐舞蹈60分。音乐舞蹈和讲故事各有两个面试考题。
求职者自行选择才艺进行展示	才艺展示(40分)：现场自定制作或展示一项艺术才能，主要考查应聘者专业素养。音乐(U盘)、服装、道具、工具、材料自备，制作或展示时间不超过30分钟。

表3　面试内容、考查方式及考查要点

面试内容	具体考查方式	考查要点
备课、说课	1. 备课：幼儿园的教案内容包括活动名称、活动目标、活动准备、活动过程和教学反思。 2. 说课：说课时间为10—15分钟。说课内容包括分析课标及教材内容、教学目标、教学重难点、教学资源和手段、主要教学方法和教学过程，并对自己所教授的内容进行自我评价。 3. 面试采取说课的方式进行，主要考查报考人员从事岗位工作所必须具备的基本素质、适应能力及职业能力。由教育部门组织实施，按百分制计分。测试内容由外聘专家确定。	考查求职者的基本能力、适应能力与职业能力。 说课主要考查求职者的仪表仪态、行为举止、综合分析能力、口头表达能力、临场应变能力和分析处理教材、把握教材内容、运用教学方法及手段、学法指导等能力。
试讲	1. 现场组织教育教学活动，自定活动内容，自选班级，幼儿在15名左右。 2. 幼儿教师岗位的面试试讲范围为大班五个领域（语言、科学、艺术、健康、社会）的内容。	考查求职者的知识结构、课堂管理能力与授课水平。
答辩、结构化面试	1. 应变能力：现场抽签，对评委提出的问题要反应快，表达准确，层次清晰，有自己独到的见解。总分20分。 2. 答辩采取结构化面试的方式进行。	语言表达、人际沟通能力；专业素养； 性格、气质与知识储备。

四、讨论与建议

（一）降低技能技巧的考核力度

从研究结果中可以看出，当前各地教育部门所组织的公开招考过程中对技能技巧的考核频率过高，考评方式相对单一。徐群在研究中同样指出了上述现象，提出在教师招考过程中出现频次较多的前7项技能依次为：美工绘画、弹唱、舞蹈、讲故事、手工制作、教育活动设计与组织、做操与口令。其他技能依次为：幼儿教师口语技能、钢笔字和粉笔字、多媒体课件制作、保育技能、幼儿心理与教育技能、观察与调研技能、撰写专业论文、艺术技能、剪纸、班队活动、应用文写作。①本研究认为，这种对于技能技巧过分强调的招考现状并不利于幼儿教师队伍的专业性建设。正如曹艳梅所提出的：这样的招聘形式会引导幼儿教师更多地看重技能的训练，培养单位考虑到学生的就业压力而不断增设技巧类课程并强调其重要地位，进一步加重了社会上“幼儿教师就是保姆、看孩子的，是靠青春吃饭、没有专业性和内涵”等错误观念，在一定程度上制约了新手幼儿教师的成长和

① 徐群. 再议“幼儿园教师的专业技能”——基于《幼儿园教师专业标准（试行）》的思考［J］. 江苏教育研究，2014（12A）：50-54.

发展。[①]

综合《纲要》《指南》及《专业标准》中的相关内容，研究者建议，对“技能技巧”的过分关注应被对“《专业标准》中的专业理念与师德、专业知识及专业能力”的关注所取代。例如在专业态度方面，可考查求职者是否可以在艺术教育的活动中，基于对幼儿特征的了解和把握而对幼儿表示信任及对幼儿的个体差异表示尊重，以及其在活动过程中保护幼儿好奇心、培养幼儿想象力及发掘幼儿兴趣爱好的意识；在专业知识方面，可转化为考查其是否熟知幼儿在发展水平、速度与优势领域等方面的个体差异及对应的策略与方法，以及是否对幼儿园在艺术领域的教育目标、任务、内容、要求和基本原则有所了解，是否具有相应的艺术欣赏与表现知识；而在专业能力上，是否能够与幼儿建立起良好的师幼关系，创造促进幼儿自主学习的环境，有效计划、组织与实施艺术教育活动，并通过激励与评价的方式保护幼儿的积极性与自信心的能力等。

在具体做法上，本研究认为，各地教育部门可尝试放弃对求职者绘画技巧的考核，转为考查其如何激发幼儿的想象力、如何评价幼儿作品并对其进行指导的思路；放弃对求职者舞蹈技能的专业考核，转而考查其对舞蹈教育教学活动的基本认识、计划、组织与评价能力等，逐渐开启从“教师中心”向“幼儿中心”的转化。

（二）提升专业能力各维度考核的全面性

当前的教师招考模式把竞争机制引入到教师职业中来，有利于发挥教师招考的导向作用。[②]在导向内容上，汪明指出：为了能够更好地照顾到教师职业的特殊性，考试内容的确定应当依据教师职业和岗位特点，在注重综合能力测试的同时，尤其需要强调教师专业素养和专业能力测试，突出实践环节的考核。[③]庞丽娟教授提出：幼儿园教师应具备全面、正确了解儿童发展的能力，有效地选择、组织教育内容的能力，创设发展支持性环境的能力，领导和组织的能力，以及不断地进行专业化学习的能力。[④]

然而，从研究结果中可以看出：当前，各地公开招考过程中对《专业标准》中专业能力的考查力度相对较低。究其原因，综合以往研究内容，本研究认为主要包括以下两点：一是《专业标准》中相关要求的可操作性较差、缺乏成熟有效的评价方法。二是《专业标准》中对于新教师的要求相对较高，若将《专业标准》中有关职业素养的相关要求直接作为新教师选聘过程的基本依据，则可能会出现“地板效应”——由于绝大多数求职者难以达到上述标准而降低考核的内部效度。正如刘小林所提到的：《专业标准》应当与教师专业发展不同阶段的不同需求相适应，在具体实施过程中仍需完善和制定更加有针对性、层

① 曹艳梅．基于《幼儿园教师专业标准(试行)》的新手幼儿教师专业素养调查研究［D］．西安：陕西师范大学，2014：32.

② 刘雄英．当前教师招考存在的问题及改进策略［J］．中国教育学刊，2011（5）：15-17.

③ 汪明．化解教师招考之困需把握关键环节［J］．中国教育报，2014-7-14.

④ 教育部基础教育司．《幼儿园教育指导纲要（试行）》解读［M］．南京：江苏教育出版社，2002：203-209.

次性的合格教师、优秀教师的专业标准。[①]

研究者建议相关部门应进一步加强《专业标准》中“专业能力”部分相关指标在新教师选聘过程中的可操作性，基于对《专业标准》中专业能力部分的深刻理解，构建出一套用于对新教师进行评价的科学、严谨的招聘流程与评价标准。并且，在实施过程中应尝试多种考核方式，如“案例讨论”“角色扮演”“情景模拟”“行为事件访谈法BEI”等手段，代替简单的“特长展示”来对求职者的专业能力进行考评，并将考评结果作为录取决策过程中的重要参考因素，以此来提升幼儿教师的专业准入门槛，进而避免将幼儿教师的角色与“有文艺特长的保育员”相混淆。正如对《专业标准》解读中所提出的：各级教育行政部门可依据《专业标准》并结合当地的实际，研制幼儿园教师专业标准认证方案和相应的评估工具，还可尝试设立相应的机构或者委托第三方专业机构开展幼儿园教师专业发展水平认证工作。[②]

与此同时，还应将《专业标准》中对于各指标的要求进一步细化，为幼儿园教师的准入、职称评定等教师职业生涯发展的不同阶段分别设立相应的参考标准，以增强其在指导实践过程中的有效性。在这一部分，可参照美国的相关经验：如美国全国幼儿教育协会为希望加入幼师行业的人员制定了“幼儿职业准入标准”，提出了“能够促进儿童的发展和学习”“能够构建家庭和社区的关系”“能够对支持幼儿及其家庭的措施进行观察、建立档案、开展评估”“具有开展教与学的活动的相关知识和能力”与“成为一名专业人士”五项核心标准，并且为了适应不同层次、领域的幼儿职业从业候选人的教育与训练要求，在2001至2003年间分别公布了三套修订后的幼儿职业准备标准——初级许可证计划、高级计划和副学士学位计划。[③]与此同时，美国全国教学专业标准委员会还特意为3—8岁儿童优秀教师制定了更加高质量的专业标准，而标准中的具体内容所基于的五项核心原则分别为“教师要对学生及其学习负责”“教师要精通他们所教的学科，并且知道如何将这些学科知识传授给学生”“有效组织、管理和监督学生的学习”“对自己的教育教学实践进行系统的反思并且能通过实践经验中的学习获得提高”“成为学习型组织中的成员”。可以看出，此类标准的出台为幼儿教师最终成长为教育专业人员提供了重要的保证。[④]由此可见，面向专业发展不同阶段的、更具针对性的专业标准，更加有助于发挥其在教师队伍建设过程中的指导作用，且更有利于推进幼儿教师队伍的专业性进程。

（三）增强对学前教育专业内容考核的针对性

由研究结果可以看出：目前，现行公开招考过程在笔试阶段对幼儿教师求职者的考核

① 刘小林. 基于专业标准的幼儿教师专业素质的培养与提升［J］. 中国成人教育，2014（13）：124-126.

② 教育部教师工作司.《幼儿园教师专业标准（试行）》解读［M］. 北京：北京师范大学出版社，2013：141.

③ 朱宗顺. 美国幼儿教师教育标准及启示［J］. 教师教育研究，2006（7）：76-80.

④ 易凌云. 美国优秀幼儿教师专业标准及其启示［J］. 学前教育研究，2008（10）：42-46.

方式的针对性相对较低，很多地区倾向于将其等同于对小学其他学段或副科（艺术类）教师的考核。这与以往研究中的结果相一致，例如韩影等人指出：现行公开招考过程中的考核内容的专业性不突出，笔试内容考核过于宽泛，没有针对性，十分繁杂，同时使得笔试的效度、信度和区分度较低。这与《事业单位公开招聘人员暂行规定》所规定的考试内容主要是招聘岗位所必需的专业知识、业务能力和工作技能不相符。①

已有诸多研究者提及这种选拔过程中，专业针对性的缺乏对于学前教育师资队伍的长期建设可能带来的危害。本研究则认为，若将对学前教师的要求直接等同于其他学段的要求，会在一定程度上引导求职者逐渐忽视学前阶段幼儿在身体、心理与学习特点上所具有的特殊性而加深幼儿园教育的“小学化”倾向；将其等同于对艺术类教师考核会在一定程度上强化社会及家长对幼儿园教育意义与价值的错误认识；如果将其直接等同于公务员录用考试则完全忽视了教师职业的专业性，导致一些完全不适合幼儿园环境及教学工作的求职者入编入岗，从长远来看，会阻碍学前教育教师队伍整体的专业化进程。

研究者建议，一方面要进一步加强对《指南》《纲要》等最新教育政策、要求及理念的考查；另一方面，应进一步基于《专业标准》中对于专业知识的相关要求，优化及完善重点考核内容，以增加笔试过程的专业针对性，提升考试效度。例如在“幼儿发展知识”中，应涉及“了解有特殊需要幼儿的身心发展特点及教育策略及方法”的考核；在通识性知识中，应对“自然科学与人文知识、艺术欣赏与表现知识等内容的考查”等。总体而言，研究者认为，一些省市现行的按照一定比例将“公共基础知识”与“幼儿园教师专业知识”两部分的得分进行汇总后，对求职者进行综合评价的方式值得进一步推广与学习。

幼儿园教师公开招考对教师队伍整体专业素质的提升有着重要的导向性作用。对各地教育部门来说，如何将幼儿园教育的实际需求与《专业标准》中的相关要求相结合，进一步改革和完善招考内容，使其更加兼具全面性与专业针对性，值得在后续的研究中做进一步反思与探究。

参考文献：

[1] 刘雄英. 当前教师招考存在的问题及改进策略 [J]. 中国教育学刊，2011（5）.

[2] 李升伟，李桂云. 三年行动计划与幼儿教师入职招聘变革——以河北省秦皇岛市为例 [J]. 教育导刊（下半月），2013（8）.

[3] 李勇，萧楠，卢清. 当前我国公立幼师招聘存在的问题及其应对策略 [J]. 大庆师范学院学报，2014，34（2）.

[4] 徐群. 再议“幼儿园教师的专业技能”——基于《幼儿园教师专业标准（试行）》的思考 [J]. 江苏教育研究，2014（12A）.

① 韩影. 黑龙江省公办幼儿园教师公开招聘政策及其效果分析 [J]. 学前教育研究，2014（12）：36-40.

[5] 曹艳梅．基于《幼儿园教师专业标准(试行)》的新手幼儿教师专业素养调查研究[D]．西安：陕西师范大学，2014．

[6] 刘雄英．当前教师招考存在的问题及改进策略 [J]．中国教育学刊，2011 (5)．

[7] 汪明．化解教师招考之困需把握关键环节 [J]．中国教育报，2014-7-17．

[8] 教育部基础教育司．《幼儿园教育指导纲要（试行）》解读 [M]．南京：江苏教育出版社，2002．

[9] 刘小林．基于专业标准的幼儿教师专业素质的培养与提升 [J]．中国成人教育，2014 (13)．

[10] 教育部教师工作司．《幼儿园教师专业标准（试行）》解读 [M]．北京：北京师范大学出版社，2013．

[11] 朱宗顺．美国幼儿教师教育标准及启示 [J]．教师教育研究，2006 (7)．

[12] 易凌云．美国优秀幼儿教师专业标准及其启示 [J]．学前教育研究，2008 (10)．

[13] 韩影．黑龙江省公办幼儿园教师公开招聘政策及其效果分析 [J]．学前教育研究，2014 (12)．

对幼儿教师教学反思的“反思”

——以太原市35位幼儿教师为例

太原幼儿师范学校　滑红霞

【摘要】运用作品分析法和访谈法对太原市35位一线幼儿教师进行调查研究发现，幼儿教师在教学反思中存在“五多五少”的问题，即多程式化少亮点、多空想少梳理与实践、多感性描述少理性思考、多关注集体少关注个别幼儿、多谈不足少谈质疑与改进方法。通过引领幼儿教师理解教学反思的内涵、掌握教学反思的基本步骤、了解教学反思的常用方式方法以及搭建提升幼儿教师教学反思能力的平台等多种措施，提升幼儿教师反思水平。

【关键词】教学反思；幼儿教师；专业化成长

自20世纪80年代以来，许多研究表明（Julice Anne Thomas，Montomery，1998；Byrd，Intyre，1993），教学反思是促进教师专业化发展的重要机制，是“提升教师专业素养的有力手段和有效途径”。华东师范大学教授、博士生导师叶澜曾提出，一个教师写一辈子教案难以成为名师，但如果写三年反思则有可能成为名师。由此可见，教学反思对于一名优秀幼儿教师成长的必要性和重要作用。因此，本文以太原市35位一线幼儿教师为研究对象，拟对幼儿教师在教学反思中存在的问题进行研究和探讨。

一、幼儿教师在教学反思中存在的问题

（一）教学反思多程式化少亮点

“思之不慎，行而失当，反思乃个体成熟之标志，群体亦然。”[①]在35位幼儿教师中，

① 熊川武．试析反思性教学［J］．教育研究，2000（2）：59-63.

有8位能写出自己的教学感受和特点，反思有针对性，能为理清自己的教育教学观念和行为、提升教学实践的合理性进行有效反思。

在课前准备方面主要是依据活动目标反思的，看看自己准备的是不是恰到好处，如活动内容要体现目标、抓住重点。另外，在孩子安全方面也要考虑到。可以说，各个环节都要反思，如果反思不到位，教学肯定出问题！（L老师）

"身教重于言教"，一天幼儿准备午睡的时候，我边帮孩子们脱衣服，边和班上陈老师说起家里的烦心事，有几个小捣蛋就趁机说话了，我见状后很生气地说："睡觉不许说话！"这时，突然听到小怡大声地说："老师也在说话啊！"我和陈老师听后都一时语塞了。午睡过后，我主动向小朋友承认我的过错，并和孩子们约好午睡的时候不大声说话，不影响小朋友的睡觉，他们都很高兴地答应了。这件事使我深深体会到"身教重于言教"的道理，教师的一言一行都对孩子起着潜移默化的作用，在幼儿的心中都会留下深刻的印记。教师应当做幼儿的榜样，要求幼儿做到的，首先自己要做到并做好。（W老师）

而其他27位教师的活动反思一般都是先从活动前的准备、再从活动的进行、最后从活动的结束方面进行回顾，反思公式化，反思内容呈流水账、回忆录的形式。

在"我们的节日"的活动中，教师的反思内容为：

（1）本次活动为"国庆节诗歌会"奠定了基础，培养了全体小朋友从小热爱自己祖国的情感。（2）利用谈话之后的游戏时间让幼儿学习模仿、制作，以更深切地让他们感受到春节的快乐。（3）可收集旧挂历做装饰，布置新年里的教室。（B老师）

在本次活动过程中，我先让幼儿动手操作来完成，然后让他们相互讨论，最后还请几名幼儿总结了今天的感受。教学效果比较显著。（A老师）

以上两位教师的教学反思具有极高的代表性，我们可以看到，有的教师仅仅反思活动目标；有的教师仅仅反思教育效果；有的教师反思的内容就是描述自己在活动中的做法；等等。教师的反思不能做到全面和科学，还停留在随感随想方面，没有触及教育活动的实质。这样的反思只是在走形式，没有体现出反思的意义和价值。而且，他们的教学反思中最多的问题不是找不到可写的事情，就是找不准问题。即使发现了"闪光点"，也担心没有理论依据、不会分析而犯观念上的错误，最后找一些别人分析过的、有依据的主题来写。

（二）教学反思多空想少梳理与实践

教学反思作为教师探索与解决教学问题的一种研究手段，是创新理念、教法和提高活动质量的一种有效途径。教师专业发展本质上是一个教学实践与教学反思不断循环发展的过程。（见图1）

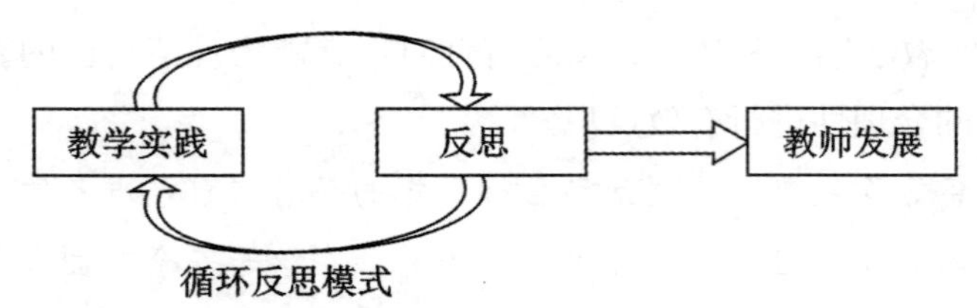

图1 教师专业发展的循环反思模式图

而在调查的过程中，幼儿教师的基本感受是“工作忙，没时间反思”。每天班里事务和一日保教活动事无巨细、亲力亲为，每天还要写教学活动设计，每周写观察笔记、观课议课笔记、家长联系册，再加上其间进行的各种考核、评比等常常使教师疲于应付，给教师造成了巨大的生理和心理负担，使很多教师产生了职业倦怠倾向，并扼杀了教师反思自身教育教学观念和教学过程的积极性和主动性。另外，幼儿教师没有掌握相应的教学反思方法和技巧，许多想法、看法、观点一闪而过，没能留下自己思想的“闪光点”，事后又常常不及时记录，白白将自己的经验付诸东流。更多情况是，教师在活动反思中想得多、思绪乱，真正动手动脑总结、提炼少，学习研讨时间少，对反思后的再实践、再总结、再提炼行动就更是少之又少了。

我们的时间受到很大的限制，还有就是精力，谁每天有那么多时间和精力把白天经历的都写下来？那样的话每个人都能出书了，所以我们只能是尽力而为。(D老师)

刚开始上班的时候，我有意让自己养成一个习惯，晚上休息前，在脑子里回想今天哪些孩子预期的目标达成了，哪些没有达成，下一步的策略是什么，应该丰富哪些材料，明天的活动是什么，教案有没有背熟。不过脑子里很乱，东想一下西想一下，想不清楚就糊里糊涂地睡着了，第二天工作回来很累，躺在床上马上就睡着了，索性也就不想了。(E老师)

(三) 教学反思多感性描述少理性思考

在翻阅35位教师的教学反思时，我们可以看到他们对活动反思重事实描述轻理论思考，对目标中的核心经验把握不准，对幼儿的行为表现缺乏科学的依据和理解，对自己的教学活动设计理念不清，只能就事论事，不能深入思考。有的教师教育观点有误；有的教师为写而写，流于形式；有的教师进行的多为思考教学手段适宜性的反思；有的教师把反思当成自己宣泄情绪、平衡心态的途径。

本节课幼儿很有兴趣，自己画的画也比较独特，达到教学目的。(B老师)

今天早上，我又领孩子排练了“六一”的节目，孩子们不听话，我很生气，教育了他们几次，所以，下午又练习了一遍，希望在“六一”演出时能得到领导的好评。(F老师)

这些孩子太调皮了，跟他们说话当没听到。就光是让他们安静下来就得扯着嗓子喊半天。哎，一天下来嗓子都哑了！（G老师）

教学反思很多都是描述性地记录一天的工作内容“是什么”，却没有人思考“为什么”“怎么样”，没有看到平凡工作背后的不平凡。而“为什么和怎么样”才是教学反思的核心和关键。究其原因，一方面很多教师“真的没时间仔细想，也不知道该反思些什么”或“这些也没人仔细看，就是做做样子应付检查”；另一方面，也说明了教师理论素养不高，自身没有能力对教育现象背后的深层次原因进行分析。在35位幼儿教师中，第一学历为中等幼儿师范学校毕业的就有32位，学科知识缺乏和文化素养不足，成为制约他们反思的关键因素。

（四）教学反思多关注集体少关注个别幼儿

大多数教师能够认识到，教学反思有利于教师自身的进步和发展。在教学实践中，善于反思的教师能根据幼儿在活动中的表现及时调整自己的教学行为，并进行教学反思，达到教学过程最优化，促进幼儿的学习和发展。

在对幼儿主体性的关注方面，31位教师在60%的活动反思中谈到怎样能调动幼儿学习的积极性和主动性、整体教学目标的达成情况，以及幼儿在活动中的整体表现情况，仅有个别教师在某篇反思中关注了特殊及个别幼儿的表现。在教学活动设计中，大部分教师没有体现特殊、个别幼儿的教学目标、内容、方法以及材料方面的研究反思。

幼儿对这首歌掌握得很好，在游戏时幼儿的兴趣很高，并积极参与到活动中来。幼儿之所以掌握得比较好，是因为这首歌的内容比较生动有趣……（A老师）

而恰巧在放学时，笔者听到A老师班上一名幼儿和家长的一段对活：

妈妈：宝贝，今天学会了哪些内容呢？

幼儿：没有。

妈妈：可是妈妈今天问老师，说教了一首特别好听的歌。宝宝，你唱给妈妈听好不好？

幼儿：不好。

妈妈：为什么？

幼儿：没意思，不想学。

……

A老师在教学反思中非常肯定了自己的教学效果——“幼儿对这首歌掌握得很好”，但实际上，她并没有意识到该幼儿对这首歌“与众不同”的态度。《幼儿园教育指导纲要（试行）》中特别提出“关注个别差异，促进每个幼儿富有个性的发展”，每个幼儿都是与众不同的，有着自己的个性特征和学习特点。因此，在教学过程和教学反思中，教师应该多关注和思考幼儿的个性发展需求，特别是特殊幼儿的表现，而不要被课堂表面的热闹迷失方向。

（五）教学反思多谈不足少谈质疑与改进方法

在教学活动方案和“观课议课”的反思中，一些教师对自己的教学活动、对别人的教学活动写了多方面的不足，如同开批判会。比如有的教师说自己教学目标理解有偏差，教学材料使用不当，教学内容不适宜，幼儿积极性不高，将自己的教学说得一无是处，或者将自己上课的失败归咎于他人。但只有批判和抱怨是不够的，教学中有何困惑、是什么原因造成的、怎样改进等问题没有提及，这样的反思便没有价值。

> 这次活动没能很好地达成教学目标，主要是因为我没有引导幼儿在完成一组活动后，再去尝试使用其他组的材料；教学内容好像也有点难，孩子们不理解所做事情的要求；我在教学过程中也显得很急躁，没能静下心来好好及时调整……（B老师）

在“玩具变变变”活动结束后，教师反思到：

> 在活动中，存在着几点不足之处：①为家长、为幼儿提供收集资料的时间短，对收集的质量和数量有一定的影响。②有个别家长参与意识淡薄，对主题的开展漠不关心，活动中很难和教学活动相互配合。（C老师）

教学反思是教师从事教学和研究的基本手段，教师在实践中掌握了这种手段，无疑会获得自己专业成长与发展的重要工具。从两位教师的活动反思中，我们可以看出，两位教师并没有认清教学反思的真正意义和价值，他们将书写教学反思当作负面情绪的宣泄方式，或为自己的不成功寻找“自我安慰”的理由。然而，教师反思首先对活动本身有着直接的发展价值，可以不断调整和修正教育活动的发展，同时，教师反思可以促进教师的专业化发展，这才是教师反思价值的根本所在。

二、提高幼儿教师教学反思能力的方法

（一）引领幼儿教师理解教学反思的内涵

反思是思维的一种形式，是个体在头脑中对问题进行反复、严肃、执着的沉思，并进一步解释对任何信念或假定的知识形式，根据支持它的基础和它趋于达到的进一步结论而进行的积极的、坚持不懈的、仔细的考虑。幼儿教师在教学反思中出现的种种问题和困惑，主要是对教学反思的内涵认识不足和对教学反思价值认同度不高而造成的。

表1　35位幼儿教师对教学反思的概念认识和价值认同情况（%）

项目内容	完全了解	了解	了解一点	不了解
对教学反思概念的了解	10.71	42.86	38.39	8.04
项目内容	非常重要	重要	可有可无	不重要
对教学反思价值的认同	32.14	58.93	1.79	7.14

因此，我们应该加强教师对教学反思内涵的理解，充分认识其重要性。实践性、反省性、自我性、过程性、研究性是教学反思的五大特征。全方位的教学反思涉及教学方案的设计、幼儿经验水平的把握、幼儿学习特点和个性特征与学习兴趣的了解、教学的内容与教学活动形式的适宜、幼儿学习交往机会的提供、学法指导、赞赏和激励的评价方式、民主和平等的学习环境创设、教师角色定位、突发事件处理等。教学活动后，幼儿教师及时对整个教学过程进行“回顾”，反思我的教学有效吗？精彩之处有哪些？教法与学法上有哪些创新？摸索出了哪些教学规律？还有哪些需要改进？图2是35位幼儿教师在教学反思内容上的基本情况。

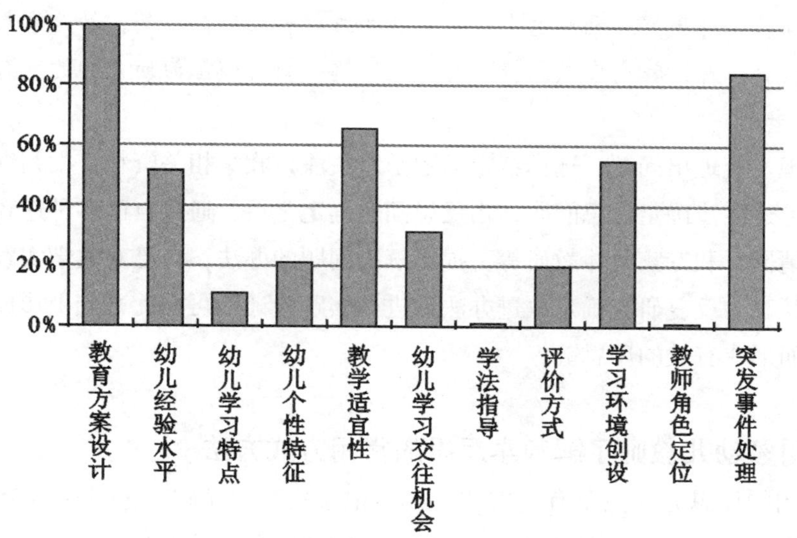

图2　35位幼儿教师教学反思内容情况

教学反思不仅仅是找不足、找缺陷，更是对自己或别人理念、行为的质疑，它要求教师重新认识教学实践和经验，更自觉、理性地去看待自己的教学实践活动，不断调整和修正教学活动的方向，使理论与实践统一，提高实践质量。同时，教师反思可以促进教师的专业化，使教师在自我扬弃中不断进步和成长。

（二）引领幼儿教师掌握教学反思的基本步骤

教学活动反思的一般基本步骤是在教学实践中发现问题、提出解决问题的具体办法、在教学实践中进行应用验证。其中，发现问题是教学反思的关键环节。而要想发现问题、探究其背后的原因，就必须挣脱思维的惰性，提高问题敏感度，对每天“习以为常”“司空见惯”的事物进行积极的思维加工。也就是说，教师要对已经熟悉的事物保持一种“明知故问”的态度。“明知故问”即敢于质疑事物存在的合理性，就是教师通过积极的思维加工对事物保持一种“陌生感”。

在具体操作上，首先，教师必须能够诚实地看待自己和自己的行为，不断地剥离自己、追问自己，直到心灵最深的角落。“如果你愿意质疑自己的某项概括性的看法，就应明确地把它和产生它的原始资料公开。可能的话，直接检验概括性的看法。这往往需要回头探询一个又一个行动背后的理由。”[①]另外，教师可以运用类比、推理、分析、情景再现等方法记录教学反思，以帮助教师准确分析自己的教育教学问题。幼儿教师通过上述一系列经验重组的过程，来改变原有的习惯性思维，具有了创新思维，成为真正的问题发现者。

> 很多幼儿园设立在成熟的社区里，教师每天都要和社区的人、事、物打交道，教师应怎样更好地利用这个资源对幼儿进行教育呢？另外，幼儿家长蕴藏着丰富的教育资源，我们应该怎样更好地利用这一教育资源为幼儿园的教育活动服务？（W老师）

教师发现、梳理出问题，选择特定问题予以关注，收集相关资料，批判性地审视自己的理念行为，进一步确定反思问题；当反思问题确定之后，通过自己多种途径收集相关资料，也可邀请同行和专家集体教研等，提出解决问题的办法，自己对教学实践效果要有预设；教师在认真、反复研究确定改进办法后进行实践验证，再在此基础上形成新一轮的反思循环，从而形成有效的反思链。

（三）引领幼儿教师了解教学反思的常用方式方法

教师常用的反思方式主要有内省式、经验记录式、交流式。笔者在与35位教师交谈后发现，他们对三种反思方式有着自己独特的见解和体会（见表2）。

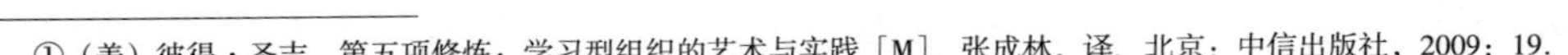

① （美）彼得·圣吉．第五项修炼：学习型组织的艺术与实践［M］．张成林，译．北京：中信出版社，2009：19.

表2　三种反思方式优势与局限对比

内省式	优势	通过自己想，使自己印象深刻；可随时进行反思。
	局限	自己的想法可能偏颇不全面；有些问题一时想不出解决办法，可能事后就忘记了。
经验记录	优势	写出来能帮助自己理清思路，为今后提供参考反思，对今后成长有益；为家长提供事例，很有说服力。
	局限	太费时间，大多是为了应付，作用不大；想的是一回事，写出来又是一回事，因为水平低，表达不出来。
交流式	优势	能广泛听取大家的意见，对问题分析全面、具体、客观。
	局限	大家的空闲时间很难安排到一起，有时候只能利用节假日，占用自己的休息时间；有时候批评得多了，有的老师会产生厌烦心理。

与教学反思方式相对应的反思方法主要有个人反思笔记、集体教研反思、摄像录音记录等。下面是对35位教师涉及教学反思方法调查得到的数据（见表3）。

表3　教师教学反思方法调查表

反思方法	人数	百分比（%）
个人反思笔记	35	100
集体教研反思	30	85.71
撰写教育论文	25	71.43
摄像录音记录	13	37.14
其他	25	71.43

反思方法是教师反思得以实现的载体，是教师反思必须掌握的工具，熟悉教学反思的方法并灵活地运用对幼儿教师十分必要。对以上调查结果进行分析可以发现，幼儿教师的教学反思方法主要是自我反思（写个人反思笔记）和与同事一起进行集体教研反思。个人反思笔记是近年来运用最广泛的一种方法，是最直接、最简易的方式。教师可以记录一日教育活动的每一个细节，连同自己的体会和感受诉诸笔端，从而实现自我监控。

撰写教育论文多是上级部门分配的硬性任务，教师在有限的时间里更多的是摘抄相关文章，而不是自己反思、总结和提升经验，因此，对教师的专业成长并不能起到实质性的作用。

采用现代科学技术，如摄像录音记录法是一种有效的方法，录像和录音可以为教师提供更加客观、真实、全面的活动再现，可以帮助教师认识真实的自我。但35位教师所在的幼儿园硬件设施条件有限，很多幼儿园不能采用摄像方式帮助教师记录活动现场。

其他方法主要包括对外学习交流、专家指导反思、家长反馈、档案袋法等。档案袋法是教师在一段时间里收集教育方方面面的活动资料，并将反思结果记录下来。档案袋建立的过程不仅是记录教育活动进展的过程，更是教师对自己的经验和感受整理和系统化的过程，是教师成长的积累过程。

以上方法各有优势，有效的反思应是各种方法的有机结合和灵活运用，只有这样，反思才能发挥最大的价值。

（四）搭建提升幼儿教师教学反思能力的平台

1. 组织合作反思是提高教师反思能力的重要途径

合作反思具有1+1>2的效果。它的主要形式有案例分析、专家答疑、专题性研讨等多种形式，可以是在教师之间进行，也可以是教师与专家在合作反思中进行，教师最大的收获是借鉴了别人的想法，拓宽了自己思考问题的思路。如有的教师认为：它是思维的碰撞，和其他老师或专家在一起反思比我们一个人反思更深入，面也更广，同时还可以让我们老师进一步去思考，从怎样的角度去反思、可以怎样更深入地去反思等。在共同的研究辩论中，教师思维活跃，研究气氛热烈，专家教师共同受益，大家建立起了新的、亲密的同伴关系。曾有过合作反思经历的教师深深体会到：减少了我们老师的压力，特别是在研讨中减少了一些心理压力，同时它能创设一个比较轻松的氛围，能激发我们把自己的想法表达出来，帮助我们理清思路。因而，为幼儿教师提供教学观摩、教学大赛、教学研讨等合作反思的机会，是提高教师反思能力的重要途径。

2. 加强反思材料交流是提高教师反思能力的有效手段

教师在教学过程中总会遇到这样或那样的问题，有些问题一时没能解决，可以记录下来，之后和同伴交流讨论解决的办法。这样会使教育更科学，教师也会随之成长、成熟。因此，反思材料的撰写和交流，有利于促进幼儿教师的反思向纵深发展，提升实践性知识的层次。同时，也可以选择一些好的或有代表性的教育反思笔记，挖掘其中的“亮点”，作为典型的案例进行深入的剖析。如该教师是从哪些方面进行反思的？运用了什么反思方法？该反思案例对你有哪些启示？当撰写反思笔记成为教师专业成长过程中的自发需求和有力工具时，教师距离一名研究型教师就不远了。

3. 开展职后培训是提高教师反思能力的关键

好教师在进行教学反思时会主动对自己教学中的成功与不足寻求一定的理论支撑，并对自己的教学理念进行积极思考，更有效地更新、充实自身的专业理论知识。32位初中起点的幼儿教师在对教育理论知识的掌握上比较欠缺，对教育目标的理解、对科学领域基本原理的理解、对领域知识的把握上有很大困难。教育理论的科学指导和学科知识的科学理解决定了教学活动的成败，决定了孩子接受的知识是否科学，决定着孩子的成长是否健康。因此，幼教管理部门、幼教科研单位应与时俱进、有针对性地对幼儿教师进行职后培训，以及对其进行教育理论和理念的培训、教材教法的培训、相应领域知识的培训，使幼儿教师的知识结构适应时代发展，使其教学反思能力得到逐步提高。

参考文献：

[1] 熊川武．试析反思性教学[J]．教育研究，2000（2）．

[2]（美）彼得·圣吉．第五项修炼：学习型组的艺术与实践[M]．张成林，译．北京：中信出版社，2009．

[3]（美）威廉F．派纳，等．理解课程[M]．张华，等，译．北京：教育科学出版社，2003．

[原载于《早期教育（教科研版）》，2012年第9期]

新中国教师教育体制发展轨迹探析*

山西师范大学　张琴秀

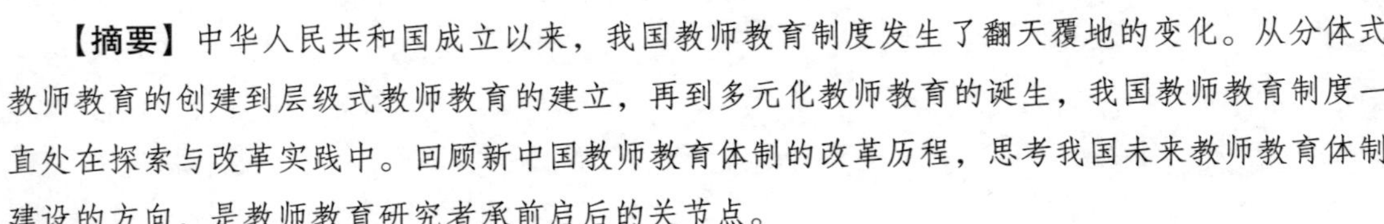

【摘要】 中华人民共和国成立以来，我国教师教育制度发生了翻天覆地的变化。从分体式教师教育的创建到层级式教师教育的建立，再到多元化教师教育的诞生，我国教师教育制度一直处在探索与改革实践中。回顾新中国教师教育体制的改革历程，思考我国未来教师教育体制建设的方向，是教师教育研究者承前启后的关节点。

【关键词】 新中国；教师；教育体制

中华人民共和国成立以来，我国教师教育形态发生了翻天覆地的变化：从原始的培养培训双元制教师教育到职前、入职、职后一体化教师教育；从低层次、单一化、粗放型教师教育到高层次、多样化、集约型教师教育；从排斥实践、理论授受、专家崇拜型教师教育到回归实践、正视经验、教师为本型教师教育；从层级森严、体系完备、国家主导的体制型教师教育到开放灵活、市场调节、治理为主的服务型教师教育；等等，无不说明我国教师教育已经日益成熟。回顾中华人民共和国成立以来我国教师教育制度的改革历程，思考我国未来教师教育体制建设的方向，是每一位教师教育研究者必须关注的一个课题。

一、分体式教师教育体制的创建

中华人民共和国成立初期，百废待兴，要不要国民党统治时期残留的教师教育系统，成为摆在全国人民面前一件棘手的事情。如何造就大量的教师，将那些具有一点文化基础

* 本文系山西师范大学校级攻关项目：立足园本，促进幼儿教师专业成长（项目编号：SD2007GGKT-01）的研究成果
主持人：张琴秀　成员：李春丽　于　珍

的知识分子训练成为教师，就成为决定新中国教育事业前途的关键问题。面对这一问题，中华人民共和国成立伊始，全国展开了一系列教育工作会议，较好地解决了这个问题，顺应了教育事业发展的迫切需要。

师范教育是教师教育系统的脊梁，是重建新中国教师教育事业的当务之急。1949年底，教育部召开了第一次全国教育工作会议，讨论了如何改进以北京师范大学为首的各类师范院校的问题，宣示了新中国教师教育改革的启动；1951年，教育部召开了第一次全国师范教育会议，确定了每一大行政区至少设立一所师范学院，在高校中，师范学院、教育学院独立设置的建制原则，奠定了我国教师职前教育系统的基础；1953年，教育部召开了第一次全国高等师范教育会议，提出了有计划地大力发展高等师范院校和中级师范学校的建议；1956年，教育部又要求各地大力发展中级和初级师范、举办师范速成班，不拘一格地培养小学师资，并颁布了《师范学校规程》等文件，标志着中等师范教育在新中国教师职前教育系统中的基础地位得以确立。由此，师范大学、师范学院、师范专科学校、中等师范学校成为我国教师教育的骨干构成，相对完整的教师职前教育系统初具形貌。

同时，教师职后教育是新中国教师教育事业的另一支撑点。1956年，北京教育学院建立，随后一批地区性的教师进修学校相继成立；1977年，教育部召开了师资培训工作座谈会，专题研究如何加强师资培训工作的问题，规定了教师进修学校及各级教育学院的性质、地位、任务、经费、教师队伍要求等问题。会后，全国各地陆续恢复或建立了教师进修学校或教育学院的设置，并把其设为本地区培训在职教师的重要基地。上述决定和做法表明：与师范教育系统相对独立的教师职后教育系统组建工作已经完成，教师发展面临的体制性问题在我国基本上得以解决。显然，这种教师教育形态的根本特征是培养与培训自成系统，分体设立，故我们称之为分体式教师教育，它奠定了我国教师教育系统的雏形。

在这一教师教育形态主导下，中华人民共和国成立初期，我国的教师教育具有了双轨性、低重心、粗放型的特征。职前教育与职后教育两轨并行、两者任务明确各负其责、教师培养与教师培训难以融通，具有明显的双轨性特征；整个教师教育系统以中等、初等师范教育为基石，以大学本科层次的高等师范教育封顶，教师教育的重心在中专学校，教师学历层次较低，教师教育重心偏低；教师的培养训练追求速度和数量，教师教育课程体系有待完善，注重简单的教法训练，教师的学科专业知识薄弱，导致了教师的“双专业”性难以实现，粗放型特征一目了然。应该说，分体式教师教育体制的建立是由我国国情与教育发展水平决定的：一方面，我国教育事业规模迅速扩张，对中小学教师需求量较大，这就客观上要求新教师培养必须超前于老教师培训，培养与培训层次偏低，两者无法得到协调发展、同等重视，两者之间产生脱节在所难免；另一方面，中华人民共和国成立初期，落后的教育发展水平难以激起教师强烈的继续教育需要与专业发展要求，出现结构单一、理论灌输主导、双轨互不沟通的分体式教师教育是历史的必然。同时，我们也不难看到，尽管这一教师教育体制具有上述弊端，但它的产生适应了中华人民共和国成立这一特殊时期对教师及教师教育系统的需要，为我国教育事业的迅速发展提供了有力的支撑。

二、层级式教师教育体制的建立

教师发展不仅需要教师教育政策制度的支持，更需要完备的、多层次的教师教育系统的支撑，为此，教师教育重不重要的问题、教师教育在国家教育系统中的地位问题、教师教育有没有必要做大做强的问题，就成为牵动我国教师教育体系优化、结构完善的原动力。改革开放以来，我国对该问题的争论从未停息过：1978年，教育部颁布的《关于加强和发展师范教育的意见》中赋予师范教育以“提高教育质量的百年大计”地位；1980年，教育部在第四次全国师范教育工作会议上指出，师范教育是全国教育事业中的“工作母机”；1985年，国务院颁布了《中共中央关于教育体制改革的决定》，其中指出：“把发展师范教育和培训在职教师作为发展教育事业的战略措施”；1993年，中共中央、国务院在其联合发布的《中国教育改革和发展纲要》中作出了“振兴民族的希望在教育，振兴教育的希望在教师”的深刻判断；1996年，全国召开了师范教育工作会议，要求“把师范教育作为发展教育事业的战略措施，优先发展，适度超前”；2007年，温家宝总理在北京师范大学看望免费师范生时强调，师范院校肩负着培养和提高国民素质的重大责任，师范教育可以兴邦。从“百年大计”到“工作母机”，从“战略措施”到“民族希望”，从“优先发展”到“兴邦”之基，这些论断的提出，标志着我国教师教育的重要地位已经在政府最高决策层面得到了认可和重视，它直接推动着一个结构完善、层次分明、国家主导、封闭定向、具有中国特色、培养培训齐头并进的教师教育系统在我国的成形。

从教师职前教育系统来看，我国政府对高师与中师建设与改革的重视促成等级化教师职前教育系统的形成。改革开放以来，我国政府一直在加强中等师范学校的教育教学改革：1980年，教育部颁布的《关于办好中等师范学校的意见》，充分肯定了中等师范学校在国家教育事业发展中的重要地位，明确了中等师范学校的办学方向——为农村学校培养优秀师资；1985年，全国召开了中小学师资工作会议，重申师范教育为基础教育服务的办学方向，开始在中等师范学校中推行提前招生、定向招生和培养制度，确保师范院校具有优质的生源；1987年，国家教委在福建召开了以“加速中等师范学校办学条件标准化建设”为题的专题座谈会，要求各地必须采取有效措施加强中等师范学校的教学设施建设，尽快实现中师学校办学条件的标准化。这些举措使中等师范学校的软件与硬件设施都得到了改善。与此同时，我国也没有放松对高师院校的教育教学改革：1986年，国家教委颁布了《关于加强和发展师范教育的意见》，对高师教育教学改革的方针、思想、方法、制度、内容、措施等进行了系统化的阐明，高师发展的方向日益清晰；1987年，国家教委师范司召开了高师工作座谈会，提出了高师教学质量的检验标准——为基础教育服务，明确了高师的根本任务——为中学培养合格教师；1989年，国家教委师范司在河北石家庄召开了全国师范专科学校工作会议，确定了师范专科学校的办学重点和发展方向，即为基层初中服务，为其培养合格的教师。

在我国政府的努力下，于20世纪末期，一个等级森严、结构完整的“旧三级”教师职前教育系统初具形貌：以培养幼儿园与小学教师为目标的中等师范学校（包括普通师范学校与幼儿师范学校），以培养初中教师为目标的师范专科学校，以培养高中教师为目标的师范大学，其办学主体分别是（地级）市和省（或直辖市）。在该系统中，基础教育学校的层次与师范院校的学历教育层次相对应，进而形成了一个“中等师范学校—师范专科学校—师范大学”的层级教育系统。1996年，国务院学位委员会通过了《关于设置和试办教育硕士专业学位的报告》，试点院校开始在全国开展了面向中小学教师的教育硕士专业学位教育，2002年，教育硕士专业学位发展为由6个专业、17个专业方向构成的教育硕士专业学位教育体系；1999年，中共中央和国务院联合发布了《关于深化教育改革全面推进素质教育的决定》（以下简称《决定》），其中指出：“2010年前后，具备条件的地区力争使小学和初中阶段教育的专任教师的学历分别提升到专科和本科层次，经济发达地区高中阶段教育的专任教师和校长中获硕士学位者应达一定的比例”；2003年，师范教育实行全额收费，师范院校的撤、并、合、转工作全面推开。随之，这一层级式师范教育系统又面临着重心上移的新任务，教师职前教育系统与师范生未来任职学校之间的层次对应关系被打破，中等师范学校消失，“旧三级”转向“新三级”，即专科教育、本科教育与研究生教育的升级成为必然，教师职前教育的大学化全面展开。更令人瞩目的是，2009年，国务院学位委员会办公室颁布了《关于开展教育博士专业学位教育试点工作的通知》，批准在北京师范大学等15所师范大学中开展教育博士专业学位教育试点，标志着我国教师职前教育达到了一个史无前例的水平和层次。可以预见，我国未来教师教育格局将由新的三级体系构成，即以实行五年制的专科层次培养为主的幼儿教师教育，以本科层次培养为主的小学教师教育与中学教师教育和以研究生层次培养为主的高中教师教育。

再从教师职后教育系统来看，20世纪70年代以来，我国政府对教师职后培训工作的重视有增无减。1982年，国务院130号文件明确指出：教育学院、教师进修学校是培训中小学在职教师的重要基地，教育学院与教师进修学校培训教师的任务更加清晰；1983年，教育部颁布了《关于中小学教师队伍调整整顿和加强管理的意见》，提出了合格教师的质量标准，要求高中、初中、小学教师应相应具备本科、大专、中师毕业学历或同等学力，同时，在中小学教师中开展教师“专业合格证书”考试制度。由此，教育学院、教师进修学校的学历补偿教育及专业培训工作全面展开，电大、夜大、成人教育等各种师资培训形式加入到教师职后教育的行列中来；1994年，国务院颁布了《中国教育改革和发展纲要》，其中提出："要有计划地对中小学的校长、教师进行培训，到本世纪末，使95%以上的小学教师和80%以上的初中教师达到国家规定的合格学历标准，有条件的地区要逐步提高中、小学教师的学历层次"；1998年，教育部制定了《面向21世纪教育振兴行动计划》，要求在全国"实施'跨世纪园丁工程'""大力提高教师队伍的整体素质"；1999年，国务院颁布了《决定》，要求"开展以培训全体教师为目标、骨干教师为重点的继续教育，使中小学教师的整体素质明显提高"，教师职后继续教育的形式更为丰富；同年，教育部在全国启动了《中小学教师继续教育工程》，颁布了《中小学教师继续教育法规》，制定了按照五年一个周期推进中小学教师继续教育的法规。由此，以五级培训——国家级培训、省级培训、地（市）级培训、县级培训、校级培训为载体，以省市教育学院、县教师进修学校、师范院校的成人教育学院、电大夜大为依托的层级式教师职后培训系统日渐定型。

可见，至20世纪末期，我国教师教育的发展基本上没有超越"师范教育时代"，即一个教师培养和培训在"单一、层级化的师范体系中来进行的时代"。以各级师范院校为教师职前教育主体，以各类教师培训机构为教师职后培训主体，两者相辅相成、封闭定向、层级分明，对教师的发展分段负责、各司其职、体制健全，就是该教师教育形态的基本特征。

其实，层级式教师教育体制的出现在教师教育发展史上是一大进步：首先，它按照"高一学历层次"的原则建立起了金字塔式的职前教师教育体系，确保了教师教育结构内部的稳定性与有序性，实现了教师教育规模层次与整个教育事业发展需要之间的协调；其次，分级建立教师职后教育体系的做法促使教师职后培训走向常态化与制度化，教师职后专业发展受到重视，教师教育体制的建设日益走向实践，深入基层，成为教师专业提升的坚强堡垒。同时，我们也应该看到，由于受封闭、等级性强、国家主导色彩明显等特点限制，导致这种教师教育体制的社会适应力差，难以实现与教育实践间的直接接轨与互动，故改革这种教师教育体制势在必行。

三、多元化教师教育体制的形成

在当前，随着教师教育国际化进程的加速，社会对优秀教师的需求剧增，教师受教育需要的分化，教育行业就业市场的结构性转变（由买方市场转向卖方市场），教师教育推进方式由强制向服务的转变，我国教师教育走上了一条重内涵、超常态、多元化的发展道路。当然，我国教师教育多元化势头的推进是需要以相关制度、机制的同步建设来支撑的：封闭体制的开放、竞争机制的引入是实现多元化的基础，开放化与综合化是实现多元化的两翼，教师教育需不需要"两化"，即开放化、综合化的问题日益凸现，原本固步自封、铁板一块、层级森严的教师教育体制受到了挑战和质疑，我国教师教育需要引入新的发展思路和制度构架。针对这些问题，教师教育决策者进行了多维度的思考和创造，教师的培养与培训制度走向了融合与交会，教师教育走上了一条百花齐放、百舸争流的轨道，一种新型教师教育形态在中华大地上萌芽。

首先，是教师教育要不要开放化的问题。教师教育不是师范院校的专利，它也不可能垄断整个教育领域。20世纪80年代以来，定向型的教师教育导致了我国教师教育的僵化、死板、单一，缺乏生机和活力，培养规格上整齐划一，教师教育的“学术性”与“师范性”双重滞后，难以适应社会对个性化教师的需求，教师教育与教育实践间的鸿沟拉大等缺陷不断暴露。在此境况下，破除体制化、层级化教师教育的制度性瓶颈，打破师范院校及教育学院对教师教育的垄断就成为必然。为此，1999年，在中共中央、国务院颁布的《决定》中提出了教师教育体制创新的思路，打破了狭隘的教师教育格局。在《决定》中明确指出：“鼓励综合性高等学校和非师范类高等学校参与培养、培训中小学教师工作，探索在有条件的综合性高等学校中试办师范学院。”在同年召开的第二次全国教育工作会议上，教育部再次重申：“实力较强的高校要在新师资培养中做出贡献，调整师范学校的层次布局，鼓励综合性高等学校和非师范高等学校参与培养、培训中小学教师的工作，探索有条件的综合性高等学校试办师范学院。”2001年，国务院颁发了《关于基础教育改革与发展的决定》，推出了我国教师教育的新体制，即“完善以现有师范院校为主体、其他高校共同参与、培养培训相衔接的开放的教师教育体系”；2002年，江泽民同志在北京师范大学建校100周年庆祝大会上强调：“要进一步建立和完善适应我国教育发展需要的开放灵活的教师教育体系，努力造就一支献身教育事业的高水平的教师队伍”，预示着一种灵活、开放的非定向型教师教育体制在中国大地付诸实施。同时，我国教师教育的开放并不仅限于对“地网”（即向非师范院校的开放）与“人网”（即向所有教育工作者的开放）的开放，还包括向“天网”的开放。2003年，教育部颁发了《教育部关于实施全国教师教育网络联盟计划的指导意见》，随后全国教师教育网络联盟在北京师范大学宣告成立，并提出了“整合资源，构建以师范院校和其他举办教师教育的高校为主体，以高水平大学为核心，区域教师学习与资源中心为服务支撑，社会力量积极参与，职前职后教育一体化，教师教育系统、卫星电视网与计算机互联网相融通，学校教育与现代远程教育等各种教育形式相结合，学历教育和非学历教育相沟通，系统集成，优势互补，共建共享优质教育资源，覆盖全国城乡的教师教育网络体系”的建设蓝图，宣告我国教师教育实现了“天网”“地网”与“人网”的对接和融通，一种新型的、立体的、最开放的大教师教育系统初步成形。

其次，是教师教育要不要综合化。教师教育属于一种双专业型教育，学术教育与师范教育是教师发展的两翼，两者平衡、协调发展才可能打造出一流的教师教育服务，综合化

对教师发展而言是必需的。为此，正是基于这一考虑，我国教师教育在其发展中始终没有摆脱综合化的情结和纠缠。实际上，早在中华人民共和国成立初期，我国政府在教师教育中一直注意处理好学术性与师范性的矛盾：在1961年召开的全国师范教育工作会议上，中央政府强调了师范教育办学的两个“面向”方针，即“面向中小学”和“向综合大学看齐”；在1985年召开全国中小学师资工作会议上，教育部再次强调避免两个倾向，即师范院校盲目升格和高师院校不适当地向综合大学看齐，重申是否为基础教育服务是检验师范教育的根本标准。然而，在其发展中，受制于师范院校办学环境等因素的影响，许多师范院校并没有妥当地处理好师范院校综合化的问题。在这些因素中，有两个最为关键：其一是奖（助）学金问题，其二是综合大学参与教师培养问题。从前者来看，从1952年开始，全体大学生享受人民助学金制；1983年，国家对高等师范学校学生实行助学金与奖学金相结合的制度；1987年，改师范生人民助学金制度为师范生专业奖学金制度；1996年，国家规定：“原则上师范专业学生免交学费，并享受专业奖学金。”然而，到了1998年，高等院校实现了并轨，师范教育开始收费。由此，师范生的优越性在减少，进而导致了师范院校的生源危机，师范院校综合化的势头日益明显，2003年师范院校的撤、并、升、合之风便是例证。及至当前，2007年，国务院通过了《教育部直属师范大学师范生免费教育实施办法（试行）》，鼓励优秀人才终身从教，并于同年秋季在北京师范大学等六所师范大学中实施了师范生免费教育，师范院校的“去师范化”势头才有所减缓，强化教师教育特色成为许多师范院校的发展战略。从后者来看，鼓励非师范院校参与教师培养培训工作危及师范院校的生存，迫使师范院校通过综合化来提升自己在高校中的学术地位。1984年，教育部颁发了《关于在普通高等学校举办中等学校教师本科班和专科班的通知》，允许非师范院校举办中学教师本科班和专科班；1996年，在全国师范教育工作会议上教育部要求发挥两个“积极作用”的设想，即“发挥各级各类师范院校培训教师的主渠道作用及非师范院校培养培训教师的积极作用”；1999年，国家开始鼓励综合性高等学校和非师范类高等学校参与中小学教师的培养、培训工作。在此背景以下，许多师范大学都提出了“教师教育特色+综合大学”这一格式的发展战略，师范大学综合化的要求日益强烈。综合化是提升教师学科知识水平的必然选择。实践证明：健康、适度的综合化不仅不会削弱教师培养的质量，反而会增强师范教育的教育质量，教师教育需要师范院校构建一种专业化与综合化同步推进、共生共强的发展模式。

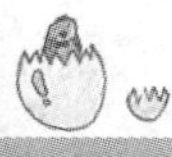

总之，走向开放化，走向综合化，构建一种新型教师教育体制，是当代我国教师教育决策者与改革者面临的艰巨使命。没有开放，缺乏外来的竞争与压力，我国教师教育体制就容易走向僵化，丧失活力，泯灭创新意识，失落改革精神。教师教育体制的开放化程度与教师教育改革力度的大小之间是成正比的，没有开放就没有我国教师教育的快速、健康、跨越式发展，就没有教师教育新形态的产生。没有综合化改革，没有综合性大学的参与，师范院校要想培养出高品位、高素质的优秀教师就显得底气不足、根基不稳，综合化是当代我国教师教育焕发活力与生机的实践选择。在开放化与综合化的推动下，克服层级式教师教育体制的弊端，揭开我国教师教育体制创新的新篇章，是当代我国教师教育改革的突破口之一。

参考文献：

[1] 张斌贤，李子江．改革开放30年来我国教师教育体制改革的进展［J］．教师教育研究，2008（6）．

[2] 教师教育专家委员会秘书处．关于我国教师教育发展战略及改革举措的建议——全国教师教育专家委员会成立大会暨第一次全体会议纪要［J］．教师教育研究，2004（3）．

[3] 朱旭东．论我国后师范教育时代的教师教育制度重建［J］．教育学报，2005（2）．

[4] 龙宝新，檀传宝．受教育需要的关怀与提升：教师教育的使命所系［J］．教师教育研究，2007（1）．

［此文发表于《教育理论与实践》，2010年第16期，此次略有修改］

论农村幼师“国培计划”的意图、理念与模式*

山西师范大学　张琴秀

【摘要】农村幼师“国培计划”是一项事关民族未来与国计民生的重大工程，其实施品质在一定程度上决定着国家学前教育政策意图的顺利实现。农村幼师“国培计划”的政策意图是：关注教育薄弱链环，助推幼儿教育均衡发展，推动教育协作。鉴于此，培训实施者应该坚持专业化导向、共同体培育与成长型培训的理念，努力打造有效的高端培训品牌。农村幼儿教师国培的理想模式为：名师名课论坛、共同体专题研讨、研训交互课堂。

【关键词】农村幼师“国培计划”；政策意图；理念；模式

“国培计划”是新世纪国家重大教育质量工程的关键一环，是创办人民满意的教育的一项重大举措，是国家科教兴国战略、建立人力资源强国计划的重要组成部分。教师是教育资源的首要构成要素，教师的质量就是教育的质量，教师培训的水准与品质决定着一个国家教育改革与发展的大计。毋庸置疑，在“国培计划”中，农村幼儿教师培训项目是最令人瞩目的。这不仅因为该项目的实施会直接惠及我国百万广大农村幼儿教师和3000万名农村幼儿，而且，它的实施还直接关涉着我国整个教育整体质量的提升与促使全国教育均衡发展目标的落实。在我国，近80%的幼儿园教师在农村，最缺乏培训的是中西部幼儿园教师；乡镇与农村幼儿教师是我国幼儿教师队伍的主体，中西部农村幼儿教师是幼儿教师“国培计划”的重点实施对象。能否通过培训把卓越“种子”教师输送到村镇幼儿园中，能否把培训的温暖送达最需要培训的教师及地区，能否让“国培计划”在国家幼儿园教育政策实施中发挥更大的效能，是每一位“国培计划”的组织者与参与者必须认真考虑

* 本文系山西省软科学课题“山西省农村幼儿教师队伍现状调查”（课题编号：2010041059-02）研究成果
主持人：张琴秀　成员：李春丽、于珍、王志刚

的问题。

一、农村幼儿园教师“国培计划”实施的政策意图

几年来，作为一名“国培计划”的组织者与实施者，笔者身处于国家国培政策的践行者与农村幼儿教师培训项目设计者的双重角色之间，如何平衡国家政策意图与基层农村教师专业发展需要之间的关系一直是让我倍感困惑的一道难题。培训项目实施经验告诉我们：不吃透国家幼儿教师“国培计划”的政策意图，就无法把握国培政策执行的主动权，就无法科学、灵活地设计培训活动；不了解基层农村幼儿教师的培训需求，就无法找到培训工作的切入点与着手点，就无法创建高品质、有实效的国培项目。

（一）关注教育薄弱链环，助推幼儿教育均衡发展

普及学前教育，提升幼儿教育品质，振兴民族教育事业，事关我国改革与发展的全局。正如《国务院关于当前发展学前教育的若干意见》所言，“学前教育是终身学习的开端，是国民教育体系的重要组成部分，是重要的社会公益事业。”作为一项公益事业，学前教育关注的是所有幼儿的共同发展、全面发展，关注的是各地区儿童的健康发展与持续发展；作为学前教育事业的重要延伸与奠基工程，幼儿园教师“国培计划”也必须坚守这一公益性原则。所谓公益性原则，其内在含义就是公平性、共同性、普惠性，就是让所有幼儿教师都能直接或间接地享受到国家的教育阳光与培训实惠。正如朱旭东教授所言，公益性、公平性和正义性是“国培计划”的首要价值。要实现这一公益性的学前教育政策目标，国家培训政策的价值立足点必然是“保底促优”，即在保证基本教育质量的基础上，利用教育系统内部的竞争机制来推动幼儿教师整体质量不断走向高位均衡，最终达到对学前教育质量整体提升的目的。基于这一理解，笔者认为，幼儿园教师“国培计划”的首要政策意图应该是关注学前教育事业的薄弱链环，即中西部地区农村幼儿园教师的培训。中西部农村幼儿教师不仅是全国学前教育的“短板”，是区域学前教育的“短板”，还是整个基础教育系统中的“短板”。按照“木桶原理”，中西部幼儿园教师的专业水准决定着我国学前教育的整体质量，不对他们进行保障性、补偿性优质培训，全国学前教育质量的提升、教育事业的均衡发展与公平发展就无从谈起。

（二）科学利用杠杆原理，撬动学前教育的大船

最有效的教师培训不是平均用力、齐步推进式的培训，不是“逐个单练”“一对一”式的培训，而是从培训关节点切入，开展以点带面式的培训。这种培训就是杠杆式培训，

就是能够带动国家基础教育改革效能持续提升、带来价值倍增效能的培训。这是国家幼儿教师培训计划的另一政策意图所在。在全国教育系统中，幼儿园教育是奠基环节，担负着呵护、扩充、激发幼儿潜能的重要使命，肩负着决定儿童一生、锁定儿童未来、确保人生成功的重要职责，对幼儿园教师的培训无疑能够借助于学前教育事业的中转将教师培训的效能发挥到最大化的境地。美国心理学家杰明斯的研究表明：人的50%的智力是4岁以前获得的，30%的智力是在4到8岁之间获得的；8岁前，人的脑重达到了成人的93%，是对人进行智力开发、人格健全、心性教育的关键期与最佳期。能否为幼儿创造最适宜的成长环境与教育条件，对儿童一生发展而言是一件事半功倍的事情。好教育首先需要好教师，高素质、专业化的幼儿教师需要教师培训来提供。正因为如此，优质幼儿教师培训就是优质幼儿教育的领航者与缔造者，要在我国农村地区建立一流的学前教育体系，就必须求助于高端的教师培训服务体系来支撑。同时，国家级培训资源毕竟是稀缺性资源，其意图重在提供优质培训示范与教师个体成长的“标杆”。总而言之，国家培训政策的意图也不会是全员培训，而是一种辐射性培训、增殖性培训与引领性培训，即借助于对优质“种子”教师的培训来将先进教育理念与教育经验嵌入到基层幼儿园环境中去，努力达到成倍放大培训效能与辐射范围的目的。可见，借助幼儿教师的“国培计划”来抬升全国教育质量的底线，借助优质“种子”教师的培训来抬升整个学前教育的质量，这正是国家级幼儿教师培训的真正意图。

（三）推动教育协作，打通幼儿教育的“经脉”

教师培训的实质是为教师学习活动的发生与展开创造条件、提供环境，最终助推学习活动顺利进行。对幼儿教师而言，他们发展中最需要的是一种上下沟通、动态流动、经脉畅通的专业发展环境，这种环境内蕴着培育教师的潜能。其实，高水平幼儿园不仅是儿童实现优质发展的平台与基地，还是一所对全体教师发挥着专业教育与提升功能的教师专业发展学校。我们相信：只要幼儿教师可以在各层次的幼儿园中自由流动，他们就可能从各类教师与教育机构中收益，最终获得充分、自由、全面的专业发展，提升他们适应新教育环境的能力。然而，在当前教育格局，尤其是教师人才资源配置框架下，农村幼儿教师要想获得这种自由的专业发展几乎不可能，尤其是要实现“上流”，如进入高水平幼儿园任教，必定会受到形形色色的限制与制约。可见，我国现有幼儿园人事体制框架无形中阻碍了农村幼儿教师进入高级幼儿园这所“专业发展学校”学习与深造的机会。“国培计划”的实施无疑是打破这一幼儿教师专业发展瓶颈的一剂良药。通过雪中送炭、名师示范与专家引领，国培活动有力地推动了各级幼儿园先进教学经验的分享与扩散，推动了先进教育理念在农村基层幼儿园中的传播，尤其是在“种子”教师、骨干教师培养的媒介下，各层次、各地区幼儿教师之间就可能形成通畅的交互学习通道。笔者相信，在“国培计划”架设的这条农村教师专业成长绿色通道中，弱势地区与层级的幼儿园教师必将最大化地受益，他们必将从培训中呼吸到一种新鲜的“教育空气”，由此打开相对闭塞的教育视野，和全国各地幼儿园名师迅速站上同一条专业起跑线。所以，“国培计划”是打通全国幼儿教育经脉的一道红线，是推动优质教育经验自由流通的重要通道。

二、农村幼儿教师“国培计划”的科学理念

幼儿教师“国培计划”是一项事关民族未来与国计民生的重大工程，是事关全国亿万儿童身心健康发展开端的重大项目。从某种意义上说，幼儿教师“国培计划”是国家向全国幼儿发放的一笔最大福利，该项工作开展的质量直接关系着它能否最终造福儿童，实现国家的政策意图。幼儿是成长中的人，幼儿阶段是可塑性最强的一人生阶段，是最能体现教育价值的关键时期。优质的幼儿教育首先源自优秀的教师，优秀教师的造就得益于科学、精心的培育与培训。现代教师教育实践表明：当代教师培训正呈现出“重心后移”“重心下移”的发展态势，教师职后培训与教师自身的教育实践日益受到重视。在这种发展态势下，幼儿教师“国培计划”的开展必须引入科学的举措与理念，担当起更多的培养卓越教师的责任，以更好地完成国家交给培训者的艰巨使命。笔者认为：幼儿教师国培项目的实施必须重点考虑“三大理念”，并据此科学设计整个培训活动与进程。

（一）专业化导向

作为一种高端培训，一种示范型培训，幼儿教师“国培计划”必须引入专业化理念，严格按照专业化的方向、标准、方式开展各项培训活动。“国培计划”的核心价值不是国家公共价值、社会价值，而是教师专业发展价值。所谓专业，对幼儿教师而言，它不仅仅是指通过培训让幼儿教师获得学前教育领域的专业知识、专业技能、专业情感与专业伦理，更重要的是要让他们在走向专业型幼儿教师的进程中变得更加优秀。在这个意义上，“专业”是“优秀”“卓越”的代名词，把幼儿园工作做得更优秀、更科学、更具权威性，这就是“专业性”的内涵。要培育出卓越、优秀的幼儿园教师，就必须引入专业性的培训理念，构筑专业性的培训模式，实现“开发教师培训优质资源”“创新教师培训模式和方法”“推动全国尤其是中西部农村教师培训的开展”等国培举办初衷与实施意图。实践经验告诉我们：最专业的培训就是最优秀的培训，就是没有范例的培训，就是最具个性化与效能性的培训。在遵循一般培训要求与规律的前提下，自觉根据优秀幼儿园工作特点、优秀幼儿教师专业需求来改进培训方式，灵活设计培训项目，研发特色培训形式，是打造专业化幼儿教师培训样式的必由之路。在摸索中曲折前进，在创新中出类拔萃，在研究中持续超越，是创造专业水准的幼儿教师培训项目的必由之路。

（二）共同体培育

国培项目不仅仅是要给幼儿教师提供一次教育知识、教育技能研修的机会，更重要的，它要为幼儿教师之间的专业交流与智慧碰撞提供一个立体的共享平台。也就是说，国培项目实施的目的是要为培训者与受训者、受训者与受训者之间搭建一个智慧共享的平台。在传统培训中，人们过于看重的是培训者与受训者之间的垂直型互动，看重的是他们之间显性的知识技能交流活动；在现代培训中，人们更为看重的是培训者之间的平行互动，看重的是他们之间专业经验、专业体验、专业感悟、隐性知识的互通与流动。善于利用受训者自身的教育资源，应用他们的隐性知识与教育经验来开展教师培训活动，是创建高品质教师培训活动的必然要求。每个受训者都来自不同的幼儿教育环境，他们的经历不同、区域不同、层次不同，决定了他们在幼儿教育方面积累的知识与经验相差迥异，这就构成了幼儿教师间形形色色的专业结构差异。差异是最宝贵的一种培训资源，它就是优质培训资源的一个构成元素。要充分开掘与利用这种培训资源效能，幼师“国培计划”就必须搭建好各种类型的培训共同体平台，如“受训教师——培训者”共同体、“城乡幼儿教师共同体”“大中小班幼儿教师共同体”“游戏学习共同体”等，以为这些培训资源的顺畅流通、相互交融创造条件。

（三）成长型培训

“国培计划”效能的大小决定于培训对象的选择，决定于培训对象在培训中的受益大小。从这个意义上来看，幼儿教师“国培计划”必须是一种成长型培训、增值型培训，而非一种定型性培训、守成型培训。所谓成长型培训，或者说是朝阳型培训，它是指一种以助推受训教师成长、增强他们的发展欲望与成长后劲为目的，并以受训教师在培训中获得尽可能最大化的专业提升为主要目的的培训。相对而言，定型性培训是那种试图以一种理想的教育模式与教育理念来为教师的专业发展方向、发展方式与发展状态定格的培训，是用培训者的头脑与经验来模塑受训者的心智结构与经验结构的培训。正如有学者所言，对幼儿教师而言，参与“国培计划”就是享用“一道精美的成长大餐”。在幼儿教师培训中，我们必须坚持成长型培训理念，努力增强受训者的成长欲望，让幼儿教师在培训中体验到成长的快乐与感觉，激起他们重塑专业自我、超越专业现状的激情与冲动。因此，在培训对象选择上，国培实施者必须遴选那些已经具有一定专业基础并具有强烈培训要求、可塑性最强的青年骨干教师为对象；在培训内容设计上，应该选择那些最能够激发受训者潜能的培训活动，如幼儿教师核心教学技能研修、幼儿园主题活动设计技能等；在培训目标上，应该设计双重培训目标，即底线目标与理想目标，给幼儿教师提出明确的成长目标等。正是基于此，当前幼儿教师“国培计划”的三大项目，即农村幼儿教师短期集中培训项目、农村幼儿园转岗教师培训项目、农村幼儿园骨干教师置换脱产研修项目都是试图将各层次上有潜能的教师遴选出来加以培训，其目的就是要催生种子型优秀幼儿教师的迅速成长，力图使整个培训更具衍生力、扩展力与辐射力。

三、农村幼儿教师“国培计划”实施的理想模式

在城镇化迅速发展的形势下，尽管我国农村幼儿呈现出锐减的势头，但由于农村地区地广人稀、交通不便、师生比相对较小等原因，在未来相当长的一段时期内，大部分幼儿教师仍然分布在农村，农村幼儿教师培训任务依然异常艰巨。加之，农村幼儿教师专业发展面临着三大典型困境，即培训机会少、培训成本高、培训意识差。这是由于多种客观原因所致，其中，城乡差距的存在、幼儿园办学规范化程度不高显然是主因。在这种情况下，如果不对农村幼儿教师进行差别性的培训优待措施，他们极有可能成为拖累我国幼儿教育、基础教育发展的包袱，最终阻滞我国教育事业的整体发展。当然，有效的农村幼儿教师国培模式的形成不仅要考虑到农村教师专业发展面临的特殊困境，而且还要对他们的具体专业发展需求，包括显性需求与隐性需求、现实需求与未来需求等进行精细分析，努力创建一种基于学情的有效培训。在实践中我们发现：农村幼儿教师最需要的是技能培训与经验分享，相对而言，他们对幼儿教育理论学习的需求并不高涨。这种特殊的专业发展需求也决定了我们对农村幼儿教师国培模式的选择与创构。结合这些情况以及山西的培训经验，我们认为，农村幼儿教师国培的理想模式是：名师名课论坛、共同体专题研讨、研训交互课堂。

（一）名师名课论坛

农村幼儿教师培训的实质是一种成人学习，是基于工作、经验与问题的学习，这就需要幼儿教师国培活动的安排必须依托教育理论与教育实践兼而有之的优质教育素材，否则，这种培训既不能称之为高端培训，也不能称之为有效培训。换个角度看，“国培计划”的主要任务是“示范引领”“雪中送炭”“促进改革”，这些任务的实现都归结于一点，即充分发挥名师名课这一优质培训资源的牵引功能。显然，能够将先进教育理论与优质教育实践融为一体的培训资源必然是名师的名课课例，它们是最优质、最鲜活的培训教材。可以说，释放这种教材的内能正是农村幼师国培项目的立足点。先进幼儿教育理论不仅是与名师的名课课例融为一体的，而且，还必须借助于这些课例来表达、来阐明、来证明。为此，设立名师名课论坛，利用最具体、最生动、最感性的课例形式来承载先进学前教育理论，表达先进教育理念，是促使农村幼儿教师专业理论与专业能力同步提升的科学

方式。在山西的农村幼师国培项目中，我们引入了“让名师显身示范先进理念，用名课实例呈现先进理念”的新思路，积极探索把最新幼教理念利用名师名课论坛的形式呈现给广大农村幼儿园教师，并借助幼教理论专家的点评与受训教师的交流等培训方式，引导幼儿教师在与专家现场对话的辅助下，将隐藏在这些名师课例中的最新教育理念“点”出来、“扣”出来，努力创造幼教理论与幼教实践的最优化结合形式，在幼儿教师身上达成理论吸收与能力提高双赢的培训目的。

（二）共同体专题研讨

我们认为，在培训中农村幼儿教师新认识获取的来源具有多元性，其中最重要的一个来源就是形形色色的共同体。在培训实践中，我们不仅要自觉利用受训教师在培训生活中结成的自然共同体，如地缘共同体、同性共同体、学科共同体等来辅助培训，还尝试以专题探讨为契机，努力催生一系列新型共同体，如基于共同探究兴趣与话题的研究共同体，基于共同学习任务的学习共同体等来助推培训目标的达成。在此意义上，共同的探究主题就可能产生一种“穿针引线”、催生新共同体形成的功能。因此，打破课程模块间的界限，根据研修主题与教师兴趣来组建形形色色的学习共同体，促使受训幼儿教师在共同体的研修活动中获得深刻的知识与高端的技能，真正实现从“培训”向“研训”的转型，是提高幼儿教师培训效能的科学路径。在实践中，基于共同体与教育专题的研训形式是多样化的，如以现实幼儿教育问题为主题的理论研训，以教学活动为主题的工作研训，以专项教学技能为主题的专项研训，以现场授课为主题的综合研训等。通过基于共同体的研训，培训者就能够充分尊重受训者的主体地位，最大化地发挥团队协作的效能，让专题研讨成为城乡教师、各层次教师实现优势经验互补共享、智慧理念碰撞的契机，一些新理念、新创意、新教法也才可能从受训教师的头脑与实践中“生长”出来。

（三）研训交互课堂

无疑，集中授课是知识信息传输效率最高的一种培训形式，故讲座与课堂始终是幼儿教师国培活动的主要舞台，优化课堂教学结构、改进授课形式依然是提高培训效能的一个关键环节。针对农村幼儿教师培训机会少、培训周期长、培训时间短等特点，“国培”的设计仍然要安排一定时数的知识理论课堂，以扩充他们的知识储量，开阔他们的理论视野，丰富他们的专业理解。在国培实施中，要解决好培训者的“讲”与受训者的“听”之间的矛盾，促进幼儿教师对教育理论的吸收，就必须采取一种“研”与“训”、“讲”与“练”交互推进的新课堂形式，这就是研训交互课堂。在实践中，我们把每一次专家的幼儿教育理论讲座都分为了三部分，即理论专家导引（即“训”）、课堂分组研讨（即“研”）与问题交流互动（即“研训互通”）。并且明确要求：专家的理论讲座必须以案例来引入，以理论来分析，以新问题产生来结束；在课堂分组研讨部分，要求受训幼儿教师以专家讲座延伸出来的问题开始研讨，以自身遇到的真实问题来补充，在小组集体智慧的协力作用下得出实践问题的解决方案，得出针对理论问题的独创见解；在问题交流互动环节，要求培训者与受训教师现场开展课堂互动，双向反馈认识成果，着重探讨受训教师的理论问题分析、实践问题解决方案及其与专家的看法、做法之间的异同，深入领会培训者的教学内容与教育理念。在新课堂结构的指引下，教育理论专家彻底改变了“凌空于”受训教师与教育实践的灌输式培训思维，实现了“从‘书本’到‘人本’，从‘高高站立’到‘俯下身子’”的转变，培训者与受训者之间的平等对话关系得以建立，受训者与培训者之间专业交流的深度与广度得到了有效拓展。

参考文献：

［1］朱旭东．论“国培计划”的价值［J］．教师教育研究，2010（6）．

［2］李瑾瑜．“国培计划”：基于政策理解与专业实践的行动策略［J］．中小学教师培训，2011（7）．

［3］卢红博．论农村幼儿教师的专业成长——关于《幼儿教师国培计划（2011）》实施的思考［J］．继续教育研究，2012（6）．

［此文发表于《教师教育研究》，2013年第4期］

农村幼儿教师教学行为调查研究

——以山西省L市为例*

山西师范大学　张琴秀　庞　婷

【摘要】本研究主要采用观察法、访谈法等研究方法，以山西省农村幼儿教师及其在集体教学活动中表现出来的教学行为为研究对象，参考中央教育科学研究所学前教育研究室编写的《幼儿园教育质量评价手册》中关于教育教学行为分类，对山西省农村幼儿教师教学行为现状进行分析。通过调查研究发现，农村幼儿教师的教授行为、引导行为以及组织管理行为存在着突出的问题，并发现主要由内部和外部原因影响着教师教学行为的表现，由此从教师自身和教师外部这两方面出发，提出改善教师教学行为的策略，以此提高农村幼儿教师的专业化素质和农村学前教育的教学质量。

【关键词】农村幼儿教师；教学行为；专业化

一、问题的提出

发展农村学前教育，幼儿教师是关键。但是，大多数农村幼儿教师没有在正规院校进行过专业学习，他们或是直接走向工作岗位，或是只经过短暂的职业培训后走向工作岗位，再加上农村教育资源匮乏的特殊性，使得农村幼儿教师的教学活动令人担忧。《国家中长期教育改革和发展规划纲要》颁布以来，为幼儿提供高质量的学前教育，已成为幼儿园、社会和家长的共同诉求，因此，关注农村幼儿教师的教学及教育质量，对促进幼儿的

* 本文是本文系山西省软科学课题“山西省农村幼儿教师队伍现状调查”（编号：2010041059-02）的阶段性研究成果
主持人：张琴秀　成员：李春丽　于　珍　王志刚

发展、提高农村幼儿教育质量至关重要。

二、调查对象及方法

本研究深入农村幼儿教育实际，主要采用观察法和访谈法等研究方法，选取L市不同县区具有代表性的农村幼儿园6所（不同等级公办幼儿园3所，不同等级民办幼儿园3所），选择小、中、大各年龄班的1名幼儿教师，共计18名幼儿教师作为样本教师，并以他们在集体教学活动中的教学行为作为研究对象。在参考中央教育科学研究所学前教育研究室编写的《幼儿园教育质量评价手册》一书中关于教育教学行为分类和实地观察后，将农村幼儿教师的教学行为按照功能分为教授行为、引导行为和组织管理行为。其中，教授行为包括讲授知识、直观说明/演示、提问、倾听、理答；引导行为包括鼓励幼儿再次或继续进行活动以及帮助、建议、解释；组织管理行为包括讲述规则、约束纪律。这些集体教学活动案例是研究者进入6所幼儿园实地观察所得，共收集了53个集体教学活动，其中有47个教学活动是在自然情境下观察记录的，6个教学活动是示范观摩的观察记录。

三、农村幼儿教师教学行为存在的问题

（一）注重知识的讲授，且讲解不明确

通过观察和统计发现，教师的讲授行为出现次数所占比重最大，为84.6%。在幼儿园集体教学活动当中，教师非常注重幼儿知识的获得和掌握情况，而且教学活动的最终目的也是为了让幼儿掌握知识。因此，在实际教学活动中，教师的讲授便成为教学活动的中心，教师讲授时间较长，提问只是作为让幼儿记住教师教授的知识而设立的。在教师的心里，学到了看得见、摸得着的技能型知识才是最重要的，只要能回到家里给爸爸妈妈进行复述即可，这一观点也得到了家长的支持和认可，因此也就更加强化了教师注重知识讲授的行为。

另外，大多教师在讲解概念时多表现出较大的随意性。例如在美术活动“长方形”中，教师把“长方形”这一概念讲解为“上边两条线比旁边两条线长，这就是长方形”。在与教师访谈中了解到，教师在活动前没有对“长方形”的相关知识进行了解和储备，只是从自身的知识经验出发，在活动中边讲边想，向幼儿随机地、自发地讲解“长方形”这一概念。显然，教师未经核实就将自己这种固有的、不精确的概念直接传授给幼儿，使幼儿至少在小学未接触到“长方形”这一概念之前，其头脑中会一直保存这种不精确的概念，这会对幼儿产生不良的影响。

（二）提问的有效性差

提问作为教学活动中主要的行为，共出现586次，占教授行为的36.3%。在观察中发现，提问这一教学行为存在较多问题。

1. 问题类型单一

教师提问问题的类型较为单一，教师的问题类型多集中在封闭式问题上，并且多以识记型和理解性的问题为主，如“你们还记不记得……”“这幅图画上有什么”“它怎么了”。幼儿几乎不需要深入思考就能说出正确答案，教师只是为了制造教学气氛，在形式上体现出与幼儿互动，才会有了这一系列的假问题。这种单一类型的问题不能在深层次上引起幼儿思维认知上的冲突，不利于幼儿思维品质的培养。教师很少向幼儿提出开放式问题，这是因为幼儿对开放式问题的回答各种各样，一旦出现这样的情况，教师便不好驾驭课堂，也不好管理幼儿。

2. 问题重复，不能促进幼儿思维的发展

在“中秋节”语言活动中，教师的提问行为出现了15次，而这15次提问都是指向“八月十五是中秋节”这个内容。为了让幼儿记住“八月十五是中秋节”这个内容，教师花费的时间和精力也非常大，同一个问题颠倒前后顺序换着问，教师看到幼儿记不住，就反复提问幼儿，也不考虑反复提问的形式，只是进行单一的、直接的重复、重复、再重复。教师机械重复的提问，仅仅是为了让幼儿记住所学的知识，幼儿也仅仅是机械式地记忆，这种提问是没有意义的，是不适宜的，更是低效的。

3. 问题指向不明确

教学片段：中班语言《反义词》

师：刚才小朋友们都用手摸了这两瓶水，一瓶是热的，一瓶是凉的。那现在小朋友们再看一看，这两瓶水还有什么不一样呢？

幼1：一个瓶子上面有娃娃，一个没有。

幼2：一个瓶盖是红色的，一个瓶盖是白色的。

幼3：一个不干净。

在上述教学片段中，教师在活动前准备了两瓶水，目的是想让幼儿通过自身观察说出反义词，教师的第一个问题是让幼儿通过触摸去发现“冷”和“热”这一对反义词，但是到了第二个问题时，教师是想让幼儿通过观看两瓶水的容量说出“多”和“少”这一对反义词，然而，由于教师所提问题过于宽泛（“这两瓶水还有什么不一样”），幼儿无法在确定的内容中去探索，只好看到什么就说什么，真正需要的答案反而没有被提及，导致浪费教学时间且教学效果大打折扣。由此可见，教师作为教学活动中的引导者，能否抓住关键问题进行提问，会对教学行为的效率和教学效果产生直接的影响。

4. 问题与幼儿经验不相符

幼儿是在原有的经验基础上构建新的经验，在“换牙”教学活动中，教师的提问超出了幼儿的固有经验（在此案例所属的幼儿园里，大班的小朋友基本为5岁）。首先，幼儿还没有到教师所说的“一定年龄进行换牙”的年龄段；其次，幼儿在此之前也没有相关的知识准备，教师在活动开始仅以“贝贝换牙”的故事导入，幼儿还不能接受和适应，在他们的头脑中还找不到与这节活动相互关联的线索，所以，当教师向幼儿提问故事里的贝贝怎么了，幼儿只能沉默，然后对教师提问“有没有换牙”进行否定。教学活动的展开应以幼儿原有知识经验水平为基础，并在此基础上建立新的经验，是一个螺旋式发展和上升的过程，符合这样原则的教学行为才能称之为有效。否则，忽视幼儿经验的教学是空洞的教学，同时也会大大降低教学行为的效率。

5. 以问题作为惩罚幼儿的手段

还有一种情况即教师滥用问题惩罚幼儿，将幼儿置于教师的对立面。在观察中发现，教师或多或少都会用问题唤醒在课堂上表现不好（如扰乱班级秩序或者是回答问题错误）的幼儿，“我刚才讲的是什么？”教师的提问带有隐形惩罚的意味，这些问题既不能激发幼儿的思维冲突，让幼儿积极地参与有意义的学习，也不会带给幼儿良好的情绪体验，幼儿甚至比回答问题前更为紧张。

（三）理答方式单一

教师理答方式是指教师根据幼儿回答时的不同表现，作出不同的反馈方式。当幼儿回答正确、不正确、不完整或沉默时，教师主要通过肯定与重复、不做表示、追问、鼓励、自己代答等方式进行反馈。在观察中发现，当幼儿回答正确时，教师有两种反馈方式，即不做表示、肯定与重复，说明教师不善于利用追问来了解幼儿的学习程度；当幼儿回答不完整或沉默时，教师一般会鼓励幼儿或是自己代答，很少给幼儿提供信息支架或是情景体验帮助幼儿，让幼儿通过自己的努力回答，说明教师并不注重幼儿的自我认知，只是考虑怎样不耽误教学进度。

（四）忽视对幼儿的倾听

倾听是教师明白幼儿内心想法的有效手段，是了解幼儿发展水平的重要途径，也是师幼互动的表现形式。在活动观察中发现，教师对幼儿的听主要体现在幼儿应答环节当中，教师在讲授知识或是提问过程中，幼儿有时会表达出自己的想法。如果此时与所教授的内容相关，教师会点头示意或是用语言进行简单的回应；如果与教学的内容无关，教师就会阻止幼儿继续表达自己的想法，或是无视幼儿的表述。在与教师的访谈中了解到，教师也承认自己对幼儿听得不够。虽然幼儿都有表达自己想法的需求，但是如果教师选择倾听某个幼儿表述自己的想法时，就会有许多幼儿跟着都要表述自己的想法，班级纪律就无法维持，本节活动的教学任务就不能完成。为了能在有限的时间内有序地完成教学任务，教师一般都掌握主动控制权。

（五）引导行为不当

引导行为出现次数最少，在引导行为中，教师帮助、建议、解释的行为出现次数最多，为58次，占引导行为比重的67.4%。在教学活动过程当中，教师开始注重幼儿的实际动手参与能力，有意识地鼓励幼儿进行实践，但是所占比重仍然较小，主要还是以教师对幼儿的帮助、建议、解释为主。

1. 教师的指导方式不当

教师对幼儿活动的指导一般为概括性的指导，指导不够细化和具体，并且指导多以询问、包办式代替和直接将答案告诉幼儿这三种形式出现，很少通过问题启发、协商、鼓励等形式指导幼儿继续进行活动。

2. 教师的指导时机不当

教师在幼儿活动过程中，不能选择恰当的时机进行指导，主要表现为过早指导和落后指导。过早指导是教师看到幼儿稍有停顿，便认为幼儿碰到困难，上前询问幼儿后就直接帮助，这样看似是教师帮助幼儿解决了困难，实际上教师并没有认真观察幼儿和考虑幼儿的实际发展水平，没有给幼儿真正尝试、思考的时间。落后指导是当活动快结束时，教师才发现幼儿不会操作，最后便自己直接动手代替幼儿做完工作，导致幼儿在前面的活动时间被无形浪费，幼儿也没有真正获益。

（六）组织管理行为单一

组织管理行为仅次于教授行为，出现163次，所占比重为10.1%。相对于活动规则的讲解，约束纪律这一行为出现的次数非常多。

1. 规则讲解不明确，容易让幼儿产生混淆

在观察中发现，教师对活动规则的讲解不够重视，这在教学活动中穿插游戏时体现得最为明显。在进行游戏前，教师很少明确讲解游戏规则，这直接导致的后果是，幼儿不清楚游戏的具体规则，而是按自己理解的方式进行游戏，由此产生的效果却与教师的期望不符，往往会出现教师中断游戏，重新讲解规则，最后导致班级混乱的局面。

2. 纪律约束行为频率较高，且方式不当

幼儿的年龄段决定了幼儿活泼、好动、注意力不集中等特征，容易出现违反纪律的行为，教师为了维持正常的教学秩序，保证教学活动顺利进行，就需要对班级纪律进行控制，因此，教师纪律约束行为的频率较高。另外，在观察中发现，教师对班级秩序的维持

分为两种：一是对整个班集体的纪律维持；二是对个别幼儿的纪律维持。而维持纪律的方式又分为两种：一是采用语言进行管理，教师会直接发出警告“嘘”“别说话了”“你还想继续玩游戏吗”；二是采用肢体动作进行管理，如教师走到幼儿跟前用眼神或是手势示意幼儿不要讲话。教师在采用肢体动作维持纪律时，一般针对的是个别幼儿。教师在不影响整个活动的前提下，一边进行活动一边暗示个别幼儿，幼儿也能心领神会，并及时规范自己的行为。但是教师在用语言维持班级秩序时，往往表现为语气冷淡、语言表达单一。据统计，在一节20分钟的中班教学活动中，教师用以维持纪律的言语“嘘”就出现了13次。

四、农村幼儿教师教学行为的转变策略

（一）严把教师入口关，从源头杜绝失范教学行为

在农村幼儿园，绝大部分教师都没有幼儿教师资格证，他们从中职或高职的幼儿师范学校毕业后就直接进入幼儿园进行教学，更甚者还有未经过职前培训的人员也在幼儿园当教师，他们缺乏对幼儿教育的理性认识和正确实践，以致教学行为出现问题，甚至还有个别教师有过严重的失范行为。幼儿教师是祖国未来接班人的培养者，因此，幼儿教师必须符合《教师资格条例》中对幼儿教师资格认定的规定，而且各级政府的教育部门也要明确责任，严格执行《幼儿教师专业标准（试行）》，严格把关教师资格准入制度，规定幼儿教师必须具有相应的从业资格证，严把教师入口关。

（二）加快立法，保障教师社会地位和福利待遇

农村幼儿教师的社会地位和福利待遇较低，主要表现为职业倦怠。这无疑会给教师的教学行为带来消极的影响，而解决这一问题主要依靠政府。政府要加快制定学前教育专门法，设立独立的管理、职称评定、编制等体系，保障农村幼儿教师的合法权益，落实农村幼儿教师的社会地位和福利待遇，保障幼儿教师与中小学教师具有同等的地位，尤其是对民办幼儿园的教师更需要加强这方面的保障，农村幼儿园非在编教师的工资应由县政府负责，并且保证不低于当地最低工资标准。

另外，增加学前教育的财政投入是发展学前教育的重要路径，尽管当前政府加大了对学前教育的重视程度和倾斜度，将学前教育经费纳入财政预算，单独列出学前教育的投入，设立学前教育的专项资金，重点扶持农村幼儿园，将经费用于对标准化幼儿园的建设、改造、配置和教师培训等，但满足广大农村适龄儿童就近入园的问题仍较突出，尤其是对农村民办园实施优惠政策，支持和促进学前教育改革，继而促进教师队伍的稳定和教师教学行为的转变。

（三）开展针对性培训，注重培训的实效性

教师培训是教师入职后完善自身教学行为的必要途径，它是一种有组织、有计划、有目的的培训。通过培训，教师的专业发展得到进一步提升。因此，在新教育理论的大背景下，培训机构应该树立新的教师培训观，以促进教师教学行为转变、提高教学行为效率为目的，注重教师培训的实效性。

传统的培训形式往往是让教师从理论层面认识关于教学方面的新观念、新形式等，表现为学员被动地接受新知识。这种培训形式对教师而言，仅是从外部对“信奉的观念”产生影响，而对“实际采用的观念”影响很小甚至可以说不构成影响。真正意义上的教师培训不仅需要转变教师的“信奉观念”，更要转变“实际采用的观念”来指导其教学行为，不仅让教师知道应然状态下的教学行为，还要在实践中去调整、改变自身的教学行为。

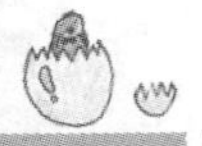

除了大规模的教师培训，幼儿园的园本培训便是最适合农村幼儿教师的培训形式。园本培训立足于幼儿园，以实际教学情境为载体，从幼儿教师自身出发，以改善教师教学行为为目的，把培训的内容直接转化为教学实践，并且可以在理论与实践中反复研究、琢磨。

政府和幼儿园要多为教师创造培训机会，让教师把在培训中获得的知识与技能应用于教学实践中，从而使教师的教学行为迈上一个新的台阶。

（四）缩小班级规模，促进师幼互动

在农村，很多幼儿园的班级规模和师幼比都不达标。如果班容量过大，教师和幼儿的活动空间和互动机会就会受到限制，转变教师教学行为就是空谈。农村幼儿园在编班时，应考虑幼儿年龄特征，确保幼儿园小班规模为20—25人、中班为25—30人、大班为30—35人，并且每班至少应配备两名专任教师（专任教师要全面负责幼儿园班级保教工作），从而实现三个年龄组班级的师幼比分别不超过1∶12.5、1∶15和1∶17.5。合理的班级规模和师幼比不仅有利于幼儿的身心健康发展，而且也方便教师进行教学管理，既可以增加教师与幼儿互动的机会，也可以加强教师对幼儿学习行为的指导，从整体上提高教师教学行为的效率。

（五）自我学习，在学习中进步

在现实生活中，教学情境并不是单一固定的，教师需要运用自己的各种能力来面对千变万化的教育情境，这不是靠仅有的培训就能体现出来的，这时教师的自我学习就显得非常重要，教师可以通过不同的方式进行有效的学习。

1. 同伴观察学习

同伴观察学习是指学习者观察其身边的同伴个体（榜样）后表现出某种新行为模式。

它是在教师观察榜样的示范行为下进行的，教师能够从被观察者的教学行为中得到启发与引导，从而反思自己的教学行为，但如果教师只是机械地模仿，那么同伴观察学习的意义就不存在了。有意义的观察学习应该是学习者在借鉴优秀教师榜样示范行为的基础上，凭借自己对教学理论的感悟和理解，对教学行为进行新的诠释。

大多数幼儿教师表示，由于受到各种条件的限制，农村幼儿教师外出学习机会较少，可利用的学习资源也较少，只有少数的优秀教师会被派出参加培训。经过培训后，他们掌握了丰富的理论知识，并且善于将理论知识转化为实际教学行为，这样就能更直观地呈现给其他教师；而外出培训的优秀教师又来自教师群体，与其他教师的地位平等，不会产生距离感，易成为同伴观察学习的对象，其思想、行为更容易被接受。教师们可以和优秀教师一起设计活动、组织实施活动，进行反思组成学习共同体，或者带着问题观察，或者就某教师教学中出现的某些问题进行相互交流、切磋，从而改善自己的教学行为。

2. 其他方式的学习

教师还可以根据自己的实际情况和需要，进行其他方式的学习，以此改善自己的教学行为。如阅读学前教育领域的学术期刊和一线优秀教师的教育感想、教育笔记等，像幼儿教师高美霞的教育日记《爬上豆蔓看自己》，描述的就是一线教师自己的教学感悟，她将自己的感悟用文字的形式表现出来，她的困惑也可能是很多一线教师经常遇到的困惑，值得广大幼儿教师去阅读、借鉴；或者浏览优秀学者和教师的博客，像上海市幼儿教师应彩云的“孩子是天，我是云”的博客，教师们也可以从中得到些许感悟。这种根据自身特点进行学习的方式灵活多样，教师可以明白自己哪些方面需要提高，从而在教学上更有针对性。教师只有不断学习，不断进步，才能更新自己的教学观念和知识体系，进而采取与幼儿相适应的教学行为。

（六）加强反思，在反思中成长

作为一名幼儿教师，应该注重反思在教学中的作用。只有通过反思，很多教育观念才能内化为教师自身的知识，最终转变为教师的教学行为。反思即自我对话，是将教育观念转化为教师行为的关键。幼儿教师不能只是简单地将反思停留在教学活动中的经验总结，而是要将反思伴随到整个教学过程中，加强反思能力以促进教学行为的转变。教师有效的教学反思有以下几种方式：

1. 后续跟进环节

教师可以邀请同事旁听教学活动，在活动结束后进行指导。第一阶段是对教师原有的经验和教学行为进行分析与讨论，发现问题与不足，且加以改进后再次进行教学活动；第二次教学活动结束后，请同事再次进行点评指导。第二阶段是对教师新的教学设计及改善后的教学行为进行关注、分析，然后再进行修改；修改之后，进行第三次教学活动，这一阶段关注的是教师改善后的新的教学行为。这三个阶段构成了针对这个活动的后续跟进环节，即教学—发现问题—修改—再教学—再发现问题，呈螺旋式循环往复，连环跟进，直到把这节教学活动打造成一节精品课。教师打造精品课的过程，也是一个不断反思、不断成长的过程。

2. 反思日记

这是教师的自我内部对话，教师可以将自己在教学活动中关于教学行为的成功之处、不足的地方，以及自己的困惑用文字的形式表现在日记当中，并经过自己的思考推敲、制订出解决问题的行动方案，随后在教学活动中加以实行。反思日记可以让教师对自己进行客观的评判，进行深层次的自我剖析，最后达到改善教学行为的目的。

3. 活动后聊一聊教学活动

此阶段是指教师在教学活动结束后再向其他教师复述一遍，它是在教学活动结束之后进行的。聊天内容因人而异，教师可以选择聊教学活动的对象、时间或方式，它体现出一种自主性，可以使教师身心放松、思维活跃，就像是一种“闲聊”。虽然是闲聊，但是也可以体现出反思性，因此，教师也要具备反思意识。在“闲聊”这种轻松的形式中，教师对自己的教学行为产生新的认识，从而不断改进教学行为，提高集体教学活动中教学行为的有效性。

参考文献：

[1] 教育部基础教育司.《幼儿园教育指导纲要（试行）》解读［M］. 南京：江苏教育出版社，2002.

[2] 刘晶波. 社会学视野下的师幼互动行为研究——我在幼儿园里看到了什么［M］. 南京：南京师范大学出版社，1999.

[3] 朱小娟. 幼儿教师适宜行为研究［M］. 北京：教育科学出版社，2008.

[4] 中央教育科学研究所学前教育研究室. 幼儿园教育质量评价手册［M］. 北京：教育科学出版社，2009.

[5] 钟启泉，崔允漷，张华. 为了中华民族的复兴、为了每位学生的发展：《基础教育课程改革纲要（试行）》解读［M］. 上海：华东师范大学出版社，2001.

[6] 高潇怡，庞丽娟. 幼儿学习过程中的教师教育行为研究［J］. 教育科学，2006，22（5）.

[7] 黄娟娟，杜慧琦，杨宗华，等. 对八位优秀幼儿教师外显教育行为的研究. 学前教育研究［J］，1999（3）.

[8] 高凌飚，王晶. 教师的教学观——一个重要而崭新的研究领域［J］. 学科教育，2003（7）.

[9] 王黎敏. 幼儿园有效教学的问题及其解决途径［J］. 学前教育研究，2006（4）.

[10] 原晋霞. 幼儿园集体教学活动研究——幼儿参与的视角［D］. 南京：南京师范大学，2008.

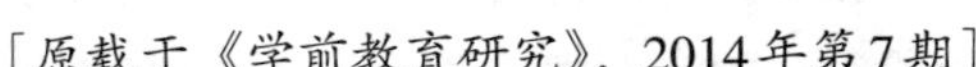
［原载于《学前教育研究》，2014年第7期］

本科学前教育课程改革的二维路径

山西师范大学　于　珍　张琴秀

【摘要】本科学前教育课程改革要坚持面向实践，坚持专业的二维路径。澄清教师理论知识多少等于理论水平高低和幼儿教师的专业技能就是艺术技能两个思想误区。在课程设置中增加实践课的分量，养成未来教师的实践能力和实践智慧。同时，坚持学前教育专业的教育性特征，使学前教育专业的艺术类课程以实用性和工具性为重，以教育儿童为目的。

【关键词】实践性；专业性；本科学前教育专业；课程改革

随着我国社会经济文化的发展，文明程度的提高，社会各领域提高了对人才需求的规格。社会需求的这一变化也反映到学前教育领域，许多地区的学前教育机构对人才的要求已投向本科层次。面对社会需求的转变，一些本科师范大学的教育系也应时而动，面向一线幼儿园对人才的需求，重新定位专业的培养目标，积极变革专业的课程设置。在课程设置的改革过程中，人们存在着一些思想和认识上的误区，本文就这些思想误区和如何走出误区略陈拙见。

误区之一：实践活动过多会影响学生理论水平的提高

既然本科生已成为一线幼儿园的主要师资来源，那么，他们应该具备何种素质才能胜任社会对其提出的要求。我们查阅了一些相关的研究成果，大致有如下提法："研究型和实践型兼有的幼儿园教师""教养与研究兼能的研究型教育工作者""反思型、研究型的专业化幼儿教师"。不管文字表述如何不同，但中心思想相同，那就是单纯的技能型教师和单纯的理论型教师都不能适应当前学前教育发展的需要，新型的幼儿教师应是两者兼备的人才。他们应是“既有扎实的理论功底和宽广的知识基础，又有出色的教养技能，并能将教养实践和理论研究结合起来”[①]的研究型和实践型兼能的幼儿园教师。

然而，事实却与社会期望相反。大量研究表明：高等师范学校本科学前教育专业培养出的学生进入幼儿园后不能很快适应幼儿园工作的要求，他们处于“研究不如硕士生，实践不如专科生”的尴尬境地，用人单位对其也不大看好。

同时，学生也有这样的体验，很多本科学前教育专业学生从学校毕业之后发现，他们所记忆的知识早已随着一张考卷一并交给了教师，即使记住了一些理论知识，但这些高度概括的、普遍适用的教育原理、规律、方法真的难以应对千变万化的教育现象和个性化的教育问题。他们“经常在学生时代理想化学习与现实要求的冲突中失去自我，在面对各种突如其来的问题中被迫陷入了窘地，不能够很快地适应幼儿园的工作要求”，[②]感到在大学中学习的理论与现实之间的距离太远了，甚至怀疑大学教育的价值何在。

不仅如此，学生们还发现教育理论知识的丰富并不代表着他们科研方法的习得、科研习惯的养成。他们对如何协调实践与理论，如何在理论与实践的冲突中寻找问题、进行研究，如何发挥自己本科生的科研优势都无从知晓，在幼儿园教育与科研实践中只能处于“尴尬与自卑”的境地。

面对这样的窘境，一些师范大学的教育系都在积极地开展课程改革，以期增加实践课的分量，做到能将本科生培养成为“实践与研究兼得”的高素质幼教人才。如山西师范大学从2006年起就将实践课引入了本科学前教育教学体系当中。本科学前教育专业的学生从大学二年级起每学期要有两周的时间去幼儿园见习，大学四年级还有半年的实习时间。经过几年的教学改革实验，毕业生的实践能力确实有了很大提高，毕业生也受到了用人单位的好评。

但在增加实践课的过程中人们产生了这样的疑问，用于实践课的时间大大增加，是否会影响教育教学的时数，进而影响学生理论水平的提高，最终影响学生素质的提升？这种观念认为教育教学是提升理论水平的，实践只是理论的运用。衡量学生理论水平高低的标准就是看记住了多少理论知识。其实这是一个认识上的误区，要澄清这个误区，我们必须先回答，教师需要什么样的理论，教师所需的理论从哪里来？衡量教师理论水平高低的指标是什么？

杜威指出：“各种概念、理论体系，不管怎样精雕细琢、自圆其说，都只能是一些假说。其所能达到的永不会超过不确定的概然性。”[③]对教师工作来说，他的劳动对象是学生，而学生又是一个成长中的生命体。两个生命体在一起交流，其中充满了无限的丰富多

① 朱丽丽，吕萍．我国学前教育本科专业的改革构想［J］．浙江教育学院学报，2003（2）：82-86.

② 王利明．华东师范大学学前教育专业本科的专业课程设置的调查研究［D］．上海：华东师范大学，2007：9.

③（美）杜威．哲学的改造［M］．许崇清，译．北京：商务印书馆，1989：24.

彩性，也使教师工作充满了复杂性、偶然性。教师工作是具体的、独特的、不可替代的，它所具有的复杂性是一般化教育理论所不能充分验证和诠释的。因此，对教学实践有价值的理论是个别化、生成并适用于某个特定的情境之中的，这种动态的理论对教师来说才真正有意义。这种生成性的、动态的理论被称作教师的“实践性理论（实践性知识）”或“实践智慧”。国内外许多研究者都发现“教师自身的教学经验和反思是教师发展其教学知识最重要的来源”。因此，教师理论水平的高低并不表现在记住了多少理论观点，而在于教师在教学过程中对实际问题的洞察反思和创造性解决，在于教师实践智慧的养成。教师在实践中的领悟和对问题的发现是理论创新最重要的源泉。①

其实，当前的本科幼儿师资培养中之所以出现社会诟病以及学生自卑的现象，就是因为现有的课程设置中很少考虑为他们提供丰富的实践时空与有效的实践指导，并努力将他们置身于未来将要面对的丰富多彩的教育生活中进行实际操练，培育其实践能力与实践智慧。正是因为在他们还处于成长过程的时候就远离教育实践，完全沉浸于理论说教的养成氛围中，缺少与教育现实必要的碰撞、冲突与反思，久而久之，他们只会记住一些生硬的理论知识，在面对现实时又感到无所适从，难以应付。

误区之二：幼儿教师的专业技能就是艺术技能

由于把本科学前教育专业毕业生的培养方向定位于为师范、幼师培养专业教师，因此，过去高师本科幼儿教育专业课程设置偏向于理论课程，对艺术类课程的开设并不是很重视。一旦面向一线幼儿园时，本科毕业生在艺术技能技巧方面就显得力不从心。而且，从当前毕业生就业的情况来看，毕业生的艺术技能和素养既是他们求职的重要敲门砖，也是用人单位最感兴趣的部分之一，甚至有些用人单位将学生的艺术技能技巧作为评价与招聘学生的重要指标。艺术技艺差也是导致许多幼儿园拒绝高师本科学前教育专业学生的一个重要因素。再加上学前教育专业的本科生大都是从普通高中通过高考直接录取的，不经过专门的面试，到大学才开始接触音乐、舞蹈、美术等艺术类课程，所以学起来就更困难，用的时间也相对更长，这也使我们加大了艺术类课程的设置。

正是因为上述原因，应该改革不符合人才市场要求和幼儿师资培养目标的课程设置，应该突出加强本科学前教育专业学生的艺术技能和素养。②这一观点无可厚非，而且就目前而言，各学校也在课程设置中加强了这方面的比重。如山西师范大学从2004年起就招聘了固定的音乐、舞蹈老师，增置了艺术教学设备，设置了艺术训练大厅，并在学前课程设置中将音乐、舞蹈等艺术类课程开设时间延长为两个学年。经过几年改革，我们发现艺

① 步社民．本科学前教育专业的目标定位和课程设置问题［J］．教师教育研究，2005（3）：20-24.

② 秦金亮．“全实践”理念下高师学前教育专业实践整合课程探索［J］．学前教育研究，2006（1）：47-51.

术类课时的增多确实使学生的艺术技能技巧得到了很大的提高。但在这个过程中，人们也产生了一些疑问，学前教育专业学生的艺术要求与艺术系学生的艺术要求有何不同？我们是应该大力加强学前教育学生艺术技能技巧的培养，让他们堪与艺术系的学生媲美，还是要掌握和遵循学前教育专业“自己”的艺术教育要求？

其实，学前教育专业学生的艺术技能和素养要求与艺术系学生的要求有很大的分别。学前教育专业学生的艺术技能和素养是为塑造学前儿童的健全人格和提高其智力水平而服务的，它的目的不是为了艺术表演或娱乐。也就是说“教育性”是学前教育专业学生艺术技能和素养要求的“灵魂”，如果脱离了这一点而谈论艺术，就成了无本之木、无源之水。因此，本科学前教育专业的学生没有必要像艺术系的学生一样把大部分甚至全部时间都花在艺术的学习和训练中。而加强本科学前教育专业艺术教育课程的设置也要寻求一种适合的办法，解决好社会需要、学生现实状况和本科学前教育专业艺术教育的特性三者之间的矛盾。我们要时刻牢记学前教育专业培养的是幼儿园教师，不是一名艺术系的学生，试想：一个能歌善舞的教师如果没有尊重关爱儿童的态度，不了解儿童身心发展的基本特点与规律，不会观察孩子、引导孩子，不会把他所具有的艺术技能技巧和表现力转化为孩子对艺术的追求、喜爱、学习与表达，这样的教师对幼儿的发展有何益处呢？

因此，本科学前教育艺术类课程设置的目的在于培养学生的艺术教育素质，培养学生如何将自己所具有的艺术知识、技能以适当、恰切的方式传授给儿童，促进儿童的发展，而不是培养学生的艺术表演才能。学前教育专业的艺术类课程应以实用性和工具性为重，让学生掌握幼儿艺术教育所需的基本艺术技能技巧即可。

实践性与专业性——本科学前教育专业课程改革的二维路径

“培养专业人员不能只是简单地把他们所学知识应用于实践，而是在不可避免的、不确定的情况下学会运用判断，即学会变化、适应、融会贯通、批判、发明”。[①]对教师这种专业人员来说，这种判断能力是在参与教育实践中养成的，同时这种判断能力也是使教育理论变得真实而且重要的关键所在。正如杜威所说：“对于教师合适的专业指导不只是纯理论的，而且应包括一定量的实际工作。首要的问题是后者正是前者要达到的目的”。[②]“强调从实际中学习，允许学生参加从观察到有限的直至最后全权负责管理的全过程，能促使学生学会实际的有判断力的智力性的工作”。[③]在我国，长期以来，多数研究者和教师教育者都认为教师的培养过程就是把各种教育理论传递给师范生的过程，即便是需要实

① （美）李·S·舒尔曼．理论实践与教育的专业化［J］．比较教育研究，1999（3）：36-40.

② （美）杜威．哲学的改造．［M］．许崇清，译．北京：商务印书馆，1989：72.

③ 叶澜，白益民，等．教师角色与教师发展新探［M］．北京：教育科学出版社，2001：200.

习，限于条件的限制也是短时间的、走马观花式的。这是一种工具理性指导下的思想与行为，“按照工具理性的思想，经过研究可以得出一个关于事物性质的一般结论，实践者可以运用这一客观、科学的知识去解决问题并获得有效的结果”。① 然而，作为培养人的教育者所面对的教育实践却极为复杂，他必须能对具有内在不确定性的、复杂的情境作出解释和决策，应对这种情况所需要的知识即教师的实践性知识。这种知识是教师必须亲自参与到教学实践中，在教学行动中不断地反思才能获得的。幼儿教师又是教师这个群体中十分特殊的一分子，他们所面对的教育对象是稚嫩的儿童，幼儿需要生活的呵护，也需要知识的学习、品德的养成。因此，对幼儿的教育就显得更加艰难，实施教育过程中出现的问题也更加多变和难以应对。作为未来的幼儿教师只有在实践中摸、爬、滚、打，才能很好适应幼儿园一线的保教工作，也才能成为“研究型与实践型兼顾”的人才。而在课程设置中确立“实践理性”的指导思想，增加实践课的分量，让学生在成长过程中紧密联系幼儿教育的实际现场是实现上述目的必须且必要的保障条件。

当今时代，面对市场经济的浪潮，人们更多强调教育要适应社会的需要，满足人才市场的需求，似乎教育突然之间变成了市场的奴仆。幼儿园作为高师学前教育本科毕业生最大的就业市场，在招聘人才的过程中很多园长特别在意毕业生的艺术技能，招聘幼儿园教师像选专业演员，只要应聘者琴弹得好，舞跳得棒，就是优秀的幼教人才。这种自利的、非理性的短视行为值得批判。作为从事幼儿教育专业教学与研究的专业组织，我们在进行课程设置时要考虑到人才市场的需要和学生的就业问题，但不能一味唯“社会”与“幼儿园需要”而马首是瞻。我们要明确培养目标，坚持学前教育专业自己的艺术教育要求，在增加艺术类课程的同时，更应该“加强学生设计与组织教育活动的能力，缩短其理论与现实的距离，多为学生创造实习操练的机会，提高学生观察、研究儿童的能力，培养其专业认同感和专业自信心”。② “要用超越现实的眼光，从学生‘发展性需要’而非‘生存性需要’入手来设计课程方案” 。③ 同时也可以以专业人士的身份坚持与幼儿园进行沟通，发挥教育的引领作用，想方设法促成幼儿园用人观念的转变。

参考文献：

[1] 朱丽丽，吕萍．我国学前教育本科专业的改革构想［J］．浙江教育学院学报，2003（2）．

[2] 王利明．华东师范大学学前教育专业本科的专业课程设置的调查研究［D］．上海：华东师范大学，2007．

[3]（美）杜威．哲学的改造［M］．许崇清，译．北京：商务印书馆，1989．

①②③ 王海英．“顺应”与“引领”——高师学前教育专业课程设置与社会需要之间关系的思考［J］．学前教育研究，2007（Z1）：14-18．

[4] 步社民．本科学前教育专业的目标定位和课程设置问题［J］．教师教育研究，2005（3）．

[5] 秦金亮．“全实践”理念下高师学前教育专业实践整合课程探索［J］．学前教育研究，2006（1）．

[6]（美）李·S·舒尔曼．理论实践与教育的专业化［J］．比较教育研究，1999（3）．

[7] 叶澜，白益民，等．教师角色与教师发展新探［M］．北京：教育科学出版社，2001．

[8] 王海英．“顺应”与“引领”——高师学前教育专业课程设置与社会需要之间关系的思考［J］．学前教育研究，2007（Z1）．

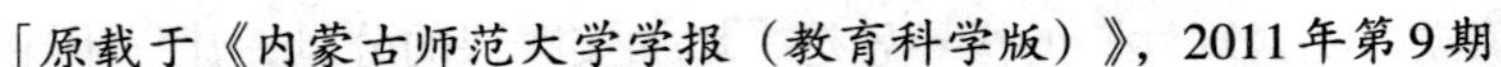
［原载于《内蒙古师范大学学报（教育科学版）》，2011年第9期］

基于工作需求的幼师女生管理风格实证分析

运城幼儿师范高等专科学校　梁玉华　张翔升

【摘要】根据性格及支配欲将幼师女生管理风格划分为鼓动型、控制型、合作型和敏感型四个类型，鼓动型和合作型互补的管理风格是最适合幼儿教师岗位的管理风格。通过对344名幼师高专女生的管理风格进行测量分析，幼师女生合作型管理风格十分突出。从个体视角分析，幼师女生管理风格有多元化现象，但鼓动—合作型管理风格的比例很小。积极创造开放的教育环境，通过促进敏感型风格个体转变自己的管理行为、理念及习惯，有助于提升鼓动—合作型管理风格个体的比例。

【关键词】管理风格；幼师女生；幼儿园管理；合作型

随着教育改革的不断深入，教师的管理素养已成为影响教学质量的重要因素。在幼儿园保教工作中，幼儿教师的管理行为远远多于传授知识和经验的行为，《幼儿园教师资格考试标准》对幼师学生的管理能力也提出了较高的要求。本研究拟对幼儿师范高等专科学校女生的管理风格进行调查研究，为幼师高专学生幼儿园管理素养的培养提供建议。

一、研究目的与意义

管理存在于人类社会的各个方面，包括组织管理和个人管理，本文所指的管理均为组织管理。组织指两人以上为共同的目标而进行协作活动的集合体。任何组织只有进行科学的管理，才能实现组织的目标。“管理就是科学地组织和充分地利用各种组织资源，高效

率地实现预设的组织目标的过程。”[①]根据班杜拉的榜样学习理论，当人在社会中交往、生活时，即或不从事对组织的管理行为，也会在被管理过程中形成管理观念，当他们有机会成为组织管理者时，这种观念就会显现出来并形成管理风格而发挥作用。作为一个将要走向幼儿园教师岗位的幼师学生，其将要承担的保教管理角色是明确的，即从班级的组建到同事间的分工合作，从集体教学的组织到室外活动的安排实施，从幼儿的吃喝拉撒到环境布置与物品管理，事无巨细、责任重大。幼师女生除个别担任过学生干部外，大部分学生更多地只是参与管理活动或者担任临时组织的管理者。因此，笔者拟通过调查其日常生活中的管理行为及其认知，分析幼儿师范高等专科学校女生偏好的管理风格，分析其从事幼教工作的优势和劣势，为她们管理素养的提升提供科学的参考数据，也为提高目前幼儿教师教学管理效率提供相应的建议。

查阅资料发现，目前尚没有对幼师女生管理风格研究的文献，只有少量文献对幼儿园园长的管理风格进行了经验性探讨。行为主义理论的研究者认为，“管理风格就是管理者在管理过程中习惯性的管理方法上所显现出的特点。”从历史文化视角进行研究的学者则认为，“管理风格指管理者在其组织文化和管理思想感染下所展现出的作风、风格、行为方式等。”也有从管理过程研究的专家们认为，“管理风格指管理者为实施管理职能——计划、组织、协调及控制等，在不同条件下所实施的行为方式。”[②]笔者认为，管理风格就是管理者在实施计划、组织、协调和控制等职能中表现出的习惯性行为和惯常思维模式，这种习惯和个性特征也会在幼师女生实施管理职能或者参与管理活动时表现出来。借鉴科特·卢因（Kurt.Luwin）将管理风格分为“自由放任型、民主型、独裁型”三类，[③]我国学者宋亚莉把管理者的管理风格分为“中庸式、专制式、放任式及混合式”四种方式，[④]笔者依据性格的向性度（内向和外向）和支配欲（控制和合作）将幼师女生管理风格分为四种类型：鼓动型、敏感型、合作型和控制型（见表1），其行为特征明显，便于观察和区别。

表1　幼师女生管理行为风格分类及指标

风格类型	分析指标
鼓动型	性格外向、自信且大方；凭说服力及热情感染别人，擅长授权和激励。
控制型	性格偏执，习惯发号施令；喜爱驱动、支配及控制别人；常以自我为中心，凭奖惩来提高支配效果。确信个人能力而自作主张。
合作型	为人谦和、迎合；着重友爱及宽容，尊重及合作是其言行的出发点。
敏感型	性格内向,低调矜持;言行常为自我保护,往往趋利避害及优柔寡断。

① 王普华．幼儿园管理［M］．北京：高等教育出版社，2009（2）：6.

② 张莹．高校女性管理者的管理风格研究［D］．上海：上海师范大学，2012（5）：8.

③ 席酉民，刘文瑞．领导与激励［M］．北京：中国人民大学出版社，2009：151.

④ 宋亚莉．不同的管理风格及对策［J］．中国人力资源开发，2000（1）：26.

二、研究对象与方法

（一）研究对象

本调查研究在某幼儿师范高等专科学校2015—2016学年度第一学期12月份进行。从四个专业中分别选取职业去向主要是幼儿园工作岗位的学前教育专业和语言文学专业学生进行。其中，一年级新生抽样三个班，三年级学生（即将实习）抽样五个班，发放问卷350份，收回344份，有效率达98.3%，符合调研要求。

（二）研究工具

借鉴国际项目管理协会（International Project Management Association，简称IPMA）对管理素质的定义和管理风格测试问卷，经修订编制了《幼师女生管理行为风格调查问卷》，该问卷从性格内向和外向行为、支配别人的欲望强度两个维度出发，将管理风格划分为鼓动型、敏感型、合作型和控制型四种类型。该问卷共有40道题目，每个题目采取两点式计分，每种类型的得分满分为20分。本文采集的数据用软件SPSS21.0进行统计分析。

三、研究结果与分析

（一）幼师女生管理风格偏向合作型，而且在三年学习生活中基本保持稳定

经过对344名女生的测试数据进行整体分析表明（见表2），管理风格得分平均分数从高到低依次是合作型（12.73±2.29）、鼓动型（10.17±2.12）、敏感型（9.72±2.08）和控制型（7.35±2.27）。大一学生及大三学生的分值也呈现出合作型得分最高的状况，而且四种类型排列顺序也是相同的，卡方检验结果也表明年级间管理风格分布没有明显差异（P=0.117）。从标准差数据分析，所有个体和类型分值较为齐整，基本呈正态分布。其中，合作型最高得分15分，最低分为10分，说明所有学生在合作向度上都有较好表现；鼓动型最高得分13分，最低分为8分，说明学生在外向性向度上表现不是很突出；从大三和大一的数据变化趋势上还可以得出，大三学生有敏感和支配性增强趋势，而且个体间管理风格差异进一步扩大，说明学校的教学及生活对学生管理风格产生了一定的影响。

表2　幼师女生管理风格描述统计数表

样本	值型	鼓动型	敏感型	控制型	合作型
大一 N=147	*M*	10.306	9.653	6.905	13.102
	SD	1.889	2.002	1.998	2.103
大三 N=197	*M*	10.076	9.781	7.675	12.461
	SD	2.283	2.145	2.400	2.387
总计 N=344	*M*	10.174	9.727	7.346	12.735
	SD	2.124	2.083	2.266	2.289

（二）从个体视角分析，幼师女生管理风格有多元化现象，但合作型风格仍然突出

在对数据进行分类过程中，我们发现一些个体的管理风格中有高分得分一致的现象，如某个体的分值为合作型（11）、鼓动型（5）、敏感型（11）和控制型（6），我们认为该个体的管理风格为合作—敏感型，也就是说，不少个体出现了管理风格混合趋向。经统计分类，本次调研样本管理风格共有10种趋向（见表3），单一型管理风格的个体比例为87.8%。其中，合作型208例，占60.5%；其余分别是敏感型、鼓动型和控制型。在混合型管理风格中，鼓动—合作型18例，占5.2%，其余5种混合类型个体很少，特别是鼓动—控制型和敏感—控制型各1例，说明管理风格虽然有多元化现象，但合作型仍是主流，而且具有混合型管理风格的个体也很少。这与对四种管理风格数据进行相关分析的结论是一致的：各管理风格类型之间是负相关的，而且相关系数较大，*T*检验结果均极显著（$P<0.01$）（见表4）。

表3　幼师女生管理风格频次统计数表

风格分类	频次	百分比	累计百分比
G鼓动型	40	11.6	11.6
GH鼓动—合作型	18	5.2	16.9
GK鼓动—控制型	1	3	17.2
GM鼓动—敏感型	3	9	19.2
H合作型	208	60.5	79.7
K控制型	12	3.5	83.1

（续表）

风格分类	频次	百分比	累计百分比
KH控制—合作型	6	1.7	84.9
M敏感型	42	12.2	97.1
MH敏感—合作型	9	2.6	99.7
MK敏感—控制型	1	.3	100.0
合计	344	100.0	

表4　幼师女生管理风格类型相关性分析（Pearson相关）

	鼓动型	敏感型	控制型	合作型
鼓动型	1			
敏感型	−.166**	1		
控制型	−.530**	−.252**	1	
合作型	−.222**	−.490**	−.290**	1

注**$P<0.01$

（三）幼师女生的管理风格在支配性维度方面差异显著，内外向维度方面差异不明显

为了精准分析样本管理风格间的分类差异，本研究对鼓动型和敏感型、合作型和控制型的数据进行了配对检验。检验结果显示他们之间差异显著，说明表1中的各类均值具有较强的可信性和推断性（见表5）。我们还对班级、系别和年级之间的管理风格数据进行方差分析，发现系别之间差异不显著，年级之间控制型（F=5.101，P=0.002）和合作型（F=3.179，P=0.010）向度上差异极显著，说明大三学生在毕业前管理风格较入校时在支配性方面有加强趋势。

表5　幼师女生管理风格类型成对样本检验（N=344）

	成对差分		t	df
	M	SD		
鼓动型—敏感型	.448	3.213	2.584**	343
控制型—合作型	−5.389	3.658	−27.32**	343

四、讨论和建议

美国著名心理学家和行为学家弗雷德·费德勒的权变领导理论（Contingency Situational Theory）指出，“一个人成为实际意义上的‘领导者’除了个性要素外，还取决于各种环境要素及领导同他们的相互影响。只有当领导者的管理风格与管理情境相适应，领导者的管理才是有效的”。[①]作为职前幼儿教师，幼师女生的管理行为风格和其女性特点、本人个性及学习生活环境密切相关。幼儿教育的目的就是要使她们的管理行为更适合幼儿教师工作岗位，顺利完成基本的保教任务。通过以上数据及分析可以得出如下启示：

（一）适合幼师职业岗位的管理风格

近年来，我国学前教育事业发展迅速，幼儿教师职业岗位及职责越来越明晰。《幼儿园工作规程》《幼儿园管理条例》和《幼儿教师专业标准（试行）》等指出，教师和保育员是幼儿园班级管理的主要承担者，幼儿园教师对所带班级的所有工作负责。美国早期教育专业认可委员会的CDA培训方案中，把幼儿教师管理技能确定为四个宽泛的方面：观察、计划、执行和评价，具体表现为组织、观察记录、解释、计划、执行计划、评价成果及后续工作等行为。“在管理过程中，特别强调团队的合作，要充分关注儿童的建议和要求，并且倡导团队成员轮流担任班级管理职责”。[②]在我国的幼儿园班级中，一般要求配备3位保教人员，其中一位是主班教师，但这并不意味着这位教师是领导者，他们三者的工作必须协商、合作进行，而且在特殊情况下，任何一位教师都可能成为班级幼儿及工作的管理者。所以，幼儿教师除了专业知识外，还必须具备人、财、物等多方面的管理能力。

幼儿教师在具备了一定知识技能和道德水平的基础上，还必须懂管理、能管理、善管理。他们的管理具有显著的特点：一是柔韧性，因为她们管理的对象主要是幼儿，幼儿弱小但很顽皮，理解能力差而不懂道理，也不会尊重教师，其行为随意、率性，如踢打教师、哭闹撒泼，因此，需要教师有更强的耐心、细心和热心，要有宽阔的爱的胸怀，受得了气、吃得了苦。二是协调性，幼儿教师还要和多种背景的家长进行沟通，组织协调亲子活动，因此，需要很强的沟通能力和应对复杂环境的灵活变通能力。当然这种灵活不是不要原则，恰恰要求幼儿教师在遵守幼儿园及教育相关制度的基础上，通过高超的变通艺术协调各方不同意见，缓解矛盾，化解冲突，为工作的顺利开展创造一个良好的环境。三是主动性，幼儿的一日活动是丰富的、有规律的，但充满着许多意外因素，幼儿教师要有效组织幼儿饮食、睡眠、游戏等活动，必须能够鼓动幼儿积极参与活动、听从教师安排，并在工作中预见隐患并解决问题，所以，面对特殊而繁杂的工作，不仅需要班内同事间保持

① 杨文士，焦叔斌，张雁，等. 管理学原理（第二版）［M］. 北京：中国人民大学出版社，2004：48.

② （美）贾妮斯·J. 比蒂. 学前教师技能［M］. 嵇珺，译. 南京：江苏教育出版社，2011：331.

紧密的合作，还要积极调动大家的工作热情和幼儿的学习兴趣。特别是在中国，由于社会制度和文化传统因素的影响，幼儿教师的社会地位、经济地位较低，在社会中属于弱势群体，其管理权威可以说很低，这样的管理角色只有靠自己的公信力和热忱、善于沟通、乐于合作、积极合作等管理品质，才能完成幼儿园的保教管理任务。

因此，参考本研究对管理行为风格的四种类型特征之描述，结合对幼儿教师管理工作的非参与观察和访谈，笔者认为，鼓动型和合作型互补的混合式管理行为风格是最适合幼儿教师岗位的管理风格（见表6）。当然，这只是从理论层面和经验层面作出的假设，是否切合幼儿园工作实际，还需要在实践中进一步检验和证实。

表6 理想的幼师职业管理风格分析比较表

管理行为风格类型	优点	缺点
鼓动型	不迷信地位及权势。影响力来自对工作的热情和公信力，刚毅、开朗，自愿担负风险，勇于挑战，自信个人竞争力。	对自己的影响力估计过高，对他人的优势估计不足。过于冲动，高谈阔论，行动不足。有始无终。过于依靠个人的社交和口才。
合作型	友好善谈，易于沟通，善于合作。可信度较高，开朗、大方，亲和力及适应性较强，对人宽容，易与人相处，耐心较强，警觉和敏感性适当。	严谨性不强，有时谦虚过当，个性不强。不善拒绝，迎合他人过当。主动性较差，对事物的了解往往表面化，很少深究其原因。
鼓动—合作型（理想管理风格）	积极主动，胆大心细，不迷信地位及权势，影响力来自对工作的热情和公信力，刚毅、开朗，自愿担负风险，勇于挑战，自信个人竞争力。易于沟通，善于合作。可信度高，开朗、大方，亲和力及适应性较强，对人宽容，易与人相处，耐心较强，警觉和敏感性适当。	

（二）幼师女生管理风格特征及教育建议

从学前教育史来看，女性不仅是天然的母亲，而且也是幼儿教师的最早从业者，对年龄越小的幼儿进行教育越是依赖女性。“1856年，德国教育家卡莱·舒尔茨夫人在美国创办了最早的幼儿园”，[①] 我国在清代末期建立的幼儿园所也多由教会中的女性担任教师。其中除了社会制度原因外，更重要的是女性的身心特点和文化特点更符合幼儿教师岗位的需求：富有耐心、体贴，细心而敏感，语言轻柔而且充满亲情，性格相对沉稳内敛。对中国传统女性来说，一般情况下也都积极配合他人工作且能委曲求全。本研究中，幼师女生这些特征也都是显而易见的，但是这并不是说只要是女性，不经过培养就能承担幼儿的保教管理任务。事实证明，女性的一些先天素养需要通过扬长避短才能更好地胜任保教工作。

赫格森（Helgesen）的女性领导（管理）风格学说中认为，女性的管理行为着重沟

① 霍力岩. 学前比较教育学［M］. 北京：北京师范大学出版社，1995：28.

通、协调，以及人际关系的和谐，因为女性较男性其敏感性及人际交往能力更强，往往更易成为很好的管理者。根据本次测试数据，幼师女生合作型管理风格十分突出，这是女性性别因素对管理风格影响的结果之一。合作型的管理特征是强调友好、乐观和宽容，无论对己对人，出发点都是忠诚、尊重和合作，因此，她们能很快融入幼儿园集体，并较快建立起班级关系。但因为其不善拒绝，迎合他人过当，主动性较差，因而开拓性不够，影响班级的发展，并在管理行为发生冲突时，不知如何处理。譬如目前对一些幼儿家长不科学地教育幼儿的要求，一些教师明知不对却持迎合的态度，对园内一些不合理管理制度也逆来顺受，久而久之，造成问题累积、矛盾爆发。可见，合作型管理风格虽然比鼓动型、敏感型和控制型更适合幼儿园，但也不是最理想的。本研究表明，理想的鼓动—合作混合型管理风格仅有18人次，占测试人数的二十分之一，说明学校对学生的管理素养培养还要下大力气。从相关关系来看，敏感型和合作型呈明显的负相关关系（R=—.490**），也就是说，幼师女生一旦具有敏感型管理风格，就更难具备合作型管理素质，本研究样本中具有单一敏感型风格的个体42例，仅次于合作型，而且具有敏感型特质的混合型管理风格的个体13例，也是比较高的。其实，很多研究者都发现敏感是女性管理者的一大特征。① 由于鼓动型和敏感型风格主要与性格有关，敏感型更多有内向个性倾向，因此，学校要积极创造开放的教育环境，促进敏感型风格个体转变自己的管理行为、理念及习惯。譬如平时多组织社交活动，让幼师女生轮流负责，人人出彩，在合作中提倡互帮互爱，但更要求积极创新，并说服鼓动大家一起应对新的挑战。同时，要积极建设开放的课程文化，正确引导女性的价值观，肃清“女子无才便是德”等封建女性观的流毒。

有人认为，幼儿教师是女性的天职。通过对幼师女生管理风格特征的分析，表明女性做幼儿教师有很多优势，她们具备的母性特质包含了幼儿教师管理岗位的最基本要素和核心要素。但要成为一个称职的、优秀的幼儿教师，她们还必须抛弃伴随女性的一些天性的弱点，如被动、过度迎合、过于敏感等，只有这样，才能走向更高层次的管理岗位。纵观我国文化传统，结合幼师高专学校的管理文化，笔者认为，塑造科学合理的校园女性文化，是培养具有理想化管理风格的职前幼儿教师的可行路径。

参考文献：

[1] 王普华．幼儿园管理［M］．北京：高等教育出版社，2009．

[2] 张莹．高校女性管理者的管理风格研究［D］．上海：上海师范大学，2012．

[3] 席酉民，刘文瑞．领导与激励［M］．北京：中国人民大学出版社，2009．

[4] 宋亚莉．不同的管理风格及对策［J］．中国人力资源开发，2000（1）．

[5] 杨文士，焦叔斌，张雁，等．管理学原理（第二版）［M］．北京：中国人民大学

① 周建红．对女性领导柔性管理的多维度思考［J］．领导科学，2015（3下）：45．

出版社，2004.

［6］（美）贾妮斯·J. 比蒂. 学前教师技能［M］. 嵇珺，译. 南京：江苏教育出版社，2011.

［8］霍力岩. 学前比较教育学［M］. 北京：北京师范大学出版社，1995.

［9］周建红. 对女性领导柔性管理的多维度思考［J］. 领导科学，2015（3下）.

［原载于《教育理论与实践》，2016年第16期］

幼儿园教师订单式实训模式初探

山西省康乐幼儿园　郭晚盛　王新艳

【摘要】传统幼儿教师培训存在着资源浪费，经费负担重，实践性、可操作性欠缺等问题。针对上述问题，围绕幼儿园园长与教师的需求，依托康乐幼儿园优质教育资源，以“引领三晋潮流，实现共同发展”为目标，在不断实践与改革完善的过程中，形成了“前期调研、订制菜单、学习接待、组织培训、总结提升”一套完整的培训服务体系，开发了订单式实训模式。该模式具有培训目的强、培训内容丰富和培训形式多样三个特点。近两年的实践探索，整体改善了幼儿教师培训效果，促进了参训教师与承训园所教师的共同发展。

【关键词】幼儿教师培训；订单式培训模式；培训形式；康乐幼儿园

随着国家对学前教育事业的重视，鉴于幼儿教师队伍质量的高低直接关系着幼儿园的办学水平，幼儿教师队伍的培养培训也越来越成为学前教育事业发展的重中之重。不过，目前的幼儿教育培训还存在诸多问题，培训效果也不尽如人意，如何使幼儿教师培训更接地气，真正提升参训教师的专业素质，成为幼儿教师培训实践要关注的重点。本文基于山西省康乐幼儿园在这方面的探索和实践，对在实践中广受各级各类幼儿园教师、园长欢迎的订单式实训模式进行了总结和梳理。并且，分析了在这种培训模式下，教师作为培训的参加者、培训内容与方式的决定者，对整个培训效果的影响。

一、传统幼儿教师培训存在的主要问题

首先，培训资源浪费。传统幼儿教师培训采取教师集中授课的培训模式，而且学习内容、形式都由培训方来决定，参加培训的教师只能被动学习，在学习过程中需要自行过滤

掉自己不需要的内容，一定程度上造成培训资源的浪费。

其次，经费负担重。传统培训的主要方式是专家讲座、教师集中学习，近年也发展了网络培训形式。但是这几种培训在经费的负担上比较重，除专家的费用外，参训教师要承担来往的交通费、住宿费及会务费等，而网络学习则要有设备购置费等。

第三，实践性、操作性欠缺。在培训内容上以专业理论培训为主，实践性、操作性的内容较少。加上参训教师因交通往来耗费很多精力，学习的效果总体来说不够好。

二、订单式实训模式的特点

针对目前幼儿教师培训中存在的问题，我们围绕幼儿园园长与教师的需求，在考虑充分发挥幼儿园自身引领示范作用的同时，以幼儿园优质教育资源为依托，以“引领三晋潮流，实现共同发展”为目标，在不断实践与改革完善的过程中，形成了“前期调研、订制菜单、学习接待、组织培训、总结提升”等一套完整的培训服务体系，开发了订单式实训模式，其主要特点有：

（一）培训目的强

由于幼儿园的类别、教育教学质量、师资队伍素质等方面各有特点，幼儿园培训的需求也不尽相同。采取订单式培训，制订培训内容供参训教师选择，这样能最大限度地依据承训幼儿园和参训教师的实际需要，量身定制适宜的培训内容；在培训时间的安排上也可根据幼儿园的实际需要，分为一年、一个月、一周、三天或者短期轮训等，时间非常灵活，可以保证幼儿园能根据培训时间的长短合理安排教师工作，满足教师培训需求。

（二）培训内容丰富

培训活动以康乐幼儿园为实践基地，有针对幼儿园园长上岗的“园长初级培训”；针对园长开阔眼界、提升素质的“园长提升培训”；针对幼儿园教师队伍的“岗前培训”“骨干教师培训”；针对蒙氏教学的“蒙氏专题培训”；针对幼儿园一日生活的“跟班培训”；针对环境创设的“环境创设培训”；针对新建园所的“帮扶培训”等。培训内容涉及幼儿园管理、后勤管理、卫生保健、家园共育、课程建设、幼儿一日生活的组织、区域活动等面，能贴近不同类型的幼儿园的需求。

（三）培训形式多样

根据培训内容的要求，在培训过程中，培训形式服务于培训内容，主要做到跟班实践与专题讲座相结合、观摩活动与教研研讨相结合、集中交流与个别指导相结合，每一种培训方式都使每一位培训的园长、教师有不同程度的提高。

1. 跟班（岗）实践

跟班（岗）培训是培训的主要形式之一。参训教师进入班级，通过看、问、学等方式，实践班级一日生活各环节的组织与实施。在实践过程中，跟班教师进行及时指导，使参训教师融入康乐整体的文化、课程和管理当中，实现体验式的学习。另外，从事管理工作的学员还可以进行跟岗实践，如医务人员跟卫生保健科、保教管理人员跟保教科、后勤管理跟总务科等。学员可以通过与园长、科长座谈，查看各种资料，学习相应的管理技能、考核评价办法、档案管理知识等。

2. 专题讲座

由承训园所康乐幼儿园组织具有多年一线经验的优秀骨干教师组成专家团队，开展家园共育、教育教学、班级管理、卫生保健和环境创设等多个主题的讲座。专家们利用大量案例和自己的经验，帮助参训教师将理论与实践进行很好结合，增强了培训的操作性、实践性和指导性。

3. 观摩研讨

为有效提升参训学员的教研能力，实现教研与教学相长，承训幼儿园有组织、有计划地组织培训学员观摩幼儿园优质教学活动、一日生活组织、半日活动开放、主题庆祝活动等。并由资深教研员组织观摩后的研讨活动，让培训学员参与其中，做到有所思、有所获。

4. 交流反思

每期培训结束后，组织参训教师回顾总结，反思培训期间的得与失。不仅使参训教师的培训成果得到总结提升，同时也为承训园所改进培训方案提供了宝贵的意见和建议，实现了共同成长和“双赢”。

5. 个别指导

每期培训要求培训管理人员及时了解参训教师的学习情况。并对一些参训教师提出的个别问题进行个别指导，增强了培训的针对性，尽最大力量让每个参训教师都有收获。

三、订单式实训模式的效果

近两年的订单式培训实践一方面使参训幼儿园的教师得到发展，另一方面对我园各项工作也起到了很好的促进作用，实现了“双赢”，主要表现在：

（一）参训幼儿园得到发展

来自各类幼儿园的参训教师在接受量身定制的订单式培训期间，吃、住、学都在幼儿园，确保了个人完全融入幼儿园常规工作和学习当中。一方面使他们的教育观、保教观随时受到触动；另一方面，也使他们能全视角地看到幼儿园一日生活的组织、环境创设、区域活动、生活活动、户外活动等。参训教师通过一些专业教师的指导、讲解，与他们本园实际相结合，其操作性、针对性更强，因而有效地促进了幼儿园各项工作的发展。如朔州应县第八幼儿园作为一所新建园，教师受训完毕返园后，秉持拿来主义，将参训期间在班级环境创设、区域环境创设等方面获得的有效经验运用于本园教学实践，使得幼儿园工作很快就进入正轨；柳林县许多民办幼儿园将全园教师分批分次送来进行培训，每次承训幼儿园会根据培训需求提供不一样的培训主题，因此在培训结束后，参训幼儿园每次都会有新的收获和变化；芮城县教育局组织全县民办、公办幼儿园50余名园长来我园培训，教育局通过后续调研发现，许多受训幼儿园在常规管理、户外活动的组织、孩子良好行为习惯的培养、家园共育，以及提高教师的整体素质等方面都有了很大的变化，对订单式培训模式给予了充分肯定。

（二）承训幼儿园各项工作得到促进

作为承训园，为了充分满足参训幼儿教师的多元需求，需要对培训模式与方案不断创新，并对培训标准和目标提出越来越高的要求，以确保参训幼儿教师每次受训都有不同收获。比如在环境创设方面，通过深入调研和思考，根据需要对相关主题不断更新、变化；在课程模式方面则不断加以丰富，保证培训内容的新颖和前沿；在教师队伍建设方面，承担培训工作的园所教师在培训中做好"影子教师"，发挥榜样示范的同时，对自己的工作提出了更高的要求，更注重自身保教能力的提高和专业素养的提升，使我园拥有了一支高水平的指导教师团队。

通过对订单式实训模式的不断探索与实践，基于质量和发展的目标定位，我们对订单式实训模式实际效果进行跟踪评价，发现其对参训园所教师专业素质有明显提升作用的同时，还注重发现其存在的问题，比如如何使培训能更接地气，更能满足不同类型、不同层次幼儿园教师与园长的需求；如何在培训方法、培训管理机制等方面进行不断探索和创新，确保承训幼儿园在教育理念、教育模式、管理机制、办学思路等方面起到示范引领作用，为全省幼教事业贡献力量。

以教师专业能力发展为指向的融合性主题网络教研模式

太原市迎泽区三晋幼儿园　孙桂玲　郭晓芳

【摘要】以教师专业能力发展为指向的融合性主题网络教研模式，是在保证课题研究的深入开展、全面提升教师专业能力的园所发展需求背景下，以“成人学习理论”和“双因素激励理论”为依据，融合教师专业能力发展、日常研究、课题研究中的共性需求，围绕主题进行的。该模通过确定融合主题、开展多种形式的研究、实施激励评价和构建学习共同体四个步骤来实施。健全园本教研机制、完善园本教研评价制度，有效保障了此模式的顺利开展，并取得了良好的效果。

【关键词】教师专业能力；融合性；主题网络教研；三晋幼儿园

一、背景介绍

随着教育改革的不断推进，幼儿园都有意愿并积极承担各级各类课题研究，但长期以来，承担课题幼儿园的共同感受是：科研活动是一项在日常保教活动之外的专门性活动，这就使得幼儿园应接不暇、负担重重。因此，如何将日常教研与科研课题相结合，处理好日常教研与专门性科研的关系，有效提高教师专业能力，成为广大幼儿园急需解决的共性问题。

我园从前的教研形式比较单一，多以集体、小组的形式开展学习、研讨、评比三种类型的教研活动。自2011年先后承担了太原市、山西省“十二五”规划课题以来，课题研究任务渐趋繁重，日常教研内容日益繁杂，无论是管理者还是教师均感到压力重重。怎样将日常教研和科研活动有效结合，构建适合我园实际的教研机制，成为我园发展中急需解决的重要问题。

我园自2006年开始接触园本教研，了解了园本教研的多种模式，如主题式、参与式、课题引领式等模式。在借鉴优秀模式经验的同时，结合本园持续性的课题研究，我园积极尝试构建将科研与教研相结合的园本教研模式。在行动研究的过程中，逐渐摸索出了适合本园实际情况的“以教师专业能力发展为指向的融合性主题网络教研模式”，以保证课题研究的深入开展，全面提升教师专业能力。

二、融合性主题网络教研模式的建构过程

（一）理论依据

在探索构建园本教研模式的过程中，我们深入学习了马尔科姆·诺尔斯（Malcolm. S. Knowles）的“成人学习理论”和弗雷德里克·赫茨伯格（Frederick Herzberg ）的“双因素激励理论”。在理论的支持下，我们构建出了“融合性主题网络教研模式”，并在该模式的构成中体现出成人学习的四个特点。（见图1）

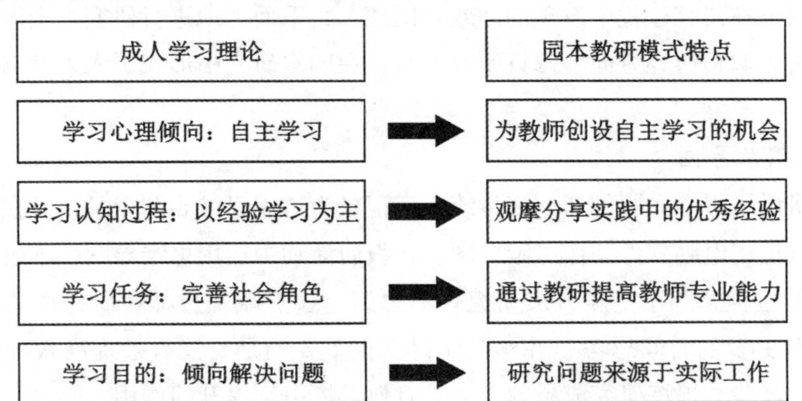

图1　成人学习理论与园本教研特点对应关系图

加上丰富的激励评价形式，调动本园教师参与园本研究的积极性，逐渐让教师重视并不断反思在研究中出现的问题，教师开始积极调整研究方向及实施方案。

（二）建构过程

我园结合教师专业能力发展、课题研究及日常教研的需要，将研究内容分解、融合为更具象的主题，然后围绕主题进行网络式教研，以点带面，层层推进，形成了能有效运作的学习和研究的共同体，并向高质量园本教研迈进。

1. 融合研究主题

随着课题研究的不断深入，我们将课题研究内容进行细化，尝试结合教师专业能力发展的需要，将日常教研与科研课题的研究重点相融合，确定研究主题。经商讨，我们确定了环境材料、区域活动组织与观察、幼儿成长档案三个融合性的研究主题，每一个主题都来源于日常保教工作，并契合我园课题研究的进展程度。对融合性主题展开的研究，能够兼顾日常教研与课题研究，全面促进教师专业能力的发展。

2. 增加参与机会

增设观摩分享环节，鼓励每一位教师主动分享实践研究经验，提出问题和困惑，完善激励评价制度，注重过程性评价。通过精彩点评，鼓励教师在教研中踊跃发言；评选教研活动中表现积极、观点明确的教师为研修之星，鼓励其承担下一次教研主持；将教研与评分相结合，把成绩纳入绩效考核，鼓励教师在实践研究中的积极表现。

3. 构建共同体

进一步完善园本教研机制，创新评选研修之星、二次分享等园本研究制度，有效保障园本教研的开展，并着力构建学习研究共同体，形成了一套自下而上、自上而下的研究程序：一方面，按照幼儿园的园本研究方案逐级向下落实研究内容；另一方面，教师根据个人研究计划以及在研究过程中发现的问题和困惑，自下而上地进行研究。全园教师形成合力，共同研讨、调整研究方向、修订研究方案，在园本研究中形成了人人参与、平等互助的研究氛围。

4. 运用思维导图

我们在研讨过程中大胆创新，变传统文字记录为运用思维导图记录，并在手工绘制的基础上，尝试运用电脑软件制作思维导图。在教研活动中运用思维导图，不仅能够完整呈现教师研讨的过程，为下一步开展研究理清思路，还能减轻教师在研讨活动中的记录负担，让教师有更多的时间思考，并参与研讨。更重要的是，能有效提高教师梳理研讨内容，总结研究经验，提炼研究成果的能力，有效发挥引领提升的作用。同时，电子版思维导图本身可以作为研究的过程性资料予以保存，发挥过程性资料的价值。

通过一系列的实践举措，我们最终构建了“融合性主题网络教研模式”。（见图2）我们结合目前的科研课题，呈现了模式的基本构架。

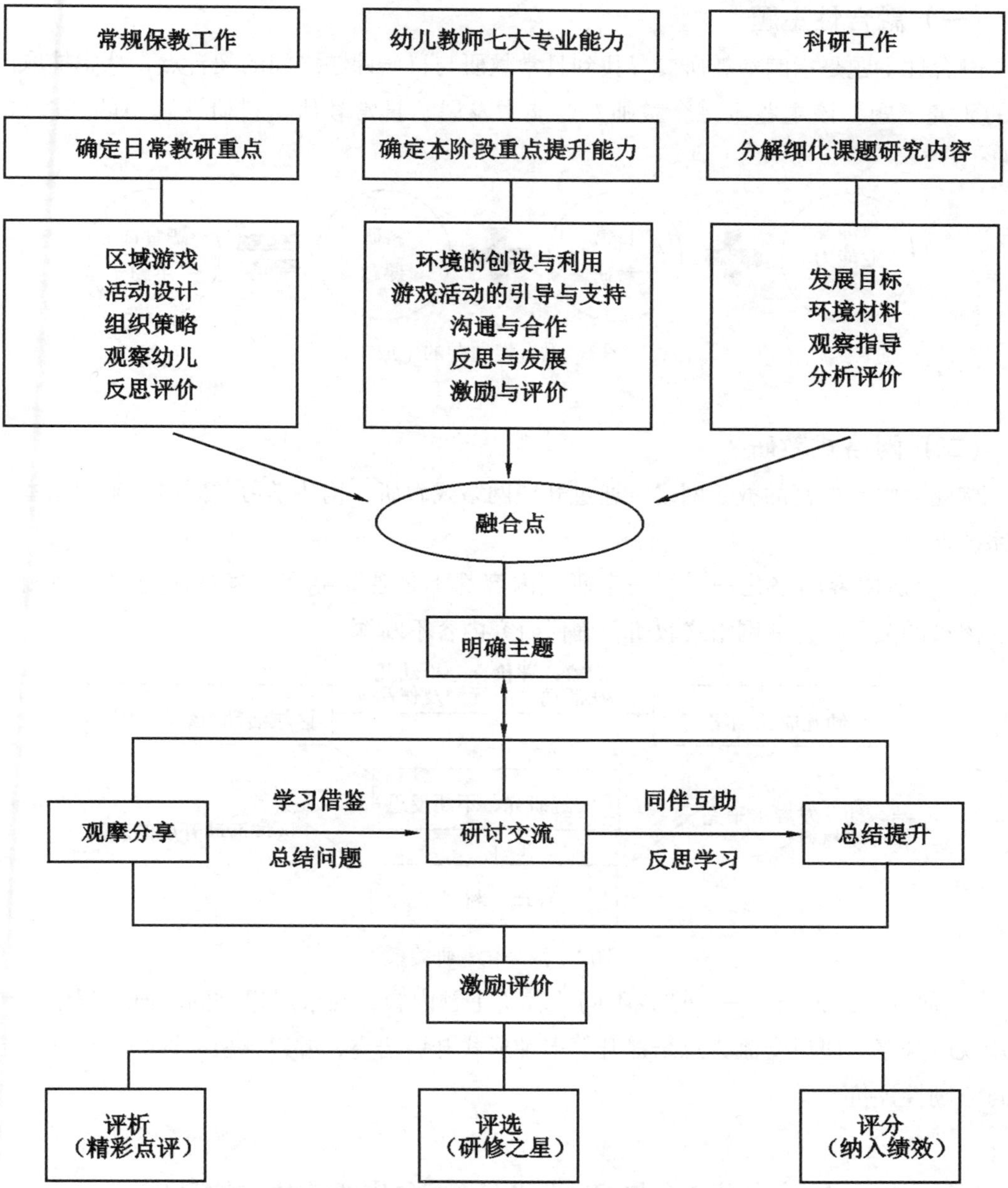

常规保教工作

确定日常教研重点

区域游戏
活动设计
组织策略
观察幼儿
反思评价

幼儿教师七大专业能力

确定本阶段重点提升能力

环境的创设与利用
游戏活动的引导与支持
沟通与合作
反思与发展
激励与评价

科研工作

分解细化课题研究内容

发展目标
环境材料
观察指导
分析评价

融合点

明确主题

观摩分享

学习借鉴
总结问题

研讨交流

同伴互助
反思学习

总结提升

激励评价

评析（精彩点评）

评选（研修之星）

评分（纳入绩效）

图2　融合性主题网络教研模式

三、融合性主题网络教研模式解读

（一）融合性主题

融合性主题是指园本教研要寻找到日常教研与科研课题之间的契合点，从中抽取出适当的研究主题。该主题应融合教师专业能力发展、日常教研、科研课题中的共性需求。(见图3)

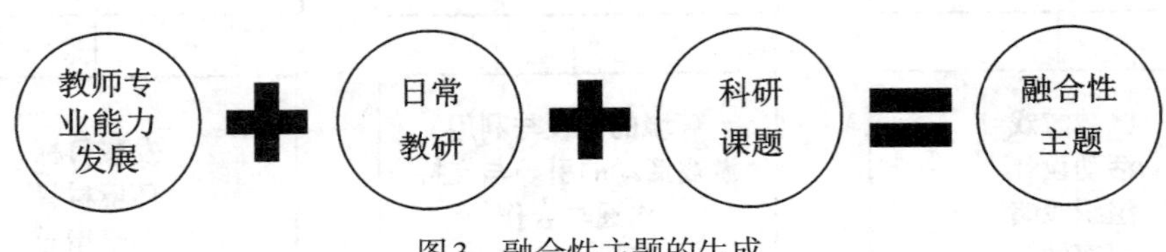

图3　融合性主题的生成

（二）网络式教研

构建完整、严密的教研网络，通过开展网络式教研，构建学习共同体，确保园本教研的系统性

1. 教研内容网络化——每一个研究内容都不是独立存在，发现研究内容间相互包容、渗透的关系，开展网络式教研，确保研究内容不断深入。

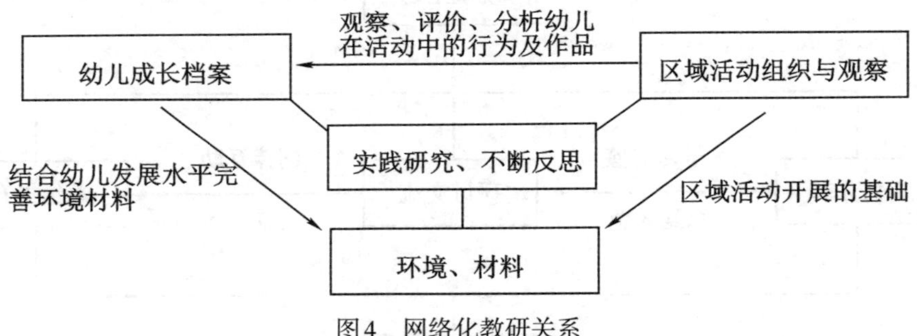

图4　网络化教研关系

2. 研究形式网络化——围绕不同的教研主题内容，在层层递进的教研流程中，综合运用观摩分享、研讨交流、总结提升等多种形式开展研究，并以评析、评分、评选等形式进行激励性评价。

四、融合性主题网络教研模式的实施步骤和制度保障

（一）实施步骤

第一步：确定融合主题

从教师专业能力、科研课题、日常教研之中，选择能够融合三方面的研究主题，围绕

融合性主题开展的相关研究能够同时兼顾到三方面的研究内容，达成共同的研究目标。下面结合我园现在的研究课题“物化幼儿园教育目标，提高区域活动有效性的研究”进行说明。

第二步：开展多种形式的研究

在上一阶段确定了“幼儿成长档案”“环境与材料”“区域活动观察评价”三个主题后，针对每一个主题渐进展开研究。图5就以“环境、材料”这个主题为例说明针对该主题的网络教研过程。（见图5）

1. 明确主题

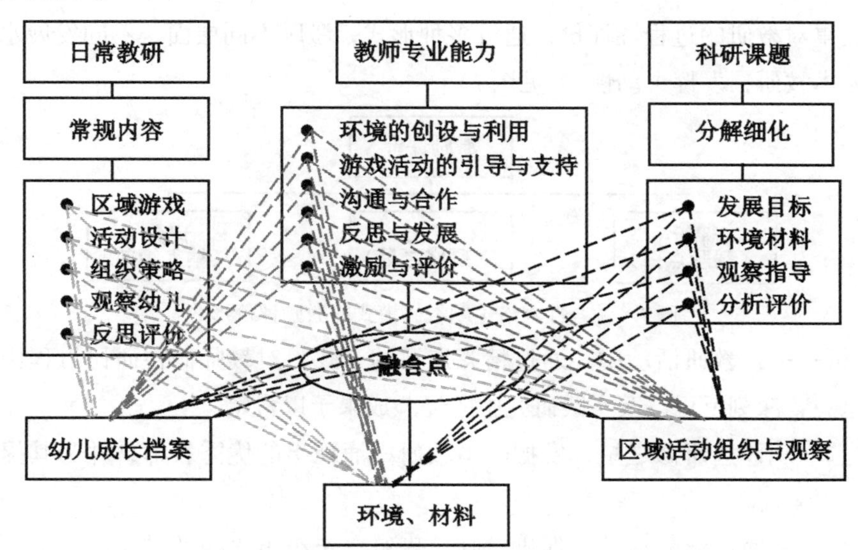

图5　以“环境、材料”为主题的融合性主题网络

在融合性大主题之下，确定每次教研活动的研讨主题，紧密围绕主题开展教研活动，确保教研的目的性、实效性。（见图6）

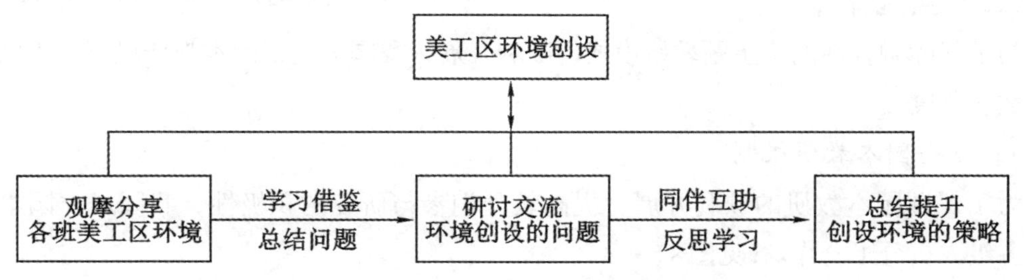

图6　以“环境、材料”为主题的网络教研流程

2. 观摩分享

各位教师和各个班级、年级组通过观摩、分享的形式，展示实践研究中的经验并提出问题、困惑，最后总结出实践研究中存在的主要问题。同时，各位教师在观摩、分享的过程中，可以学习、借鉴他人的优秀经验。

3. 研讨交流

这一环节主要是针对上一环节中的主要问题进行研讨。在这一过程中，不断反思实践过程中采取的方式方法是否适当，共同讨论解决策略。同时，充分发挥同伴互助的力量，在反思、学习中不断提高。

4. 总结提升

教研主持人梳理提升研讨经验及阶段性研究成果，形成下一步的研究方案，明确进一步的研究方向，不断推进研究深入开展。

第三步：实施激励评价

我园注重对教研的过程性评价，通过多种形式，激励不同层面、不同发展水平的教师积极参与园本教研，发挥主动性。(见图7)

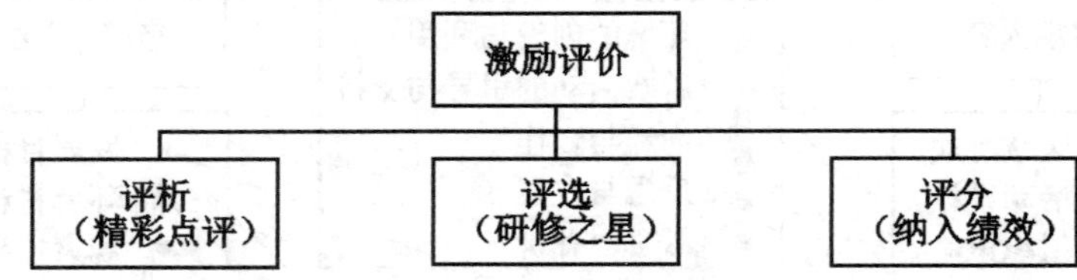

图7 融合性网络主题教研模式的激励评价形式

1. 评析——在教研活动中，通过精彩点评的方式，对教师们在研讨过程中的精彩发言、创新思想、深刻反思以及实践研究中的经验成果予以肯定。

2. 评选——评选研修之星，发掘园本教研中涌现出的优秀教师，并为其提供组织教研的机会。

3. 评分——通过评分活动，促进教师、班级、年级组之间的借鉴、交流，将成绩纳入绩效，保证全员参与教研的积极性、主动性、实效性。

(二) 实施保障

为了保障融合性网络主题教研模式的顺利开展，我园健全了园本教研机制，不断完善园本教研制度。

1. 健全园本教研机制

为了保证园本教研的顺利开展，提高教师们参与研究的积极性，我园成立园本教研组，各级人员分工合作。(见图8)

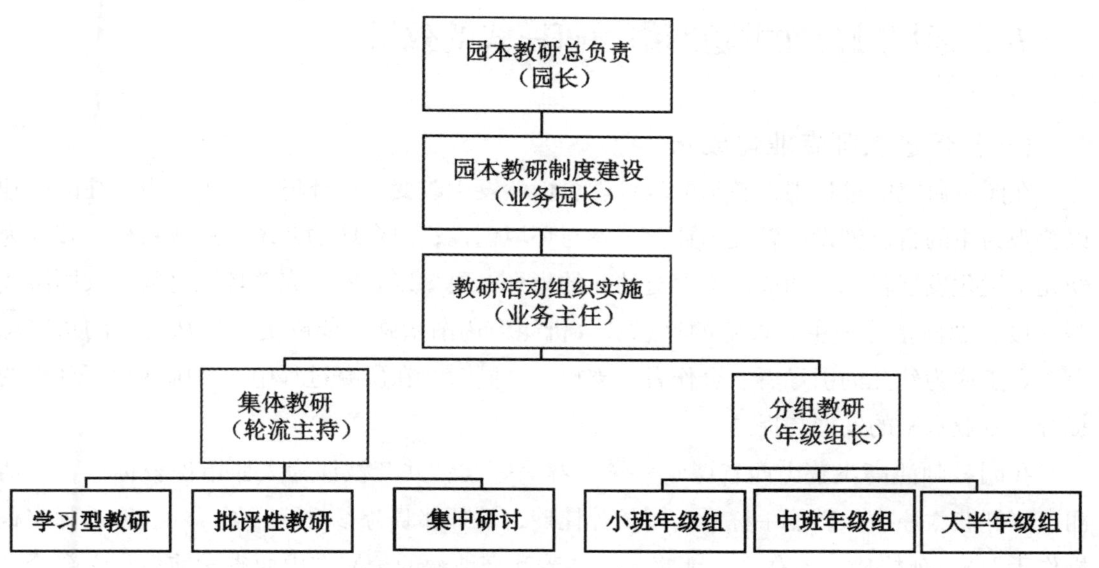

图8　园本教研机制框架图

2. 完善园本教研评价制度

为了进一步规范园本研究，我园不断完善课题研究制度，将过程性考核纳入年底绩效考评，有效保障教研模式的顺利开展。（见图9）

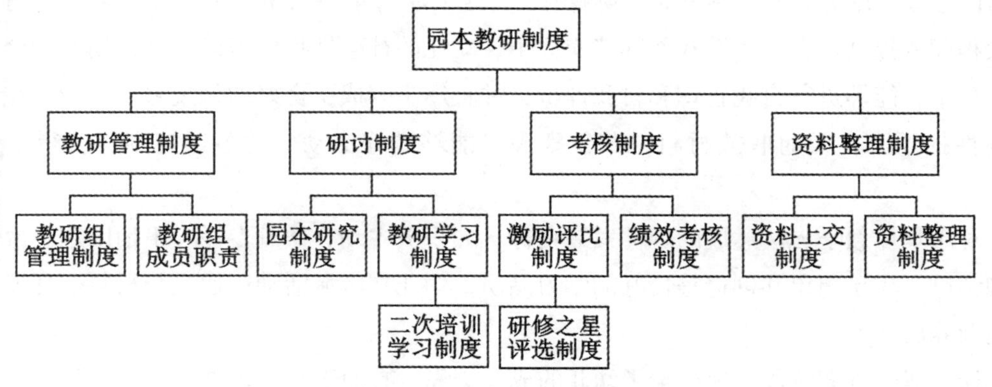

图9　园本教研制度框架图

二次培训学习制度——外出培训学习的教师需对本园教师进行二次培训，引领全园教师学习研讨，为更多教师提供了承担组织教研活动的机会。

研修之星评选制度——发现更多的优秀教师，增强幼儿园教科研骨干力量，鼓励肯定教师们的积极研究及经验成果。

五、运用融合性主题网络教研模式的效果

（一）促进教师专业化成长

在园本研究的过程中，教师的教育理念悄然发生改变。在环境创设中，由以往的教师以美观为主的自己创设，转变为让孩子参与环境创设；由全体幼儿统一达成目标，转变为幼儿个性化发展目标的达成。教师对幼儿的指导，更多以观察、完善环境材料、共同游戏等间接、隐性指导为主。教师的反思、分析能力逐渐增强，能够更多地从幼儿的角度思考，真正成为幼儿的引导者、合作者、支持者。同时，在研究过程中，教师获得了理论的提升、专业水平的发展与提高。

我园教师潘高飞获山西省课堂教学大赛一等奖；井芳被评为太原市保教标兵；高洁丽、张钰获太原市保教能手称号；园长孙桂玲、教师郭晓芳参与编写了《幼儿园教师实践操作手册》；孙桂玲、潘高飞、郭晓芳、井芳和高洁丽的论文在山西省学前教育学会论文评选中分别获奖。

（二）促进幼儿全面发展

园本研究开展以来，每个孩子都可以根据自己的兴趣进行个性化的学习。通过与环境材料的互动，幼儿在直接感知、实际操作、亲身体验中获取经验，其自主学习能力得到了很大程度的提高。在角色游戏及同伴交往中，幼儿的社会性目标得以发展，幼儿学会了互助与分享，能够进行自我管理和自我评价，并且逐步养成了良好的常规习惯，能够在环境的隐性提示下，及时收放材料，归位整理；能够遵守活动区的各项规则，获得全面的发展。

对于集体教学无法达成的隐性发展目标，如积极主动、认真专注、不怕困难、敢于探究和尝试、乐于想象和创造等良好的学习品质，幼儿在区域活动中通过与材料、环境的互动逐渐养成。

幼儿成长档案阶段性地记录了幼儿的成长历程，有助于对幼儿进行过程性评价。

（三）形成有推广价值的成果

我园在进行课题研究的过程中，积极分享自己的研究经验，先后承担山西省第二届幼教年会半日观摩活动、太原市园本教研观摩交流活动、迎泽区“落实《3—6岁儿童学习与发展指南》现场经验交流会”、“国培”送教下乡活动；受太原市学前教育学会委托，成功举办6期“太原市区域活动设计与组织培训班”活动，得到了迎泽区、太原市乃至山西省上级部门及幼教同仁的一致认可与好评，被评为山西省实施“学前教育三年行动计划”先

进单位、太原市贯彻落实《3—6岁儿童学习与发展指南》先进集体。

参考文献：

［1］刘占兰．园本教研的基本特征［J］．学前教育（幼教版），2005（5）．

［原载于《校本教研实践与创新》，太原市教研科研中心主编，山西出版传媒集团　山西教育出版社出版，此次有修订］

试论年轻教师成长的有效策略

太原市清徐县清源幼儿园 姚秀玲

【摘要】年轻幼儿教师的成长是一项长期的系统工程。内化幼儿园文化是促进年轻教师尽快成长的前提，重视对一日活动的指导是促进年轻教师尽快成长的有力手段，依托教科研是促进年轻教师专业成长的有效途径。

【关键词】年轻教师；专业成长；策略；教科研

随着基础教育越来越受到重视，作为基础教育的重要组成部分，幼儿教育也受到社会空前的关注，幼儿教师的责任与义务越来越突出。作为幼儿园的新生力量，年轻幼儿教师的迅速成长成为关系到一个幼儿园稳步、可持续发展的重要课题。如何使这些尚未经过实践的教师尽快进入角色，进而尽快成为合格教师，乃至骨干教师、优秀教师、专家型教师是摆在我们面前的重要课题。近年来，在年轻教师培养的有效策略方面，我们进行了有益的探索，现和大家探讨。

年轻教师的到来，总让我们心存欣慰、羡慕和希望。欣慰的是年轻人朝气蓬勃、充满活力，我们羡慕他们的精力充沛、意识超前，希望他们尽快成为幼儿园的栋梁。但与之相随的往往还有经验不足、做事莽撞，这时对他们的正确引导和培养便迫在眉睫。

一、幼儿园文化是促进年轻教师尽快成长的前提

年轻教师初到工作岗位，他们带着满腔热情投入教育工作。昨天的学生成为今天的教师。如何走好走向社会的第一步，这就需要年轻教师内化我们多年来秉承的优秀的“团结、求实、进取、创新”的幼儿园文化内涵，并将其内化为他们的价值取向，潜移默化为

他们的自觉行动。将他们的满腔热情转化为对本职工作的热爱之情，把充沛的精力投入到有效的教学研究中去，将求实的工作作风更加发扬光大，和老教师一起在创新的道路上有新的作为。

将文化内化为素质，就是要成为一种精神，成为一种风格，充分挖掘其中的内涵，促进年轻教师整体素质的提高。我们还需要加强对年轻教师良好的职业道德的培养，促使青年教师形成正确的职业观、职业荣誉感和教育使命感，强化教师个人事业发展的内在动力。

二、重视对一日活动的指导是促进年轻教师尽快成长的有力手段

（一）对照目标想一想

在幼儿园教师办公室的醒目位置，我们陈列了“教师成长阶梯”的大型版面（见图1），让每位教师特别是新来的教师做到心中有目标、行动有方向。

10年以上：专家型教师
充满智慧永葆青春的你，是幼儿园可持续发展的中坚力量

5—10年：研究型教师
充满信心德艺双馨的你，是幼儿园的骨干力量

2—5年：具有较丰富经验的教师
充满活力热心挑战的你，是幼儿园改革的主力

1—2年：掌握一定技能的年轻教师
充满理想朝气蓬勃的你，是幼儿园的新鲜力量

图1　教师成长阶梯

年轻教师根据自己的特长爱好、发展情况，写出富有真情实感，蕴含智慧汗水的奋斗目标。如一位工作刚满一年的教师写道：“一年来，有朝夕相处的同事的帮助，我的工作从无序走到有序，我不仅熟悉了幼儿园日常工作，而且在语言领域较娴熟。新的一年，我将继续摸索家长工作的路子，不仅让每个孩子喜欢我，还要让每个家长接纳我。”另一位工作七年的教师写道：“幼儿园真是一个大熔炉，锻造了我的意志和品格，我非常热爱她。下一阶段我的奋斗目标是继续钻研幼儿创造性美术教学法，争取成为市级美术学科带头人。”“今年我要力争成为县级教学能手。”“今年我要参加成人进修学习，提高自己的文

化水平。”“我要在观察孩子方面多下功夫。”……朴实的表达，没有豪言壮语；用心的规划，写满真情和汗水。

俗话说：有思路，就会有出路。心中时刻装有目标，就不会偏离前进的方向，就会朝着既定的目标努力，实现自己的理想。

（二）师徒结对帮一帮

幼儿园一些年长的、经验较丰富的优秀教师、骨干教师，是年轻教师成长的重要资源。我们要通过以老带新，师徒结对，一帮一、手拉手的形式，帮助新教师快速成长。从帮扶的内容来说，可以是保教、日常、家长等工作的全面指导，可以是某一领域教学目标、内容、方法、手段的具体指导，也可以是舞蹈、绘画等教学技能的单向指导；从帮扶的形式来说，爱心、责任心的感染和传递需要潜移默化，教学活动的设计和引导需要推陈出新，对孩子的观察和指导需要因材施教，针对性的家长工作需要循循善诱，观察笔记、教育案例的书写需要仔细分析和选取；从帮扶的策略来说，师徒要分别制订培养计划和学习计划，幼儿园要制订考核办法和奖惩制度，确保实现培养和学习目标；从帮扶的时间来说，可1—2年或2—3年或更长的时间。这样不仅利用了幼儿园教师现有的宝贵的教育资源，弥补了业务园长在培养新教师方面时间、精力不足上的缺漏，更有利于形成合作学习的氛围，打造集体团队精神，实现了低成本、高回报。

（三）面对困惑指一指

面对一些具体的工作，年轻教师有时无从下手，这就要求我们给予指点、帮助。如一位教师管理幼儿午睡时，总是有几个不睡觉，进而互相说话，又坐起来捣乱还打扰别人的孩子。和这位年轻教师谈话时，她说：“我真不知该如何对付他们，表扬不行，批评也不行。”教师有了困惑，我们责无旁贷。于是我们帮教师分析了个别幼儿不睡觉的原因，梳理了指导幼儿午睡的几种方法，如睡前讲情节起伏不大的故事，故事结束时改编为：“xx做了一个美好的梦，小朋友也一定会做一个美梦，醒来告诉老师。”或轻轻走到幼儿跟前轻拍给予安定情绪；或轻轻走到能闭上眼睛但似睡非睡的小朋友床前，说声“xx小朋友已经睡着了”，幼儿会闭上眼睛悄悄进入梦乡；等等。一段时间后，该教师管理幼儿午睡不再成为困惑，而是成了很乐意的事。

（四）围绕中心讲一讲

幼儿园的工作重点或一段时间的中心工作，常常需要花大力气、投入较大精力来完成，这时可请有经验的教师为年轻教师做专题讲座或专门辅导。记得去年秋季入学，由于幼儿园拆迁，部分班级合班，有的班级班容量较大，这样为班级管理带来了难度；有的班级经常出现无序、混乱的局面，加强幼儿班级管理迫在眉睫。于是，我们请有经验的教师围绕班级管理、幼儿的养成教育、特殊儿童的管理等方面做了专题讲座和经验交流。年轻教师茅塞顿开、受益匪浅，班级管理工作有了明显好转。我们还针对元旦时的家园共庆联欢会、家长工作等开展讲座或观摩活动，均收到了好的效果，实现了以点带面、资源共享。

三、依托科研促教，提升专业水平，是促进年轻教师专业成长的阶梯

年轻教师有了对工作的满腔热情与足够的信心，有了常规工作扎实的基本功底，还需要通过教科研提升专业水平，才能促进专业成长，尽快成长为骨干教师、优秀教师。

（一）在教研活动中积极互动

实践证明，有针对性的、能理论联系实际的、组织者与参与者高效互动的教研活动，在教师专业成长中具有无可取代的积极作用。特别是年轻教师在教研活动中，一方面要敢于发表自己的见解，与大家积极互动；另一方面要善于将教研活动的“成果”运用到自己的保教工作实践中，使其对自己的专业成长起到事半功倍的效果。

（二）在工作实践中不断反思

反思是成长的基础。年轻教师只有不断总结、反思，才能不断进步。一个公开教学后、一个家长开放日后、一个突发事件处理后，哪怕一个平常的教学活动后，教师都要学会用批判和审视的眼光看待自己的教育思想、观念和行为是否妥当，及时“回诊”自己的教育行为，积极寻求新理念和新策略来剖解问题。教师要通过反思，发现自己的差距与不足，确定下一步的努力目标，在反思中求进步。

（三）在课题研究中总结提升

人们常说“提出问题是解决问题的一半”。我们倡导“问题即课题”，幼儿园要从教育教学实际中碰到的问题出发，从教师的需求出发，鼓励人人制订课题，人人开展课题研究，重视研究过程，从实践中提炼理论，再用理论来指导实践。同时，还要搭建科研平台，鼓励教师总结课题研究中的得失成败，对教师取得各级各类的教科研成果给予表彰和奖励，使通过课题研究促进专业成长成为教师的自觉行动。这样，形成了“学习—实践—反思—研究—再学习—再实践—再反思—再研究”的氛围，教师走上了年轻教师—骨干教师—优秀教师—专家型教师的良性发展轨迹。

总之，对年轻教师的培养，促进年轻教师的快速成长，是一项长期的系统工程。培养的策略是多方面的，只有多管齐下，才能更好地促使年轻教师从思想上和业务上尽快适应教育教学工作，成为一个拥有现代教育观念的教育者，一个具有可持续发展能力的学习者，一个具有课程开发能力的教学内容组织者，一个在实践中不断自我反思、自我建构的研究者。

参考文献：

［1］王雅芬．新教师如何尽快进入角色［J］．教学与管理，1999（12）．

［2］庞丽娟．教师与儿童发展［M］．北京：北京师范大学出版社，2003．

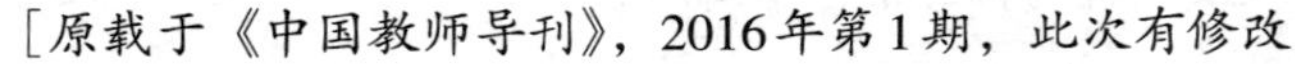
［原载于《中国教师导刊》，2016年第1期，此次有修改］

基于课题研究的园本培训新模式*

运城市委政府机关幼儿园荟萃分园　郭淑红

【摘要】基于课题研究的园本培训模式是一种多元的园本培训模式，具体包括以下四种培训方式：1．教研探究式培训，加深教师教研实效；2．游戏互动式培训，实现教师教学相长；3．头脑风暴式培训，推动教师学习思考；4．案例剖析式培训，促进教师合作共享。灵活运用上述培训方式，不仅提升了幼儿园师资的专业化水平和集体竞争力，而且促进了幼儿园更深入地开展课题研究、创造教育教学成果。

【关键词】课题研究；园本培训模式；幼儿自创歌曲

我园承担了中国学前教育研究会"十二五"课题"幼儿自创歌曲教育策略的研究"，在课题研究实践基础上，搭建和实施一种多元的园本培训模式，它不仅能实现幼儿园师资的专业化和集体竞争力的提升，而且对幼儿园更深入地研究课题，创造教育教学成果具有促进作用。对此，我们做了一些富有成效的探索，并实施了以下四种培训方式：

一、教研探究式培训，加深教师教研实效

教研探究式培训，旨在改变教师被动等待、被动接受的状态，使其能够成为一种促进教师自我学习和专业成长的有效方式；是教师在培训活动中聚焦问题、困惑，进行思想碰撞，寻找解决策略，最后达成共识的过程。

如在幼儿自创歌曲旋律的探索中，教师们遇到了一些类似的问题——"用什么可以表示do、re、mi、fa、sol、la、si的唱名而让幼儿自如创编旋律"。就此，课题组组织开展了

* 本文系中国学前教育研究会"十二五"课题"幼儿自创歌曲教育策略的研究"（项目编号Z01310-SX-7）的阶段性研究成果

教研探究式培训。首先，大家结合幼儿的最近发展区，一起分析不同年龄段幼儿的年龄特点、认知特点。经分析，教师们分别选用颜色、形状、图案或同类水果、蔬菜、动物等来替代音名，帮助幼儿自由创编旋律。经过各自回班分头实践，我们惊喜地发现，大家尝试的结果几乎是一致的。小班幼儿在颜色、形状、图案等这些事物的辨别能力中，对颜色最为敏感。于是，我们达成共识，尝试采用色彩与唱名结合的方法，把七种颜色和七个唱名组合起来，如红、黄、绿、橙、蓝、紫、白对应do、re、mi、fa、sol、la、si，幼儿可以灵活操作彩色圆片自由创编旋律。如根据小班自创歌曲目标，让幼儿从do、mi、sol入手，根据自己的意愿，灵活地排一排、唱一唱，轻松快乐地创编旋律。（见图1）

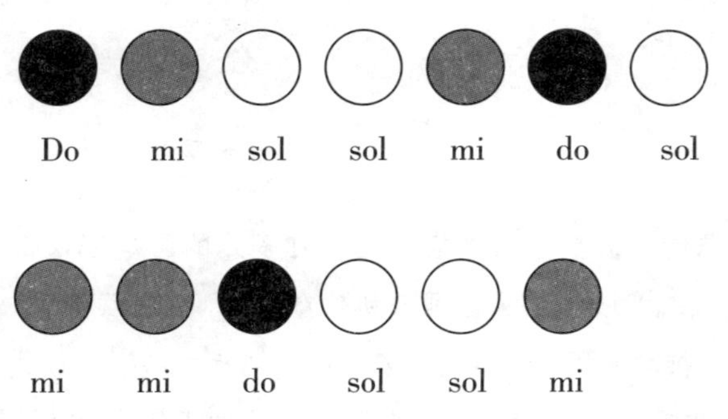

图1　小班幼儿创编的旋律

在不断研究探索中，小班幼儿还可以根据图片内容，编词编曲，开展自创歌曲的活动。

在小班幼儿自创歌曲的基础上，课题组教师继续开展教科研探究，中、大班幼儿创编歌曲旋律的方式又是怎样的呢？大家聚焦问题，进行思想的碰撞，然后寻求突破，达成共识。

中班幼儿将已经熟知的二分、四分、八分音符涂成和彩色圆片相对应的彩色音符，这样彩色音符既有时值又有唱名，如红色的二分音符就是do唱两拍，绿色的二分音符就是mi唱两拍，蓝色的四分音符就是sol唱一拍等。幼儿利用彩色音符为儿歌、故事、古诗等创编不同旋律，既方便又灵活。他们在摆摆排排、拍拍唱唱的游戏中完成了为古诗或自编儿歌等创编旋律的活动。

大班幼儿则增加了难度，他们利用彩色音符在五线谱上进行自创、自编、自唱。幼儿可以根据主题、游戏、情景等内容运用图文并茂的方式记录创编的歌词。五线谱上呈现的旋律曲线可以帮助幼儿进行音高音准的判断，增加音乐歌唱美感的视觉感知。（见图2）

图2　尉泽宇小朋友创编的歌曲

又如在小班幼儿自创歌曲创编歌词的活动中，幼儿知识经验比较贫乏，创编歌词成为孩子自创歌曲的一个难点。就这一问题，课题组成员一起探究“如何引导小班幼儿创编歌词”，借助什么能让幼儿将自己看到的、听到的、想到的表达出来编成歌词。教师带着问题开展实践探究：请小朋友唱名字，尝试把幼儿的姓名作为歌词唱出来；引导幼儿看动画片，讲一讲动画片里的事情，把它编成简单的歌词唱一唱，如“熊大、熊二在森林里跳舞”“大头儿子和小头爸爸一起种树，真快乐！”等；带领幼儿做游戏，有意识地引导幼儿说说自己看到了什么？谁在玩？玩什么？把所看到的事情编成歌词，如“小刚和小明在滑滑梯，好开心！”“宝宝在草地上拍皮球”等；节假日请家长带幼儿去公园、书店、游乐园等，充分利用幼儿感兴趣的景物，说一说、讲一讲、编一编、唱一唱，如“我和妈妈一起去开碰碰车”“今天我去逛公园，真高兴”等；为幼儿提供他们喜欢的图片，请他们用简短的语言表达图片的内容，如“小动物们在森林里快乐地歌唱”“宝宝洗小手，干净又卫生”等。多种途径的语言信息给了幼儿更多创编歌词的空间与机会，使小班幼儿创编歌词这一难点得以突破。中、大班幼儿在小班的基础上，创编途径更广，他们回忆自己的生活经验进行整首短小歌词的创编，比如《生日歌》：我过生日啦，爸爸妈妈送给我许多个气球，红红的气球绿绿的气球，真呀真漂亮。为幼儿录制生活中的视频，请幼儿观看后进行歌词创编，如请幼儿观看“小燕子”视频后，小朋友就创编了《小燕子的歌》：小小燕子穿黑衣，叽叽喳喳找妈妈，妈妈带来好吃的，分给宝宝共分享；小燕子，学唱歌，你一句，我一句，大家心里乐开花。给幼儿一个主题，请幼儿自主创编歌词，如有关春天的主题，孩子们创编了各种《春天的歌》：春风春风，脚步轻轻，走近小草，轻轻一亲，小草醒了。春风春风，脚步轻轻，走到幼儿园，小朋友笑了；春天是什么？春天是迎春花开了，春天是柳树发芽了，春天是燕子飞来了。如此一来，在教研探究式培训中，经过大家的实践、探究、讨论、分享，各年龄班幼儿歌词创编的途径更多，思路更广，内容也更加丰富。

教师通过教研探究式培训，在问题中探究解决的方法。教师之间相互提问、相互启发、相互推进，促使问题得以解决，困惑得以突破，思想达成共识。

二、游戏互动式培训，实现教师教学相长

游戏互动式培训，就是教师在参与游戏、师师互动的过程中，在游戏中不断体验，在体验中提升自我能力的一种培训方式。比如在课题研究中，说起歌唱，首先涉及节奏的问题，于是教师开展了多种节奏游戏，以此来提升自身的节奏能力。比如“节奏圆圈舞”“音符变变变”“拟声节奏游戏”等，教师在参与游戏的过程中，节奏感、拍率、反应能力，感受音乐的能力，进行艺术表现的能力，节奏创编的能力，音色、音高、音准、力

度、节奏等辨识的能力都得到不同程度的提高。

柯达伊手势使音高的变化视觉化，便于记忆音高，在无伴奏情况下能根据手势的变化进行演唱。教师在进行这一游戏时，利用手势在空间表示的位置和运动方向，帮助教师感觉和辨别音程的空间距离，使抽象的音高概念具有了一定的形象意义。在游戏体验中，教师视唱读谱能力、写谱能力得到了提高。

关于歌唱活动中气息的练习，我们进行了游戏培训“神奇的盒子”。我们将毛线装在盒子里，表示自己声音的长度，教师边发声边用手拉毛线，声停毛线停。这一游戏的进行，给教师起到了抛砖引玉的作用，大家在一起将拉出的毛线摆成不同的线条，如螺旋线、电话线、波浪线、锯齿线等，随之根据线条的不同发出不同的声音，从而探索出了富有趣味性、游戏性的发声练习。另外，教师经过游戏的互动，有了更多的灵感，继而举一反三，借助幼儿感兴趣的事物设计出一个个与自创歌曲相关的小游戏，使一些抽象、枯燥的歌唱技能和歌唱知识得以较好的突破和解决。

三、“头脑风暴”式培训，推动教师学习思考

在课题研究中，多次开展的“头脑风暴”式的培训，逐渐改变了教师的“从众心理”，尽可能多地激发了教师表达自己的观点，使教师能够最大限度地听取同伴的独特见解。教师自由交换想法和点子，产生了尽可能多的设想，他们将这些设想经过客观的分析和梳理，形成了比较完整的思想和方案，这不仅增强了教师之间的合作，还促进了教师之间学习共同体的形成。下面就以“头脑风暴”式培训案例“在教育实践中，如何欣赏和回应孩子的哼哼唱唱”为例来说明。

在教育实践中，如何欣赏和回应孩子的哼哼唱唱?

环节1：热身准备，营造氛围

组织教师围成圆形坐下（可以让每位教师都感到相互平等，没有距离，没有压力，都是活动的主人），进行“抓逃手指——点点唱唱”的游戏。（培训前开展这样的游戏，可以缓解教师的紧张心理，有助于调节气氛，使教师身心彻底放松，以便更好地进入活动主题）

环节2：抛出主题，明确任务

主持人：在我们日常工作中总能听到孩子们在自由活动或者情绪愉快的时候，嘴里哼哼唱唱起来，有的唱的是幼儿园里学的歌，有的唱的是从家里、电视里听来的歌曲，也有的时候是自己“创作”的歌曲。而对孩子来说，哼哼唱唱的感觉就像是在做游戏，他们用这种方式来表达和表现自己对世界的理解。《3—6

岁儿童学习与发展指南》（以下简称《指南》）艺术领域的教育建议指出：欣赏和回应幼儿的哼哼唱唱、模仿表演等自发的艺术活动，赞赏他独特的表现方式。那么，依照《指南》，根据课题进展，我们深入研讨“作为教师，在幼儿自创歌曲实践中，如何欣赏和回应孩子的哼哼唱唱”，请大家各抒己见。（主持人对问题进行准确阐明，使每位教师明确要思考的问题是什么？）

环节3：畅所欲言，各抒己见

教师根据主题畅所欲言。不必顾忌对与错，也不必斟酌好与坏，教师思维越活跃，其观点与思路就越富有拓展性和创造性，主题探究就越深入，预期目标就达成得越好。

杨晓晶老师：孩子在哼唱过程中发现被人关注时会害羞，遇到这种情况我会先对孩子刚才的表现予以肯定，让孩子有信心将表演进行下去，等孩子表演完后用掌声表示鼓励。当看到孩子既害羞又欣喜的笑容时，我知道孩子从中得到了自信和快乐。

范贤老师：让孩子在班级创设的音乐区域唱会唱的、喜欢唱的歌曲，鼓励其他小朋友当观众，老师也主动去捧场，帮助演唱者树立信心。

吕晓洁老师：在孩子的日常活动中发现有孩子在哼唱时，我会鼓励带头唱的小朋友，烘托出歌唱的气氛，及时感染和带动周围的人，兴奋时可以加上动作进行歌舞表演，让孩子的表现更丰富。

闫萍老师：要是给我一个特别幽静的氛围，我就能演唱出特别有感觉的歌曲。我想孩子也是一样，给他们提供一些场景，让孩子有歌唱的欲望，他才有表现的机会。记得我们前两天带孩子去春游，一进小区看见满院子的春景，孩子们自然地哼出了很多有关春天的歌曲，不需要过多提示，环境就是一个暗语，创作自然而然产生，我们随时就能捕捉。

环节4：客观记录，罗列观点

记录人迅速将教师在讨论中产生的想法完整地记录下来，因为每个人都有对事物的独特视角，一个人提出的观点同时也在激发其他人的思维，就如“一石激起千层浪”，每层浪都在相互碰击，相互推进。

主持人：教师在回应幼儿进行自创歌曲时，重要的一点还需要创设有利于幼儿自创歌曲的环境，那么应该如何做呢？

范秀蕊老师：可给孩子在音乐区域里投放演唱时所用的道具，如音响、话筒、背景、节奏谱、歌曲图谱等，开展“每周一歌”“好歌天天唱”“好声音在这里”等活动，给孩子更多的展示机会。

宋丽娜老师：现在孩子所唱歌曲都比较偏向成人化，那么我们就要利用餐前、游戏后等时间多给孩子播放一些儿童歌曲，让孩子唱更多适合自己的歌曲。

李林娟老师：采用游戏的形式让每个幼儿说出一个歌名，我们大家一起唱，在有趣的游戏中感受歌曲的魅力。

……

环节5：梳理整合，归纳提升

我们将“头脑风暴”后获得的大量设想进行筛选、归类、整理，使每一个设想都可以生发出一个方案、一个成果。最后，我们将培训中的观点进行梳理分析，总结出了“在幼儿自创歌曲的活动中，教师欣赏和回应幼儿哼哼唱唱”的六个小策略：

策略1. 创造环境，适时增加孩子的表演需求。

策略2. 学会等待，静观欣赏孩子的自由表演。

策略3. 忘我参与，加入到孩子的音乐派对。

策略4. 肢体鼓励，让孩子变得更自信。

策略5. 小小蜡笔，承载歌声的翅膀。

策略6. 爱的微笑，使孩子神采飞扬。

“头脑风暴”式的培训，点燃了教师智慧的火花，提升了团队意识，切实有效地促进了教师的专业成长。

四、案例剖析式培训，促进教师合作共享

案例剖析式培训是指把实际工作中出现的问题作为案例，交给教师研究分析，培养教师的分析能力、判断能力、解决问题能力的培训方法。

在课题研究中，课题组根据“幼儿自创歌曲”的目标，尝试设计“自创歌曲”的教育活动，组织教师进行集体观摩。教师要做好案例记录，认真分析案例中的突出问题，找出原因，进行总结和调整，不断探索幼儿自创歌曲内容的选择和方法的尝试。如案例活动“小鱼吹泡泡”，教师分析幼儿演唱时存在的音准问题，发现在目前的歌唱活动中，大部分教师更多地关注幼儿在歌唱活动中的情感体验，而忽略歌唱技能的训练。因此，教师们认识到在教学实践中“技”“艺”兼顾，不能顾此失彼，歌唱教学才能更好发展。又如歌唱案例活动“老鼠画猫”，集中反映了当前歌唱教学内容和选材缺乏吸引力，内容陈旧，缺少趣味性，因此，我们注重在幼儿一日生活中挖掘贴近幼儿生活的内容作为自创歌曲的教育内容；再如案例活动“神奇的拟声节奏”，反映了幼儿园的音乐教育还停留在观念上“重视”、行为上“忽视”的层面，因此，我们应注重多元化音乐环境与材料的丰富。经过

案例剖析式培训，教师们能够更多地去思考问题，分析判断问题出现的原因，更好地改进工作。

综上所述，课题研究中我们所开展的各种园本培训方式，目标只有一个，就是最大限度地提高教师学习的积极性，提升教师学习的实效性，促进教师音乐素质的提高和专业化成长；寻求最适合本园教师专业成长的培训新模式，使园本培训富有旺盛的生命力，为幼儿园及为每位教师的专业成长保驾护航。

参考文献：

[1] 李季湄，冯晓霞．《3—6岁儿童学习与发展指南》解读［M］．北京：人民教育出版，2013．

[2] 林晶晶．芜湖市幼儿歌唱教育现状的研究［D］．武汉：华中师范大学，2011．

[3] 马成，王炳文．幼儿歌曲创编［M］．上海：复旦大学出版社，2011．

[4] 刘升智．儿童歌曲创编入门教程［M］．上海：复旦大学出版社，2011．

[5] 许卓娅．幼儿园音乐教育与活动设计［M］．北京：高等教育出版社，2009．

［原载于《山西教育》（幼教），2015年第12期］

以片区教研为抓手，提升幼儿园内涵发展

运城市教育局　李红霞　李引红

【摘要】为了全面提升幼儿园内涵发展，运城市依托“优质园帮扶活动”，创建了18个教研片区，以片区教研为抓手，通过组建专家团队、开展分级培训、创新多种教研模式、依托现场会等多种方法确保片区教研高效运行。三年来，各级各类幼儿园办园水平和内涵发展得以大幅提升，片区教研正引领着我市学前教育朝着规范、科学、合理、健康的方向发展。

【关键词】幼儿教育；片区教研；内涵发展；运城

“人生百年，立于幼学。”近年来，在山西省教育厅和省幼教中心的正确领导下，我市始终把学前教育作为打造教育强市、提升全民素质、推进转型发展的战略工程，以国家、省、市两期“学前教育三年行动计划”为纲领，坚持以《3—6岁儿童学习与发展指南》（以下简称《指南》）精神为指导，发挥片区教研的指导和引领作用，通过“专家引领、城乡互动、资源共享、共同提高”的途径，有效提高了幼儿园的办园水平和保教质量。我市的具体做法如下：

一、行政推动、专家引领，确保片区教研科学规范

我省“优质园帮扶活动”在2015年全面铺开，如何才能最大限度地发挥优质资源的引领作用？我们经过再三讨论后达成共识：帮扶工作重点是规范和提升农村园和薄弱园办园水平，而提升办园水平重点是加强教师队伍建设，全面提升教师的专业素养。如何提升教师的专业素养，主要的途径是教研，因此“优质园帮扶”形式的重点在教研。针对我市实际，我们将工作思路调整为“全覆盖、广受益”，将城区的4所优质园与13个县（市、

区）及两个开发区分别组合成18个教研片区，“片区教研”形式应运而生，并于2015年5月召开了“运城市学前教育片区教研工作安排部署会”。

（一）健全组织领导

全市18个教研片区分别成立领导小组，明确了教研负责人（省级示范园园长和主管幼教的股长亲自挂帅），建立了片区教研制度。市幼教科参与指导、跟踪各片区教研活动的开展。各县（市、区）根据本地实际，也成立了相应的片区教研小组。目前，我市共成立了53个教研片区小组，实现了市、县、乡、村四级教研网络全覆盖。

（二）制订教研方案

各片区结合本地实际，明确片区教研的总体思路，确定具体的实施方案，确保每月一次大教研，每月一次总结汇报，力争做到片区教研有规划、有重点、有措施、有记录、有跟进、有改进。

（三）组建专家团队

为解决各片区教研活动中遇到的困难和问题，确保教研活动的科学规范，我市组建了运城市学前教育专家团队。我们诚邀幼儿师范高等专科学校的4名专家加入团队，在各县（市、区）通过层层推荐、选举各报1名专家，共确定了21名专家团队成员，然后将15个县（市、区）分成5个工作责任区，每4名专家负责一个责任片区，最后通过组织集中培训、实地指导、定期观摩、区域互动和课题研究等活动，对各片区的教研活动进行了加强指导和帮助。

（四）落实保障机制

为确保片区教研工作取得实效，我们继续采取月报、督查、考核三种管理机制，使片区教研工作落到实处。

二、分级培训、研培结合，提升教师队伍专业素养

提高队伍素质是片区教研的首要任务。近两年我们坚持以培代研、培研结合，在重点做好园长、骨干教师、全员教师培训的基础上，每年一次对各地分管幼教的领导进行培训也势在必行。

（一）领导培训把方向

我市每年利用暑期组织由各县（市、区）分管局长和股长参加的专业理论培训。培训内容为国家、省、市有关学前教育方面的主要纲领性文件，旨在提高各地分管领导的站位，确保当地学前教育发展的正确方向。

（二）园长培训促规范

我们深信：一个好园长就是一所好幼儿园。除了积极参加省幼教中心举办的每年两次的园长岗位培训外，我们结合每学期一次的随机大督查，针对存在的普遍问题或突出问题，每年利用暑假召开暑期幼儿园园长高峰论坛，与大家分享、交流学前教育经验，探讨幼教发展大计。通过培训，园长的教育理念得到了转变，园务管理和办园方向也得到了规范。

（三）骨干培训促提升

我们在积极参加“国培”项目的同时，建立了骨干教师分级跟岗培训机制。从2014年开始，我们采取“跟班观摩、全程跟踪”的渗透式全方位培训方式，每学期轮流选派农村园园长、骨干教师到片区优质园跟班学习1—2天，解决了农村园教师组织一日活动中存在的盲目性、随意性问题，同时也提升了骨干教师的专业水平和综合素养。

（四）全员培训转理念

各片区利用学前教育宣传月、寒暑假和双休日，多次组织专家团队、骨干教师对本辖区教师进行《指南》和《幼儿园工作规程》的学习与解读，重点培训五大领域的学习特点和教育教学的途径、方法，以及游戏活动的组织与实施，帮助教师解决在实践中如何运用《指南》理念实施科学保教的问题，转变教师的儿童观、教育观和课程观。

三、立足需求、多种模式，确保片区教研特色实效

由于各县（市、区）、各片区幼儿园发展状况不一，因此我们要求每学期初，各片区专家团队必须深入片区各幼儿园，在全面了解教师需求的基础上，根据自身优势确定片区的学期教研计划和教研主题，确保片区教研的针对性和实效性。

（一）教研形式多样化

针对农村教师在保教实践中出现的困惑和问题，各片区采取多种教研形式：有骨干教

师示范、新教师展示的案例式教研，有跟班观摩研讨、大型活动研讨的参与式教研，有专家深入幼儿园的现场指导型教研，还有主题教研和参与课题研究等。这些教研活动的开展，及时解决了农村教师在教育理念、班级管理、一日活动组织中遇到的困惑和问题。

1. 现场指导教研

优质园教师走下去深入乡镇园，以实地指导为主，参与被帮扶园的一日活动（生活活动、环境创设、集体教育活动、户外运动、区域活动等），并组织教研，进行指导评析。如针对农村幼儿园区域活动开展不规范、材料不丰富、教师指导不到位等突出问题。各优质园从区域设置、材料准备、幼儿活动、教师指导与讲评等方面手把手地进行指导，并结合农村实际，引导教师就地取材，选取有利于幼儿操作的棉花壳、玉米皮、树枝、木块、沙子、杏核等自然资源作为活动材料投放到区域中，让区域活动更加贴近幼儿生活，解决了农村教师投放区域活动材料的困惑。

2. 参与式教研

把被帮扶园请上来参与优质园的教研活动。如盐湖区教育局连续五年开展了“名师大讲堂”专项研训活动。盐湖区实验幼儿园精心准备10节高标准优质活动，邀请农村幼儿园教师现场观摩后参与教研。在参与体验式教研中，教师的思维积极活跃，这是观察、思考、表达、辩证碰撞的过程，是反思、评价、互动的交融，农村幼儿教师真正体会到了参与式教研互动的魅力。

3. 参与课题研究

课题研究是教研活动的内容之一，为了充分发挥我市专家团队的指导和引领作用，为幼儿园搭建一个开展教研和课题研究的平台，我市除积极组织有资历的幼儿园参加省级课题申报以外，还下发了《关于做好运城市学前教育“十三五”课题申报工作的通知》。结合我市实际，拟定了10个课题指南供幼儿园选择，开启了市级课题研究的先河。为了给幼儿园提供课题研究的方法和思路，我们邀请了武汉教科院陈红梅教授做了《以科研为先导，促进幼儿园内涵发展》的专题讲座。目前，“十三五”的42项市级课题已全部开题，15项省级课题正在积极筹备开题。

4. 尝试主题教研

我市临猗县尝试一月一主题的片区教研活动已初见成效。2016年9月确立的主题教研是“幼儿园教研活动的有效开展”。各县直园在县级主题教研的基础上以园为单位再确立1—2个教研主题，继而各教研组围绕主题开展有延续性、阶段性的教研活动。例如县直一园开展了“有效开展区域活动”主题教研，县直二园开展了“教玩具制作”主题教研，各园在三八妇女节、中秋节和国庆节等节日期间，分别开展了系列主题教研活动。

5. 开展“两寻找”“三研究”系列活动

我市于2017年1月17日下发《关于申报“两寻找”“三研究”的通知》，共有50所幼儿园成为“两寻找”“三研究”实验园。在研究玩具与儿童、研究童书与儿童的过程中，通过发现一批好玩具、好童书，实验园形成了一系列好的教学策略，促进了教师教学和教研水平的提高。3月4日，在平陆县召开了“运城市学前教育‘十三五’课题指导暨‘两寻找’‘三研究’培训会”。会上，邀请了四位专家分别就如何研究玩具、研究童书、研究游戏、研究教学案例等做了专题辅导。会后，我市各实验园邀请专家团队进行专业指导，确定各园研究方向、内容，制订实验方案，4月底收获了266篇高质量的“寻找好玩具、好童书”教学案例。

（二）教研内容多元化

片区教研是以幼儿园教育教学中出现的问题为出发点，以解决现存问题为目的的活动。因而，在教研内容的选择上，我们本着“一日生活皆课程”的理念，结合实际工作中存在的普遍问题，选择了食堂管理、安全工作、环境创设、一日活动安排与组织、区域活动、节日活动等方面进行教研，推动了片区园所共同进步、共同发展，促进了教师专业水平与保教质量的双提升。

1. 践行《指南》精神，力推游戏活动落地生根

我市片区教研的首要内容是让游戏活动真正成为全市幼儿园的常态活动。各片区教研围绕这一内容开展了富有实效的教研活动。例如芮城县的五大教研责任区龙头园围绕游戏课程开展教研，针对本教研责任区各园在开展游戏课程中，在游戏环境创设、游戏材料投放、教师指导策略等幼儿主动学习方面存在的问题和困惑，开展片区全体教师参与的大教研活动。如在区角设置方面，带有明确主题的区角到底要不要设置？教室内到底应该设置什么区角？什么是低结构化的游戏材料？各个区角应该投放什么材料？材料如何摆放才更有利于儿童发现—使用—归还材料？各个区角要不要限制人数？要不要设置许多规则？游戏前如何做计划？教师采用哪些策略来支持幼儿的主动学习？游戏结束后如何分享交流？龙头园通过每月一次的片区大教研活动，对这些问题一一研讨，经过教研形成共识，最后在全县幼儿园共同执行。

2. 挖掘自然资源，确保各项活动富有农村特色

立足农村实际，把如何开展富有农村特色的环境创设、教学活动、户外游戏、社会实践活动等作为第二教研内容。我们鼓励农村幼儿园，合理利用本地的自然资源，发挥本地的资源优势，开展富有农村特色的各项活动，走出自己的特色之路。如政府机关幼儿园指导农村幼儿园的教师带领孩子直接到田间地头收集利于操作的棉花壳、玉米皮、树枝、木块、沙子、杏核等自然资源作为活动材料投放在区域中，既为幼儿创设了探索、实践、创

造的自主环境，也为实现低成本、高效益的幼儿教育创造了条件，从而满足了农村幼儿区域活动的需要；稷山县县直幼儿园指导清河中心幼儿园走进当地的农业生态示范园进行蔬菜采摘活动，让孩子在增长见识的同时，体验劳动的辛苦，体会耕耘与收获的快乐。

四、依托现场会、交流学习，缩小县域间发展差距

近几年，我市注重以现场观摩会的形式加强县域、幼儿园之间的学习交流，分享课题、游戏、教研等方面的成功经验，缩小县域间的发展差距。

（一）举办“十二五”课题推广会

在“十二五”期间，我市有3项国家级课题和10项省级课题立项，承担课题数量居全省第一。其中3项国家级课题分别获得国家一等奖和三等奖，9项省级课题也圆满结题。为有效推广我市“十二五”国家级课题的研究成果，我市于2015年7月3日在运城市政府机关幼儿园举办了“运城市幼儿园国家级‘十二五’课题交流推广会”，帮助教师们理清课题研究的思路，掌握课题研究的方法和步骤，唤起大家课题研究的热情。

（二）举办游戏活动现场会

2016年5月23日—24日，我市在芮城县召开了“运城市2016年学前教育宣传月启动仪式暨幼儿园游戏活动芮城现场会”，参观了芮城县4所县直园和他们帮扶的5所乡镇中心园，观摩了孩子们的区域活动和户外游戏活动，孩子们那种快乐、自主、专注的游戏态度和精神打动了在场的每位教师。尤其是农村乡镇中心园充分利用废旧物品等农村教育资源，诸如瓦片、瓦罐、树墩、草席、泥巴、沙土等开展一系列富有农村特色游戏活动，令参观的教师耳目一新。农村幼儿园真正做到了用游戏点亮孩子们的幸福童年，农村娃娃在身边就能享受到优质的学前教育资源。

（三）片区教研现场会

2016年11月18日，运城市学前教育“以教研为引领，贯彻落实《指南》精神现场会”在临猗县召开。来自全市各县（市、区）分管幼教的副局长、幼教股股长、幼儿园园长等200余人观摩了临猗县9所幼儿园，感受了丰富多彩、各具特色的教研活动成果。

（四）片区教研经验分享会

2017年6月2日，运城市教育局召开了由分管局长、各股长和片区教研负责人参加的

"运城市学前教育片区教研经验分享会"，会议邀请芮城县和临猗县的股长分享了该县的成功经验，大家受益匪浅。

两年来，随着18个片区教研联盟活动的深入开展，教师们真正做到了把在教研活动中领悟到的新观念、新认识，内化为自己的教育观念，转变为自己的教育行为，在教育实践中进行持续不断的实验和反思，努力追求教育实践的合理化、最优化。我们欣喜地看到，各级各类幼儿园的办园水平和内涵发展得以大幅提升，我市学前教育正朝着规范、科学、合理、健康的方向发展。

教育总根于爱

——试谈幼儿教师的教育爱

运城幼儿师范高等专科学校　侯娟珍

【摘要】正如作家能生与爱，才能文一样，教师也是能生与爱，才能教。教育爱是教师的职业需要，是职业能力的基础，是教育的社会责任。幼儿教师的教育爱应具备三个特征，即施爱目的的明确性、施爱对象的广泛性和施爱内容的整体性。幼儿教师要实施教育爱必须做到三个统一：一是在教师的自身修养上，要做到政治的坚定性与道德的纯洁性的统一；二是在教师的专业素质上，要做到知识的渊博性和教育的艺术性的统一；三是在教育教学的安排上，要做到内容的基础性和施教的序列性的统一。

【关键词】教育；幼儿教师；教育爱

学前教育专业职业能力指高等职业院校中学前教育系学生的职前职业能力培养，是从业者在未来幼儿教育职业活动中表现出来的教育教学能力，包括从事幼儿教育工作的专业能力、通用能力、创新能力三个方面。教育爱是教师的职业能力培养与提升的基础，是教育的社会责任。可以说，如果一名教师没有基本的教育爱，那么从事幼儿教育工作的专业能力、通用能力、创新能力也便无从谈起。

“教育总根于爱”是根据鲁迅先生提出的“创作总根于爱”这句话仿造出来的。作家和教师都是“人类灵魂的工程师”，都是通过自己的劳动对人们的心灵施予影响。相同的劳动性质决定了他们需要具有相同的思想根基，那就是在心里必须具备爱的情愫，正如作家“能生与爱，才能文”一样，教师也是“能生与爱，才能教”。教师之爱自然有别于作家之爱，作家的爱心是间接地奉献给读者的。教师是通过自己的言传身教，面对面地教育学生，他们把爱心直接奉献给教育对象。教师之爱具体体现为教育目标的确定、内容的选择、过程的设计和效果的评价，所以它被称作教育爱。这是一种理智的、高层次的情爱，它比母爱更真诚、更深情，更具理性、更富教育性。经验证明，基础教育的层次越低，教育对象的年龄越小，越需要教育爱，幼儿教育尤其需要爱的教育。笔者在20多年的幼教实践中深深体会到：生命是可贵的，幼儿教师就是从事启发生命的工作，幼儿教师的教育爱表现了幼儿教师的生命向幼儿亲密地打开，没有这种教师与幼儿心和心的交流，幼儿教育事业是没有生命力的。

一、幼儿教师教育爱的特征

（一）施爱目的的明确性

我国古代就提倡“爱生如赤子”，近代国外也提出“母爱教育”，无非都是要求教师对学生要有一颗慈母之心。诚然，幼儿对成人的依恋性决定了他们需要更多的爱抚，但是教育爱毕竟有别于母爱。母爱的生物学基础是母性的本能，母爱的直接目的是繁衍后代，而教育爱的思想基础是教师的职业需要，教育爱的根本目的是促使教育对象全面成长，健全发展。正如陶行知先生所说：幼儿教育实为人生之基础，凡人生所需要的重要的习惯、倾向、态度，大半可以在6岁以前培养成功。换句话说，6岁以前是人格陶冶最重要的时期，这个时期培养得好，以后只需顺着他继长增高地培养上去，自然能成为社会优良分子。倘若培养得不好，那么，习惯成了不易移、态度成了不易变。陶行知先生主张教师的职务是千教万教，教人求真，学生则是千学万学，学做真人。可见，陶行知把教育幼儿学习真、善、美，学做真人摆在头等重要的位置，这正体现了幼儿教师教育爱的明确目的性。每个幼儿教师都要以这个标准来评判自己的教育行为。毋庸讳言，幼儿教育中忽视做人教育的倾向，急功近利、重智轻德、“小学化”倾向、只重视少数尖子不能面向全体幼儿的倾向等，目前还相当普遍，这就背离了幼儿教师教育爱的施爱目的，偏离了《幼儿教育指导纲要（试行）》中强调的“为幼儿一生的发展打好基础”的教育宗旨，这些错误认识和做法必须坚决地、尽快地予以纠正。

（二）施爱对象的广泛性

幼儿进入幼儿园，是他们由依恋家庭到依恋集体的转变，是他们人生道路上的第一个重要转折。促使每一个幼儿顺利地完成这个转变，尽快地适应集体生活，就要特别重视发挥教育爱的作用。不可否认，幼儿由于遗传因素、家庭环境和生活氛围的不同会形成种种差异，有的孩子聪明漂亮，机灵听话，很容易讨教师的喜欢；而有些孩子，或反应迟钝，或调皮好动，很容易让教师头疼。可幼儿教师的教育爱应该像阳光雨露滋润每一株禾苗那样，公平地洒遍每一个幼儿的心田，要对每一个幼儿都寄予热诚的期望，都怀有强烈的好感，这才能体现教育爱的伟大。然而，同行中却有人这样说："这些道理，在理论上，我举双手赞成；但在感情上，实在难以做到。"这是他们的肺腑之言，也正是问题的要害之所在。有句话说得好："漂亮的孩子人人喜爱，而爱难看的孩子才是真正的爱。"一般来说，越是"难看的"幼儿，越需要教师亲近他们，爱抚他们，因为他们缺少爱，更需要爱。我们应该清楚，教育爱是教师的职业需要，是教育的社会责任，我们既然从教，就要在感情上十分投入，不应该疏远任何一个幼儿，更不应该嫌弃任何一个幼儿。陶行知说："慧眼观人长处。"每个幼儿教师都应该有一双善观幼儿长处的慧眼，这显然不是个单纯的技巧问题，首先是个感情问题，只有对那些"难看的"幼儿怀有真挚的感情，才乐于观察他们，发现他们身上的闪光点；只有真心实意地亲近他们，才能了解他们产生各种行为问题的真实原因，从而采取相应的教育对策，帮助他们扬长避短，充分发挥教育效益。我在幼儿园教育实践时就曾遇到这样一件事：在幼儿园中班，中途来了一名插班幼儿洋洋。他上课时东摸西捅，上板凳，爬桌子，甚至从桌子上往下跳。带班教师非常苦恼，我与他谈话，收效也不大。通过家访，我了解到洋洋转园前他的奶奶就是他所在班的保育员，他长期处在一种被奶奶袒护的特殊环境里。奶奶退休后，教师经常批评、纠正洋洋的任性行为，他的逆反心理也变得越来越强，终于发展到小朋友不愿和他玩，洋洋也不想上幼儿园才转到这个班的现状。经过仔细观察，我发现洋洋在猜谜语和智力游戏时，坚持性好，思维活跃，情绪稳定，我便在教育游戏活动中，设置一些问题，有意让他来回答，并借机在全班小朋友面前表扬他。洋洋高兴地告诉妈妈："这个幼儿园真好，老师还表扬我了呢。"为了巩固他的转变成果，我安排他与性格文静的幼儿坐在一起；为了培养他的规则意识和守纪行为，我经常与他一起游戏，并教他如何遵守游戏规则，然后让一些规则意识强的幼儿和他一起玩，洋洋很快融入了这个班集体。这说明只有热爱孩子才是教育好孩子的前提。

（三）施爱内容的整体性

陈鹤琴指出，幼儿教育的功能表现在三个方面，即发展幼儿个性，补足家教之不足，为小学教育、进而为整个人生打好基础。其教育内容可以概括为四点：（1）传授科学文化知识；（2）帮助幼儿社会化；（3）重视行为习惯的养成，重视情感态度的培养；（4）创设磨炼意志的环境和条件，提高幼儿的心理应挫能力。幼儿教师的教育爱就表现在满腔热忱地提高每个幼儿的整体素质上。徐特立指出："限制个性的发挥与奔放，就不会有所创造，不能发挥每个人的天才。"[①] 施爱内容的整体性就体现在每个幼儿共性和个性的结合上。韩愈说："师者，所以传道授业解惑也。"我认为"传道、授业"侧重共性，"解惑"

① 中央教育科学研究所. 徐特立教育文集［M］. 北京：人民教育出版社，1979：35.

则侧重个性。所谓“传道”就是传授做人的基本道理，教给幼儿怎样生活，怎样做人，怎样战胜困难，怎样自强不息；所谓“授业”就是传授科学文化知识，教给幼儿怎样认识世界，怎样改造世界；所谓“解惑”就是耐心地解答每个幼儿提出的各种问题，并从中了解每个幼儿不同的认知思路，探测其个性特征。要做到这一切，就离不开以真诚为骨、以平凡为血的教育爱。

爱，的确非常重要。在一个单位，有了同事之间的爱，才能亲密无间；在一个家庭，有了亲人之间的爱，才能温馨幸福；在一个幼儿园，有了师幼之间的教育爱，幼儿才能由依恋家庭转为依恋幼儿园，教师的教育才能更有效。

二、幼儿教师实施教育爱要做到三个统一

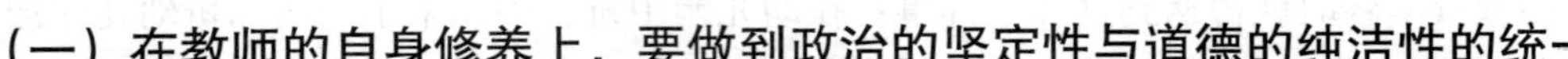

（一）在教师的自身修养上，要做到政治的坚定性与道德的纯洁性的统一

徐特立指出：“幼儿本性是很纯洁的，而他们的好坏是在成长的过程中所接触的环境逐渐模仿形成。昔日‘孟母择邻’就是给孩子选择好的邻居做榜样。”[①]教师为人师表，自然应给孩子作出榜样，而且应该教育家长为子女作出好榜样。现在，人们的政治态度、道德观念和价值取向呈现多元化倾向，在这种情况下，我们幼儿教师尤其要保持政治的坚定性和道德的纯洁性。我在教育实践中看到有这样一个女孩：她聪明乖巧、善解人意，就是不愿意和别人交流；她有了好东西，从不愿与同伴分享；她听到好消息，从不告诉任何人，和大家的关系总有些隔膜。经了解，她的父母都是生意人，她耳濡目染尽是商界的保密信息和隐秘行动，这种心态成为她社会化发展的最大障碍。这件事使我更明确地认识到必须对幼儿进行集体主义觉悟和社会主义信念的教育，进行关心他人、关心社会的道德品质教育。一方面，教育引导幼儿教师要克服市场经济中“唯利是图”思想的倾扰，坚决制止“家长对教师好，教师就对孩子好”的有违职业道德的纯洁性的行为；另一方面，我通过家访与家长取得共识，共同教育孩子。正人先正己，只要教师能堂堂正正地做人，公公平平地处世，对幼儿能做到无私关怀，对社会能做到默默奉献，就能使幼儿潜移默化，走上正确的人生道路。

（二）在教师的专业素质上，要做到知识的渊博性和教育的艺术性的统一

面向21世纪，每个公民都面临三大挑战，即世界技术革命的挑战、国际经济竞争的挑战和国内经济转型的挑战。与此相适应，社会正呼唤三种意识，即现代公民意识、现代科技意识和现代教育意识。所谓现代公民意识就是要提高全体国民的素质，使每个公民都

① 中央教育科学研究所. 徐特立教育文集［M］. 北京：人民教育出版社，1979：39.

具有顽强的生存竞争力、坚强的意志和毅力，在21世纪的竞争中能立于不败之地。所谓现代科技意识就是要培养教师和学生的科技意识、科技精神和科技实践，提高科学技术水平。所谓现代教育意识就是要由应试教育向素质教育转轨，为提高全体国民的素质服务。现代幼儿教育就是要为培养这三种意识打好基础。这就要求每个幼儿教师都必须具备渊博的知识，不仅要懂得自然科学知识，而且要懂得人文科学知识。尽管目前我们幼儿教师的学历层次在逐步提高，但绝大多数的教师文化知识起点还较低，这就要求幼儿教师要提高自学能力，树立终身学习的理念，尤其是要加强在职学习的能力，在实践中不断丰富知识，提高教育教学和组织管理幼儿的水平。对于教师来说，学，自然是为了教，学不好自然教不好，但学好了却不一定能教好，这里有个教育的艺术性问题。陈鹤琴认为，幼儿教学法应以游戏为主，以小团体教学为主。《幼儿园工作规程》中也明确指出“幼儿园以游戏活动为主”，要重视游戏，重视幼儿的操作活动，寓教育于各项活动之中。这是幼儿教育艺术性的精髓。要把这些宏观理论变为微观操作，就需要我们反复实践，仔细揣摩，使每项活动逐步做到目标明确、内容适宜、过程合理、方法恰当，并在每个环节都渗透教育。

（三）在教育教学的安排上，要做到内容的基础性和施教的序列性的统一

幼儿是人生的起始阶段，幼儿教育处于基础教育的最低层次，这就决定了幼儿教育内容的基础性。例如坐、立、走、卧的正确姿势，穿着的整洁、朴素和大方，学会口语和本土语言，与人交往的品德、礼节、礼仪和礼貌，锻炼身体的兴趣、态度和意志，学习的态度、方法和习惯以及自我保护的基本能力，热爱大自然、热爱劳动等，对于年幼的幼儿来说必须从头抓起，但不是按教师的主观愿望抓，而是按幼儿的自身需要和发展规律来抓。徐特立指出：“决定幼儿创意的不是思想，而是快感。”我们一定要顺应幼儿心理，激发兴趣，诱导实践，抓好幼儿素质教育。幼儿素质结构由多维度、多层次的要素组成，健康、语言、科学、认知、社会性和艺术性这几个维度是互相联系、互相影响、互相促进、互相制约的，每个大维度又可分为若干小维度，每个小维度再分若干层次，组成循序渐进的顺序性，这才能变宏观为微观，才能谈得上幼儿的可接受性和教师的可操作性，才有可能提高幼儿的整体素质。“幼儿整体素质提高的标志包括知识的积累，感情的变化，思维的发展，习惯态度的形成和方法规律的掌握。”①这就要求幼儿园不仅要制订与本园幼儿发展相适宜的教育目标体系，而且要提高各年龄段的层次要求，再分解到月计划、周计划和一日活动计划，形成持续的螺旋式的上升过程。

总之，教育爱是教师的职业需要，是教师社会责任感的具体体现，我们要以饱满的职业热情和强烈的社会责任感，挑起培养跨世纪人才的重担。

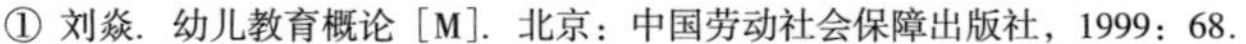

① 刘焱．幼儿教育概论［M］．北京：中国劳动社会保障出版社，1999：68．

参考文献：

[1] 胡晓风，金成林，张行可，等．陶行知教育文集［M］．成都：四川教育出版社，2007．

[2] 教育部基础教育司．《幼儿园教育指导纲要（试行）》解读［M］．南京：江苏教育出版社，2002．

[3] 李季湄，肖湘宁．幼儿园教育［M］．北京：北京师范大学出版社，1997．

[4] 中央教育科学研究所．徐特立教育文集［M］．北京：人民教育出版社，1979．

[5] 刘焱．幼儿教育概论［M］．北京：中国劳动社会保障出版社，1999．

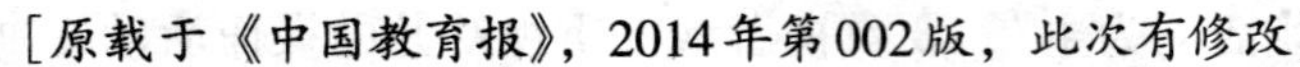

［原载于《中国教育报》，2014年第002版，此次有修改］

图书在版编目（CIP）数据

学术论文集/李志宇主编；贾宏燕等编．—太原：山西教育出版社，2017.11

（山西省学前教育内涵发展成果经验丛书）

ISBN 978-7-5440-9474-0

Ⅰ．①学…　Ⅱ．①李…　②贾…　Ⅲ．①学前教育-文集
Ⅳ．①G61-53

中国版本图书馆 CIP 数据核字（2017）第 230340 号

学术论文集

XUESHU LUNWEN JI

责任编辑　王　媛
复　　审　刘晓露
终　　审　杨　文
装帧设计　王立菲
印装监制　蔡　洁

出版发行　山西出版传媒集团·山西教育出版社
（太原市水西门街馒头巷 7 号　电话：0351-4035711　邮编：030002）
印　　装　山西天每印业有限公司
开　　本　787 mm×1092 mm　1/16
印　　张　24.5
字　　数　477 千字
版　　次　2017 年 11 月第 1 版　2017 年 11 月山西第 1 次印刷
书　　号　ISBN　978-7-5440-9474-0
定　　价　62.00 元

如发现印装质量问题，影响阅读，请与印刷厂联系调换，电话：0351-4729718。